HAYMON verlag

Brita Steinwendtner

Der Welt entlang

Vom Zauber der Dichterlandschaften

Mit Fotografien
von Wolf Steinwendtner

LAND SALZBURG

Gedruckt mit freundlicher Unterstützung
der Kulturabteilung des Landes Salzburg.

Auflage:
4   3   2   1
2019 2018 2017 2016

© 2016
HAYMON
Innsbruck-Wien
www.haymonverlag.at

ISBN 978-3-7099-7262-5

Umschlag- und Buchgestaltung, Satz:
hœretzeder grafische gestaltung, Scheffau/Tirol
Umschlagabbildung: Wolf Steinwendtner
Fotografien Innenteil: Wolf Steinwendtner

Gedruckt auf umweltfreundlichem,
chlor- und säurefrei gebleichtem Papier.

Inhalt

Für alle achtzehn
dieses Buches.

Der Welt entlang ...

... führen die Reisen dieses Buches in den schönen Mäandern der Wirklichkeit und der Fantasie. Es sind Reisen an besondere Orte und in verträumte, wilde oder ganz alltägliche Landschaften, und zugleich Reisen in die grenzenlosen Areale der Imagination, aus denen sich Dichtung nährt. Es sind Besuche bei Schriftstellerinnen und Schriftstellern, die an unterschiedlichen Orten in Europa leben, schreiben und ihre Welt entwerfen, die in vielen Ländern, mitunter sogar Kontinenten unterwegs sind, sich nach dieser oder jener Landschaft sehnen und dies alles in verwandelter Form in ihren Werken durchschimmern lassen.

Diese Landschafts- und Lebensgeschichten und Fotografien sind in fast zwei Jahren des Suchens, Staunens und des Miteinanderseins entstanden. Eine Zeit des Wiedersehens und der langen Gespräche, der Festigung alter Freundschaften und des Beginns neuer, die sich erst durch die Begegnungen für dieses Buch entwickelten. Monate des Lesens und Wiederlesens, der Glücksmomente, Überraschungen und Fragen. Portraits, die von Zuneigung und Wertschätzung getragen sind, keine wissenschaftlichen Abhandlungen.

Alle, die gerne reisen, werden in den Erzählungen dieses Bandes vertraute und berühmte Orte wiederfinden oder verborgene entdecken. Immer jedoch liegt der besondere Zauber in der persönlichen Sicht der Autorinnen und Autoren: Sie lenken den Blick auf Einzelheiten, die dem touristischen Blick entgehen und dadurch ihren Lebens- und Schreibraum in eine inspirierende Szenerie verwandeln.

Die Gegenwart ist von Flucht, Grenzen, Umbrüchen und Aufbrüchen gezeichnet. Was bleibt, ist die Geborgenheit an jenem Ort, an dem man etwas wie ein Zuhause gefunden hat oder gefunden zu haben glaubt, und von dem aus es sich selbst in einem kleinen Schreibzimmer *Der Welt entlang* grenzenlos reisen, dichten und träumen lässt.

Ianua patet, cor magis –
Weit offen die Tür, noch weiter das Herz

Friederike Mayröcker
In die wilden Waffenschmieden deines Herzens
Das Zentagasse-Universum von Wien

die wilden schwertlilien blühten über der schwelle, und die
birnen, die am birnbaum vor unserem haus hingen, lagen in
grünen scherben vor meinen füszen. [...] ich tappe durch dieses
grosze dunkle haus das meine vorfahren besessen hatten.
der wind bauscht die weiszen flockigen gardinen nach innen;
ich trete auf zehenspitzen in die ineinander übergehenden
zimmer – vielleicht sind es fünf. neben dem haus unser gro-
szer garten, voller lilien. An der brücke die graue statue des
heiligen nepomuk. uferlang die weiden, graugrün mit runden
häuptern. hinter der brücke verliert sich die erinnerung ins
ungewisse einer dorfschule, einer dorfkirche; dann nur ver-
einzelte punkte, wilde apfelbäume beiderseits der fahrstrasze,
schwarze fauchende walze bahnhof.[1]

Das ist Deinzendorf. Ein Dorf im nördlichen Weinviertel, nahe der
tschechischen Grenze. Das war das Land der Kindheit, eines Paradieses, das es nicht mehr gibt. Im großelterlichen Lehmvierkanter
war alles „stubengrosz und schön". Im Garten das Lusthaus aus
Birkenholz, „die Schwalben, die Strahlen, die Schmetterlinge, Gold-
lack und Stiefmütterchen, die Laterne des Monds". Mit bloßen
Füßen lief das Kind umher, flimmernde Hitze, Glast. Kämmte in den
dunkelnden Hohlwegen mit den Händen „die duftende schwere tief
niederhängende Pracht der Robinienbäume", verstreute die Blätter hinter sich auf dem Weg, um wieder nach Hause zu finden. Die
Schaukel im Schuppen, der Sommerwind, der silberne Staub über
der Dorfstraße. Die Trittstufen zum Ziehbrunnen waren sonnen-
warm, wo das Mädchen „lange Sommernachmittage in wehmütig
schwereloser Selbstvergessenheit zubrachte", die Mundharmonika an die Lippen gepresst. Regungslos lagen die Salamander

auf den Steinplatten. An der Hand der Mutter – sie waren „ein Herz und eine Seele" – ging das Kind auf kleine Wanderungen, sie holten mit dem Schubkarren Steine aus dem nahen Steinbruch, um die Gartenbeete einzufrieden. Lilien, Malven, Erdbeeren und Kletterrosen, Glockenblumen, Salbei und Mohn. Hinter dem Haus der Bach, das Wehr, die Brücke, die Wälder, die Teiche, der Saum der Felder, „Korn, Gerste, Hafer, Raps, der betäubende Duft der Akazien, feuchte, niedrige Behausungen, Gewinkel, Hütten, Verschläge, wie der Menschenschlag dort: Das Antlitz haben sie zerstreut, zerstört ..."[2]

Ähnliche Szenerien könnte Joseph von Eichendorff entworfen haben oder ein Jahrhundert später Theodor Kramer, der leidenschaftlich-melancholische Dichter der Weinviertler Landschaft. Jedoch: Diese sommerheißen Bilder hat Friederike Mayröcker geschrieben. In ihrem beispiellosen Werk schlägt sie noch andere, berückend radikale Seiten der Sprache auf, magisch und experimentell, surrealistische Montagetechniken nützend, Dekonstruktion und Traum verbindend, Inbild der Moderne. Zwischen Avantgarde und Tradition, im „Strahlungskranz von Assoziationsmöglichkeiten". So fügen sich auch Kind und Haus in ihrer Körperlichkeit in die ungestüme Wahrnehmungskraft ein, die sie in allem, was sie schreibt, auszeichnet.

ich betaste die stühle, die schränke, die tische, die türen, die wände, die bilder, den fuszboden, ich öffne die türen und schliesze sie hinter mir, ich folge mir selbst. es ist die permutation des gehens des öffnens des schlieszens des aus dem fenster blickens des berührens von hausrat; es ist die permutation des lebens.[3]

Über die Jahrzehnte ihres Schreibens kehrt Friederike Mayröcker immer wieder zu ihren Deinzendorfer Feriensommern zurück und lässt sie in fast allen ihren Werken bis zum Band *fleurs* von 2016 wieder aufleben. Bereits 1992 schrieb sie diesen Sommern mit *Blumenwerk. Ländliches Journal/Deinzendorf* ein ganzes Buch mit eigenen Zeichnungen, das zusammen mit dem Band *Gang durchs Dorf. Fingerzeig* als bibliophile Ausgabe erschien. Letzterer ist ein Lokalaugenschein, den Bodo Hell mit seiner Kamera festhielt,

Mayröckers weisende Hand im Bild: Deinzendorf ist ein tristes, begradigtes Schlafdorf geworden. Anstelle des Blütengartens verläuft eine breite Straße, das Haus der Erinnerung zeigt eine glatte Fassade, kein Vorgarten mehr mit den beiden großen Birnbäumen, kein glyzinienbehangenes Gartenhaus, kein Ziehbrunnen, längst zerstoben der alte Zauber. Auch kein Krämerladen, der nach Zimtrinde, Schuhwachs und einem Autoreifen roch, kein geschlachtes Lamm, kein rätselhafter „Bau Knecht", der am Morgen gegen vier zu Besuch kam und alles plötzlich infrage gestellt war. Es war schon früher nur eine brüchige Idylle: Am Lattenzaun wird die Erzählerin schließlich zugehämmert und zerstört. 1934, in der Zeit der Wirtschaftskrise, musste der Lehmhof versteigert werden und wurde um 100 Schilling verschleudert.

Davon erzählt Friederike Mayröcker, als wir uns wiedersehen. Ich stelle ihr W. vor, und wir lernen Edith Schreiber kennen, die Freundin an ihrer Seite, die versucht, ihr das beschwerlicher werdende Leben erträglich zu machen. Wir sind im Café Sperl, Wien, Gumpendorfer Straße. Sind in Mayröckers Wortlabyrinthen.

das Getroffensein
    das Verwundetsein
    das Betrachten
      das Zuhören [...]
das Umschlingen
    das Verschlingen
      das Umschlungensein
        das Verschlungensein
das Ablassen
    das Sinkenlassen
      das Versinkenlassen
        das Versunkensein[4]

Diesen Treffpunkt hat Friederike vorgeschlagen. Das Café Sperl ist in den letzten Jahren ihr Lieblingscafé geworden, es ist ein altes, heimeliges Café, sagt sie, ich bestelle immer die Loge drei. Früher hatte sie mehrere Lieblingscafés, den Tirolerhof oder das Café Rosenkavalier, wo sie mit Ernst Jandl, dem „Lebens- und Liebes-

freund" oft eingekehrt ist und wo sie die Sehnsucht hintreibt, als
er gestorben war.

[...] und dann gehe ich wieder zum Südbahnhof, und das Glim-
men seiner Augen und ich sage zu ihm, der häszlichste Bahn-
hof der Stadt, und ich fuhr in den Halbstock hinauf und setzte
mich im Café Rosenkavalier an jenen Tisch, an dem wir, EJ
und ich, immer gesessen waren, damals, meist Sonntag mit-
tag um dort zu essen, und immer fühlten wir uns so, als wären
wir eben von einer Reise zurückgekommen umso mehr, als ich
immer meinen kl. schwarzen Rucksack trug, dasz es aussah als
sei es mein Reisegepäck, und ich wurde von eben dem Kellner
bedient der auch EJ und mich damals bedient hatte, und ich
schaute auf den leeren Sessel mir gegenüber, und es schnürte
mir den Hals und ich sehe ihn auf dem leeren Sessel mir ge-
genüber wie früher, und dann fahren wir die Rolltreppe hin-
unter in die Bahnhofshalle und EJ kauft seine Lieblings Ziga-
rillos und für mich eine Creme Schokolade, und dann stiegen
wir in die Straszenbahn und fuhren nachhause, und zu den
Wochenenden vagabundiere ich nun in meiner Stadt herum

mit dem Gefühl, dasz die Zeit ganz langsam vergeht, eigentlich
stehenbleibt, aber das ist alles so lange her, und ich sauge am
Äther der Poeten nämlich beim griffigen Erzählen, nicht wahr.[5]

Ich beobachte gerne Menschen, sagt Friederike, ich bin ein visu-
eller Typ. Wenn ich nicht mehr hinauskönnte, könnte ich auch
nicht mehr schreiben. Ich brauche die Natur, ich bin früher kilo-
meterweit gewandert, und ich brauche die Welt der Menschen. Es
ist laut im Café Sperl, Friederike spricht leise, nicht jedes Wort ist
zu verstehen. Die Augen jung, die Haltung vornübergebeugt, das
schwarze Haar im Gesicht, ist sie wie versteckt, verschlungen in
sich selbst, unangreifbar für andere, so verletzlich, so fragil, dass
man Angst hat, zu fragen, zu reden, überhaupt da zu sein neben
ihr. Denn alles außer ihr scheint banal und Staffage für diesen
einen einzigen Menschen, der hier Schwarz in Schwarz wie hergezaubert wirkt, in dieses Café, das tausend Geschichten erzählt,
die sich im Plüsch der Jahrzehnte eingenistet haben, im Rot und
im Purpur, die Lichter gedämpft, die Marmortischchen kalt und
zeitlos, die Gespräche ein Pollenflug auf tauben Boden, die älteren Herrschaften noch in der Courtoisie einer früheren Zeit, die
jüngeren laut und lachend, als ob sie in der Küche ihres Studen-
tenheims stünden, andere konzentriert über ihren Laptop gebeugt, das Kommen und Gehen eines Sonntagnachmittags, auf der
Gumpendorfer Straße rauscht stoßweise im Rhythmus der Ampeln
der Verkehr vorüber, leise klingt irgendwo ein Glas, eine Tasse, der
Ober bringt Melange und Cappuccino und heiße Schokolade mit
Rum, bringt einen weißen Sommerspritzer oder einen Apérol, ein
Croissant, eine Gulaschsuppe, die Zeitungen rascheln, die Kriege
sind weit weg, die Flüchtlinge nahe, eine Dichterin in Schwarz
beugt sich über sich selbst, wärmt sich mit weicher schwarzer
Jacke, schlingt die Arme um ihren Körper, die Welt ist draußen,
die Stimme innen, die Worte, die Bilder, die Erinnerungen und das
schmerzhafte Vergehen der Zeit.

Kann sein daß, wir werden nicht mehr geliebkost. Kann sein
daß, jemand kommt um mich auszuforschen. Ein Zahn nach
dem anderen, büschelweise die Haare, das Herz. Resignieren,

aufbäumen. Kann sein daß, die Tränen strömen beim zufäl-
ligen Wiederhören der Arpeggione-Sonate, herzzerreißendes
Kopfkissen. [...] Kann sein daß, man wird ungeduldiger, kann
sein daß, man wird einsichtsvoller, immer noch ungeduldiger,
immer noch einsichtsvoller. Kann sein daß, man nimmt alles
vorweg, die Schmach und das Siechtum, die Verlorenheit und
die Verlassenheit, das Sterben und den Augenblick des Todes,
den Terror der Todessekunde.[6]

Den kurzen Text „kann sein daß" schrieb Mayröcker bereits 1988.
Der Lyrikband *Das besessene Alter* erschien 1992, das titelgebende
Gedicht ist ein Jahr früher entstanden, da war sie siebenundsech-
zig. Jetzt ist sie über neunzig und schreibt, schreibt fast Tag und
Nacht und lebt nur, wenn sie schreiben kann. ABER ÜBERHAUPT
SCHREIBEN!

Gewohnt hat Friederike Mayröcker ihr ganzes Leben in einer Handvoll Straßen im 5. Wiener Gemeindebezirk. Hier ist sie geboren,
es war eine Hausgeburt in der riesigen großelterlichen Wohnung
aus der Gründerzeit in der Wiedner Hauptstraße, es war der
20. Dezember 1924 und die Hebamme rief, als sie das Neugeborene
in die Höhe hielt: Schauen Sie, ein ENGELGOTTESKIND! 1924:
das Jahr, in dem Kafka starb und das Erste Manifest des Surrealis-
mus veröffentlicht wurde. Mit eineinhalb Jahren bekam Friederike
Gehirnhautentzündung, war wochenlang im Spital – später schreibt
sie vom Schutzengel ihrer Kindheit–, wurde gesund, durfte bis
zum zehnten Lebensjahr jedoch wegen angeblicher Ansteckungs-
gefahr in keine öffentliche Schule gehen. So kam sie – sie wohnten
bereits in der Anzengrubergasse – zu den Englischen Fräulein in
der Nikolsdorfer Gasse. Es war eine feine Schule, sagt Friederike,
bereits modern in der Koedukation, wir hatten keine geistliche
Schwester, sondern eine weltliche Lehrerin, nur neun oder zwölf
Kinder. Ich war ein scheues Kind, habe nur geschaut und gehorcht.
Wir hatten blaue Faltenröcke und weiße Blusen, eine Schürze aus
hartem Cloth.
　　Ein umsorgtes Einzelkind, ein glückliches Elternhaus: „Mein
Vater: Lehrer und leidenschaftlicher Motorist, intelligent, unter-

nehmend, gesellig, ideenreich, die Motorräder kamen und gingen ... Meine Mutter: Modistin, inspiriert, melancholisch, aufopfernd, liebevoll, den Künsten ergeben." Auf dem Schulweg trägt sie dem Kind die Tasche, auf dem Eislaufplatz beobachtet sie frierend die Anfangskünste des Mädchens, auf der alten Nähmaschine schneidert sie ihm ein blaues Etaminkleidchen und streut ihm Salz auf das Haupt, um den bösen Blick zu bannen. Am Morgen aber, inmitten von Hutstöcken, „wird sie von einem Gefühl ungeduldigen Entzückens beim Anblick der vielfarbigen Hutstumpen, Blumengestecke, Tuffs, Schleier, Rüschen und Seidenbänder durchdrungen. Und sie beginnt wie berauscht in diesem herrlichen Durcheinander von Farben und Materialien zu wühlen", in Tüll und Taft, Gaze, Filz, Stroh und Samt, „in dem Bewußtsein, *daß alles möglich ist.*"[7] Und ich denke an meine Großmutter, die ebenfalls Modistin war, die ihren Hut für die Hochzeitsreise selbst entworfen und gefertigt hatte, groß wie ein kleines Wagenrad, sodass sie schräg in den Zug einsteigen musste, der sie nach Meran hätte bringen sollen, aber schon in Salzburg war die Reise zu Ende: Der Krieg war ausgebrochen, Generalmobilmachung am 31. Juli 1914, mein Großvater kam 1916 zurück mit zerschossener Hüfte. In unserer Küche hängt eine Fotografie von ihr im weißen, langen taillierten Kleid, sie liebkost ein weißes Häschen und steht am Ufer eines Baches, wenige Tage, nachdem ihr der frisch vermählte Geliebte genommen wurde für die erste scheue, wilde Zeit der Liebe; ich denke an sie mit schlohweißem Haar und fühle mich schuldig, da ich zu wenig gefragt habe nach den Farben der Hüte und den Dunkelheiten eines Lebens und denke zugleich an Mayröckers Selbstvorwürfe, dass sie jenen, die sie liebte, zu wenig Zuneigung geschenkt und das Schreiben über alles gestellt hätte.

Noch immer im Café Sperl. Friederike erzählt weiter von Wien: Die Wohnung in der Anzengrubergasse war klein, Substandard, aber der kostbare Bösendorfer Flügel aus dem Jahr 1890 war mit übersiedelt worden, er stand da, ungeliebt und bald unbespielt, in der Einbuchtung seines Korpus schrieb sie ihr erstes Gedicht. In dieser Wohnung blieb sie bis zu ihrer „Akeleienzeit", da war sie fast dreißig. Danach kam die Zentagasse. Sie hatte gerade Ernst Jandl, den genialen Dichter, kennengelernt, zu jener Zeit begann eine der schönsten Liebesgeschichten der Weltliteratur, die alles überdauert, das Glück, den Schmerz, die Jahre und den Tod. Seit über sechzig Jahren lebt Mayröcker hier in der Zentagasse im 5. Wiener Gemeindebezirk.

wienumschlungen

ich hänge an dieser Stadt, wie ich hänge an dieser Stadt, warum hänge ich an dieser Stadt, ist es, weil ich da geboren bin, immer da gelebt habe, weil ich da alle Lichter angezündet habe, weil ich unergründlichen Ratschlüssen gefolgt bin oder folgen habe müssen, ich hänge an dieser Stadt aber ich liebe sie nicht, ich bin sie gewohnt, sie ist mir vertraut, ich bin in ihr vertraut, ich vertraue mich ihr an, ich ruhe in ihr, wenn ich da bin, ich bin außer mir und verliere mich selbst wenn ich nicht da bin, ich ruhe in ihr, ich vertraue ihr und ich vertraue darauf, daß sie mich hält wie sie mich schon immer gehalten hat, also will ich auch ruhen da, später wenn ich nicht mehr leben kann, darf. [...] Manchmal taucht etwas auf, etwas Lichtes, ich weiß nicht, das sind die glitzernden Momente, bei Sonnenuntergang, in der Dämmerung, ein milder Schatten über den Dächern, eine gleißende Kirchturmspitze, das auf einen sehr fernen Punkt zulaufende Ende einer alten schönen langen Straße, ich blicke zur Spitze der Stefanskirche und wieder hinunter zu ihren Grundfesten, immer hinauf und hinunter, ich werde schwindlig dabei, ich möchte am Leben bleiben.[8]

Wien. „[...] hier allein kann ich sein, auch mit der Angst". Der Historie dieser geschichtsträchtigen Stadt hat sich Mayröcker verweigert, vermutlich, weil sie historische und persönliche Zusammenhänge bestreitet, sie alles zu eng Biografische ablehnt. Immer hat sie andere Verknüpfungen gesucht: Fiktion, Redebilder, hypnotische Wortträume. „Und obwohl ich in dieser Stadt geprägt worden bin, gibt es darüber noch die Ortlosigkeit, den utopischen Wohnsitz : die Deutschsprachigkeit : meine deutschsprachige Poesie." Bis 1969 war Mayröcker Englischlehrerin an Wiener Hauptschulen, aber in keiner anderen Sprache als in der deutschen, sagt sie, „könnte ich mich entfalten, könnte schreibend mich verwirklichen".

Wien ist eine Schreibstadt. Hier kann man verrückt werden.
Hier kann man verrückt sein. Wien ist für viele Dichter zur
Schreibstadt geworden, viele verrückte Dichter kommen aus
Wien. Verrücktheit, verrückte Sicht ist eine der Voraussetzungen
für Schreiben.[9]

Wollte man dennoch kurz die Realität in den Blick nehmen: Alle Lebensstationen Mayröckers kann man in wenigen Minuten erreichen: die Wiedner Hauptstraße, die Anzengruber-, die Nikolsdorfer und die Zentagasse. Letztere ist benannt nach der Schlacht bei Zenta, in der Prinz Eugen 1697 die Osmanen schlug und damit den Großen Türkenkrieg beendete. Bis ins dritte Viertel des 19. Jahrhunderts bedeckten noch Wiesen und Felder die einst hügelige Landschaft, die heutigen Straßen waren zum Teil Feld- und Karrenwege von Hof zu Hof, einige Straßennamen erinnern noch an den ländlichen Ursprung, wie etwa die Siebenbrunnengasse. Die anschließende explodierende Verbauung geschah nach dem damaligen städtebaulichen Parzellierungssystem, der ganze Bezirk Margareten trägt zum Teil heute noch dessen Gesicht mit Straßenkarrees und mehrstöckigen Gründerzeit-Wohnanlagen, biedermeierliche Relikte und baumbestandene kleine Plätze sind hingegen selten. Nahe an der Zentagasse liegt der Bacherplatz, benannt 1871 nach dem bürgerlichen Zier- und Lustgärtner Leopold Bacher, der zugleich Armenrat und später Armenbezirksdirektor war, was die Diskrepanzen im Sozialsystem deutlich macht. Sie sind heute nicht geringer als im Vielvölkerstaat der Monarchie, sagt Friederike. Viele türkische Läden und Wettbüros haben sich angesiedelt. Die nach Südosten ansteigende Zentagasse ist nach den vereinzelten Bombenschäden des Zweiten Weltkrieges – „ich komme aus den Ruinen", schreibt Mayröcker – offenbar schnell und billig wiederaufgebaut worden, heute ist sie eine gesichtslose Durchgangsstraße von der Margaretenstraße zum Matzleinsdorferplatz. Ein Supermarkt mit Tiefgarage, ein Kostnix-Laden, gegründet von der Gruppe W.E.G., was „Wertkritische emanzipatorische Gegenbewegung" bedeutet, in dem man kostenlos einkaufen, jedoch gerne überflüssige Dinge von zu Hause mitbringen kann. An erster Stelle dieser Güter stehen – Bücher! Schräg gegenüber von Mayröckers Wohnung liegt auf aufgeschüttetem Grund ein kleiner Kinderspielplatz mit Bäumen, Schaukel und kleinem Brunnen. In der Mitte steht eine große Akazie. Vielleicht weht der Juniwind ihren betörenden Duft und die weißgelblichen Blütenblätter bis hinauf in das Schreibzimmer einer Dichterin, um sie für einige Augenblicke das Glück ihrer Deinzendorfer Kindheitssommer wiederfinden zu lassen.

Zentagasse. Ein hellgraues Allerweltshaus mit gerader Nummer und vielen Parteien. Friederike lebt hier in zwei Wohnungen: nach dem Tod von Ernst Jandl im Jahr 2000 in dessen Dachwohnung im sechsten Stock, zuvor in ihrer ursprünglichen im vierten. Sie ist ein Mythos. Oft beschrieben und gefilmt, vielfach fotografiert. Hunderte, Tausende, Abertausende Bücher, Schriften, Dokumente, Zettel und Zettelchen, Notizen, Briefe, Aktenordner, Adressen, Packmaterial, verwegene und verwelkte Erinnerungsstücke. Kaum ein Fenster oder ein Möbelstück ist zu sehen, der Bösendorfer Konzertflügel ist zugedeckt und eingehaust mit Papier. Irgendwo ein freies Plätzchen für einen Sessel und ein winziger Freiraum auf einem zu ahnenden Tisch für die Hermes-Baby-Schreibmaschine, die kein „ß" in ihrer Tastatur hat. Vielleicht war früher einmal ein Blick aus dem Fenster möglich, damals, als Ernst Jandl zu Besuch kam.

> *[...] als er zum ersten Mal mein Zimmer betrat, fragte er nicht, wie es die meisten Besucher zu tun pflegen, OB ICH HIER NOCH IRGEND ETWAS FINDEN KÖNNE, sondern er sagte nur DU KANNST HIER NICHT MEHR HERAUS, und vielleicht meinte er damit, ich sei in eine Falle geraten, womit er nicht unrecht hatte, allerdings gelingt es mir manches Mal, das eine der beiden Fenster zu öffnen, erklärte ich : dann kann ich hinaustreten, vom Laubengang über die Wipfel der Alleebäume blicken und gegen Westen auf die Umrisse der Berge die unsere Stadt umfangen; auch nachts, wenn ich in meiner ständigen Unruhe nicht mehr schlafen kann, empfinde ich ein großes Glücksgefühl, wenn mir im glänzenden Fensterausschnitt die Sterne erscheinen [...]* [10]

Ein Blick aus dem Fenster ist genug. Alles andere ist Schreiben. Ist die Erschaffung der Welt aus dem Wort. Ist Magie und Zauberei, eine Wildheit und eine Sanftmut wie bei keinem, bei keiner. Rigoros und radikal. Besessen, sinnlich und so neu, als ob die Sprache eben erfunden worden wäre. Wörter in ihrer „Windigkeit" fangen. Poesie aus bitteren Meditationen, nicht Wirklichkeit, sondern Wahrnehmung der Wirklichkeit. Ein dem Leben-Lauschen und es Infrage-Stellen, um daraus zwölftonige Kompositionen und die unerhörtesten Sprach- und Bildinnovationen zu entwerfen, die verstören, ratlos und glücklich machen. Eine „gewaltsame Zärtlichkeit, ein Lockruf, eine Bezauberung, eine Ausstoßung, sage ich, eine Kopulation von Wörtern : ein Liebesspiel mit der Sprache". Ein Schreiben gegen den Tod und die Angst sowie als Feier des Augenblicks, der in einer Zeile, einer Strophe bleibt für immer.

Als sie im *vierten* Stock noch aus dem Fenster blicken konnte, schrieb man das Jahr 1984. Inzwischen sind mehr als drei Jahrzehnte vergangen. Jetzt ist die frühere Wohnung heruntergekommen, sagt Friederike, als W. und ich einige Wochen nach dem Treffen im Café Sperl zu Besuch in der Zentagasse sind, jetzt kann ich nicht mehr hinein. Jetzt wohnt sie schon seit Jahren im *sechsten* Stock. Ein Verwirrspiel im selben Haus.

Ich kenne diese Dachwohnung, seit ich 2000 einen Film über Ernst Jandl drehte. Bodo Hell stand mir zur Seite, der Freund aus Studientagen, der seit Jahrzehnten auch ein Freund des Dichterpaares ist. Jandl war hierher übersiedelt, als er nicht mehr die Stiegen zu seiner Wohnung in der Wohllebengasse hinaufsteigen konnte, denn hier in der Zentagasse gab es einen Lift. Und es gab Friederike. „Das Schweben das Gleiten der vielen Flugzeuge im Oberlichtfenster : er blickte immer wieder dorthin und zählte die Flugzeuge, immer wie sie kreuzten den Himmel des Oberlichtfensters." Ernst Jandl saß da als besiegter, unbesiegbarer Feldherr, eingewachsen in seine Bücher, verwurzelt und verknorrt in Bücher und Bäume von Worten, die ihm aus der Hand wuchsen, aus dem Mund in ungebrochener Stärke. Weiße und hellblaue Hemden hingen an Kleiderstangen, die quer in die schrägen Fenstergauben gespannt waren, da blieb wenig Raum für den Himmel und das Zählen von Flugzeugen. Da war nur dieses unbändige Erzählen, das Aufschlagen des vielgliedrigen Fächers aus Kindheit, Geschichte und Sprache. Wir konstruierten damals für den Film ein Periskop aus Pappe, mit dem er uns zeigte, wie er als Kind über die Köpfe der Erwachsenen und die brünstigen Schreie der „Heil!"-Rufer hinweg Adolf Hitler am 15. März 1938 auf dem Heldenplatz erspäht hatte, vor über zweihunderttausend Menschen. In einem seiner berühmtesten Gedichte, „wien : heldenplatz", hat er das Ereignis in die kalkulierte Aggression seiner sprachzertrümmernden Poesie gefasst: „der glanze heldenplatz zirka / versaggerte in maschenhaftem männchenmeere [...]"

Und Friederike kam damals aus ihrer Wohnung im vierten Stock herauf, schaute ein wenig bei den Dreharbeiten zu und ging wieder, leise, „auf Zehenspitzen", wie immer. Und irgendwann am Nachmittag standen wir in der kleinen Küche, und Friederike rührte in einem Kochtopf, oder war es Bodo oder ich, wir waren hungrig, wir hatten vier Ziegel Cremespinat gekauft, es war Gründonnerstag. Und später stiegen Bodo, das Team und ich über die Klappleiter auf das Dach, um den horizontweiten Blick zu filmen, der den Bewohnern der Bücherhöhlen oder -höllen verwehrt war, den

Blick über Kahlenberg und Leopoldsberg, Belvedere und Karlskirche, Stephansdom und den Strom der Zeit, die Donau, die sich
in der pannonischen Ebene verliert, herabfallender Himmel. Und
dann las uns Ernst Jandl aus seinen letzten Gedichten vor, und er
saß vor dem schwarzen Samt, den wir mitgebracht hatten, las und
schrie über diese „verdammungswürdige, die entwürdigende Vergänglichkeit und Endlichkeit unseres Lebens" hinweg, las und don-
nerte und wurde leiser in der Melancholie eines Abschieds, der im
Raum stand als heimliche Kalligrafie. Dann saßen Friederike und
er sehr ruhig nebeneinander, sie berührten sich nicht, blickten
vor sich hin, schwiegen, aber ein ganzes Leben war darin, HAND-
und HERZGEFÄHRTEN, HERZ- und LIEBESGEFÄHRTEN, wie
Friederike Mayröcker nur wenige Wochen später schrieb in ihrem
„Requiem für Ernst Jandl", der am 6. Juni 2000 gestorben war.

*Bist ganz sausen, und Bouquet um Bouquet o Herr Jesus was
würden wir jetzt zueinander sagen, so viele Tage nach seinem
Abschied, wie unsere Gespräche, würden wir schweigen, was
würde er sprechen, was mir anvertrauen, sein Wort sein Seufzen
oder mächtig mit mehreren Stimmen, er würde vermutlich
mit mehreren Stimmen mit vielen Stimmen mit mannigfalti-
gen Chören sprechen zu mir, da gibt es kein Entrinnen vor den
Stunden des Tages, Samuel Beckett, o Herr Jesus, ich muß in die
Wasserstube: FÖN IN DIE BADEWANNE GESCHMISSEN!
UND AUS!*[11]

Seit fünfzehn Jahren hatte ich diese Jandl-Mayröcker'sche Man-
sardenwohnung nicht mehr gesehen. Es erstaunte mich und doch
auch wieder nicht: Sie sah aus wie die Wohnung im vierten Stock.
Zugewachsen. Schreibhöhle und Irrgarten. Gefängnis oder Geheimnis? Edith hatte Friederike ein geschmücktes Weihnachtsbäumchen gebracht, schief stand es zwischen den Gebirgen aus
Büchern, Zettellabyrinthen und kleinen bunten Wäschekörben,
überquellend mit Papierenem auch sie. Ist die Welt hier ausgeschlossen oder vielmehr hereingeholt in tausenderlei gedruckte
Tanderei? In den Atem lebensnotwendiger Schrift und Schriften,
die sich vermehren wie das Myzel einer tropischen Pflanze? Für

Friederike ist diese „Verzettelung" ein Lebensmuster, sie kann es ironisieren und hat selbst Angst vor den „Hurrikanen aus Staub". Aber sie kann nicht anders. Im Band *cahier* steht einer ihrer kühnen Sätze, zwar auf anderes bezogen, aber gültig für vieles: „[...] statt einem Fingerklopfen habe ich mein Leben vertan."

Nein, nichts ist vertan. Alles ist gelungen. Das poetische Werk, das aus dieser Lese-Reflexions-Sammel-und-Schreib-Passion entsteht, ist Weltliteratur. Chiffre einer Poetik, die Welten baut und niederreißt und die unausweichlich ist: „[...] *denn da ist ein Geist der in mir herumpoltert,* wahnwitziger Geist, der sich immerzu und wiederum und abermals widersetzt jener gegenläufigen LOCKENDEN Vorstellung eines systematischen / rationalen Schreibprozesses [...]"[12] Friederike bahnt sich den schmalen Weg durch ihr chaotisches Königreich, zwei Fußbreit sind noch frei für zwei Sessel für sie und mich und drüben einer für W. beim Weihnachtsbäumchen. Jede Minute in diesem Zimmer ist ein Geschenk. Das ist keine Wohnung, sagt sie, das ist eine Werkstatt. Sie hat Biskotten vorbereitet, gebeugt und verloren wirkt sie im Büchermeer, eine schwarze Gestalt, zuneigend und voll Zärtlichkeit, „unverächtlich" allen Menschen, aller Kreatur und auch den Dingen gegenüber, weich und angstvoll und verwegen dem Vergänglichen des Lebens ihren Widerstand entgegensetzend. Eine Hermes Baby, auf der sie seit Beginn an schreibt – ich habe noch drei als Ersatz, sagt sie lachend, denn neue gibt es schon längst nicht mehr – steht im Kämmerchen nebenan. „Was die Intuition an Wahnwitz und Ungestüm wagt, wird vom Verstand gleichzeitig oder im Nachhinein bedachtvoll, präzise und streng in wahrheitstreue Form gebracht, fixiert und versiegelt. So wird Ekstase zu einer Disziplin."

Tief unten in der Zentagasse rauscht leise der Verkehr, Sterne sind keine zu sehen. Wenn die Nacht kommt, sind die Worte gegangen, sagt Friederike, dann kommt nur herzzerreißende Einsamkeit. Es gab andere Abende und Nächte, blaue Erleuchtungen. Damals, als sie noch fast täglich in die Wohllebengasse ging und sie sich gegenseitig vorlasen, was sie am Tag geschrieben hatten, Ernst Jandl Gedichte, sie Prosa und Gedichte, damals, als sie den „myriadischen

Blick" hatten und Mitternacht umschlungen war. Früher begann sie gegen vier Uhr morgens mit der Schreibarbeit, jetzt wird es manchmal sieben. Noch im Bett notiert sie mit der Hand, was sie im Schlaf oder Halbschlaf träumte, fand und erfand.

„dein Vorschlag, meine schmalen Schriften = diese halluzina-torischen Stücke von Poesie als „Kurzgeschichten" zu bezeich-nen, <u>nimmt mich wunder</u>, ich halte mir die Hände vors Gesicht wie ich weine. In meinem Kämmerchen, SW-Seite, schiefer Maschinenschreibtisch, „hermes baby" zu Klaviermusik von Franz Liszt heilige Morgenstunde. Drausen Frühling Ende März ich sehe dasz der Flieder sprieszt, manchmal schreibe ich von meinen Träumen ab, ich empfange Verbalträume. Ich sitze gebückt fast kniend (wie Glenn Gould beim rasenden Spiel), man musz warten können, bis es einschnappt, ich brauche eine hohe Zimmertemperatur und elektrisches Licht auch wenn die Sonne hereinscheint. Es ist eine grosze Aufregung so dasz mein Blutdruck aufs höchste, etc. Bin sehr beherzt und danke dem heiligen Geist für seine Verheiszungen ..." [13]

Nach zwei Stunden muss ich aufhören mit dem Schreiben, sagt Friederike, früher waren es vier oder fünf. Dann ist der Rausch vorbei. Die Sprache ist meine Droge. Ich kann nur am Morgen arbeiten, früh ist alles noch rein, unberührt, abends schon beschmutzt. Was unbrauchbar ist, werfe ich weg, man muss der strengste Kritiker seiner selbst sein. Schreiben ist zuerst Wollust, dann harte Arbeit. Ich brauche die Erinnerung an die Realität, aber sie muss verwandelt werden, ich will keine Nacherzählung, das wäre armselig. – Und leiser fügt sie hinzu: Ja, ich glaube an den heiligen Geist. Er hilft, ich fühle mich von ihm beschützt. Wie damals als Kind, wenn meine Mutter mir beim Weggehen drei kleine Kreuze, Kreuzes-Knospen, auf Stirn, Mund und Brust gezeichnet hat.

Im Reich der blauen Worte hat alles Platz, der Heilige Geist und surreal-dadaistische Montage, Heilsgestöber und Zinnenzinnober, Erlösungsträne und „profane jahreszeit im knie". „Zeilen wenn sie so eng umschlungen : wenn sie so hingerissen wenn sie so angeflammt". Mayröcker ist ihr eigenes Orakel. Ihr eigenes Medium. „Das Atemwäldchen tropfte und taute grünes Blut." Meist hört sie Musik, wenn sie schreibt, Bach und Brahms, Schubert und Schumann, Liszt, Keith Jarrett und Satie, früher Rockmusik und die Beatles, Ernst Jandl war für Free Jazz. Sie liebt und studiert Maler und Zeichner, gotische Tafelbilder und Landschaften der Renaissance, Goya, Picasso, Francis Bacon und Andy Warhol. Reproduktionen und Plakate hängen unter dem Zettelgestrüpp an den Wänden. Im Wien der 1960er-Jahre hatten Jandl-Mayröcker mit der von Gerhard Rühm so benannten „Wiener Gruppe" um H.C. Artmann Kontakt, Friederike am intensivsten mit Andreas Okopenko und Gerald Bisinger. Als ihre literarischen Genien nennt sie Beckett und Brecht, Roland Barthes und Breton, Max Ernst und Jean Paul, Hölderlin, Arno Schmidt, Henri Michaux, Claude Simon und Duras. „Und ich spüre, wie sie mir winken, ihre Geheimnisse zuflüstern, mir, diesem Schwächling, diesem Schweiger, diesem Wetterdichter mit Wandertasche und Distelkopf, diesem Vogelbekümmerer, diesem Fremdling der Welt, mir, dieser fragwürdigen Marginalexistenz."

„Fremdling der Welt" ist sie vor sich selbst geblieben, vor der Öffentlichkeit ist Friederike Mayröcker zur Ikone geworden. Ihre

Gesammelten Gedichte umfassten schon zu ihrem 80. Geburtstag über 800 Seiten, jedes einzelne eine Kostbarkeit. Ihre Prosawerke sind ein Wortsturm, ein Hurrikan anderer Art. Die Büchner-Preisträgerin von 2001 hat ihren 90. Geburtstag längst hinter sich, aber fast jährlich erscheint ein neues Werk, anarchisch, wundersam und wörterstaunend. An den Debatten und Querelen des Betriebs hat sie nie teilgenommen. Steht außerhalb aller Zuordnungen. Mayröcker ist Mayröcker. Sie hat Scharen von Verehrern. Nicht sie selbst hat sie um sich geschart, sie liegen ihr zu Füßen. Einer von ihnen ist Michael Lentz, der 2009 zum Erscheinen des schmalen Bandes *Scardanelli,* in dem Mayröcker auf das Synonym des späten Hölderlin anspielt, schrieb: „Allein eine Seite Mayröcker, und man findet dort Wörter, Visionen, Aufgabelungen, Aufrisse wie sonst in ganzen Büchern nicht.“

mit Scardanelli
im Grunde deines Mundes, damals
wann weisz die Schwalbe dasz es Frühling
wird nachts nadelst du als Regen an mein Fenster ich
liege wach ich denke an die Nachmittage umschlungenen
Mitternächte, vor vielen Jahren diese Rosenkugeln die
Schaafe auf der dunklen Himmels Weide[14]

Ernst Jandl, die Erinnerung. Immer ist er gemeint, mit-gemeint. „[...] mit dir überall hin / ich fürchte mich nicht / mit dir überall hin überall hin.“ Fast alle Bücher der letzten sechzehn Jahre sind Gespräche mit dem „Herzgefährten“, vom *Requiem* über *Und ich schüttelte einen Liebling* bis zur Trilogie nach dem Vorbild und der Umwandlung der *Cahiers* von Paul Valéry: *études, cahier* und *fleurs.* Mit Ernst Jandl hat sie in der Brüchigkeit jeder großen Liebe in Wien gelebt, mit ihm ging sie eineinhalb Jahre nach Berlin und auf Lesereise durch den Osten der USA, und mit ihm verbrachte sie alle Sommerurlaube, in Rohrmoos am Fuß des Dachsteins, in Puchberg am Schneeberg, in Meran und in Bad Ischl, wo sie die Kaffeehäuser liebten, die kleinen Spaziergänge an der Esplanade und den Blick vom Hotelfenster auf die Traun, auf deren Uferbänken sie gesessen waren, die Arme aufgestützt, die Köpfe in ihren Hän-

den und dem Wasser zuschauten, „ich meine mäandernd und hän-
dehaltend. Bin reiszend dasz ich so reiszend bin wie dieser Flusz."

*Während der abnehmende Mond über die Hügel glitt, damals
in Bad Ischl. Du kennst mich besser als ich mich selbst kenne,
die Verbrüsselungen z.B. die in Scharlach gekleideten Völker,
dasz ich die Wörter neu erfinden könne. [...]*[15]

Kein Ende dieses Erfindens. Staunend, von Glück erfüllt, sehen es
jene, die Friederike Mayröcker lesen. Kein Ende dieser täglich neu
gewagten Radikalität, eines Schreibens auf Leben und Tod. „[...]
und hätte ich dieses mein Schreiben nicht, diese meine pausenlose
lebenserhaltende *Schreibarbeit* [...]." Als wir uns zum Abschied in
der Dachwohnung der Zentagasse durch die Bücherhöhlenpfade
einen Weg in den Vorraum suchten, legte Friederike Musik auf.
Es war Liszt. Sie stützte sich von Schriftenberg zu Wäschekörb-
chen, langsam, fragil, mutig Schritt für Schritt gegen die Vergänglichkeit. Ich würde gerne bleiben. Ihr leben helfen. Werde in den
Büchern bleiben, geschrieben mit dem Feuermal, der Feuerzunge,
dem verzehrenden Wort. „Du liebes Lamm, du verlassene Welt,
bis zum Wahnsinn liebe ich dich ..."

*Franz Liszt aus dem GRAMMO
weiszt du, 1 Rausch .... an-
himmeln den Himmel die Sterne
den Mond ++++++*[16]

Juri Andruchowytsch
Im Grenzland der Hoffnung
Galizien. Iwano Frankiwsk/Stanislau. L'wiw/Lemberg

„Stets setzte er alles aufs Spiel – seine Habe, sein Talent, sein Leben." Ist es er selbst, von dem der Autor hier spricht, oder ist es die Hauptfigur seines Romans *Perversion?* Verbirgt sich hier einer im anderen, um nicht erkannt zu werden? Denn „[...] vierzig Namen trug er, aber keiner war echt, denn seinen echten kannte niemand, nicht einmal er selbst.[1] Das dichterische Spiel mit den Identitäten ist die eine Seite. Die andere ist die Wirklichkeit: ein Land, das von Krieg bedroht ist, in dem Tausende starben. Es ist noch nicht lange her. Und Juri Andruchowytsch hat alles aufs Spiel gesetzt, seine Habe, sein Talent und sein Leben. Von seinen ersten Schriften an bis zum Euromaidan in Kiew, wo er mitkämpfte, ausharrte und hoffte. Die Wirklichkeit ist die Ukraine. Ist Galizien, Mythenland. Hier liegt Iwano Frankiwsk, wo er geboren wurde und wo er jetzt wieder lebt. Hier liegt L'wiw, wo er den Rausch der Freiheit lebte. Auf älteren Atlanten heißen diese Städte Stanislau und Lemberg.

Was ist Galizien? Ein Land unserer Träume oder Albträume, oder vielmehr ein Land mit klaren Konturen? Ist es das Land der Erzählungen über einsame Dörfer in den Karpaten und über jüdische Schtetl, in denen Männer mit langen Bärten und in schwarzem Kaftan zur Synagoge streben? Land zweier leuchtender Städte: historisch vorübergehend Krakau, immer jedoch Lemberg, durch das die wichtigsten Handelsstraßen führten, von Konstantinopel an die Nord- und Ostsee, von Venedig nach Moskau und von Wien nach St. Petersburg, reich, lebendig, Stadt vieler Kulturen, Religionen, Zerstörungen und Wiedergeburten? Denken wir an wolhynische Fürstentümer, polnische Könige oder an Habsburgs Glanz, als 1772 das Gebiet unter der Bezeichnung „Königreich Galizien und Lodomerien" der großen Monarchie einverleibt und Lemberg „Klein-

Wien" genannt wurde, als in den Kaffeehäusern bis zu einhundert Zeitungen auflagen, wo es ein glanzvolles Opernhaus und ein ebensolches Theater gab? Denken wir an Joseph Roth, der aus der pulsierenden Stadt Brody kam und an Bruno Schulz aus Drohobytsch, das durch seine Erdölfunde um 1900 gerade dabei war, das Pennsylvania Galiziens zu werden? Oder haben wir die Bilder und Zahlen des Grauens vor Augen, der beispiellosen Gewalt und der Massendeportationen, in denen durch die Nationalsozialisten und das Sowjetregime Millionen Galizier verschleppt und ermordet wurden?

Galizien – ein Wort und ein Gebiet, das verhasst und geliebt wurde und das unvermindert Faszination ausstrahlt. Jetzt, wo es nicht mehr existiert, wie es war, vielleicht mehr denn je. Die Grenzen dieses Galiziens hat die Geschichte verschoben: Das einstige Ostgalizien ist heute die Westukraine, und das einstige Westgalizien ist heute ostpolnisches Gebiet. „Ich lebe in einer ewig beargwöhnten und benachteiligten Weltgegend", schreibt Juri Andruchowytsch, „Galizien ist durch und durch künstlich, mit den Fäden pseudohistorischer Kombinationen und quasipolitischer Intrigen zusammengesponnen." Und er führt die endlosen Gespräche an über Jewropa, Juropa und Europa und über europäische Bedeutung und Bestimmung, über den Weg nach Europa, darüber, dass auch *wir* zu Europa gehören, und er nennt manche Argumente dagegen, die von außen her in sein Land getragen werden.

Ich habe jedoch eine andere Perspektive. Genauer gesagt habe ich sie nicht, denn ich befinde mich hier mittendrin, es ist mein Territorium, meine verdächtigte und geringgeschätzte Welt, die Wehrmauern rings herum sind längst eingestürzt, die Gräben mit historischem Gerümpel und Kulturschutt [...] aufgefüllt; meine Verteidigungslinie – das bin ich selbst, und ich habe keinen anderen Ausweg, als diesen Streifen, diesen Flecken, diese Flicken zu verteidigen, die nach allen Seiten zerfransen [...] Sie zerfransen, ich aber will sie wieder zusammennähen und sei es mit den groben Fäden meiner eigenen Visionen und Ideen.[2]

Dieses DAZWISCHENSTEHEN wird Juri, W. und mich als beständiges Motiv begleiten bei allen Gesprächen und auf unseren Stadtwanderungen durch Stanislau und Lemberg sowie in einem dieser endlos langen Züge mit den hohen, ausgebleicht-blauen Waggons aus der Sowjetzeit, die zwischen diesen beiden Städten verkehren und weiter nordöstlich nach Kiew oder südlich bis Czernowitz fahren, von wo es nicht mehr weit wäre bis zum Ort Rachiw, den die Kartografen der k. u. k. Monarchie als das geografische Zentrum Europas ermittelten. Aber noch sind W. und ich allein auf der Fahrt von Lemberg nach Stanislau, das seit 1962 den Namen Iwano Frankiwsk trägt, von den Einheimischen meist in der Verkleinerungsform Frano oder Franyk genannt.

Olja Sydor, eine Freundin von Juri und eine hervorragende Stadtführerin, die man übrigens auch buchen kann, hatte uns am Flugplatz von Lemberg abgeholt und zum Bahnhof gebracht. Dieser Bahnhof! 1904 mit kaiserlichen Ehren eingeweiht, stattlich und zuverlässig, Symbol der Macht eines Großreichs, zugleich Zeugnis technischer Pionierleistungen gegen Ende des 19. Jahrhunderts, die ein riesiges Gebiet mit Eisenbahnlinien erschlossen und die galizischen Städtchen an die Welt anbanden. Als wir unseren Koffer durch die breiten Gänge des Lemberger Bahnhofs ziehen, ist es nicht kalt und zugig wie auf Bahnhöfen sonst, es ist heimelig, heruntergekommen und in den Höhen elegant, riecht nach Salzgurken, Knödeln und Schnaps, nach Bier und Buffet und verschwitzten, grau gekleideten Menschen – aber im Kopf spulen sich die Bilder und Szenen ab, die so gerne gemalt, fotografiert und von Dichtern beschrieben wurden: junge Offiziere in bunten Waffenröcken, Damen in langen, hellen Kleidern, Kaufleute aus Armenien und Amsterdam und Ölmagnaten aus Südgalizien, draußen das Gedränge der Träger, Händler und Bettler aus den finsteren Gassen der mittelalterlichen Vorstädte. Vor zwanzig Jahren erst tafelte an den großen, runden Tischen die sowjetische Nomenklatura, heute ist der Raum fast leer, niemand spielt auf dem Klavier, und wir essen Soljanka, die für diese Gegend typische, kräftige Suppe. Olja erzählt uns von der Wahl des Vortags, an dem der Lemberger Bürgermeister wiedergewählt wurde: Das erste Mal war er außerparteilich, das zweite Mal kandidierte er für die

Christlich-Sozialen, und das dritte Mal gründete er eine eigene Partei, Samopomitsch, was so viel wie „Selbsthilfe" oder „Komm und mach!" bedeutet.

W. und ich stehen an einem Gangfenster des Zuges, der uns zu Juri nach Iwano Frankiwsk bringen wird, draußen versinken die Hügel in der Dunkelheit, irgendwo passieren wir den Fluss Dnjestr. Die Karten und Plätze hatte Juri über Internet vorbestellt, die zweieinhalb Stunden dauernde Fahrt kostet pro Person 102 Hrywnjar, rund vier Euro. Als Kind hatte Juri die Geräusche der Züge geliebt, die Pfiffe Tag und Nacht. Sie hatten in der Nähe des Bahnhofs gewohnt, der Bub stand auf der Veranda und hörte das Gemurmel der Menschen, die auf Reisen gingen, er hatte sich mit vielen Ausreden oft im Bahnhofsgebäude herumgetrieben, um die Lokomotiven und die Zigeuner zu beobachten, und sommers lief er mit andern Kindern im Dunst warmer, rußiger Eisenbahnschwellen vorbei an den Werkshallen der Lokomotivenreparatur-Fabrik LRF an das Ufer der Bystryzja Nadwirnjanska, um zu baden. Dort, wo unser Waggon zu stehen kommt, ist kein Perron, ich springe die letzte hohe Stufe hinunter, Juri fängt mich auf. Schöner könnte man Iwano Frankiwsks Boden nicht betreten. W. und ich wohnen im Hotel Templum, das gegenüber der Synagoge liegt, warm ist es im Zimmer, wir freuen uns auf später.

Im nahen Restaurant Legenda im fünften Stock eines Neubaus blicken wir über die Dächer und Plätze der Stadt. Nebel ist eingefallen, es ist November. Ich kenne viele Legenden über Franyk, sagt Juri, aber ich vergesse sie gleich wieder, ich mache mir meine eigenen. Der Turm des Rathauses steht grell erleuchtet da, sinnentleert, da die Büros woanders liegen. Das alte Rathaus wurde im Ersten Weltkrieg zerstört, der mit seinen wechselnden Frontverläufen ganz Galizien zum Schlachtfeld machte.

Galizien war immer Auswandererland. Auch in Juris Familie gab es einen Vorfahr, der nach Amerika ging, um sein Glück zu suchen. Er wurde jedoch in Chicago von einer Tram überfahren, und wie im Märchen brach sein jüngster Sohn auf, um den fernen Vater zu finden. Er zog durch diesen aus Flicken zusammengenähten Teil der Welt, der später Mittel- und Osteuropa genannt wurde und kam bis an das Ufer eines großen Flusses, der ihm wie der Ozean erschien. Und Juri zieht das Suhrkamp-Taschenbuch *Mein Europa* aus seinem Sakko und liest uns das Ende der Geschichte vor:

... Drüben beginnt die Neue Welt. Jenseits der Donau liegt Amerika, d. h. die Zukunft, jenseits der Donau liegt alles, was im Laufe der Jahre in Erfüllung gehen wird (oder auch nicht). In Wirklichkeit ist die Donau der Ozean, der uns anzieht. Seine Nähe, seine Präsenz bedeutet sehr viel: Zeit, Ewigkeit, Geschichte, Mythologie, unser Sein. Flucht – aber auch Rückkehr. Zukunft, aber auch – Vergangenheit.[3]

Es gibt immer ein „Amerika", immer irgendeinen Traum, sagt Juri, steckt das Büchlein wieder ein und lacht, und ich sehe die Freude in seinen Augen am Erfinden von Geschichten, wie es in den Biografien der ukrainischen Nationaldichter Tradition ist. Etwa in jener des charismatischen Taras Schewtschenko, Autor des Buches *Kobzar,* das zur Weltliteratur zählt, und der als Kind aufbrach, um den Horizont zu suchen. Er war der Sohn eines leibeigenen Kosaken aus der Ostukraine, wurde früh Waise, später in St. Petersburg von einer Gruppe Intellektueller freigekauft, 1847 wegen Vaterlandverrates zu 25 Jahren Zwangsarbeit verurteilt, nach zehn Jahren amnestiert, kam gebrochen zurück und starb 1861, beweint von einem ganzen Volk. Unter Stalin wurden seine Schriften verboten, während der Perestrojka wurde er zum Helden der Ukrainer. Juri hat seinem Sohn den Namen Taras gegeben und Taras – allerdings nach einem griechischen Heiligen – heißt auch der kleine Sohn des slowenischen Autors Aleš Steger, der mit Juri befreundet ist und den wir im Sommer besuchen werden.

Wir trinken roten Wein aus Transkarpatien. Die Berieselungsmusik aus der Bar trägt eine raue Stimme herüber, *... I am sailing ...* Und sofort sagt Juri: Rod Steward! Er kennt alle Lieder, alle Interpreten und Bands, es war die Rockmusik der 1970er- und 1980er-Jahre, die seiner Generation unbändiges Symbol für Freiheit, Welt und Westen war. Während der Sowjetzeit wurde Franyk – ebenso wie Lemberg – massiv mit Industrieproletariat aus den Weiten des kommunistischen Reiches besiedelt und ist doch einst das Städtchen Stanislau gewesen mit Kaffeehäusern, in denen Walzermusik erklang, mit Promenaden, über die Ulanen und Dragoner aus der nahen k. u. k. Garnison ritten, dessen Bevölkerung polnisch, deutsch, ukrainisch und jiddisch sprach und wo „alles frecher, freier und leichter" war als sonst wo, wie der Schauspieler Alexander Granach in seinen Erinnerungen *Da geht ein Mensch* schreibt. Der Osteuropaexperte Martin Pollack hat dies und viele andere Details in seinem Kultbuch *Galizien* gesammelt und auf wundersame Weise zusammengefügt.

Auch Juris Erinnerungen reichen noch in dieses Damals zurück durch die Erzählungen seiner Großmutter Irena, die er liebte, die gerne erzählte und bei der er seine Kindheit verbrachte. Als Zwölfjährige hatte sie noch Erzherzog Franz Ferdinand im offenen Wagen gesehen, gefolgt von einer Kavallerie-Eskorte, seine Gemahlin neben ihm und die Kinder auf dem Rücksitz des Lorraine-Dietrich, unterwegs zum Bahnhof, wo sie mit dem Nachtexpress nach Czernowitz weiterreisen sollten. Die Großmutter war 1902 geboren, und das bedeutete Ausweglosigkeit, das 20. Jahrhundert lässt dich nicht aus den Klauen, sagt Juri. Meine Oma, das ist ein fantastischer Spagat über den Fluss der Zeit, sie hat das Kaiserreich und den Astronauten Gagarin erlebt, zwei Kriege mitgemacht und musste sechs Mal ihre Identität wechseln. Ihr Haus wurde von den Sowjets „nationalisiert", was bedeutete, dass drei weitere Familien eingewiesen und die Großmutter, Juris Eltern und er selbst auf zwei Zimmer zusammengedrängt wurden. Sie war eine Schönheit und liebte das Fotoatelier eines Juden aus Lodz, bei dem sie Bilder in unterschiedlicher Aufmachung machen ließ – für den Enkel wie ein Stummfilm aus Chicago, New York und Paris. Sie tanzte Boston und Shimmy, und Juri fragt: Wie geht das eigentlich? und bestellt einen transkarpatischen Brandy. Bud'mo! Lassen wir uns sein!

Mein Vater, erinnert sich Juri, war mir alles, Anfang und Ende und der Abgesandte der großen Welt, Erzähler von Horrorgeschichten und Lehrmeister der Großzügigkeit. Nach dem Zweiten Weltkrieg war er als Fünfzehnjähriger auf der Flucht vor den Russen mit seiner Mutter bis Wien gekommen, und später trug er dem Sohn auf: Wenn du einmal nach Wien kommst – fahr mit dem Riesenrad! Mutter und Sohn wurden jedoch als Einzige aus dem langen

Flüchtlingstreck wieder zurückgeschickt: Sie waren aus einem Land, das DAZWISCHEN und undefinierbar war: aus Galizien. Der Vater wurde Förster, brachte Juri die Namen der Pflanzen, die Neigung zum Alkohol und die Liebe zu Büchern bei. Buffalo Bill und Boccaccios *Dekameron*, Cervantes, Balzac und was ihnen sonst noch in die Hände kam, zu Hause oder bei den Verwandten in Prag, zu denen Juri das erste Mal kam, als er sieben war: 1967. Für ihn das erste Ausland, ein Abenteuer, Überfluss und Kofola, der tschechische Coke-Ersatz, die Unruhe einer neuen Zeit und das erste Verfallensein: Der „Westen" hat mich „gekauft". Ein Jahr später erlebte er, wie russische Panzer über den Wenzelsplatz rollten.

Es ist Mitternacht geworden, und die Plätze von Iwano Frankiwsk liegen leer im Nebel. Die Szenen, von denen Juri sprach, blättern wir in unserem Hotelzimmer im Roman *Geheimnis,* dieser raffinierten Selbstbefragung in Form eines journalistischen Sieben-Tage-Gesprächs, nach, ein Roman, der im Titel bereits Programm ist: Man kann ein Leben erzählen, es bleibt dennoch immer – ein Geheimnis. Ich stelle das Brummen des Eisschranks ab, verstecke die Wanduhr, die laut und unerbittlich die Sekunden tickt, im Kasten, und im Halbschlaf noch laufen wie ein Spruchband die Zeilen aus dem „Mittelöstlichen Memento" durch meinen Kopf:

Die Zukunft von der Vergangenheit befreien?
Die Vergangenheit von der Zukunft befreien? [...]
Uns von uns befreien?
Mich von mir selbst befreien?[4]

Stanislau – Iwano Frankiwsk – Franyk: Die drei Namen derselben Stadt haben keinen verführerischen Klang. So hatte ich mir einen eher hässlichen Ort vorgestellt, man ist immer voll von Vorurteilen und falschen Assoziationen. Aber jeder Andruchowytsch-Leser weiß, was ihn erwartet:

Allen Sammlern des „Stanislauer Phänomens" hab ich das-
selbe gezeigt: die alte Festungsmauer, heute hauptsächlich mit
englischsprachigen Graffiti vollgeschmiert, die niemals trock-
nende Wäsche auf den Balkonen, das Rathaus, den rekonst-

ruierten Marktplatz, Jesuiten Kolleg, Kathedrale und Syna-
goge, die Jugendstilvillen in der Lindenallee, die Hydranten
und Kanalgitter, die alten Hausnummern und Gedenktafeln,
Weinranken an Holzwänden, Holzveranden noch aus öster-
reichischer Zeit, [...] [5]

... und Juri baut weiter am Mosaik von Realität und Groteske, spricht von einem hier „vergewaltigten Europa" und von der neuen kreativen Szene. Für uns entpuppt sich Stanislau im Zentrum als ansprechender, ja sogar überraschend melodiöser Ort, der von einem offenen Platz zum anderen schwingt, gesäumt von bunt bemalten Gebäuden aus der Monarchie, die die Hässlichkeiten der kommunistischen Ära an den Rand drängen. Der Name der Stadt, sagt Juri am nächsten Morgen, bezieht sich auf einen Schriftsteller: Als in sowjetischer Zeit der Sohn eines Königs, Stanislaus, verpönt war, holte man die vieldeutige Figur Iwan Frankos hervor. Er kam aus einem Dorf der Lemberger Karpaten, sein Vater war Schmied, er selbst wurde als Übersetzer von Goethe und Shakespeare, als Aufklärer, Verleger, Journalist, Romancier und Autor des programmatischen *Moses* zum Nationalhelden, indem er seinem Volk in der ukrainischen Sprache, die durch Jahrhunderte unterdrückt worden war und als einfache Bauernsprache oder als Dialekt des Russischen galt, eine identitätsstiftende Grundlage gab.

Juri führt uns in die kleine Kunstgalerie Zmok, in der vor allem idyllische Karpaten-Bilder ausgestellt sind. Weiße Holzkirchlein stehen auf den Lichtungen, Bauern in ihrer malerischen Tracht spielen Musik, und Herden von kleinen, schnellen huzulischen Pferden galoppieren über die Almen. Ein anderes, verstörendes Bild von dieser Sehnsuchtslandschaft zeichnet Juri Andruchowytsch in seinem Roman *Zwölf Ringe,* der 2006 mit dem Leipziger Buchpreis zur Europäischen Verständigung ausgezeichnet wurde. Ein irrwitziger Zeitroman aus der Ukraine der 1990er-Jahre, grundiert mit der surrealistischen Dichtung Bohdan-Ihor Antonytschs, der, wie Juri selbst, seine Heimat in Mitteleuropa, Lemberg, Galizien und zwischen den Sternen sah. Schauplatz des Romans ist ein verkommenes Observatorium auf der Hochalm Dsyndsul, Hauptfiguren sind ein österreichischer Fotograf mit galizischen Wurzeln – bezeichnend sein Name: Karl-Joseph Zumbrunnen – und eine kleine Schar extremer Existenzen, in deren Lebensläufen Andruchowytsch das ideologische Gemisch aus Habsburgnostalgie, Sowjetisierung und korrupter Kommerzialisierung zeigt. Brillant spielt er auf der Klaviatur von Tradition, Groteske, Absurdität, Sehnsucht und Einander-fremd-Bleiben. Ein Roman über die Lage der Westukraine und Inbild von Juris Credo: „In Wirklichkeit war er ein Wölkchen, eine Träne im Ozean, nur eine Träne, ein Pünktchen, ein Elementarteilchen des Mondlichts. – In Wirklichkeit war er alles."[6]

Viele Menschen sind unterwegs. Unter ihnen viele Alte, sie tragen abgenutzte Mäntel und einen Nylonsack in der Hand, vielleicht auch das Gewicht ihres Lebens. Einige sprechen uns an, „Ah, Deutsch?" und gehen weiter, und wir wissen nicht, welche Erinnerungen sie haben. In der spätbarocken Kathedrale, die einst Jesuitenkirche war und längst der griechisch-katholisch unierten Kirche dient, gehen Gläubige ein und aus, legen dünne Pölster auf den Stein, beten. Golden leuchtet die Ikonostase, als demütige Randfigur ist der heilige Juri zu sehen, der „Kleine Georg". Ich sehe einen anderen Georg vor mir: den Dichter Georg Trakl, geboren in Salzburg, gestorben mit 27 Jahren 1914 durch Selbstmord in einer Zelle des Garnisonsspitals von Krakau nach der Schlacht von Grodek, das unweit von Lemberg liegt. Nur wenige Schritte weiter macht uns Juri an der Außenwand der ehemaligen Pfarrkirche der Katholiken auf eine Tafel aufmerksam und sagt: Warum ist nie ein Ende aller Schlachten? Denn die Inschrift erinnert an Stanislaus, den früheren Namensgeber der Stadt, der als junger Ulanenoffizier unter dem litauisch-polnischen König Sobieski in der Schlacht um Wien gegen die Türken 1683 gefallen war. Unmittelbar neben der Kirche hängt ein großer Anschlag mit zahlreichen Fotografien: Es sind die Toten des Maidan von Kiew, 2013/14. Unter ihnen der neunzehnjährige Roman Huryk aus Stanislau/Iwano Frankiwsk.

Juri bekommt viel Besuch aus dem Westen, ist selbst oft dort, gilt als *die* intellektuelle Instanz der Ukraine, mit seinen perfekten Deutschkenntnissen gibt er allen Auskunft, mutig, präzise, charmant. Ich habe viele Freunde in Deutschland, Österreich und in der Schweiz, sagt er, ich brauche das, ich muss bei euch für uns werben und vor allem immer wieder für das eine: dass wir *eins* sind oder sein sollten. In Frieden.

Als wir spätnachmittags zum Hotel zurückkommen, hat sich eine große Menschenmenge vor der Synagoge versammelt. Gelbblaue Fahnen mit Trauerflor wehen, Kerzen brennen, junge Menschen legen Blumen auf den nieselnassen Boden. Es ist eine Gedenkveranstaltung an den November 1943, als während einer Aufführung im Theater gegenüber eine SS-Razzia stattfand, 27 Männer, zum Teil Juden – die anderen waren bereits ins Ghetto deportiert –, verhaftet wurden, in den nächsten zwei Tagen ein Schauprozess stattfand, der mit der Todesstrafe für die Angeklagten endete. Als die ukrainische Hymne gesungen wird – „Noch sind der Ukraine Ruhm und Freiheit nicht gestorben ..." –, nimmt mich eine alte Frau bei der Hand, den freien Arm hat sie auf ihr Herz gepresst, und fordert mich zum Mitsingen auf. Ich stehe unter den tropfenden Bäumen, bin nah bei diesen Menschen und denke an meinen Vater, der Soldat der Deutschen Wehrmacht und zumindest am Anfang begeisterter Nationalsozialist war, der durch dieses Land zog und schrieb, dass er alles tue, um die Zivilbevölkerung zu schützen, und der mit 27 Jahren an der Wolga fiel, im November des Jahres 1942.

Heute aber befinden wir uns in einem ausgewachsenen Konflikt, dessen Ende nicht abzusehen ist, in einem hybriden Krieg mit Tausenden von Gefallenen, Verwundeten und Vermissten –

sagte Juri Andruchowytsch in seiner bitteren Rede zur Eröffnung der Internationalen Buchwoche in Wien im November 2014. Sie trug den Titel „Der Preis der Werte oder unsere Dissonanzen". Er sprach – wie im Sammelband *Euromaidan. Was in der Ukraine auf dem Spiel steht* aus demselben Jahr – von Enttäuschung und Desillusionierung, vom Alleingelassen-Werden gegenüber der Aggression von Putins Russland und stellte die Frage, ob Europa taub geworden sei für die Anliegen jener Menschen, die für den Wertekanon des Westens kämpfen und sterben.

Wir können diese Menschen nicht zurückholen. Andere sind für immer ohne Augen, Hände oder Beine geblieben oder haben auf andere Weise ihre Gesundheit eingebüßt, ihre Kräfte, ihre Jugend. [...] nie mehr werden sie so aufrecht und jung sein, wie in dem Moment, als sie auf die Barrikaden gingen – unter der europäischen Flagge.[7]

Zurück in der Zeit ... Der junge Juri Andruchowytsch hatte nur einen Traum: weg aus Iwano Frankiwsk, hin nach L'wiw/Lemberg, in die Metropole, die Freiheit, das eigene Leben. Nach Abschluss des Gymnasiums stieg er am Bahnhof von Franyk in den Zug – die Welt war nicht, wie Gerüchte besagten, am 7. 7. 1977 untergegangen, es war schon einige Tage später, die Welt war noch da, er stieg in Lemberg aus dem Zug und formte diese Welt forthin nach seiner Sehnsucht. Hunderte Male ist er diese Strecke inzwischen hin- und hergefahren. Jetzt, an einem kalten Novemberabend 2015, fahren W. und ich mit ihm im Waggon Nr. 16 Richtung Norden, begierig darauf, dass der Herr der *Zwölf Ringe* uns *sein* Lemberg zeigt. Juri bestellt schwarzen Tee bei der Zugbegleiterin, sie kann sogar ein paar Worte Deutsch, und Juri erzählt, dass er bereits in der ersten Schulklasse Deutsch gelernt hätte, ein Jahr lang hätten sie nur den Klang und die Aussprache geübt, vor allem der Umlaute, wobei die Lehrerin sie immer wieder die „Üs" und „Ös" mit spitzen Lippen hatte repetieren lassen: Goethe, Goethe, Goethe. Ein Jahr später hätten sie bereits das „Heideröslein" auswendig gelernt. Der Tee wird in großen Gläsern serviert, viel Zucker muss hinein, die ersten Lichter von Lemberg tauchen auf, der Bahnhof, nach kurzer Taxifahrt sind wir im Hotel George. In diesem legendären Hotel, in Romanen beschrieben und nur französisch auszusprechen, um die Eleganz gleich anzudeuten. Andeuten ist vielleicht das richtige Wort, viel Glanz ist in einem Jahrhundert der Katastrophen verschwunden, aber etwas verschämt lebt der Zauber einer verlorenen Epoche weiter. Uns wird das Zimmer Nr. 1 zugeteilt, es sei das Zimmer des berühmten Tenors und Schauspielers Jan Kiepura, wird uns gesagt, an den Wänden hängen Fotos und Schallplatten, an der Stirnwand steht ein Pianino, ausladende Betten, großes Bad, hohe Fenster, durch die der Blick auf Türme und Kuppeln der Altstadt geht.

„Es ist eine große Vermessenheit, Städte beschreiben zu wollen", sagt der große Dichter Galiziens Joseph Roth im Hinblick auf Lemberg, „Städte haben viele Gesichter, viele Launen, tausend Richtungen, bunte Ziele, düstere Geheimnisse, heitere Geheimnisse."[8] Eine Warnung? Aber jetzt sind wir hier. Lemberg liegt zu unseren Füßen. Man könnte Tage hier verbringen, vielleicht sogar Wochen, und vielleicht würde man bleiben, der Sommer soll am schönsten sein. Wir wollen Lembergs Geheimnisse nicht entschlüsseln, aber etwas erfahren über Juri Andruchowytschs Stadt. Über seine wilde Aufbruchszeit der späten 1970er- und frühen 1980er-Jahre, als er an der Akademie für Druck- und Buchkunst studierte, die auf der Tradition von Lemberg als Stadt der Bücher und Verlage aufbaute. Hier spürte er zum ersten Mal, dass er Gewalt über Worte hatte, dass er schreiben wollte und nichts als schreiben und lesen und nächtelang diskutieren, Alkohol und Drogen, Liebe und lange Haare, sie waren jung und wollten alles vom Leben, Freundschaft, Sex, Wein, Musik. Die Risse im Imperium von Moskau waren bis in die verrauchten Lemberger

Studentenbuden zu spüren, sie vermischten sich mit den Parolen von der Eigenständigkeit des Landes und des eigenen Ich. „Alles, was seitdem mit mir geschehen ist, ist nichts als bloße Einbildung von jemandem, der die ganze Zeit brennt."[9]

Zur Blüte kam alles im Jahrzehnt danach, als sich die ersten schriftstellerischen Erfolge abzeichneten, Juri in Kiew 1987 die surreale Künstlergruppe BuBaBu gründete und ihr Star wurde, er von 1989 bis 1991 nach Moskau ging in jener glücklichen Zeit von Gorbatschow und der Perestroika, als die junge Künstlerszene das Gefühl hatte, Zeugen einer Weltexplosion zu sein. In den großen, suggestiven Romanen *Rekreationen*, *Moscoviada*, *Perversion* und *Geheimnis* wird er später davon schreiben. Von diesen atemlosen Jahren zwischen Bespitzelung und Befreiung, Lebenslust und Tod. Eine Zeit des Karnevals aller Möglichkeiten und Mystifikationen für einen jungen Menschen, „[...] jeder von uns kannte ihn auch als einen vom Leben unendlich begeisterten Phantasten, als ewigen Spieler, dauernden Performancier, großen Meister des fischartigen Entschlüpfens aus allem, sogar aus seiner eigenen Haut", sagt Andruchowytsch vom Helden des Lebenskarussells Stanislaus Perfezki im Roman *Perversion*.[10]

Wir sind in Lemberg. Die bewegte Silhouette der Stadt liegt eingebettet in weiches Grau. Das ist die Schönheit des Novembers, sagt Juri. Auf dem Prospekt Swobody, dem Prachtboulevard der Freiheit und Herz der Stadt, fliegt die Muse der Dichtung über Adam Mickiewics' bronzenen Denkmalkopf, und eine riesige Welle von sich fortgenerierenden Worten scheint in grotesker Weise den ukrainischen Nationaldichter Taras Schewtschenko einholen zu wollen. Hier, in den Zentren Galiziens, stehen nicht Feldherrn und Staatsmänner auf den Sockeln, sondern Dichter. Wir gehen über den Fluss Poltwa, den man nicht mehr sieht, da er unter dem Prospekt der Flaneure überdacht und zubetoniert ist. Einst jedoch, sagt Juri, sollen hier Schiffe aus Danzig angelegt haben und, was nur wenige wissen: Durch das Gebiet der Stadt zieht sich eine Wasserscheide zwischen zwei Meeresbecken, der Ostsee und dem Schwarzen Meer. So ist die Schnittstelle der beiden Achsen, die die namenlose Weite in Ost-West und Nord-Süd teilt, zwangsläufig zum Kreuzungspunkt von Handelsstraßen geworden und infolgedessen auch zum Objekt unterschiedlicher Invasoren. Denn ist die Landkarte nicht das letzte Wort und der tödliche Kuss der Ereignisse, wie Andruchowytschs Freund Andrzej Stasiuk aus den benachbarten polnischen Beskiden in *Mein Europa* schreibt?

Wir sind vor der Oper angelangt, prächtig und wienerisch steht sie vor uns, gleich daneben das Skarbek-Theater, das einst das größte Europas war. In den beiden Häusern traten Franz Liszt, Caruso und Paganini auf, und hier feierte die Lemberger Sopranistin Salomea Kruszelnicka ihre Triumphe und führte Giacomo Puccinis *Madame Butterfly* zum Welterfolg. Im Wiener Café trinken wir eine Melange, es gibt keine einhundert Zeitungen mehr, aber Raum für Diskussion ist noch immer. Etwa über die Debatten, die Juri mit seinen deutschen Freunden über die Begriffe Nationalismus und Patriotismus führt. Ich nehme mir da, sagt er, den polnischen Lyriker Zbigniew Herbert zu Hilfe, der Lemberg liebte und die Probleme Galiziens gut kannte. Zbigniew unterschied zwischen Patriotismus und Nationalismus: Ersterer offenbare die helleren Seiten des Heimatgefühls, letzterer die dunklen, in denen die Liebe zur Heimat in Hass auf andere umschlägt. Man kann nicht, sagt Juri, drastisch genug über diesen Moloch des Nationalismus schreiben! Und er steht auf und sagt kopfschüttelnd im Hinausgehen, um zu rauchen: So ein oberschlaues Gerede, das kotzt mich selbst an.

Aber ich werde mich nie damit abfinden, dass es alles auf dieser Welt schon einmal gegeben hat. Vielleicht lässt mich eben dieses Charakteristikum vermuten, dass die Postmoderne [...] dort ist, wo jeder von uns sich heute befindet, dass sie eine Umstandsbestimmung von Zeit und Ort ist, der wir nicht entkommen, ein Territorium „zwischen" und „inmitten", ein Raum zwischen, aber auch über den Zivilisationen, der niemandem gehört, ein Loch mitten in Europa, eine tektonische Verschiebung, ein Abgrund; sie ist der verlorene Kommentar zu Galizien, die Fuge zwischen den Jahrtausenden, der Abfall aus allen unseren Städten, unser Gedächtnis, unsere Hoffnung, unsere Einsamkeit – du bleibst allein mit einem Wirrwarr von Ausschnitten, Zeilen, Worten, mit Alkohol, Fieber, dem Slang und dem Surshyk, mit allen Sprachen der Welt, mit einer einzigen Sprache, dich quälen Liebe, Hass, Neid, Sex, du bist anfällig für die Krankheiten und Träume aller Menschen, für ihre Gedanken an den Tod, die Zeit und das Chaos, du bist mindestens dreitausend Jahre alt, und du hast immer noch kein einziges ordentliches Buch geschrieben. Man sagt dir: das ist die Postmoderne; du nickst und versinkst wieder in der Erwartung – du hattest kein Glück, das ist ein außergewöhnlich heikles und brüchiges Territorium, das ist die Wirklichkeit selbst, aber sie gehört dir.[11]

Wir schlendern weiter durch die Topografie des sanft-hügeligen Lemberg. Durch das schöne Labyrinth der Altstadt, durch Mittelalter, Renaissance und Barock, restauriert oder verkommen, Torbögen in Hinterhöfen, Plätze, Gassen, Treppen und Bronzefiguren. Hier sitzt der Erfinder der Petroleumlampe, Ignacy Lukasiewicz, und ein paar Straßen weiter lässt sich Sacher-Masoch, der in Lemberg geboren wurde und aufwuchs, von einer Reisegruppe durch die offene Hosentasche an die Genitalien greifen. Auf dem Platz des königlichen Arsenals, an dem die ukrainische Druck-Akademie lag, beherrscht die riesige Statue von Iwan Fedorow die Szene. Er hatte in Moskau das erste Buch gedruckt, musste fliehen und erhielt in Lemberg Asyl, vielleicht, sagt Juri, war er der erste Politemigrant. In Lemberg brachte Fedorow den Buchdruck zu europäischer Bedeutung. Das Denkmal wurde eingeweiht, als Juri studierte, so habe ich, sagt er lachend, meinen persönlichen Schutzpatron.

Juri liebt das armenische Viertel. Dieses Viertel voll von Gerüchen, Geschichten und Überlieferungen aus einer Zeit, als Lemberg neben Venedig und Amsterdam die bedeutendste Niederlassung der armenischen Kaufleute war. Die Kathedrale ist ein Kleinod aus dem 14. Jahrhundert, die Sowjets machten daraus eine Lagerhalle, 2001 erst wurde sie als Kirche neu geweiht. Am Ende der ansteigenden, kopfsteingepflasterten Gasse liegt der Künstlertreff Dzyga, wo viele Andruchowytsch-Performances stattfanden und -finden sowie Konzerte, Ausstellungen, Vernissagen. Alte Gewölbe, schummriges Licht. Juris Augen lachen, seine Traurig-

keit kommt unvermittelt, seine Herzlichkeit ist entwaffnend wie immer. Zum Tee gibt es für jeden ein auf Holzstäbchen gedrehtes, unter süßem Backwerk verborgenes Gedicht. W. entrollt seines, Juri schmunzelt, denn es ist eines seiner eigenen Gedichte, geschrieben an dem Tag, als Taras auf die Welt kam, „[...] ich wiege aus deinen bläulichen Adern einen blauen Zweig [...]"

Die Erstgeborene war Sofia. Nina, die Studentenliebe, die seine Frau wurde, und er waren knapp über zwanzig, sie wollten in Lemberg bleiben, aber sie gerieten in den Teufelskreis sowjetisch-repressiver Reglementierung: Ohne eigene Wohnung keine Anmeldung am Ort, ohne Anmeldung keine Arbeit und ohne Geld gar nichts. So gingen sie nach Iwano Frankiwsk zurück. Juri nahm eine Stelle in der Stadt-Druckerei an, er war optimal ausgebildet und machte schnell Karriere, wurde Chef-Metteur. Wäre eine versteckte Anspielung auf der Titelseite vorgekommen, sagt er, hätte es jahrelangen Gulag bedeutet. Es war oft Mitternacht, wenn er von der Arbeit heimkam. Er liebte die stillen Straßen und versprengten Gestalten, die um eine Zigarette baten und um Feuer. Anfangs wohnte die kleine Familie in einem Plattenbauviertel, wo Drogen und Gewalttätigkeit herrschten. Franyk war immer Ambivalenz, sagt Juri. Sofia ist inzwischen selbst Schriftstellerin geworden: 2016 erschien ihr Roman *Der Papierjunge* auf Deutsch, Hauptfigur ist der junge Felix, sein Spitzname ist Austria.

Wir stehen auf dem Marktplatz von Lemberg: Hier brannte im Jahre 1641 ein Mann namens Albert Wyrozemski auf dem Scheiterhaufen. Man warf ihm vor, mit dem Teufel im Bunde zu sein. Andruchowytsch schrieb dem Opfer das Poem „Albert oder die höchste Form der Hinrichtung"[12]. Es waren die Dominikaner, sagt Juri, als wir vor deren Kirche stehen, die die Inquisition erfanden, nicht die Jesuiten. Darum spielte er hier 2014 die Premiere der dramatisierten „Hinrichtung", aufgeladen durch viel Musik. Längst ist Juri selbst zum Musiker geworden, nach dem Vorbild von Alan Ginsberg, Jack Kerouac und dem Free Jazz. Die „Albert"-Performance ging während der Maidan-Monate auf Tournee durch die gesamte Ukraine und wurde zum Symbol des Brennens und Verbrennens.

Lemberg: Wo man geht und steht blickt man auf Kirchtürme und Kuppeln, sie reichen einander die Hand. Unzählige Klöster. Im Restaurant Kumpel oberhalb des Bernhardinerklosters treffen wir uns mit Olja Sydor, die uns vom Flugplatz abgeholt hatte. Das Lokal ist berühmt für seine Biersorten. Juri isst nichts und trinkt Tee. Er ist ein Held. Montag und Donnerstag fastet er. Olja ist eine militante Tierschützerin, möglicherweise ist sie das Vorbild für Tanja Maljartschuks Hauptfigur im Roman *Biografie eines zufälligen Wunders*. Maljartschuk lebt derzeit in Wien, stammt jedoch, wie Swetlana Alexijewitsch, die Nobelpreisträgerin für Literatur 2015, aus Iwano Frankiwsk. Bei uns ist mehr los als in Moskau, sagt Juri lachend. W. und ich gehen durch die Nacht zurück in unser Hotel. Kalt, gelb-nebeliges Licht über den Dächern. Im Zimmer Nr. 1 lassen wir uns ein heißes Bad ein, bis der Schaum einen Hügel macht.

Der letzte Tag in Lemberg ist strahlend blau. Das ist die Schönheit des Novembers.

Früh am Morgen stehle ich mich aus dem Hotel, möchte die Gegend hinter dem George entdecken. Wieder ein Boulevard, der Schewtschenko Prospekt. Internationale Firmen haben sich hier angesiedelt, Adidas, Levi's, Apple-Room, McDonald's. Viele der jungen Mädchen, die mir entgegenkommen, sind schön, sehr sexy und nach der letzten Mode gekleidet. Die Männer wirken farblos, schwarze Plastikjacken, dunkle Kappe, viele scheinen zu Fettleibigkeit zu neigen, es tut mir leid, dass ich Klischees bestätigt finde.

Am Ende des Boulevards lockt auf einem Hügel die baumumstandene Maria-Schutz-Kathedrale, an deren angrenzendem ehemaligem Klostergebäude Ukraine- und Europa-Fähnchen wehen und ein Universitätsinstitut anzeigen. Eine Gedenktafel verweist auf Rudolf Weigl, der hier das Institut für Fleckfieber- und Virusforschung leitete, die Impfung gegen Typhus entdeckte und vielen Naturwissenschaftlern der Universität Unterschlupf gewährte, die der Ermordung durch die Nazis – zwanzig Professoren waren von der SS kurzerhand liquidiert worden – entkommen waren. So auch dem Begründer der modernen Funktionsanalyse, Stefan Banach, der, durch Berufsverbot bitterarm geworden, nur überleben konnte, indem er in Weigls Institut Blut zur Fütterung von Läusen spendete ... Juri wartet bereits im Hotel, er schließt an die Wissenschaft an und führt uns durch die Kopernikusstraße zur Universität, die den Namen Iwan Frankos trägt. Als überdimensionales Monument blickt er streng über Platz, Studierende und Passanten und scheint alle mit jenen Fragen zu konfrontieren, die zwischen den Worten und Ideologien von Nationalismus, Mitteleuropa und Ost-Mitteleuropa eine Entscheidung suchen.

Ein weites, einladendes Viertel mit akademischem Flair. Vor Kurzem hat Juri im „Haus der Wissenschaften" mit Martin Pollack über die Zukunft der Ukraine diskutiert. Thema war die schmerzliche „Osterweiterung" der EU 2004, die die Ukraine durch die hermetische EU-Außengrenze noch stärker isoliert und mit einer Art neuem Eisernen Vorhang vom Westen getrennt hatte. Seit 1991 ist das Land herausgelöst aus dem zerfallenen Sowjetreich und ein unabhängiger, souveräner Staat. Als zweitgrößtes Land Europas, gesegnet mit fruchtbarem Boden und reichen Gewässern, war die

Ukraine immer den Begehrlichkeiten vieler Völker ausgesetzt, von
den Tataren bis zu Hitler, von der Sowjetregierung bis zu ihren
Nachfolgern. Sie ist und muss eine Einheit bleiben, sagt Juri, alle
Flüsse, die sie teilen, vor allem der mächtige Dnjepr, ist nicht mit
einer Teilung des Landes gleichzusetzen, und alle Sprach-, Men-
talitäts- und wirtschaftlichen Unterschiede stellen keine Grenzen
dar, sondern bedeuten Bereicherung und Vielfalt. Die Ukraine ten-
diert zu Europa, wiederholt er, darauf ist sie seit Jahrhunderten
ausgerichtet, und von Lemberg aus ist man schneller in Berlin,
Wien oder Paris als in Minsk oder Moskau. Es gibt eine geheime,
metaphysische Achse, warum will man das im Westen nicht verstehen? Immer bitterer wird sein literarischer und rhetorischer
Kampf um dieses Verständnis, das dafür wirbt, dass es nicht nur
um Geopolitik geht, sondern um Solidarität und um Menschen-
würde. Und, so hatte er seine Wiener Rede geschlossen: „Behalten
Sie uns in Erinnerung. Wir waren einsam und haben nicht nur unsere eigene *égaliberté* verteidigt, sondern auch Eure."

    In einem tschechischen Restaurant, dessen formvollendeter
Ober einen Schnurrbart wie Marcel Proust trägt, diskutieren wir

diese schweren Fragen, die das Spiel der Dichtung, die Maskeraden und Phantasmagorien, verstummen lassen. Fragen, die drohend über diesem Land hängen. Ich hätte gerne nur von Lembergs Schönheiten berichtet, von der Polyphonie ihrer verstorbenen und gegenwärtigen Stimmen, vom Blau über goldnen Kreuzen und von der herrlichen Melange einer Vielvölkerstadt. Aber selten ist die Gegenwart eine Idylle. Hier, im Zentrum des ehemaligen Galizien und, neben Kiew, der Hauptstadt des leidenschaftlichen Kampfes um den Bestand einer freien, friedlichen Ukraine, weniger als anderswo. Es ist mein Land, sagt Juri Andruchowytsch, aber ich habe kein anderes.

Das letzte Jahrhundert hat uns mit großer Konsequenz gelehrt, vor großen und bedeutungsschwangeren Worten auf der Hut zu sein. Es erwies sich als ein idealer Lehrmeister der Verzweiflung und – unvermeidbar – der Ungläubigkeit, die der Verzweiflung auf dem Fuße folgt. Wenn ich von der Zukunft rede, so verwende ich ein Wort, das weniger dubios ist als das Wort „Glaube". Weniger dubios sogar als „Liebe". Das Korrelat der Zukunft ist bei uns die Hoffnung, wie das Gedächtnis unser Korrelat der Vergangenheit ist. [...] Offenheit – das ist das einzige, was uns bleibt, um zumindest irgendeine Verständigung zu finden mit den anderen, mit allem, was um uns und in uns ist. Offenheit für das Leben, Offenheit für den Tod, Offenheit für die Vergangenheit und Offenheit für die Zukunft.[13]

Marica Bodrožić
Lassen wir Fahnen Fahnen sein. Seien wir Menschen
Die Sonne der Adria über Berlin

Im Oro Nero, sagt sie, gibt es den besten Kaffee. Schwarz wie der Kaffee des Südens. Eines Südens, in dem sie einmal zu Hause war und mit dem sie immer noch mit einer inneren Lichtschnur verbunden ist. Das Oro Nero in der Akazienstraße von Berlin ist in italienischer Hand, dennoch ist hier im Areal der duftenden Bäume der Schnittpunkt zu *ihrem* Süden, zu Dalmatien.

> *Meine Erinnerung ist ein großes Haus. Zimmer an Zimmer weitet sich in meinem Kopf. Sie sagen mir hier, das liege an meiner Herkunft, die mich verfolgt. Aber ich weiß, dass mein leuchtender Faden überhaupt keinen Pass hat. Ich lächle nur. Seit langem korrigiere ich niemanden mehr. Hinterland. Karst. Berge. Das Meer. Immer wieder das Salz jener uralten, flimmernden Sommerluft. Dort komme ich her.*[1]

Arjeta sagt das, die Hauptfigur aus *kirschholz und alte gefühle*, dem Roman, der von der Liebe, vom Überleben in Sarajewo und dem Ankommen in einer Berliner Wohnung erzählt. Arjeta ist dem Krieg und dem Grauen gerade noch entkommen. Marica Bodrožić hat den Bruderkrieg auf dem Balkan zunächst nur aus der Ferne, im deutschen Fernsehen, miterlebt, sich später jedoch in wiederkehrender Recherche auf die Suche nach den Wurzeln und dem Weiterleben von Feindschaft gemacht. Arjeta ist ein erdachtes Alter Ego ihrer Autorin, eines von vielen. Erinnerung ist wie ein Acker, „auf dem das Unkraut des eigenen Lebens und das der anderen, aller anderen wächst, die man je getroffen, geliebt, umarmt hat", sagt Bodrožić. Schreiben bedeutet ihr: „Viele werden, vielfach werden." Schreiben ist Erfinden, es lebt jenseits der erklärbaren Zuordnungen, lebt vom „Auge hinter dem Auge".

Liegt aber zwischen uns und dem Geheimnis nur Asphalt, sind wir verloren, dann zwingt uns das Leben in der Welt nur das als Wirklichkeit auf, was wir mit den Augen sehen. Welche Trostlosigkeit liegt darin.[2]

Menschen kommen und gehen im Oro Nero, bald ist Mittag, es wird gut gekocht hier. Und Marica erzählt. Viel ist geschehen in ihrem Leben, seit wir uns das letzte Mal gesehen haben. Kein schwarzer Asphalt liegt zwischen uns. Die italienische Mamma kommt, umarmt sie und stellt zwei Flaschen Olivenöl auf den Tisch, die Marica immer hier kauft, um zu Hause den Geschmack des Meerwindes auf den Lippen zu spüren. Wenn sich die Türe öffnet, kommt ein Schwall kaltfeuchter Luft herein, kein Hauch von Sommer, obwohl es Ende Juni ist. Die Bilder, Szenen, Erinnerungen und Schicksale, die Marica vor uns ausbreitet, sind wie ein poetischer Schutzwall gegen die Macht des Realen. Orientierung, sagt sie, ist besser als dieses Schlagwort von der Identität. Orientierung ist nichts Festes, nichts, was wir verteidigen müssen, wofür wir sterben und töten müssen. Auch das Ich ist ein weitflächiger, sich stetig wandelnder Text, ein Palimpsest ... Und ich suche in den Büchern, die wir auf den Tischchen um uns gruppiert haben, jene andere Spiegelfigur, Nadeshda, aus Maricas Roman *das gedächtnis der libellen*:

Meine Geschichte ist wie jede Geschichte nur eine Möglichkeit von vielen, ins Ungewisse meiner Biographie zu gehen. Nichts bleibt wie es ist. Das ist die Vergänglichkeit. Die Zeit ist eine Regisseurin. Sie hat Decken und Leuchten und Kleider und Nächte und Tage, einen Koffer voller Unterröcke. Die Zeit hat Menschen in ihrem Leib. Ich gehe oft auf Zehenspitzen aus der Zeit heraus.[3]

Wenn Marica Bodrožić auf Zehenspitzen aus der Zeit herausgeht, geht sie durch Berlin. Es ist *ihr* Berlin geworden. Es ist eine herrliche Freiheit, sagt sie. Ich muss eine weiße Leinwand werden, um schreiben zu können. Berlin ist eine Stadt der Anfänge, jeder setzt sich aus, eine Art Nacktheit, die ungemein belebend ist.

Marica geht stundenlang, in bekannte und unbekannte Gegenden, durch die neuen und alten Viertel, durch die Lindenalleen, über die einladenden, großzügigen Bürgersteige, die belebten Plätze, die vielen Parks und über die Brücken der Spree und des Landwehrkanals – oder ins Oro Nero. Hier kann sie Notizen machen, reden, beobachten, einfach sein. Der Nebenraum ist nicht Raucherzimmer, sondern Spielzimmer für Kinder, junge Mütter treffen sich mit anderen jungen Müttern, die Kinder laufen in Socken herum und lachen und spielen und eines läuft zum Ausgang und ruft „Papa, Papa" und springt an ihm hoch, aber er muss bald wieder weg, und das Kind steht still an der Tür, bis die Mutter es holt.

Diese kleine Erzählung über eine Dichterin aus dem Süden, die sich in Berlin verliebt hat, wird keine Geschichte über die touristischen Glanzstätten der Metropole sein. Kein Alexanderplatz und keine Museumsinsel, kein Checkpoint Charlie, kein Kurfürstendamm und keine Glaskuppel des Reichstags. Wir sind in Berlin-Schöneberg, südlich des Tiergartens, westlich von Kreuzberg. In diesem Viertel ist Marica Bodrožić zu Hause. 2003 kam sie hierher, hier ist sie geblieben, in unterschiedlichen Wohnungen. Es ist der ehemalige Westen, der noch etwas von der Atmosphäre der alten Kaiser- und Zwischenkriegsmetropole spüren lässt und in dem noch alte Jugendstilbauten zu finden sind. Weder damals stach das Viertel besonders hervor, noch tut es das heute wie der Prenzlauer Berg oder die Neue Mitte. Vieles ändert sich zwar in der Gegenwart, Investoren und Immobilienmakler haben Schöneberg entdeckt, es wird gebaut, Hochhäuser und Wohnanlagen entstehen, und schicke Ateliers, Boutiquen und Weinläden siedeln sich an, aber es ist immer noch ein sehr lebenswerter, durchmischter Kiez, wie Marica sagt, in dem alles voller Geschichten ist und sich Urbanes und Dörfliches vermischt.

Ich bin von New York nach Paris gegangen und dann habe ich nicht mehr gewusst, wohin ich danach noch gehen könnte. Meine Imagination hat mir präzisere Grenzen gesteckt. Mir ist Berlin in den Sinn gekommen, weil dort die Mauer nicht mehr stand und ich weiß noch genau, wie leicht es mir gefallen ist, meine Koffer in Paris zu packen und zum Flughafen Charles

de Gaulle zu fahren. [...] und als ich in Berlin ankam, wusste ich, das wird meine Stadt werden, trotz November, trotz Regen, trotz des unfreundlichen Taxifahrers, der mich zur Bernauer Straße brachte und einen meiner Koffer wie eine Bombe auf die Straße warf, vor der er dann selbst flüchten musste. Der Sozialismus hockte noch ein wenig in der Berliner Luft (ich muss das Wort hocken sagen, denn er hockte wirklich, er stand nicht, er lag nicht, er hockte in der Luft), und es war genau der richtige Übergang für mich, genau der richtige Ort, um das Warten aufzugeben und in der Gegenwart zu leben.[4]

Ursprünglich hatten W. und ich mit Marica geplant, in ihr dalmatinisches Heimatdorf Svib im Hinterland von Split zu fahren. Dorthin, wo sie aufgewachsen ist und wo ihre Wurzeln sind. Sie würde in diesem Jahr aus Zeitmangel jedoch nicht nach Dalmatien kommen, sagte sie am Telefon – aber Istrien, was wäre mit Istrien, dort hätte sie glückliche Sommer bei ihrer Großmutter verbracht, im September sei sie mit einem Stipendium dort. Istrien war ein guter Vorschlag, es ist der gleiche adriatische Raum, der sie geprägt hat und den sie vielfach in ihren Büchern glutvoll beschreibt. Und dann kam plötzlich die Nachricht, dass sie Istrien abgesagt habe. Der schockierende Grund: Sie wäre nach Publikation ihres Romans *Mein weißer Frieden* in den kroatischen Medien einer Hetz- und Häme-Kampagne ausgesetzt, die gegen sie persönlich und gegen ihr Buch gerichtet war, das den Bruderkrieg und den Wahnsinn, ihn selbst nach einem Friedensschluss zu perpetuieren, zum Thema hat. Sie solle das Land ja nicht mehr betreten, sie sei als „Serbenfreundin" unerwünscht, und man könne für nichts garantieren, wenn sie dennoch käme.

So kamen wir auf Berlin.

Es war eine gute, konsequente Fügung. Hier lebt sie seit fast fünfzehn Jahren, hier hat sie, bis auf ihr erstes Buch, alle ihre Romane, Erzählungen, Essays und Gedichte geschrieben. Hier ist sie endgültig in jener Sprache angekommen, die ihr zur zweiten Muttersprache wurde und die ihre im engen Wortsinn brennende Sehnsucht war seit den Kindertagen zwischen Dalmatien und der Herzegowina: die deutsche Sprache. Sie baue in ihr an einem Lobgesang, sagt sie, in ihr habe sie begonnen, an das Leben zu glauben. „Einlieben" nannte sie es. Ihren atemberaubenden, enthusiastischen Weg in die deutsche Sprache hat Marica Bodrožić 2007 im Essay *Sterne erben, Sterne färben. Meine Ankunft in Wörtern* beschrieben. Ihr Werk wurde mit vielen Preisen ausgezeichnet und ist längst Teil jener Gegenwartsliteratur, die von Autorinnen und Autoren geschrieben wird, die aus „fremden" Ländern in den deutschen Sprachraum kamen und ihn so hinreißend und spannend bereichern.

Von Berlin aus also evoziert Marica Bodrožić in lebensprallen Szenen und Geschichten ihr mediterranes Land, den „Mediterran", wie sie es nennt, den Süden ihres Sonnenliniennetzes, der in den Wipfeln der Inselbäume wohnt und den sie in sich spürt über alle Begrenzungen von Zeit und Raum hinweg. Vielfarbig, mitunter auch schmerzlich, leuchtet er auf in den Büchern mit den sprechenden Titeln *Tito ist tot, Der Spieler der inneren Stunde, Der Windsammler* und in den geheimnisvollen, sprach-kombinatorischen Gedichtbänden bis hin zu den großen Romanen *das gedächtnis der libellen, kirschholz und alte gefühle, Mein weißer Frieden* und, ab Herbst 2016, *Das Wasser unserer Träume*. Im *kirschholz-Roman* schreibt sie:

> *Das erste Mal seit zwanzig Jahren fühle ich mich an einem Ort zu Hause. Immer seltener empfinde ich Schuld, weil ich gerne hier lebe. Manchmal bin ich glücklich wegen nichts. Seit Jahren habe ich mir das Glück so vorgestellt, still und mit geschlossenen Augen erwarte ich es. [...] Berlin ist laut und still. Im Hof, wo einige neue und viele alte Bäume wachsen und die Vögel, wie auf einem anderen Erdteil, von den Menschen getrennt leben, ist es überwiegend leise. Ich werde Teil dieses sanften Windes, der die Wipfel im Hof sprechen lässt. Die Vögel höre ich singen, die Kronen sind ihre Häuser. Hier wohnen sie den ganzen Sommer. [...] Sommerluft, aber keine Hundstage, keine Hitze wie früher, nichts, das drückend oder eine Last wäre. Draußen vor meinem Fenster fällt langsam die Nacht in die Wipfel der Bäume. Silberpappeln, Birken. Sogar ein uralter Maulbeerbaum steht im Hof. Mitten in Berlin. [...] Die Bäume an den Orten meiner Kindheit und Jugend. (Das Leben hat sie mir gezeigt.) Istrien und Großmutters Maulbeerbäume (mit den weißen und roten Früchten)! Ihr Quittenbaum. Die Sauerkirsche. Der Mirabellenbaum. Das Leben. Hat sie mir gezeigt. Das Leben hatte immer ein Gesicht. Einen Namen. War ein Mensch.*[5]

Das gesamte Werk von Marica Bodrožić nährt sich von jener Zeit, „die das Korn jeden Lebens ist, in der ewig währenden Kindheit". Als Erinnerung, als Wunder und Wunde und als poetischer Raum der Wirklichkeit, entzündet durch die „Feuergarben" des Erfindergeistes. Da ist zunächst die Landschaft: Sie ist bestimmt von den blauen Inseln in der Ferne, wo die Sonne flutende Spuren auf die Erde legt. Und vom Hinterland, von verwinkelten Tälern und abgelegenen Dörfern, durch die Marienprozessionen ziehen, die Nachbarn nach Australien auswandern, die Felder reifen und das Läuten der Kirchturmglocken sich losmacht und über dem heißgebrannten Land hängt. Hier gibt es Schmetterlinge, denen man nachsagt, dass sie verwunschene Hexen und Feen seien, die mehr Unglück als Glück bringen. Da gibt es die Schlangen und die Milchkannen und das Zauberreich der Farben und Gerüche. Schafgarbe, Fenchel und Aloe, Rosen- und Erdbeerhecken, Oleander und Weißdorn an den Kalkmauern. Das Blütenmeer der Macchia im Frühling, Ginster, Lorbeer und Salbei, Wacholder, Mastixsträucher, Myrte und Pistazien ... Der Westwind nimmt sich alles, lässt die Menschen träumen von einem anderen Land und davon, dass sie nicht überprüft, überwacht und in die Gefängnisse der Langen Insel gebracht werden. In den traumbeladenen Sommern spielen die Kinder auf Lichtharfen und Luftorgeln, Lupinen zittern, Zikaden singen, barfüßig liegen die Kinder auf der Wiese und weinen mit dem kranken Kirschbaum, werfen die bitteren Mandeln fort, finden sich einen Platz im Maisfeld, und die Hufschläge der Pferde verlieren sich im sommerlichen Nichts eines Nachmittags ...

Und da sind die Menschen. Vor allem der Großvater, die einzige unmittelbare Bezugsperson des Kindes. Eltern und Geschwister sind bereits nach Deutschland gezogen, als man noch von „Gastarbeitern" sprach. Der Vater schickt Geld. Wenn es nicht glücklich spielt, fühlt sich das Kind verlassen und verraten, lebt in der Stille, im Betrachten der Wolken. Der Großvater hat seine Schlafecke in der Küche, es ist eine ärmliche Behausung. Er nennt das Mädchen „meine kleine Königin", von ihm lernt sie fast alles. Auch das Schweigen. Sie leben am Rand des Dorfes, und früh schleicht sich das Empfinden von Fremdsein ein – im Dorf, vor sich selbst und langsam auch vor dem alternden Großvater, der sie eines Tages einsperrt und die Schultasche versteckt. Da überkommt sie die Wut, und sie schlägt mit einer Axt gegen die Türe. Sie will fort. Von der Krone des Mandelbaums schaut sie in die Ferne, und heimlich schreibt sie den Brief an die Eltern. Mit fast zehn Jahren darf sie schließlich nach Deutschland, es ist wieder ein Dorf, in dem sie ankommt, ein Fachwerkhäuschen bei einem hessischen Bauern. Fort. Endlich fort. Denn der Staat hat einen langen Arm, er sieht, ahndet und bekämpft alles, was ihn gefährden könnte, das spürt sogar ein Kind. Und der Argwohn und die Aggression der Dörfler gegen alles Unvertraute nisten hinter der Stirn. Wer nicht zu ihnen gehört, wird gesteinigt. Wer Libellen aufspießt und tötet, schreibt sie, ist fähig, kleinen Mädchen die Füße abzuhacken und sie zu ermorden. Überall, wo sie ist, wird Marica dennoch die Sterne am Nachthimmel suchen. Der Mensch bringe die Sterne zum Verlöschen, hatte ihr der Großvater erzählt, „weil er sich naturgemäß immer den schönsten Stern aussuchen würde. Das sei der Fall des Sterns, mit dem auch der Mensch sich zum Stürzen brächte".

Am Himmel über Berlin standen keine Sterne in den ersten Tagen unseres Besuchs. Es war kalt und regnerisch, windig und ungemütlich. Spätnachts standen W. und ich frierend am Fenster unseres Hotelzimmers im vierten Stock und sahen den Lichtern der Autos zu, die in der Parkgarage der „Thermen am Europa-Center" ihre Ellipsen zogen. Auf dem Dach eines Hochhauses gegenüber drehte sich ein erleuchteter, blauer Mercedes-Stern.

Marica lebt in der Hohenfriedbergstraße. „Frieden" im Namen der Adresse, welch schöne Fügung! Berlin ist für mich eine Art Wieder-Finden, sagt sie am nächsten Morgen auf unserer Wanderung durch Schöneberg, ein Wieder-Erkennen. Ein Ort, an dem sie von Bildern eingeholt wird, die lange zurückliegen, zum Beispiel von einer Zuggarnitur am Bahnhof Zoo, die den Namen „Herr von Ribbeck" trug – dieses Gedicht Theodor Fontanes „Herr von Ribbeck auf Ribbeck im Havelland" war das erste Gedicht, das sie, eben in Hessen angekommen, in der dritten Volksschulklasse auf Deutsch auswendig lernen musste – dieses berühmte Gleichnis vom Birnbaum mit den vielen reifen Früchten, dem Tod und dem Wiedererblühen. Ein andermal war es Wim Wenders, der ihr einen Fingerzeig gab. Und Marica geht an einem Brückenkopf in die Knie, beugt sich zur Erde und winkelt die Arme ab, als ob sie etwas liebend umfangen wollte, schaut zu uns auf und sagt: Und da, an dieser Stelle, kniete Bruno Ganz als Engel und hielt den Kopf des sterbenden Motorradfahrers ... Das war im Film *Der Himmel über Berlin* nach dem Drehbuch von Peter Handke, den ich mir überall, wo ich war, in Paris, in Zürich oder in den USA, angesehen habe. Und einmal, Jahre später, wäre sie auf einem alltäglichen Spaziergang durch Schöneberg über die Langenscheidt-Brücke gegangen, und da hätte es sie wie ein Schlag getroffen: Ja, hier muss es gewesen sein, es ist hier, wo es geschah ...

Die Langenscheidt-Brücke ist eine niedere, eher hässliche Eisen-konstruktion, die S-Bahn rast unter uns vorüber, die derben Stütz-pfeiler sind besprayt, an schönen Tagen sitzen die Jugendlichen auf den Querstreben und diskutieren, rauchen und kiffen, sagt Ma-rica. Das ist der raue Charme von Berlin, überall ist es so, schön und hässlich, lebendig und gegensätzlich, Schnittpunkt vieler Le-bensformen und schneller Veränderungen. Schöneberg ist mitten drin. Es ist auf dem Weg zu einem „angesagten Quartier", es wird gekauft, saniert und mit Gewinn weiterverkauft. Das Modewort ist „Gentrifizierung". Eine große türkische Gemeinschaft hat bis vor Kurzem hier gelebt, jetzt, wo das Viertel teurer wird, siedeln viele weiter, etwa nach Neukölln. Aber Maricas kleiner Gemischtwaren-laden, der schon um sechs Uhr morgens aufsperrt, wird noch von einem jungen türkischen Ehepaar betrieben, hier kann man alles kaufen und bestellen, auch die tägliche *Neue Zürcher Zeitung*. Der Laden ist ein beliebter Treffpunkt, viele kommen zum Plausch, die türkische Oma übersiedelte hierher, als ein Baby zur Welt kam.

Ein typisches Migrantenschicksal, sagt Marica, als wir durch die Alleen gehen, blühende Linden, die nicht duften, da es zu kalt ist. Die Wege entlang der Geleise sind von Weiden, Föhren und Brombeeren gesäumt, und nachts soll es vorkommen, dass man eine Nachtigall hört. Vieles wird belassen, wie es ist, und nicht alles zubetoniert oder nur Sinnvolles erlaubt: Nahe der Hohenfriedbergstraße wird gerade Deutschlands größte Waldorfschule gebaut – Rudolf Steiner, der Begründer der anthroposophischen Lehre, hatte in den ersten beiden Jahrzehnten des 20. Jahrhunderts im Umfeld von Berlin-Schöneberg gelebt. Viele Hinterhöfe haben ihr eigenes, stilles Leben, und es gibt, wie in vielen Metropolen der Welt, zahlreiche kleine Bürgerinitiativen: Rund um die Bäume werden Blumen und kleine Büsche gepflanzt und gepflegt, es gibt noch alte und ausgefallene Läden, wie ein Sattlergeschäft mit kunstvoll geschnitzten Pferdefiguren und -köpfen oder die Kooperative *Solidarische Landschaft* für sechzig Mitglieder (selbstverständlich ist Marica eines davon), für die eine Frau Grete jeden Donnerstag ihr selbst angebautes, frisches Gemüse vom Berliner Umland ins Biolino bringt, jedes Mitglied muss im Turnus einmal Verkauf und Verantwortlichkeit übernehmen. Dies und manch andere Aktionen erinnern sie an ihre Pionierzeit im Tito-Staat, erzählt Marica, wo sie als Kinder kleine Dienste tun und Aufgaben übernehmen mussten und sie als Art Weihe und Gegenpol zum Katholizismus der Dörfer auf die Gesellschaft vorbereitet werden sollten, um den „Faschismus zu schlagen". Trotz Skepsis dem System gegenüber sei ihr das Bewusstsein, dass jeder Mensch angehalten sei, etwas für die Gemeinschaft zu tun und zum Gemeinwohl beizutragen, heute noch vertraut. Das finde sie hier in ihrer Umgebung, in der Crelle-, der Goltz- und der Akazienstraße, am Winterfeld- und dem Kaiser-Wilhelm-Platz und, und, und ...

Die Rote Insel wird jener Teil von Berlin-Schöneberg genannt, in der die Hohenfriedbergstraße liegt. Insel, weil das Areal eingesperrt ist zwischen Geleistrassen, die zum Teil schon Mitte des 19. Jahrhunderts ins damalige Grünland gelegt wurden – der Wannseebahn im Westen, der Anhalter Bahn im Osten und der Ringbahn im Süden; rot, so wird berichtet, weil der Schöneberger Bierverleger namens Bäcker aus der Sedanstraße 1878 zum Wiedereinzug Kaiser Wilhelms I. (nach zwei Attentaten) nicht die hurra-patriotische Nationalflagge, sondern eine rote Fahne gehisst hätte, worauf er des Landes verwiesen worden sei. Die rote Tradition in der Bevölkerung des Gleisdreieckes blieb jedenfalls charakteristisch bis in die Mitte des 20. Jahrhunderts, zeitweise galt das Viertel als kommunistische Hochburg. Hier hatte auch, getarnt als Kohlenhändler, während des NS-Terrors Julius Leber gearbeitet – er war einer der führenden Köpfe des Juliputsches unter Claus Graf Schenk von Stauffenberg. Leber wäre in der neuen Regierung als Innenminister vorgesehen gewesen. Im Jänner 1945 wurde er, gemeinsam mit anderen Widerstandskämpfern, in Plötzensee hingerichtet. Dort, wo heute die Rote Insel wie ein Segel im Stadtplan eingezeichnet ist, sollte nach den Plänen von Albert Speer Adolf Hitlers Pracht- und Protzallee liegen. Bis 1940 waren fast alle Mieter bereits „umgesiedelt" und der gesamte Bereich zum Abriss freigegeben worden.

Immer noch ist es unwirtlich und kalt, als wir über die Julius-Leber-Brücke gehen und uns Marica diese Hintergründe erzählt. Das kommt als Art Erzählung auf einen zu, sagt sie und zieht den Schal enger um die Schultern, es fügt sich alles zusammen, wie die Menschen hier gelebt haben, wie sich alles entwickelt hat und ähnliche Züge aufweist wie überall unter diktatorischer Brutalität. Sie wäre vor den kroatischen Drohungen mit ihrem Mann in Split gewesen, wo auf einem Graffito zu lesen war: „Ante for President". Der kroatische General Ante Gotovina, erklärt sie, war des Kriegsverbrechens beschuldigt und sieben Jahre im Gefängnis, wurde aber in Den Haag vom Verbrechen des Völkermordes freigesprochen. Ihr sei wichtig zu zeigen und darüber zu schreiben, wie sich die Schichten verzahnen, wie der Faschismus ungebrochen und nicht aufgearbeitet ist. Denn kein Krieg hört auf, nur weil die Waffen schweigen. Er hinterlässt ein Erbe, dunkle Gaben, die wie eine lauernde Krankheit in den Gesichtern, Geschichten, Körpern, Sätzen und der Vorstellungskraft der Menschen weiterleben. In Tätern wie Opfern. Sie hat es auf das Bitterste bestätigt bekommen in ihren monatelangen Wanderungen und durch ihre Nachforschungen und Gespräche zum Roman *Mein weißer Frieden*:

Auf meiner Reise durch Bosnien und Dalmatien sind mir unzählige Menschen begegnet. Einbeinige unter mediterranen

grünen Palmen, Kriegsversehrte, denen man ein verrutsch-
tes Gehirn nachsagte, Erinnerungstöter, die alles in sich aus-
löschen mussten, damit sie in den Krieg ziehen konnten. Die
unterschiedlichsten Tonarten des Tötens klingen in meiner Rei-
seluft nach. Ich habe gelernt, dass man Gedächtnisse und Men-
schen gleichermaßen töten kann. [...] Viele Menschen haben
mich gebeten, ihre Namen und Wohnorte nicht zu nennen.
Sie haben das Wort „verraten" benutzt, verrate nicht, wo wir
leben und wie wir wirklich heißen. Auch jetzt bin ich noch er-
staunt, dass die einzigen, die nichts zu verlieren haben, die
Frauen aus Sarajevo sind. Sie haben schon alles verloren –
nur sich selbst nicht.[6]

Auch wenn Marica Bodrožić die unmittelbaren Geschehnisse des
Bürgerkrieges aus der Entfernung erlebt hat, färbte er fortan in
wesentlichen Motivsträngen ihre Dichtungen. Frauen, Männer,
Landschaften und Liebschaften sind vom Krieg geprägt, zumindest gestreift, von Zerstörung, Angst und Traumata. Aber Marica
Bodrožić ist eine Lichtgestalt und eine große Liebende. Sucht im
tiefsten Dunkel das Helle, in der Verzweiflung den Stern und im
Abschied die Verwandlung. Die ungemein lebensnahen, anrühren-
den Hauptfiguren ihrer Erzählungen und Romane stehen, trotz
aller Versehrtheit, unter der Obhut des Sonnenliniennetzes, das
die Sinne wachhält – sehen, spüren, riechen, hören, lieben, leiden,
leben. Sie suchen den inneren Kern, der unzerstörbar ist und die
Welt erträglich macht. Frieden, sagt sie, ist kein Geschenk, sondern ein Arbeitsauftrag an uns alle. „Lassen wir Fahnen Fahnen
sein. Seien *wir* Menschen."[7]

Das Gedächtnis, unser unzuverlässiges, trügerisches und erfin-
derisches Gedächtnis, hat viele Sprachen, sagt Marica. Auch wei-
che und zärtliche, wenn sie aus dem kindlichen Mediterran kommen, „mein Ursprung in die heitere Beständigkeit".

Mein kleines Gedächtnis öffnet sich, das Gartentor meiner
Erinnerung, ganz langsam wie die Gartentore in dalmatini-
schen Dörfern aufgehen, mit jenem kleinen Knacken, das der
Regen im Laufe der Jahre ins Holz gegeben hat, so, mit die-

sem Erinnerungsknacken öffnen sich auch die Zimmer in un-
seren dalmatinischen Häusern, auf eine Art, wie es immer in
den Sommern der Fall war, wenn alle warm und prall beiei-
nandersaßen, obwohl die Wölfe um die Ecke waren. Tür für
Tür öffne ich dann in jenem Haus, Gedanken öffnende Hände
habe ich, und dann strömt dort jetzt wie damals das Licht hi-
nein, Stück für Stück, so wie Lieder ins Freie, ins Offene der
Luft strömen, ins große Leben, in die Welt. Das Draußen war
für mich als Kind immer die ganze Welt. Sie wurde immer zum
Himmel, als Wirtschaft und Vorplatz der Wolken empfand
ich sie, so musste ich sie empfinden, so bin ich aufgewachsen,
immer mit dem Blick zum Himmel.[8]

Von der Julius-Leber-Brücke aus hat man einen weiten Blick über
Berlin, bis zum Potsdamer- und Alexanderplatz auf der einen und
bis Tempelhof auf der anderen Seite, bis dorthin, wo Marica joggen geht, Kinder Drachen steigen lassen und die Bürgerinitiative
zum Erhalt des ehemaligen Flugplatzes als Erholungsraum bis
jetzt Erfolg hat. Im ganzen Kiez von Schöneberg sind zahlreiche
Spielplätze eingerichtet, auch sie oft auf Eigeninitiative, und widerständige Eltern haben Täfelchen vor die Sandkästen gestellt
mit der Aufschrift „Keine Hunde scheißen". Es gibt ausgedehnte
Fußgängerzonen und Radfahrwege, Basketballplätze, viel Grün,
kleine Gärten, dörfliches Ambiente, ein urbaner Freiraum, der nicht
zu Ende definiert ist, der offen bleibt und die Menschen nicht so
ängstlich macht wie in Quartieren, wo viel Kapital ist; und es gibt
Cafés, in denen der Kaffee schwarz und gut ist – es hat einfach
etwas Mediterranes, sagt Marica. In einer Seitengasse, die leicht
bergab zur breiten, verkehrsreichen Yorckstraße führt, ist auf einer
Hauswand in großen Lettern zu lesen:

Wir befinden uns im Jahr 2013
Ganz Berlin ist verkauft
Ganz Berlin? NEIN
Wir hören nicht auf, den Eindringlingen
Widerstand zu leisten!

Das wurde vor drei Jahren geschrieben. Hoffentlich, sagt W., halten sie durch. Schöneberg und die Friedenau dürften immer schon ein guter Boden für alternative Lebensentwürfe gewesen sein. Hier machten etwa in den 1950er- und frühen 1960er-Jahren progressive Schriftsteller wie Günter Grass oder Uwe Johnson die Gegend zum Szeneviertel, unter anderem hier begannen die Studentenrevolte und die Hausbesetzerszene in den großen, verkommenen Altbauwohnungen, die niemand haben wollte. In der ehemaligen Wohnung von Hans Magnus Enzensberger in der Fregestraße entstand die später berühmt gewordene WG der Kommune 1. In meiner Studienzeit hatte ich deren Streitschrift über das freie Leben verschlungen, sage ich zu Marica, W. schaut mich mit lachenden Augen an, und Marica sagt: Da war ich noch gar nicht geboren. Aber sie hätte Sympathie für solche Bewegungen, Gehorsam führe zu Bevormundung und diese zu Krieg. Hier gab es Konzerte wie nirgendwo sonst in Deutschland, die Potsdamerstraße war das Zentrum einer wilden Musikszene, von David Bowie zu Nick Cave, die ihre Musik in den Osten hinüberbrüllten und -spielten, den anarchischen Geist von Freiheit. Und noch früher hatte schon Erich Kästner *Emil und die Detektive* in diesem Umkreis spielen lassen, hier haben Else Lasker-Schüler, Gottfried Benn oder Robert Musil gelebt, und in der Hohenfriedbergstraße lebt eine junge Frau aus Dalmatien, die zu einer deutschen Dichterin wurde.

> [...]
> *Ich will an die Seligmachung*
> *schreiben. An die Herzmitte*
> *der gelben aller Farben.*
> *Dann will ich sterben, ganz.*
> *Aber nicht ungeprüft. Möchte*
> *die neue Nacht lilalustig malen.*
> *Den Regen in die Stunden leiten,*
> *alles waschen und vermörteln*
> *mit den neuen Dingen,*
> *neuen Dank in die Augenstirne*
> *malen. Alles malen. Alles wissen.*
> *Mit Else Lasker-Schüler in Schöneberg*

tanzen. Den Frühling eröffnen,
mit sieben sanften Schritten.[9]

Maricas Zuhause ist in schöner Nachbarschaft zu einem Wörter-
kosmos gelegen: zwischen der *Duden*straße und dem *Langenscheidt*-
haus in der Crellestraße. Auf der Fassade steht zu lesen: „Sprach-
werke – Wörterbücher". Und noch einmal unweit davon, im Alten
St.-Matthäus-Kirchhof, gegründet 1856, sind unter schattigen
Bäumen die Gräber von vier Männern namens Grimm zu finden:
Hermann, Rudolf und die Gebrüder Jacob und Wilhelm Grimm.
Kinderzeichnungen aus den Grimm'schen Märchen liegen im Efeu
zu Füßen der schwarzen Granitstelen, und die grünen Bände des
Grimm'schen Wörterbuches stehen in Maricas Schreibzimmer.
Auch Libuše Moníková, die früh verstorbene Prager Schriftstel-
lerin, fand im St.-Matthäus ihr Grab. Ein Gedenkstein erinnert an
jene fünf Widerstandskämpfer in der ehemaligen Bendlerstraße, die
hier für wenige Stunden begraben, dann exhumiert und an einem
unbekannten Ort verbrannt wurden. Ihre Asche wurde auf den
Rieselfeldern verstreut. Ihre Namen seien nicht vergessen: Claus
Graf Schenk von Stauffenberg, sein Adjutant Werner von Haeften,
Friedrich Olbricht, Ludwig Beck und Albrecht Ritter Mertz von
Quirnheim. Im verwinkelten Blumenladen am Eingang zum
Friedhof, das zugleich ein Café ist, werden, im Angesicht des Todes
angeblich auch Hochzeiten gefeiert.

Schöneberg hat viele Gesichter. Erschöpft finden wir im winzigen
koreanischen Restaurant Ixthys in der Pallastraße gerade noch
einen Platz. Es wird von zwei radikal christlichen Koreanerinnen
geführt, die alle Wände mit Bibelsprüchen tapeziert haben. Die
Kunstschickeria verkehrt hier, und in amerikanischen Reisefüh-
rern wird die exzellente Küche gelobt. Marica empfiehlt uns Vege-
tarian Bibimbab, das man, so wird uns gesagt, mischen, mischen,
mischen muss. Auf dem türkischen Markt schließen die letzten
Stände. Ein Junkie bittet um einen Euro. In der Bücherhalle, wie
das stadtbekannte Antiquariat in der Hauptstraße 154 heißt und
wohin auch Kritiker ihre Rezensionsexemplare bringen, findet
Marica *Tito est mort,* die französische Übersetzung ihres Prosa-

debüts *Tito ist tot,* W. kauft Ilija Trojanows *Nomade auf vier Kontinenten* und ich Christa Wolfs Moskauer Tagebücher *Wer wir sind und wer wir waren.* Empfindlich gemacht vom Viel-Erlebten, ist die Frage nicht leicht zu beantworten.

An der U-Bahn-Station Kleistpark verabschieden wir uns von Marica. Es kostet Mühe, keine Trauer aufkommen zu lassen, wir sind uns immer nahe gewesen, in diesen Berliner Tagen noch näher gekommen. Im August werden W. und ich vielleicht an die dalmatinische Küste fahren, in Maricas Kindheitslandschaft im Hinterland von Split, und wir werden an Marica denken und in ihren sinnlichen und wärmenden Szenerien unsere eigene Sehnsucht nach mediterraner Erde und dem Klangraum des Meeres wiederfinden: „In der Erinnerung an das Meer strenge ich mich nie an. Es ist eine Reise ins Blaue. Innere des Wassers. Ohren, rauschen. Kein Knirschen." Im Herbst wird sie vielleicht in Salzburg eine Lesung aus ihrem dann bereits erschienenen Roman *Das Wasser unserer Träume* haben, in dem von einem Mann erzählt wird, der sein Gedächtnis und seine Sprache verliert und schließlich in das Leben zurückfindet und die Fähigkeit erlangt, sowohl die Gedanken als auch die Sehnsucht der anderen zu lesen. Abschied und

Wiederkehr in der Verwandlung. Von vielen Abschieden hat Marica Bodrožić in bewegenden Konstellationen geschrieben. Abschiede, die Zukunft in sich tragen und solche, die für immer sind, manche hat sie selbst erlebt. In unserer Sprache, sagt sie noch, bevor sie geht, gibt es einen eigenen Ausdruck dafür: Das Leben tut weh.

Zwanzig Millionen Touristen besuchen jährlich Deutschlands Hauptstadt. Ohne Marica zählen am nächsten Tag auch W. und ich zu ihnen. Das Wetter ist warm und einladend geworden. Einen Tag noch für eine Handvoll Berliner Sehenswürdigkeiten. Das Ab-Schauen, hatte Marica gesagt, bedeute einen Raub am Eigentlichen, man müsse selbst etwas mitbringen, in den Raum hineingeben … Genügt das sich Aussetzen dem Gedächtnis und dem Gedenken? Jüdisches Museum, Topografie des Terrors, Holocaust-Mahnmal. Schwarze Steine für das Gewissen. Erinnerungstafeln in den Straßen und auf vielen Plätzen. Gibt es eine andere Stadt, die Geschichte so beispielhaft und erschütternd vor Augen führt? Mit den Rädern fahren wir einen Teil der ehemaligen Berliner Mauer nach, deren Verlauf mit roten Backsteinen im Asphalt gekennzeichnet ist. Im Kopf haben wir die Fotos und Videos, die am Checkpoint Charlie gezeigt werden: Von den siebenfachen Schutzzäunen und Todesstreifen, von den Scheinwerfern, Wachtürmen, Elektrosignalen und Bluthunden, von den jungen Menschen, die in die Freiheit wollten und zu Tode kamen, und der Faden spult sich hin bis Srebrenica, über das wir mit Marica gesprochen haben.

Wer den Roman *Berlin Alexanderplatz* von Alfred Döblin gelesen hat, wird sich mit dem gegenwärtigen Ort nicht anfreunden können. Da „hockt" immer noch die DDR. Da lädt nichts zum Bleiben ein. Museumsinsel. Das Pergamonmuseum ist geschlossen, es wird umgebaut. Baustelle ist auch am Spreeufer. Gegenüber der Abraumstation für die Erweiterung der U-Bahn-Station Unter den Linden, ist ein Behelfssteg eingerichtet, an dessen Holzwänden die National Geographic Society zur Feier des 125-jährigen Bestehens ihre besten Fotos präsentiert und sie mit den Forschungen von Alexander von Humboldt in Verbindung bringt. Ein Humboldt-Zitat steht im Mittelpunkt:

Die gefährlichste Weltanschauung aller Weltanschauungen ist die Weltanschauung der Leute, welche die Welt nie angeschaut haben.

Riesenbaustelle auch um den Wiederaufbau des Hohenzoller Schlosses, das das spektakuläre Humboldt-Forum beherbergen wird. In der provisorischen Humboldt-Box werden viele Projekte vorgestellt. Wir schauen, staunen, stehen bei den Sprachen der Welt und sehen einen winzigen Punkt, der das Universum trägt, den Anfang von allem: das Aleph. Es ist der erste Buchstabe des phönizischen und hebräischen Alphabets, entspricht dem Alif der arabischen Schrift, wird von den Griechen zum Vokal Alpha umgedeutet und ist uns als lateinisches „A" vertraut. Wer fragt, hatte Marica im Oro Nero gesagt, wer offen ist für die Wunder der Welt und die Überraschung, was Sprache daraus machen kann, hält an nichts fest und ist frei. Zu fragen, sei ein Geschenk des Friedens. Und Freiheit, sagte sie, werde möglich durch den Entzug des Vertrauten. So komme sie in das „tiefe Ausland" des eigenen Ich und des Lebens, das sie brauche, um schreiben zu können und das sie liebe, so schwer es auch sei.

Schon auf dem Rückflug lese ich in Maricas Gedichtband *Licht-orgeln*: „[...] wer ich / immer wieder / neu / sein werde: Meer-fremde, mehr fremder als / noch ein Stückchen / Meer / fremd.“ Und ein paar Seiten weiter:

Heimwärts heißt:
Ich bin am Leben.
Ich bin Leben.[10]

Karl-Markus Gauß
Der Ort, von dem aus ich mir die Welt erschließe
Salzburg

Ein Königskerzentag Anfang August. Heiß und hell. Bereits die vierte Hitzewelle des Jahres, hieß es. In der Altstadt trotteten die Bustouristen folgsam ihren Fremdenführern hinterher, die Blumenstände auf dem Universitätsplatz boten Gladiolen, Sonnenblumen und bunte Zinniensträuße an, Kinder spritzten sich die Wasserfontänen des Residenzbrunnens ins Gesicht, noch waren keine schaurigen „Jedermann"-Rufe von den Domtürmen, den Balustraden der Residenz und den Wehrmauern von Hohensalzburg zu hören, aus den Proberäumen des Festspielhauses drangen schöne Stimmen, die ihre Koloraturen probten, bald würden die Glocken des Domes, der Franziskaner-, St. Peter-, Nonntaler- und Kajetanerkirche Mittag läuten und ihren Schall über die Plätze, Gassen und Menschen schicken, und jenseits des Neutors, das eigentlich Sigmundstor heißt, dieses Tunnels, der 1767 nach nur fünfzehnmonatiger Bauzeit und zu einem Drittel der ursprünglich geplanten Kosten durch den Mönchsberg getrieben worden war, in der gleich nach rechts abbiegenden Reichenhaller Straße, sind in einer Wohnung im dritten Stock die Jalousien heruntergelassen. Hier ist es angenehm kühl, hoch und luftig die Räume, die Wände mit Büchern zugebaut und mit Bildern geschmückt, ein Reich der Vielfalt und Ästhetik und „Von nah, von fern" dringen die Stimmen der europäischen Literatur an das Ohr, das gewillt ist, sie zu hören.

Hier sind Karl-Markus Gauß und seine Frau Maresi zu Hause, das unzertrennliche, das besondere Paar. Sohn und Tochter sind längst ausgezogen. Karl-Markus hat zwei Kannen voll unterschiedlichen Tees vorbereitet. Schon wenn er aufstehe, sagt er, trinke er einen Liter Wasser, das hätte ihm ein alter Arzt empfohlen, vor vielen Jahren, als sie einige Sommer hindurch mit den Kindern in

Porto San Giorgio an der Adria in den Marken Ferien gemacht hätten und er regelmäßig von schweren Gichtanfällen heimgesucht wurde, sodass das ganze Dorf schon mitfieberte und Ratschläge gab. Aber nur jener Rat des alten Arztes hätte geholfen, sie waren barfuß durch das seichte Meer gegangen, hin und her, und hätten geredet, und seither befolge er diesen Rat und hätte nie wieder einen Anfall gehabt.

Die Gauß'sche Wohnung liegt in einem gediegenen Altbau, errichtet 1896 von Jakob Ceconi, der zwar im friulischen Gemona geboren wurde, jedoch in Salzburg aufwuchs, hier die väterliche Baufirma übernahm, sie mächtig ausbaute und mit fast einhundert Villen sowie öffentlichen Gebäuden der Stadt ihr Jahrhundertwende-Gesicht gab. Der Gitterschmuck des Stiegenhauses und einige alte Marmorstufen verraten heute noch den damaligen Wohlstand selbst eines Mehrparteienhauses, allerdings in bester Lage. In ein paar Minuten ist man zu Fuß im Herzen der Altstadt.

Karl-Markus, W. und ich sind um den runden Esstisch versammelt, der in vielen Texten eine Rolle spielt und bei heiteren Festen das gesellige Zentrum ist. Vom Mönchsberg her streicht etwas Kühle durch das offene Küchenfenster herein, die Konglomeratwände leuchten ockerfarben im Sommergrün, die Zinnen der Bürgerwehr aus dem 17. Jahrhundert krönen den Berg. Er lebe gern in Salzburg, sagt Karl-Markus, er habe nichts übrig für jene Kritiker der Stadt, die hier kurz zu den Festspielen kämen, sich jedoch über die Provinzialität des Ortes lustig machten, sogar hämische Glossen schrieben und wieder abreisten. Vielleicht sei er nur aus Renitenz geblieben, weil er sein Ausharren immer verteidigen musste. Auch er hätte manche Kritikpunkte, aber darüber sei genug geschrieben worden, und er sei prinzipiell gegen vorgefasste Meinungen. Viele würden ihn fragen, ob sein Leben, das des weit ausgreifenden Intellektuellen und Europa-Reisenden, hier nicht im Klein- oder Großbürgerlichen versinke.

In der Frage klingt ein leiser Verdacht auf: Ob ich, auch wenn ich gerade über europäische Zusammenhänge gefragt wurde, nicht womöglich doch ein Hinterwäldler geblieben bin, der

selbstzufrieden über seinen inneren Gamsbart streicht. Ich
habe diese Frage aus zwei Gründen stets für ungebührlich
dumm gehalten: Zum einen, weil sie fast 250 Jahre nach Erfin-
dung der Eisenbahn und 30 nach Einführung des World Wide
Web immer noch von einem unüberwindbaren Gegensatz von
Provinz und Metropole ausgeht. [...] Zum Zweiten aber, weil
es mir von gedankenloser Menschenverachtung zeugt, wenn
jemand etwas Verfängliches darin erblickt, dass Menschen
dort bleiben, wo sie aufgewachsen sind und ihre Familie und
ihre Freunde und auch die wachsende Zahl ihrer Toten haben;
und das ausgerechnet heute, in einer Ära, in der Abermillionen
Menschen auf der Flucht sind, die, von hier nach dort getrie-
ben, nichts anderes ersehnen, als irgendwo einen Flecken zu
finden, auf dem sie mit den Ihren bleiben können, ohne Mord,
Verfolgung, Elend fürchten zu müssen.[1]

Hier, in dieser schönen Wohnung in der Reichenhaller Straße, ist
Frieden. Aber rastlos arbeitet Gauß, seit er sich schreibend ein Bild
von der Welt macht, an der Kartografie der Totgeschwiegenen und
Totgeschlagenen der Geschichte, der Ausgegrenzten und Gede-
mütigten, der Gerade-noch-Überlebenden und Gestrandeten. Er
ist Erbe all derer, für die er kämpft, deren Schmerz er teilt und für
die er Zeugnis ablegt in seinem Werk, das innerhalb von vier Jahrzehnten in einer einzigen, großen Bemühung höchste Anerkennung
und zahlreiche internationale Preise erhielt und zum Synonym
von, wenn es das geben sollte, intellektueller Empathie wurde.

Die Stimme, wie lange spricht sie schon? Sie kommt aus dem
dunklen, mit gerippten Plastikknöpfen bestückten Kasten,
der zwischen den zwei hohen Buchregalen steht und ein quer
laufendes, grünlich leuchtendes Band hat. Wenn die Mut-
ter die Tuchenten ausklopft, setzt sie mich im Wohnzimmer
auf den Boden. Ich hämmere auf Holzstücke, die ich aus der
Matador-Kiste geleert habe, und während ich versuche, Bau-
klötze mit Stäbchen so zusammenzustecken, dass sie einer
Figur oder einem Gebäude gleichen, höre ich diese körperlose
Stimme. Gesucht wird der Gefreite Matthäus Ploderer, Ange-

*höriger der 4. Infanteriedivision, zum letzten Mal gesehen im
Jänner 1943 in Pitomnik ...*[2]

Mit den Vermissten-Suchmeldungen aus dem Radio setzt die Erinnerung des Kindes Karl-Markus Gauß ein. Es war in der Radetzkystraße in Salzburg. „Der Raum ist unser Wohnzimmer, aber er ist unendlich groß, er reicht bis zur Neva, das Schlachtfeld von Charkov
hat Platz darin, die Sümpfe des Donez ..." Das war elf, zwölf Jahre
nach Ende des Krieges. Aber noch immer gab es diese Vermissten-
meldungen, die sich dem Gedächtnis einprägten, die Litanei des
Schmerzes und der Hoffnung. Und wenige Jahre später, in der ersten Klasse der Volksschule im Stadtteil Mülln, verschwindet zwei
Wochen vor den Sommerferien plötzlich die geliebte Lehrerin
mit der samtenen Stimme namens Wolferseder, die während des
Unterrichts häufig in ein stilles, aber haltloses Weinen ausgebrochen war und die eines Tages ein falsches Datum auf die Tafel geschrieben hatte und noch einmal und noch einmal. Wie die Kinder
später erfuhren, waren es Daten von Schlachten aus dem Zweiten
Weltkrieg gewesen.

> *Die Frau Lehrer Wolferseder, erfuhren wir, ohne dass uns Ge-
> naues gesagt wurde, war in den Ferien gestorben, aber erst
> jetzt, da ich älter bin, als sie wurde, und mir schaudernd be-
> wusst ist, wie nahe am Krieg ich aufgewachsen bin, frage ich
> mich, was mit ihr war, meiner ersten Lehrerin, die die Wei-
> nenden tröstete und selber so oft weinte.*[3]

Solch berührende Szenen finden sich in den Kindheitserinnerungen
von Karl-Markus Gauß im Band *Das Erste, was ich sah*. Er hat mit
größter Freude daran geschrieben, schweren Herzens die Hälfte
wieder gestrichen und war sich dennoch bewusst, dass persönliche
Erinnerung, die zugleich Erfindung ist, nur dann Leuchtkraft für
andere hat, wenn sie als Dokument der Zeit gelten kann, hier der
späten 1950er-Jahre. Das prinzipielle Interesse für Menschen, die
von politischen Katastrophen und Kriegen gezeichnet sind und
dennoch das Leben zu bestehen versuchen, ist in allen Büchern der

farbige Hintergrund seiner Erzählungen. Die Spur zieht sich von diesen frühen Erinnerungen in das Heute. Er wuchs mit Kriegsinvaliden, Heimatvertriebenen und Staatenlosen auf, der Klang ihrer vielen Sprachen, das Klopfen der Holzbeine auf dem Asphalt, die Atmosphäre von Verlust und Neubeginn und die Erzählungen eines anderen Lebens haben sich ihm eingeprägt und sind in verwandelter Form bis heute der Urgrund, zumindest eines der wichtigen Motive seines Schreibens. Seine Eltern waren Flüchtlinge, Heimatvertriebene aus der Wojwodina, die in Salzburg gestrandet waren, die ersten elf Jahre in einem Barackenlager für Volksdeutsche verbringen mussten und erst 1956, als Karl-Markus zwei Jahre alt war, in die Wohnung in der Radetzkystraße übersiedeln konnten. Als erwachsener Mann ist er weit gereist, imaginär und real, durch Bibliotheken und Länder, immer jedoch an die Ränder, um abgerissene Traditionen aufzuspüren, auf sie aufmerksam zu machen und sie in unser Bewusstsein zu heben, vielleicht sogar zu brennen. Ist mit dem Fotografen Kurt Kaindl zu den „sterbenden Europäern" gereist: zu den Sepharden von Sarajewo, den Gottscheer Deutschen, den Arbëreshe, Sorben und Aromunen; zu den „versprengten Deutschen" in Litauen, der Zips und am Schwarzen Meer und hat die erbärmlichen und trotzigen Reste der Roma in der Slowakei besucht und diesen Ausgestoßenen ein Buch geschrieben, das den Rest Europas aufrüttelte: *Die Hundeesser von Svinia*.[4] Erst zwei Tage vor unserem Gespräch ist Karl-Markus mit Maresi aus Moldawien zurückgekommen – eine strapaziöse Reise bei 40 Grad Hitze, auf staubigen Straßen und durch große Armut, aber bei gastfreundlichen Menschen, und Bezeichnungen wie „Bessarabien" und „Transnistrien" fliegen uns zu und lassen Fremdheit und Neugier bereits im Klang der Worte erahnen. Er wird alle diese Eindrücke verarbeiten, denn das ist seit jeher sein Prinzip:

Was mir von der großen Reise bleibt: nur, was ich über sie schreibe. Das andere beginne ich schon zu vergessen, kaum daß ich wieder zu Hause bin. Deswegen muß ich ja schreiben: Weil ich die Dinge nur sehe, wenn ich vorhabe, über sie zu schreiben.[5]

Seine Reisen bereitet Gauß akribisch vor, liest, recherchiert und
notiert. Ich muss mich im Vorfeld mit der inneren Topografie eines
Landes vertraut machen, lasse mich lieber auf einer höheren Ebene
überraschen, sagt Karl-Markus. Wenn man Beethoven drei Mal gehört hat, weiß man mehr als beim ersten Mal. Seit den Anfängen
seines Schreibens liegt die Fokussierung auf Europa, insbesondere der ost- und südosteuropäischen Landschaft und Literatur.
Gauß war immer der Zeit voraus. Lange, bevor der Eiserne Vorhang fiel, hat er literarisch die Grenzen geöffnet, und lange, bevor
es zum Schlagwort wurde, hat er mit Anregern wie Ludwig Hartinger, Milo Dor oder Max Blaeulich den Begriff „Mitteleuropa"
ins Gespräch gebracht. Bereits die ersten Bücher von Gauß, wie
*Tinte ist bitter. Literarische Portraits aus Barbaropa, Die Vernichtung
Mitteleuropas, Ins unentdeckte Österreich. Nachrufe und Attacken*
und das *Europäische Alphabet,* für das er 1997 den angesehenen
Prix Charles Veillon erhielt, haben den Weg bis heute gewiesen.
Er ist ein Partisan im Hinterland der Vorurteile. Zählt nicht zu den
Scheltern, nicht zu den Lobrednern, sondern entdeckt in der Tiefe
das Eigentliche, wehrt sich gegen jede Art von Geschichtslosigkeit,
die immer dazu verleitet, zu verklären oder zu verachten. Ein en-

thusiastischer, provokanter Aufklärer, voll Wut und Melancholie. Historisch fundiert und durch sein großes Wissen dazu befähigt, Zusammenhänge aufzuzeigen und sie dem Publikum spannend und einsichtig vorzuführen. Sein Denk- und Sprachgebäude ist im Grunde eine Brücke. Über Europa, wie es war und wie es wurde. Nationalismus und Regionalismus sind Schwerpunkte seiner Themen, Flucht und Osterweiterung, die zunehmend zur marktdominierten West-Erweiterung und -Planierung mutiert, wie es auch Andrzej Stasiuk in seinen Büchern aufzeigt und dessen Frau die Verlegerin von Gauß' Büchern in Polen ist.

Am gemütlichen Esstisch des Wohnzimmers ist gut reden. Wir sind im Umgrenzten. Jenseits der Jalousien ist der Alltag der Welt, schwebt die Gondel zum Felsengipfel des Untersberges, suchen die Urlauber verzweifelt einen Parkplatz und halten die Bettler in der Getreidegasse den Menschenmassen ihre Pappbecher hin.

Schaut man in die Räume ringsum, sieht man Bücher, Bücher, Bücher. Auch entlang der schön geschwungenen Treppe aus glänzendem Holz, die in das Arbeitszimmer im Dachgeschoß führt, reihen sich dicht an dicht Werke aus dem Kosmos der Dichtung. Er sei ein literarischer Allesfresser, sagt Karl-Markus. Ich widerspreche ihm, denn von seinem ersten eigenen Buch über den vergessenen Dichter Albert Ehrenstein, der nach New York emigrieren musste und dort verarmt und verbittert starb, bis zu seiner Auseinandersetzung mit globaler Literatur ist er ein Entdecker, Wünschelrutengänger und Liebhaber des Ausgefallenen. Die Basis allerdings waren wilde Leseferien, in denen sich der Oberschüler durch die Weltliteratur und die Gesamtausgaben bedeutender Dichter arbeitete, besser: mit Enthusiasmus verlor. Anfangs hatte ihm dies der Vater ermöglicht: Anstatt einem schlecht bezahlten Ferialjob als Lagerarbeiter nachgehen zu müssen (einen Sommer lang hatte er diese Erfahrung gemacht), schlug der Vater dem Sohn vor, ein gutes Salär zu zahlen, wenn dieser die erste Hälfte der Ferien läse und die zweite Hälfte mit ihm eine kleine Reise unternähme. Wenn es so nicht wahr gewesen sein sollte, ist es gut erfunden, und ich will ihn nicht fragen an diesem heiteren Augusttag, denn es ist unwichtig, ich bin nicht seine Biografin, sondern liebe seine Bücher als grandiosen Weltentwurf.

An den Wänden hängen Kunstfotografien von Inge Morath, der dritten Frau Arthur Millers, und Kurt Kaindl, der übrigens in seinem Archiv den Nachlass Moraths betreut, Bilder und Zeichnungen von Trude Engelsberger, Christian Thanhäuser und Sigmund Januschewski, viele von Paul Flora, mit dem Karl-Markus befreundet war, Hermann Kremsmayr, mit dem er zur Schule ging und, gemeinsam mit Fritz Kohles, eine Band gründete, oder Herbert Breiter, dem er wie ein Sohn war und dessen Frau schon die kleine Maresi wie eine Ziehtochter angenommen hatte: Ein großzügiges Geldgeschenk der kinderlosen Breiters an die beiden jungen Eheleute machte es möglich, dass sie 1994 diese Wohnung in der Reichenhaller Straße kaufen konnten. Hier sind die Kinder aufgewachsen – welch liebevolle Portraits schrieb er ihnen in seinen Journalen –, ihre Zeichnungen hängen an den Wänden zur Küche hin. Karl-Markus ist, sagt er lachend, der Familienkoch für den Alltag, Maresi kocht, wenn Besuch kommt. Er war es schon damals, als sie noch zu viert hier lebten, ist es heute noch, da Maresi erst gegen Abend Dienstschluss macht. Sie ist eine der grenzenlos engagierten Lehrerinnen an der Neuen Mittelschule Haydnstraße an der Rückseite des Mirabellplatzes, die neuerdings großspurig Campus Mirabell heißt. Seit über dreißig Jahren unterrichtet sie nur Kinder nicht deutscher Muttersprache aus dem Migranten- und Flüchtlingsmilieu und bekommt von der Universität Studierende zugeteilt, die sich in der Praxis bewähren sollen. Wenn sie nach Hause kommt, ist sie erschöpft, sagt Karl-Markus, dann hab ich das Essen fertig. Ich schätze die Disziplin, die so ein Leben erfordert und verstehe die Kollegen nicht, die jammern, wenn sie Rücksicht nehmen müssen. In einer der Küchenladen liegt das Brotmesser mit dem schadhaften schwarzen Griff – ein Andenken, das mit der Mutter aus der Batschka hierher gewandert ist, das sie und später er selbst über alle Umzüge hinweg mitgenommen und niemals weggeworfen haben. Das ist eines jener Stücke, die ihn dazu ermuntern, eine Geschichte ausschließlich über die eigene Wohnung zu schreiben, nach dem Vorbild *Reise um mein Zimmer* von Xavier de Maistre. Allein anhand dieses Messers könnte ich die

Geschichte meiner Familie erzählen, sagt Karl-Markus, ich habe ein Faible für die kleinen Dinge, die viel verraten, ganze Romane könnte man aus ihnen machen. Zum Beispiel aus dem Stapel der leinenen Servietten meiner Frau, die das Monogramm I. P. tragen,

> [...] *denn dabei handelt es sich um Erbstücke ihrer Großeltern, die sie aus Südtirol mitgebracht haben, damals, als sie sich, nach dem Pakt zwischen Hitler und Mussolini, entscheiden mussten, ob sie für das Hotel Kronprinz – seit 1918 musste es Il Principe heißen –, das sie in Meran besaßen, entweder mit einem Hotel in Apulien oder der Pacht des Gasthauses St. Peter in Salzburg abgefunden werden wollten. Meine „Abenteuerliche Reise" muss dies alles zugleich sein, autobiografische Recherche, eine Art von Familienroman, europäische Kulturgeschichte. Wenn ich mich doch gleich hinsetzen und zu schreiben beginnen könnte!*[6]

Diese Kunst, anhand von Miniaturen eine ganze Biografie und ihr historisches Umfeld zu enthüllen, bietet der Gauß'schen Leserschaft Szenerien, die aus ihrem eigenen Leben stammen könnten und die seine Bücher so beliebt machen. Wenn er an einem Buch schreibt, hat er immer schon zwei, drei andere im Kopf. Es gibt viel über das Leben und die Zeit, das Vergängliche und Immerwährende nachzudenken und zu fragen, sagt er. Das staunenswerte Ergebnis dieser Arbeit sind seit 2002 sechs Bände: die fünf Jahresjournale mit den sprechenden Titeln *Mit mir, ohne mich*, *Von nah, von fern*, *Zu früh, zu spät*, *Ruhm am Nachmittag* und *Der Alltag der Welt* sowie *Im Wald der Metropolen*, eine welthaltige Reise durch Europa, klug, unterhaltsam, augenöffnend.

Diese sechs Bände sind ein Lebensroman. Zugleich ein Gesellschaftsroman, Abbild von Politik, Wissenschaft und Wirtschaft, Migration und Sprache, Philosophie und amüsant-lehrreichen Abirrungen in Städte und Landschaften, Kunst und Theater, Marginalien und Weltgeschichte. Fakten, Eindrücke und Stimmungen, die für immer verloren wären, wenn sich nicht einer die Mühe gemacht und die Freude gewährt hätte, sich an den Schreibtisch zu setzen. Die Hauptfigur ist der Erzähler selbst, der seine Rollen wechselt und als Historiker, Chronist, Portraitist und Psychologe fungiert, vielleicht auch als Fußballer, der er als Kind war, als beliebter und erfolgreicher Stürmer und Verteidiger. Es ist ein mutiges sich den Abgründen unserer Epoche Aussetzen – er kontaminiere sich mit den Fernsehbildern des Schreckens, sagt er – und gleichermaßen ein Eintauchen in das Glück der kleinen Alltäglichkeit. Liebesgeschichten und „Sternstunden des Scheiterns" gibt es, Geschichten über Leben und Tod, Würde und Verletzlichkeit, und immer sind es liebevoll gezeichnete Menschen, denen Gauß seine Aufmerksamkeit schenkt und die er vorüberziehen lässt mit der Eleganz eines großen Stilisten und in der schönen Melodie seiner Sprache.

Ich schaue aus dem offenen Küchenfenster in den Abend hinaus. Zügig fährt ein Radfahrer vorbei, auffallend aufrecht, als würde er sich gar nicht über die Lenkstange beugen. Er ist einer von den zwei-, dreihundert Menschen, die man in seiner Stadt jahrzehntelang vom Sehen kennt, ohne ihren Namen, ihren Beruf zu wissen und ohne sie je zu grüßen. Man sieht sie irgendwann mit kleinen Kindern, die dann größer werden und mit denen man sie eines Tages nicht mehr sieht, sie altern mit uns, und eines Tages sehen wir sie nicht mehr, weil sie aufs Land übersiedelt sind oder auf den Friedhof, und nur selten erinnert man sich dann noch an sie, die jetzt fehlen und von denen man mit einem unbestimmten Gefühl des Verlusts spürt, dass sie fehlen, obwohl die Seite mit ihrem Gesicht in unserem inneren Fotoalbum selten und nur zufällig aufgeschlagen wird. Sie gehören zu unserer Stadt, sie machen diese Stadt eigentlich aus, aber da es eben die Stadt ist und nicht das Dorf, sind wir nicht gezwungen, uns näher mit ihnen zu beschäftigen. Schon war der Mann mit seinem grau gewordenen Haarwirbel unter mir vorbeigefahren mit dem sirrenden Geräusch, das die Mountainbikes erzeugen, und mit einem Mal spürte ich eine innige Verbundenheit mit ihm, es war, als fahre etwas von mir, dem grau Gewordenen, mit ihm in die Vorstadt hinaus.[7]

Wer ist die Instanz, die entscheidet, was ein Roman ist und ob ein Journal nicht als solcher gelten kann, ganz und gar oder fast? Ich

bin es leid, sagt Karl-Markus, als wir im schönen Ceconi-Treppen-
haus vom dritten Stock in die Reichenhaller Straße hinuntergehen,
immer wieder erklären zu müssen, dass ich engstirnige Zuordnungen ablehne. Am Beispiel von Karl Kraus, Jean Améry, der sich 1978
im Salzburger Hotel Österreichischer Hof das Leben nahm, und
Joseph Roth, der sich unweit davon im Café Bazar gerne mit Stefan
Zweig traf und sich im Pariser Exil zu Tode trank, hat er schlüssig
exemplifiziert, dass es keine Rangordnung der einzelnen Genres
gibt, dass ein gutes Feuilleton oder ein brillanter Essay ebenso hoch
einzuschätzen sind wie eine große Erzählung; dass es ein Trug-
schluss ist, sich die literarischen Formen der Prosa als Hierarchie
zu denken, „mit der Königsdisziplin des Romans an der Spitze".[8]
Gauß hat an die zweitausend Rezensionen, Kritiken und Feuilletons für internationale Zeitungen und Zeitschriften geschrieben,
große Reportagen und Reisebücher – aber jedem einzelnen Text,
sagt er, hat er das Maximum seines Wissens und seiner Ausdrucks-
fähigkeit gegeben und möchte sie nicht geringer geschätzt wissen
als ein dickes Prosabuch, auf dem als Untertitel „Journal" oder
„Roman" steht. Eine Anstrengung wie jene der *Cahiers* von Paul
Valéry? Ach, so hoch möchte ich nicht greifen, sagt Karl-Markus,
als er sein Fahrrad aus dem Garten holt. Ich bin auch nicht so dis-
zipliniert wie Valéry, der jeden Tag um fünf Uhr früh aufstand und
schrieb, über neunundzwanzig Bände sind daraus geworden! –
nein, das kann ich nicht. Ich schreibe ganz einfach, um zu leben.

Ein Satz aus einem seiner Journale geht mir durch den Sinn:
„Es ist unser Vorrecht und unser Verhängnis, uns selbst zu entwerfen, vorauszuträumen, vorwegzunehmen."[9] Und wenig später, als
wir schon die schmalen buschgesäumten Wege durch den Stadtteil Riedenburg fahren und den Sommer spüren, Spatzen fliegen
aus den Hecken auf, Schwalben schneiden ihre Zickzacklinien in
das Blau des Himmels, und aus einem Garten hört man das Spiel
eines Saxofons, sagt Karl-Markus, wie nebenbei: Ich gebe es zu –
ich schreibe so gerne, weil ich das Leben liebe …

Wir drei sind unterwegs in die Kindheit von Karl-Markus. Durch
Riedenburg in die Stadtteile Maxglan und Aiglhof zur Radetzkystraße. Fahrräder sind dafür das richtige Vehikel. Wind im Haar,

Sonne in den Augen, August überall. Die jungen Mädchen tragen Minishorts, die Männer schwitzen, die Hitze steht über der Stadt. Heiß war es auch in der Batschka, sagt Karl-Markus, im Süden der damaligen österreich-ungarischen Monarchie, wo seine Eltern lebten, bevor sie vertrieben wurden und in Salzburg Zuflucht fanden.

Das Land dort war so flach und weit, dass nicht mehr zu erkennen war, wo der Himmel begann und wo das Land endete, im Sommer wurde es in dieser Ebene glühend heiß, die Luft begann zu flirren, ein feiner Staub schien über dem ganzen Land zu verbrennen, und wenn ein Gewitter nahte, konnte man sehen, wie die Blitze unendlich weit entfernt in die Kukuruzfelder niedergingen. Die Landschaft dort war eintönig und gelb und hatte etwas Trauriges, sagte Vater, die Landschaft hier war abwechslungsreich und grün, aber mehr für Leute gemacht, die immer gut gelaunt sein wollten...[10]

Die Batschka lag in der Wojwodina. Allein der Name wird dem Autor mit der großen Musikalität alles imaginiert haben, was dort an multikulturellem Saatgut lag, in der fruchtbaren Ebene zwischen Donau, Drau und Theiß. Schon als Kind hat er in der elterlichen Wohnung – der Vater war Anlaufstelle für Heimatvertriebene und Chefredakteur der donauschwäbischen Zeitung *Neuland* – Ungarisch, Serbokroatisch, Rumänisch und die dialektalen Nuancen der Donauschwaben gehört, er wiegte sich im Klang der Sprachen und war früh mit der Thematik von Unrecht vertraut. Verstärkt mag diese Grundstimmung durch die Schmährufe der Salzburger Kinder über die „Banatler" und „Batschkaneser" worden sein, deren Verächtlichkeitsduktus zu den „Saujuden", „Zigeunern", „Katzlmachern", „Pollacken" und „Tschuschen" weist.

In allem ist Karl-Markus Gauß der Mensch und der Dichter der Ränder. In europäischer Geografie sowie in der Stadt, in der er lebt. Nach vielen Jahren großer internationaler Anerkennung ist er endlich auch in seiner Heimatstadt hoch geschätzt, er könnte Liebkind der High Society sein. Er jedoch bevorzugt die Normalität, sie ist ihm Abenteuer genug. Er hasst den Dünkel der Überlegenheit. Ist Bürger der Stadt, Familienvater, Freund kluger Menschen. Beobachter. Skeptiker. Und Weltbürger. Holt sich Europa an seinen Schreibtisch und bleibt im Wirtshaus nicht am Tisch des Goldenen Hirschen, sondern, beispielsweise, im Wartenberg. Hierher hat er uns geführt für ein kühles Bier. Die Räder lehnen am Gartenzaun, eine riesige, etwas ramponierte Fichte spendet Schatten, Liegestühle stehen da, Hasen hüpfen in einem Kobel, die Aktion SOS Riedenburg will die nahe Kaserne nicht verbaut wissen, wirbt aber mit einer Tafel „Wir wollen mehr Flüchtlinge". In der Stube des verwinkelten Hauses schläft mitunter nachts der eine oder andere Sandler. Die Schriftstellerfreunde, wie Dževad Karahasan oder Martin Pollack, lieben diesen Ort. Wie Karl-Markus selbst, der jede Situation zu Literatur zu machen versteht: In seinem Band *Wirtshausgespräche in der Erweiterungszone* etwa hat er die Begegnungen mit Menschen aus den zehn 2004 neu zur EU gekommenen Staaten versammelt und deren Hoffnungen und Enttäuschungen zu einem lebendigen Gegenbild zu den offiziellen Hurrareden gezeichnet.

Das Kindheitsland von Aiglhof, die Siedlung mit den großen Innenhöfen, die Hitler für die Südtiroler Optanten hatte erbauen lassen und die auch Migranten und Flüchtlingen zur Heimstatt wurde, war ein Paradies für die Kinder der Gegend. Die Höfe sind heute noch fast unverändert. Wäsche flattert auf den gespannten Leinen, in den Vorgärten reift Gemüse und blühen Blumen, nur ein Schild verweist auf veränderte Gesellschaftsverhältnisse: Parken nur für Parkplatzmieter erlaubt. Ein Golf steht da, ein Renault Scénic, ein schwarzer Honda SUV. Wir schieben unsere Räder zurück auf die Radetzkystraße, fahren den Weg zur Volksschule von Mülln nach, vorbei am Bäcker, der den Kindern statt des Retourgeldes von fünf Groschen ein Stollwerck gab, und biegen wieder in die Reichenhaller Straße ein: Schon als Kind war Karl-Markus mit Bruder und Vater hier Richtung Stadt marschiert, wo samstags, ja, endlich war Samstag, der Besuch im Nonstop-Kino die Freude der Woche war, anschließend das Himbeer-Soda im Sternbräu.

Nirgends kann man inniger verspüren, wie die Zeit vergeht und sie doch in einem selbst aufgehoben bleibt, als an den Orten der Kindheit [...] Während die Zeit das Gesicht unübersehbar zeichnet, den Körper formt, bleibt die Seele davon unberührt, in ihr sind alle Zeiten eines Lebens präsent.[11]

In Salzburg hat Karl-Markus Gauß insgesamt in sieben verschiedenen Unterkünften gewohnt, unter anderem als Student mit Erich Hackl in der Hans-Sachs-Gasse, in der sie nächtelang über Literatur diskutierten. Es waren Stationen einer Ich- und Weltentdeckung, die sich erst formte, die impulsiv alles für machbar und möglich hielt und die erst dann, wenn die Jahre vergehen und die Stunde des Zweifels kommt, anders definiert werden kann: „Das vergangene Ich ist immer größer und reicher als das gegenwärtige, das in einem unaufhörlichen Prozess des Abstoßens, Aufgebens, Verzichtens, Flüchtens, als Schrumpfung der vielen Möglichkeiten, die in ihm angelegt waren, entstanden ist, wie auch das Ich von morgen aus der Schrumpfung des heutigen entstanden sein wird."[12]

Karl-Markus Gauß ist ein Stadtwanderer. Geht lieber auf Asphalt als über Wiesen. Erwandert sich die Metropolen und Städte des europäischen Kontinents, Straßburg, Brüssel, Siena, Lissabon, Krakau, Bukarest, Vilnius, Chişinău etcetera. Im kleinen Salzburg hat er seine Lieblingsrouten: Im Müllner Teil hinauf auf den Mönchsberg und hinunter in die Stadt. Am Leopoldskroner Weiher entlang, gegenüber liegt das Schloss und dahinter ragt die Festung von Hohensalzburg auf, türkische Männer angeln nach einem Karpfen für den Sonntagsbraten, ihre Kinder schaukeln auf dem Spielplatz und zahllose Wildgänse jagen sich zur Paarungszeit mit wildem Geschrei über den Park, in dem einst Max Reinhardt Theater spielen ließ. Das Gehen wäre eine gute Metapher für KMG, wie ihn seine Freunde nennen. Er hat immer ein Ziel. Er kommt auch immer dort an. Aber er liebt die verschlungenen Wege, die Umwege und Abwege, die Verirrungen und Verherrlichungen der Welt und des Denkens. Menschen, Landschaften und Kulturen sind ihm keine Gegebenheiten, sondern ein Fundus für Fragen und ein In-Beziehung-Setzen vom Kleinen zum Großen und umgekehrt. Mit allem beginnt er ein Gespräch: mit der Wirklichkeit und ihrem Schein. Tut es ironisch und leidenschaftlich. Stilistisch ist er ein Meister der geschmeidigen Arabesken und ungewöhnlichen Lichteinfälle. Er selbst hat sich von einem extrem medienscheuen Autor zu einem perfekten Performer entwickelt, der große Säle füllt. Vor einigen Jahren hat er begonnen, mit Maresi einzelne Viertel von Salzburg mit dem Rad zu entdecken, Itzling, Alt-Liefering, Schallmoos – da wohnen Tausende Leute, sagt er, und wir wissen zu wenig davon, wie sie leben. Die Menschen. Immer sind es die Menschen, denen er Gesicht und Stimme gibt und von denen er erzählt: den Getöteten und jenen, denen er auf der Straße oder auf seinen Reisen begegnet, die leben und lieben, das Glück erhaschen oder es verlieren.

Dieses Verlangen nach der Vielfalt menschlicher Existenzformen mag auch einer der Gründe für die exemplarische Arbeit von Karl-Markus Gauß als Herausgeber der Zeitschrift *Literatur und Kritik* sein, die im Otto Müller Verlag erscheint – dem Verlag Georg Trakls und der Anfänge von H. C. Artmann und Thomas Bernhard.

Der Weg in das Büro der Zeitschrift in der Ernest-Thun-Straße ist eine außerordentliche Achse, die von der Reichenhaller Straße an das rechte Ufer der Salzach führt und die Gauß selbst immer wieder erstaunt. Schon am Herbert-von-Karajan-Platz könnte man verweilen: Zur rechten Seite liegt das Gedankenlabyrinth der

alten und neuen Universitätsbibliothek, die beiden Festspielhäuser
reihen sich aneinander sowie die zur Bühne umgebaute Felsen-
reitschule, in der im 17. Jahrhundert noch Tierhatzen stattfanden, dahinter gestaffelt der gotische Turm der Franziskaner- und
der barocke der Peterskirche, über den Kuppeln des Renaissance-
doms schwebt die Festung: welch ein Blick. Die mittelalterlichen
Durchhäuser führen in die Getreidegasse, vor Mozarts Geburtshaus
stehen wie immer Trauben von Menschen. Weiter über den Ma-
kartsteg – benannt nach dem Maler üppiger Frauen und Kultfigur
der Wiener Ringstraßen-Ära – zum Landestheater. Die Salzach
hat kaum mehr Strömung, man hat ihr ein Stadtstauwerk verpasst.
Der gewölbte Steg ist überfüllt, Verliebte hängen Schlösser an das
Gitter, um sich ewiger Liebe zu versichern, und wenn sie Zeit hätten, die Augen zu heben, würden sie die türmetanzende Silhouette der Altstadt sehen, darüber wiederum über buschigem Grün
die Burg, und vielleicht hätten sie sogar einmal von der angebli-
chen Aussage von Alexander von Humboldt gehört, dass die Gegend von Salzburg eine der drei schönsten der Welt sei. An der
Rückseite des Theaters öffnet sich der Garten von Schloss Mirabell, das Erzbischof Wolf Dietrich für seine Geliebte Salome Alt,

die ihm fünfzehn Kinder gebar, erbauen ließ – *die* Lovestory für Fremdenführer.

Der Büroraum von *Literatur und Kritik* ist klein und kahl. Asketisch. Ich bin ein Alleinarbeiter, sagt Karl-Markus, ein Alleinmacher. Er hat zwar einen Beirat aus hervorragenden Fachleuten, aber es gibt kein großes Redaktionsbüro mit Sekretärinnen. „Ich habe einen Ort, an dem ich lebe, und einen geistigen Ort, von dem aus ich mir die Welt erschließe." In einer Stellage sind die über 500 Ausgaben der Zeitschrift aufgestellt, seit genau der Hälfte, seit 1990, ist Gauß der Chefredakteur und gemeinsam mit Verlagschef Arno Kleibel der Herausgeber.

„Im Wort ist meine Heimat" überschrieb Gauß sein erstes Heft und signalisierte damit bereits, dass sie nicht eine der Vaterländer, sondern eine der Muttersprachen ist. Die Zeitschrift geht in dreißig Länder und zählt als Forum kritischen Literaturdiskurses zu den geachtetsten Periodika deutscher Sprache. Geradezu beseelt scheint KMG von der Bewegung des Schreibens und Redens über Literatur, kritisch, welthaltig und beharrlich das Widerständige und Unbekannte in den Mittelpunkt stellend, alles, was sich nicht dem Mainstream anbiedert. Begonnen hat diese Leidenschaft, ja, Sendung, für das weite Land der Dichtung 1979, als im *Wiener Tagebuch* seine erste kleine Rezension über Peter Bichsels *Geschichten zur falschen Zeit* erschien.

> *Die Freude, die mich angesichts der bescheidenen Arbeit erfüllte, war der Zuversicht verschwistert, ab jetzt an einem großen Gespräch teilzuhaben, das mich mit unzähligen Leuten verbinden würde, an einer intellektuellen Debatte über die Grenzen des Ortes und der Ideologie hinaus, an der geistigen Auseinandersetzung mit der Welt, die mit den Mitteln der Literatur erkundet und gedeutet zu werden verdiente.*[13]

Literatur und Leben sind ihm „keine Sachen, denen Sachlichkeit angemessen wäre", sondern die Auseinandersetzung mit ihnen ist ihm „ironisch und bitter, poetisch und polemisch, angriffslustig und verzweifelt, seriös und verspielt".[14] So ist es geblieben. Dichtung als Conditio Humana.

Langsam packen wir unsere Sachen ein, und ich frage noch: Bist du stolz auf das, was dir gelungen ist? Karl-Markus schaut zum Fenster hinaus, vom Bahnhof her hört man das leise Rumpeln eines Güterzuges, überlegt, sagt: Stolz eigentlich nicht. Auch „Zufriedenheit", diese träge, dicke Schwester von Glück, kenne ich kaum. Aber glücklich bin ich oft. Im Leben. Und in der Literatur, die für mich, trotz aller Widersprüche und Abgründe, eine zwar vormoderne, aber schöne Vorstellung von Ganzheit ist. Immer mehr jedoch möchte ich, fügt er an und klappt seinen Laptop zu, einfach Zeugnis ablegen. Mit dem Alltag Schritt halten. Das Verschwinden aufheben, das ist mir in diesem galoppierenden Prozess des Vergessens immer wichtiger. Retten, was verloren wäre. Und schon im bildgesäumten Stiegenhaus sagt er: Das Leben als Autor ist ein Privileg – keinen Herrn über sich, keinen Knecht unter sich. Die ironische Form dieser Feststellung klingt so:

Ich schreibe, um zu leben. Ich schreibe, weil ich mich schreibend am ehesten dem anzunähern weiß, der ich gerne wäre; weil ich nur schreibend so gescheit bin, wie ich sein kann; weil ich erst schreibend so mutig werde, wie ich, ein Ängstlicher, sonst

nicht bin. Vielleicht kann man die Autoren auch so unterteilen:
Es gibt welche, die schreiben wollen, weil sie etwas Kluges zu
sagen haben, und es gibt andere, die schreiben müssen, um
nicht zu verblöden. Ich gehöre zur zweiten Gruppe. Schreibe
ich nicht, werde ich schon über kurz ein dümmerer und über
lang auch ein schlechterer Mensch. [15]

Mit den Rädern den Elisabethkai entlang zurück Richtung Zentrum. Obdachlose lagern auf den Bänken, zu ihren Füßen die Hunde. Eine Bettlerin, die am Gitter des Makartsteges kauert, wird von der Hast und Ignoranz der Passanten verschluckt. Im Vorgarten des Café Bazar diskutieren Schauspieler, die Staatsbrücke ist festspieltauglich beflaggt, am Platzl überraschen hochschießende Wasserfontänen jauchzende Kinder, und wir fahren mit dem Lift in den obersten Stock des traditionsreichen Hotel Stein am Giselakai. Blick von der Dachterrasse über Salzach, Kuppelglanz, Festung und ferne Gebirge. Tiefe Dekolletés, seitenrasierte Männerfrisuren, Bier und g'spritzter Weißwein. Sommer. Und alles neben- und durcheinander, Not und Reichtum, Elend und Übermut, Schwarz, Azur und Gold und Georg Trakls Sprachmelodie, nein, diesmal nicht seine „Menschheit vor Feuerschlünden aufgestellt", sondern „Die schöne Stadt" ...

[...] Rösser tauchen aus den Brunnen.
Blütenkrallen drohen aus Bäumen.
Knaben spielen wirr von Träumen
Abends leise dort am Brunnen. [...] [16]

Es gibt ein Wort, sagt Karl-Markus, und der Sommerwind bringt sein ergrautes Haar durcheinander, das ich besonders mag: „Wortmeer". Für mich ist Literatur die höchste Ausdrucksform der Persönlichkeit. Sie hat mit Gerechtigkeit zu tun. Ja, Literatur kann ahnen lassen, dass es Gerechtigkeit gibt.

Ludwig Hartinger – Aleš Šteger

Denn mehr als uns fehlt, ist uns gegeben

Slowenien: Karst – Ljubljana – Ptuj

Von den Fersen aufwärts bis in Herz und Augen ergeht er sich das steinige Land, geht über rote, rissige Erde, durch Mulden, Dolinen und Wälder, wo einst die Zuflucht der Partisanen war, Wälder, in denen es noch Bären gibt und immer mehr Wölfe, geht und verirrt sich und kommt zu sich selbst und steht schlaflos auf, um die Sterne zu sehen und der Nacht zu lauschen, den Hunden und den Autos, die von Triest, Ljubljana und Koper heraufkommen, und morgens um fünf lehnt er am Fenster, um das Morgenlicht zu beobachten, wie es über die Weinzeilen und die blühenden Akazien kommt, und er sagt: Ich bin nicht einfach hier, ich lebe es.

Das ist Ludwig Hartinger, der rätselhafte Mann. Der Poet der Stille, der allen, denen er je begegnete, allein durch seine Rede als Inkarnation des Dichters gilt, der verstreut in seinen Bleiben in Salzburg und in südlichen Landen Abertausende von weißen, beschrifteten Zettelchen bewahrt und in Koffern verborgen hält und der erst zum magischen Datum des 12.12.2012, als er sechzig wurde, seinen ersten Gedichtband veröffentlichte, zunächst in slowenischer, später in deutscher Sprache. Er kam aus dem Steinernen Meer bei Saalfelden im Salzburgerland und kam an das Ufer der Krka und sah einen *tolmun,* und es war um ihn geschehen. Dieses schlichte Wort bezeichnet im Slowenischen das Kehrwasser eines Flusses, und sofort sah er die Bilder der Kindheit darin, die *Gumpa,* die tiefste Stelle unter dem Perlenvorhang des Wasserfalls am Ursprung der Urslau, und Karst und Kindheitsberge flossen zusammen im Azur des Himmelsspiegels im *tolmun.* Dieser kann tief oder seicht sein, wild oder sanft, und alles Ungesagte und Gedachte bleibt nur eine Weile und fließt weiter, irgendwohin, vielleicht in das Meer, und da wusste er: Das ist mein Land, meine Sprache, und beides machte ihn zum Träumer der Gräser, des Windes und der Schatten.

sein auge vergaß
gestern der tolmun
kannst nie wissen
wie tief du wurzelst
    trau der schattenegge
–

trägst in dir den weißen
docht des einsamen und
aschenduft öffnet die
zweigschrift des winds[1]

„Wortlandstreicher". So bezeichnet er sich gerne selbst und so wird er von seinen zahlreichen Dichterfreunden dies- und jenseits der Karawanken genannt. Einer von ihnen, der große slowenische Autor Drago Jančar, schrieb über ihn eine Legende, zu welcher der Beschriebene ob seiner Rätselhaftigkeit geradezu herausfordert:

Die Geschichte, die ich in einem Atemzug und mit der Ernsthaftigkeit eines Cervantes erzählen will, ist, darauf muss ich den Leser doch aufmerksam machen, ein wenig verrückt. Eigentlich müßte sie in einer Sprache geschrieben sein, die aus Wörtern der slowenischen Poesie, aus den Hoheworten alter deutscher Chroniken, aus Wörtern des Pariser Müllfahrerfranzösisch, aus Kehllauten eines österreichischen Alpendialekts, aus geheimnisvollen Wörtern mittelalterlicher Dokumente besteht, zugleich müßte diese Sprache Wörter unbekannter Herkunft und Bedeutung enthalten, mehr noch, Wörter, die gar keine Wörter mehr sind, die alles und nichts sind und von den Menschen ebenso verstanden werden wie von den Vögeln oder den Pilzen, wenn sie sich mit dem Mycel unterhalten, in dem sie leben. [...] Und doch ist seine Geschichte genaugenommen die Geschichte von all dem, wovon Literatur

überhaupt erzählen kann. Deshalb sollte diese Geschichte in
der Morgenstunde nach einer langen Weinnacht erzählt oder
gelesen werden, am besten im slowenischen Karst, wenn die
Vögel erwachen, beim Gehen, mit Tau auf den Schuhen, und
zwar in unverbundenen Sätzen, mit Schweigepausen, in denen
das gesagt würde, was überhaupt nicht gesagt werden kann.[2]

... am besten im slowenischen Karst. Hier erwartet uns Ludwig,
in Kobdilj unter dem Schloss von Štanjel, in der Pension der lie-
benswürdigen Gastgeber Nada und Filip Fratnik. Hier hat er eine
von drei *demeures*, wie er es nennt. Er hat keine fixe Unterkunft,
er liebt es, herumzustreifen und zu bleiben, wo es ihm die Zeit
zuflüstert. Das kann auch einmal unter den Farnen sein, die sich
an die riesigen Kalkbrocken schmiegen, so wie er sich als Kind
gerne unter den Farnen der Saalfeldner Wälder versteckte und ihm
beim Blick nach oben die kleinen schwarzen Samenkörner an der
Blattunterseite wie die Sterne des Himmels erschienen. Immer
trägt er einen nicht allzu langen Seidenschal offen um den Hals,
er muss Dutzende davon haben. Das andere seiner Wahrzeichen
ist die alte, abgewetzte braune Aktentasche, ohne die man ihn noch
nie gesehen hat, ungezählte Zettelchen mit Gedichten und Notizen darin, „den Entwurf einer zukünftigen alexandrinischen Bibliothek", Bleistifte, Bücher. Ein langer Lederriemen lässt ihm die
Freiheit, die Tasche auch über der Schulter zu tragen, damit er die
Hände frei hat für das Betasten der Dinge, die ihm auf Weg und
Wiese vor die Augen kommen.

und doch duftet auch der
letzte gemähte halm und
flüstert noch mit dem
schon eingerollten blatt

–

kalter tau hebt seine
lider meine schritte
den wolken geliehen
dem wind im wort[3]

Es ist Mitte Juni, sonnenblau der Himmel, dunkelrot, fast schwarz der schwere Teran, der Rotwein dieser Landschaft, mit dem uns Ludwig willkommen heißt. Um das Haus liegen die Weinrieden der Familie Fratnik und der Nachbarn, der sagenumwobene Berg Nanos steht fern im Mittagsdunst, in der Senke quält sich der altgediente Zug, der über die Steigung von Triest über Sežana nach Ljubljana fährt, laut und schnaufend kommt er aus dem Tunnel. Alles ist hellhörig und echoreich in dieser Erde mit den vielen Hohlräumen im Gestein. Nur wenige Minuten sind es bis Štanjel, wo im September unter der riesigen Kastanie des Schlosshofes Lesungen des internationalen Literaturfestes von Vilenica stattfinden. Ludwig war von Anfang an, gemeinsam mit Aleš Šteger, einer der Mitorganisatoren, unverzichtbar als Entdecker im Reich der Dichtung vom Böhmerwald bis zu den Schreibstuben von Peking. 2012 hat er sich einen Kindheitstraum erfüllt und einige Wochen in China verbracht: Seine Mutter hatte begeistert die Schweizer Kulturzeitschrift *Du* gelesen, und Ludwig war acht Jahre alt, als er das China-Spezial-Heft entdeckte und die gezeichneten Grashalme sah, einen Baum, den Horizont, die Schatten-Seiten des Verschwiegenen und getroffen war, als ob ihn Eigenes berührte. Wenn er zeichnet – und das tut er immer häufiger in letzter Zeit –, zeichnet er im Stil chinesischer Kalligrafien. Er hat im Fernen das Nahe entdeckt, vielleicht bin ich der „Chinese des Karsts", sagt er lachend und variiert damit zugleich einen Buchtitel Peter Handkes, des Freundes und leidenschaftlichen Wanderers durch den slowenischen Karst auf der Suche nach den Ahnen. Alles hängt bei Ludwig Hartinger zusammen, die Urbilder und die „Innen-Ufer der Wahrnehmung", das Firmament über den Landschaften und das Reich der Worte, sodass Drago Jančar in seiner Erzählung fortsetzt über diesen ungewöhnlichen Menschen,

[...] *der schon zur Zeit seines Erdenlebens in eine Legende hinüberwächst, eines Menschen, von dem man nicht weiß, ob er aus den Büchern gekommen ist oder gerade in sie hineinwandert, von dem im weiten Raum zwischen Donau und Adriatischem Meer, zusammen mit ihm, Geschichten reisen, die man sich in literarischen Salons erzählt, in Dorfkneipen, in*

Eisenbahnzügen, auf Schiffen und an Lagerfeuern auf Wald-lichtungen [...] erzählen wird.[4]

Zu solch ausufernden Beschreibungen verleitet tatsächlich die-ser Mann, dessen Biografie sich allerdings auch ganz einfach er-zählen lässt: geboren 1952 zwischen den Gebirgen des Steinernen Meeres und des Hochkönigs in Saalfelden, das damals noch ein Dorf war. Der Vater war vom Krieg gezeichnet durch eine Kugel, die eine Birke durchdrungen hatte und in seinem Kopf stecken blieb, er hätte eine Trafik zugesprochen bekommen, aber er zog es vor, in einer Milchausschank zu arbeiten, bewahrte sich seine Initiativkraft, kaufte einen Topolino, fuhr mit der Familie in den Süden, verliebte sich in die Insel Capri und installierte zu Hause eine Eismaschine, verkaufte Eis und richtete eine Art Espresso ein. Ein paar Fremdenzimmer im Haus. Die Mutter war eine Vereh-rerin der Tour de France und der Bücher von Georges Simenon, belesen und poetisch, heute ist sie 94 und wird liebevoll von den beiden Söhnen betreut – auch Ingram Hartinger wurde übrigens Schriftsteller. Die Brüder kamen ins Internat, für Ludwig war es der Horror, und die Flucht waren die Bücher. Nach der Matura ging er fort aus Tal und Dorf und Enge, fuhr nach Paris, verdiente sich sein Geld als Müllfahrer und las und las. Das Französische öffnete ihm die Welt, sagt er, das Slowenische die Seele. Wir fah-ren über die Hügel, die Sträßchen sind gewunden und schmal, Birken, Eichen und Föhren säumen die Ränder, blaue Disteln und das Gelb des Grases, Salbeilichtungen. In einem schattigen Gast-garten essen wir kleine Stelzen, die in Rosmarin herausgebraten wurden, und fahren weiter über dieses stille, weithin unbewohnte Sommerland nach Kostanjevica, auf den Berg zur verfallenen Ka-pelle der heiligen Katharina.

Ludwig geht gerne dieselben Wege. Meist sind es verborgene, die nur er und die Jäger kennen, vielleicht noch ein paar spie-lende Buben oder die Alten eines Dorfes. Es ist eine Art Wieder-holung, sagt er, damit sich der Wind an meinen Schritt gewöhnt; auch jedes Wort hat Sehnsucht nach wieder-holen. Aluminium-kreuze führen zum Gipfel mit der Kapelle, W. läutet die Glocke zum Gedächtnis. Man kann hier stundenlang gehen oder sitzen, immer läutet es irgendwo, sagt Ludwig. Wind, Vögel, Schmetterlinge, im Tal eine Kuhherde und das Schachbrett der gelben, grünen und braunen Felder. Die italienische Grenze ist nah, jene Landschaft, durch die sich die Familie Trojanow einst auf der Flucht ihren Weg in die Freiheit suchte. Offen liegt die Karstlandschaft zu unseren Füßen, im Einschnitt der Hügel – im Dekolleté, sagt Ludwig – sind der Golf von Triest und die Raffinerietürme von Monfalcone auszunehmen, und bei klarer Sicht geht der Blick bis Grado und Venedig. Ein umkämpftes Land, von den Römern bis zu den verheerenden Isonzo-Schlachten des Ersten Weltkrieges, Land auch der Massengräber der Rache bis fast in die Gegenwart – Gräueltaten des 20. Jahrhunderts, die in den Werken der slowenisch-kroatisch-serbischen Literatur ihren Niederschlag finden.

Hier heroben ist mein Karst-Stehpult, sagt Ludwig, da vergesse ich die Zeit. Er hat sich einen Stein-Fauteuil gebaut, oder die Natur hat ihm einen geschaffen, der Wind spielt in seinem weiß gewordenen Haarkranz, eine über die hellgrauen Felsen hängende Föhre ist sein Wächter der Stille. Ein orphischer Ort.

Steinbrech und kleine blaue Blütenkerzen wachsen zwischen den Schrunden, die Wanderlichtungen, in denen die Sonne nur jeweils einen Flecken der Landschaft heraushebt, sind ihm, der mit Jakob Böhme im Bunde steht, der „Aufschein der Dinge“.

Und Ludwig erzählt uns von den Frauen, Schaurinke genannt, die weiter im Süden gegen Koper hin aus den Karstdörfern stundenlang bis Triest zum Markt gehen mussten, um zu überleben, hunderte Eier in großen Körben auf dem Kopf balancierend. Marjan Tomšič hat ihre Geschichte zwischen Archaik und Modernität, Ökonomie und Magie in seinem Roman *Die Frauen der Schaurinia* eindrucksvoll festgehalten. Im Bergabgehen fallen uns die schwarzen Baumgerippe auf, es hat gebrannt hier. Aber überall kommt Neues, junge Akazien, Schlingpflanzen, roter Klee, kleine rosa Wicken, Johanniskraut. Ein Lichtstrahl steht über den Heiligen, den Sterblichen und den Gradisker Lagunen. Vögel begleiten uns, singen dem Wachsen zu, dem Abend und uns.

nicht verwelkt sind die
flügel unserer aufflüge
auch unsichtbare fäden
in alle sinne verwoben[5]

In der Gostilna in Hruševica bestellt Ludwig Pršut, den köstlichen Karst-Schinken, dazu eine Karaffe Teran. Später eine zweite. Ludwigs Bücher liegen imaginär vor uns auf dem Tisch: die Werkausgabe Ernst Fischers und das *Buch der Ränder* über Lyrik, beide gemeinsam mit Karl-Markus Gauß verfasst, der dem entdeckungsfreudigen Grenzgänger zum Sechzigsten ein eigenes Heft von *Literatur und Kritik* widmete; wir reden über die beiden erlesenen und bibliophil aufgemachten Reihen im Verlag von Christian Thanhäuser aus Ottensheim an der Donau: die „RanitzDrucke" und die „Edition Thanhäuser". Bei den einen ist Hartinger Herausgeber, bei den anderen Lektor, und in beiden sind kleine Funkelsteine noch unbekannter sowie hochgeschätzter Autorinnen und Autoren zu lesen, denen er Nachworte schreibt, die selbst Dichtung sind. Und wenn der Wirt nicht schon gerne schließen wollte, wäre noch viel zu erinnern an ihn als graue Eminenz vieler

Literaturfeste, von Rauris bis Vilenica, als jener, der allen Festen und Gesprächen die Aura des Besonderen gibt und als Freund, der irgendwann auftaucht und lange wieder verschollen bleibt in irgendwelchen Wäldern, Ebenen und Wortlandschaften. Wir stehen unter den Sternen, und der poetische „Säumling" raunt etwas von einem „grenzschattenabri" und einem „traummanöver". In der Pension Fratnik tappen wir leise die Treppe unter den Weinranken hinauf in unsere Zimmer. W. und ich stehen noch lange am Fenster, atmen den Karst und die Erde, ein Gewitter zieht auf, Blitz und Donner und Regenrauschen. Aufgeladen Landschaft, Kreatur und Nacht.

Der Morgen ist strahlend, rein gewaschenes Weinlaub, roterdige Wege. Heute: Tomaj. Das ist Ludwig Hartingers eigentlicher Ort. Denn hier lebte und starb jener Dichter, der ihm zum zweiten Ich wurde: Srečko Kosovel. Geboren 1904 in Sežana, damals noch Österreich-Ungarn, gestorben 1926 in Tomaj, damals Tomadio genannt, da es von Italien okkupiert war in einem Jahrhundert der ununterbrochenen Grenzverschiebungen. Kosovel wurde 22 Jahre alt, ging elend zugrunde an Meningitis. Er hinterließ 1400 Gedichte und wurde zum Nationaldichter. „Mein Leben ist meins", schrieb Kosovel, „slowenisch, heutig, europäisch und ewig." Er studierte an der Universität von Ljubljana, das inzwischen Teil des Königreiches der Serben, Kroaten und Slowenen geworden war, kam von impressionistischen Anfängen zu konstruktivistischen Formen, war Mitbegründer von avantgardistischen Projekten, Zirkeln und Zeitschriften und sprach von der „fluidalen Kraft des neuen Europa", bekämpfte den Nationalismus: „Überall ist zu Hause, wer es nirgendwo ist." Zuletzt widmete er sich sozialrevolutionäreren Anliegen – sein letzter Vortrag in der Industriestadt Zagorje trug den Titel „Die Kunst und der Proletarier", er versäumte den Nachtzug, schlief im Wartesaal, verkühlte sich, es war der Anfang seiner tödlichen Erkrankung. Genie, das sich verausgabte, Armut, Niedergeschlagenheit und Euphorie, Todesahnungen und luzide Vorahnungen kommender Kriege – Europa, das er liebte und an Unmenschlichkeit zugrunde gehen sah: „Europa Irrenhaus. / Ir – ren – haus. / Europa".[6]

Feigen- und Maulbeerbäume umgeben die Steinhäuser von Tomaj, Oleander wuchern. Wir gehen ein Stück weit den Schulweg des Gymnasiasten Srečko nach, morgens eineinhalb Stunden von Tomaj nach Sežana, am späten Nachmittag wieder zurück, im Winter war es schon dunkel, die Schwester stellte ihm ein Licht ins Fenster. Weingärten säumen unseren Weg, der zum *Kosovelova pot,* dem Kosovel-Weg, geworden ist. Eine Senke, ein mediterraner Wald, dann eine Lichtung, die aus einem Märchenbuch hergezaubert scheint. Eine riesige, uralte Eiche in der Mitte, kniehohes Gras, semmelfarben, windbewegt und weit, steinumsäumt. Bienengesumm, Zikaden, Vogellieder, konzertantes Rauschen der Föhren. Hitze steigt auf. *Sapica* ist das Wort für Brise, *hrepenenje* jenes für Sehnsucht. Das ist Ludwigs zweiter orphischer Ort.

Ludwig hatte Kosovel bei einem Straßenbuchhändler am Ufer der Seine in Paris entdeckt, als er zwanzig war und hungrig nach Literatur. Er verlor ihn wieder in anderen Abenteuern, sehr viel später stieß er in Gorizia abermals auf ihn, besuchte sein Grab in Tomaj, blieb, schlief ein, eine Eidechse weckte ihn. Neben Teileditionen und -übersetzungen der Gedichte Kosovels wurde Ludwig Hartinger schließlich der leidenschaftliche Nachlassbearbeiter des slowenischen Dichters – es musste jemand von außen kommen, sagt er, der dieses Wagnis einging. Monatelang musste er sich in die Handschrift des Dichters einarbeiten, bis er die Gedichte, Prosa, Essays, Briefe, Tagebücher und Notizen lesen konnte. Es war eine Sache der Liebe. Das Ergebnis ist der vielfach neu aufgelegte Band *Ikarjev sen* zum 100. Geburtstag von Srečko Kosovel auf Slowenisch, Mitherausgeber ist Aleš Berger. Auch Ludwigs deutschsprachige Hommage von 2004 wurde eine Kostbarkeit: *Srečko Kosovel. Mein Gedicht ist mein Gesicht – Erfindung einer orphischen Landschaft,* mit kunstvollen Holzschnitten und Federzeichnungen von Christian Thanhäuser.

Der Felsen
Mitten auf der Weide steht er. Einer von Tausenden, die dort stehen, doch an ihn, genau an ihn denke ich. – Jeder Felsen, jeder Baum, jeder Strauch, jede Straße, ein jedes birgt seine

Erzählung. Geh über den Karst auf die stille Weide unter die schweigsamen Föhren und lausche. Verstehst du? Geh und lausche! Und der Felsen erzählt dir seine Geschichte, eine Geschichte über das Leben. Einerlei, ob dieses Leben ein bitteres oder einsames war; es war. Sonne schien in die Karstdoline, ganz gleich, ob Traurigkeit im Herzen war. Sie war. – Der Felsen, dieser Felsen, ist es, an den ich denke. Geh ich über den Karst und wird mir meine Verlorenheit bewußt, lasse ich mich auf ihm nieder. Denk ein wenig nach und schau auf den Friedhof, die weißen Steine, Sonne scheint auf die Gräber. Keiner wird mich grüßen, keiner in seinem Herzen spüren, daß ich komme. Und ich werde bleiben auf der Weide, auf diesem Felsen, bis sie untergeht, die stille traurige Sonne.[7]

„Du bist ein Torso / ohne Karst" schreibt Kosovel. Ludwig steht inmitten der Lichtung im kniehohen Gras, und es ist zu spüren, wie diese beiden Dichter in Zwiesprache und Beschwörung einander verbunden sind, Resonanz und Epiphanie in Orten und Worten. Im Nachwort schreibt der Dichter vom Steinernen Meer dem Dichter vom Karst, was ihn, was sie beide bewegt: „Steine und Sonne, Föhrenrauschen, ihr Brand im Abendrot, der lösende Karstwind, packende Bora, die weiße Straße, Wege am Rain, Stille im Hain, die fruchtbaren Dolinen, rote Erde, Teranwein und unterirdische Wasser, Licht im Fenster, die Schärfe des Halms ...“[8]

So hat Ludwig Hartinger auch seinen eigenen, bisher einzigen Gedichtband von 2012 benannt: *Die Schärfe des Halms*. Wenn über den Texten nicht der jeweilige Name stünde, würde man rätseln über die Autorschaft. Die slowenische Ausgabe dieser Gedichte trägt den Titel „Ostrina Bilk“, ist doppelt so dick, in Grün gehalten, mit Ludwigs eigenen Zeichnungen, filigran, die dünnen Striche bedeuten Licht, sagt er, hier trifft China auf Slowenien. Und aus dem Grasmeer heraus fügt er an: Wer in mir schreibt, weiß ich nicht, es entsteht zwischen Traum und Wachsein, ein *andando*, ein *passando* und *glissando*. Gedichte sind das Integral aller Einflüsterungen, sagt Kosovel und sagt Hartinger, sie können nur im Vorübergehen entstehen, man kann sie nur erschauen, nicht erstarren. Das Bild ist die Dauer im Nu, diesem herrlichen kurzen Wort, in dem alles zusammenfließt. Und was bin ich gegen die Ciliata „avestina ludwigi“, das Wimpertierchen, das nach mir benannt und vielleicht Millionen Jahre alt ist? Und was ist Dauer? Jeder hat etwas Fließendes in sich, man muss es fließen lassen, nur ein paar Steine zur Seite räumen.

Ich betrachte Ludwigs Gesicht in der Sonne. Manchmal sieht es aus wie das des kleinen Buben, zu dem die Mutter sagte: „Fall net in die Gumpa“, sekundenweise wie ein Clown mit roten Wangen, manchmal wie das Portrait eines fernöstlichen Schülers der Kalligrafie und dann wieder wie der Eremit vom Steinernen Meer, zu dessen verlassener Klause ich einmal mit ihm hinaufgestiegen bin. Der slowenische Hartinger hat eine gelöstere Zunge als der nördliche, es ist jedoch immer Poesie, was er sagt über die Urbilder, die ihn wiegen und schaukeln, über die Pantomime des Unaussprechlichen und über das Glissando der Sprachen, sodass das Slowenische zu *seiner* Sprache wurde, in der er seine Gedichte schreibt und sie meist erst später in seine Muttersprache überträgt, und parliert weiter, als wir schon in Tomajs Osteria unter Kastanien Kühles trinken, die Wirtsleute begrüßen ihn, er ist eine

Berühmtheit hier, oft im Fernsehen, Laster fahren vorbei, kleine grüne Stachelfrüchte liegen im Kies, blutrote Pelargonien blühen, und Tomaj hat nur mehr dieses Gasthaus und rund 360 Einwohner.

In Kosovels Elternhaus in Tomaj, das fertig wurde, als Srečko nur mehr ein Jahr zu leben hatte, ist ein kleines, aber höchst sehenswertes Museum eingerichtet, das niemand, der den Karst verstehen will und der eine Liebe für schöne Gärten hat, versäumen sollte. Dragica Šošič ist die liebevolle Kustodin, täglich betreut sie mehrere Führungen für Menschen aus aller Welt. Sie ist zudem eine begnadete Gärtnerin und hat aus dem spitz zusammenlaufenden Grundstück ein botanisches Kunstwerk gemacht. Sie serviert uns Rosenlikör, der noch aus Rosen hergestellt ist, die aus Kosovels Zeit stammen. Zum Abschied packt sie uns selbst gemachten Kirschenstrudel ein. Wir sind beschämt von der Großzügigkeit dieser Menschen, der wir am Abend wiederbegegnen, als uns die Töchter von Nada Fratnik auftischen: Minestrone mit Graupen, Mangold mit harten Eiern und Pršut, zur Nachspeise geeiste Ribisel aus dem Garten. Und wieder Terano aus dem eigenen Keller, und wieder fallen wir müde von Karst und Wind und Glück nach Mitternacht ins Bett.

Abschied für diesmal. Ludwig wird bleiben. Er steckt mir noch ein weißes Zettelchen mit kleiner Bleistiftschrift zu, auf das er nachts geschrieben hat –

juni schwelle . herzhoch
wogen rispen . risse
birgt der stein und schon staub
verschwiegenes windkind
(hohe föhren nächte)   *Kobdilj, 15.VI,15*

Eine einzige weiße Lilie blüht inmitten der Buchsbaumhecke, vielleicht ein Zeichen für Wiederkommen? W. und ich machen uns auf den Weg nach Ljubljana zu Aleš Šteger, Stimme der jüngeren slowenischen Dichtergeneration, Avantgardist, Zweifler und Spieler der Ambivalenzen, Poet und Philosoph, Verleger und Festivalmanager, polyglott, vielsprachig und vielfach vernetzt, hinreißend liebenswürdig, Ludwig Hartingers enger Freund seit vielen Jahren, einander verbunden durch vielerlei Projekte und Utopien.

Kurz nach Kobdilj fällt die Straße in ein enges Waldtal ab, in den Dorfgärten Fülle und Fruchtbarkeit, Blüten und Obst, Paprika und Mangold. Wilde Abbrüche, Kühe weiden zwischen Weingärten. Goče, Manče, dann auf die Autobahn Richtung Ljubljana, das wir von einem früheren Besuch kennen, es war Erntedank damals, und vor dem Dom St. Nikolaus war großer Markt, in riesigen Kasserollen wurde gekocht, tausenderlei angeboten, alle Düfte der Verführung lagen in der Luft, und an der Kirchenmauer warteten die Stände mit einer noch nie gesehenen Vielfalt von Pilzen und Blumen auf.

Ljubljana – diese schöne Stadt am Flüsschen Ljubljanica, die sich zwischen Hügeln einen ebenmäßigen Bogen gebahnt und damit die Menschen eingeladen hat, sich an ihren Ufern niederzulassen und eine Siedlung zu erbauen, ganz so wie der Tiber für Rom. Der Sage nach soll der Grieche Jason, der Argonaut, der das Goldene Vlies raubte, auf dem Weg zur Adria das spätere Laibach/Ljubljana gegründet haben – die bewegte weitere Geschichte von den Römern und Illyrern bis zu den Habsburgern, den Kriegen des 20. Jahrhunderts, dem jugoslawischen Staatenverband und schließlich bis zur abenteuerlich installierten Selbstständigkeit Sloweniens 1991 lässt sich überall, wo man sie finden will, detailreich nachlesen.

Wir suchen die Gegenwart dieser lebendigen Stadt, die sich in den letzten Jahren zu einer der touristischen Attraktivitäten Europas entwickelt hat. Mit Aleš haben wir uns im Verlag Študentska Založba verabredet, in dem er für das literarische Programm verantwortlich ist. Strahlend kommt er auf uns zu, als ob keine Zeit vergangen wäre zwischen heute und der Heimalm in Rauris während der Literaturtage von 2002, als es schien, dass sein Lachen das Glitzern des Schnees vor den Fenstern entzündet hätte. Der Verlag liegt im Universitätsviertel, es ist laut, jung, Redaktionen und Bibliotheken sind hier versammelt, moderne Galerien, die die Erweiterung des menschlichen Körpers in eine Maschine exerzieren oder vom Blickpunkt der Logik die Struktur des Kristalls ermessen. Es gibt immer noch ein paar radikale Performances, sagt Aleš, aber vor zwanzig Jahren war hier die Hochburg des Punk, hier waren die Headquarters der Freiheit, jenseits der Grenzen war Bruderkrieg, hier waren die Hoffnung und der große Aufbruch. Es gab die ersten Jazzfestivals, das „Literarische Duell" zwischen Jung und Alt, Zeitungen entstanden, die Kult wurden, Mitja Čander und ich haben 1996 den Verlag gegründet, es war eine wilde Zeit. Aber jetzt ist alles ausgedünnt, vieles zugefroren, viele sind weggegangen, nach Großbritannien, Deutschland und in die USA, rund 40.000 junge Intellektuelle gingen weg. Es fehlt an innerem Konsens, was wir mit dem Staat machen sollen, ein permanentes Zerfallsgefühl hat sich eingenistet.

Vieles von dem, was Aleš erzählt, erinnert an die Biografien von Juri Andruchowytsch und Jaroslav Rudiš – sie haben als Teenager oder junge Männer den Aufbruch ihrer Länder aus kommunistischer Diktatur erlebt oder mitgestaltet und die Jahre nach dem Fall des Eisernen Vorhangs als Euphorie der Freiheit gefeiert. Jetzt stehen sie in der Mitte ihres Lebens, und die Verhältnisse haben sich wieder verdüstert, verhärtet in einer unseligen Gemengelage von westlichem Konsumdenken, politischen Kämpfen, wiedererstandenem Nationalismus, klaustrophobischem Eigennutz und Europa-Desillusionierung. Eine große Enttäuschung geht um, die Träume sind tot.

Aleš' Verlagsbüro ist klein, aber hell. 700 bis 800 Bücher stehen in den Regalen, hier werden Weltliteratur und Raritäten in die Minderheitensprache des Slowenischen geholt, eine atemberaubende Leistung. Ursprünglich waren sie zu zweit, jetzt sind sie siebzehn, da sie sich EU-Projekte erobert haben, die den Verlag auf europäisches Niveau gehoben haben. Aleš übersetzt selbst aus dem Spanischen und Deutschen, Pablo Neruda zum Beispiel, Gottfried Benn, Ingeborg Bachmann (u.a. *Erklär mir Liebe*), Durs Grünbein. Vor Kurzem war er einen Monat in China und mehrmals in Japan, dort würde ich gerne leben, sagt er: Es gibt kein Denken in Oppositionen, das gefällt mir ungemein, davon könnten wir lernen, und ich höre Ilija Trojanow, der dasselbe sagte, als er von Japan zurückkam und wir in seiner Wiener Bibliothek standen. Aber eigentlich gehört mein Herz Lateinamerika, sagt Aleš, es ist jedoch immer zu wenig Zeit. Und erzählt von seinem derzeitigen Projekt: Einmal im Jahr schreibt er „im Moment", setzt sich auf belebte Plätze oder Straßen einer Metropole, notiert, was er beobachtet und ergänzt es durch Fotografien. Begonnen hat er in Ljubljana, weitere Stationen waren Cidudad de México, Fukushima, Belgrad und Kerala in Südindien. Im Herbst erscheinen die ersten drei Essays als *Logbuch der Gegenwart – Taumeln* mit einem Vorwort von Péter Nádas. Plakate hängen an den Wänden des Büros: Ein Äffchen sitzt auf Büchern, ein mexikanischer Tod spielt auf der Gitarre – Día de Muertos.

In der Universitätsbibliothek gleich nebenan zeigt uns Aleš lachend das Regal, in dem Ludwig Hartinger neben Peter Handke steht und wo die stattliche Reihe seiner eigenen Publikationen zu finden ist – Gedichte, Essays, Erzählungen, Reiseskizzen, die Übersetzungen und der jüngste große Roman über Maribor. Dieser ist eine weit in die Historie zurückreichende, karnevaleske Abrechnung mit der Stadt, den Machenschaften hinter den Kulissen der Kulturhauptstadt 2012, die Aleš selbst wesentlich mitorganisiert hatte, und zugleich bitterböse allgemeine Gesellschaftskritik; auf Deutsch erschien der Roman 2016 unter dem Titel *Archiv der toten Seelen*.

Wisst ihr, ich bin ein Mensch ohne Seele. In mir sind vielleicht kleine korrumpierte Seelchen angesiedelt, doch das hat keinen Einfluss auf die Tatsache, dass ich meine Seele verkauft,

umgetauscht, verpfändet, weggeschmissen, umgefahren, er-
schossen habe. Wenn was von meiner Seele übriggeblieben
ist, habe ich die letzten Reste in Flughafenwarteräumen und
Transithallen auf der ganzen Welt hinter mir gelassen. Die
Seele, mein Kollege, ist eine veraltete Vorstellung aus der An-
tike, die das Christentum später übernommen hat. Wir aber
messen die Zeit in der Anzahl der Koffer und gefälschten
Reisepässe und entlassen sie dabei.[9]

Geboren ist Aleš Steger 1973 in Ptuj, studiert hat er Komparatistik und Germanistik in Ljubljana, wo er seither lebt. Die Ufer an der Ljubljanca im Bereich der Altstadt sind eine einzige Café-, Restaurant- und Kommunikationslandschaft. Wir haben gerade noch einen Tisch gefunden, Aleš' kleiner Sohn Taras, den wir vom Kindergarten abgeholt haben, hat sich ein großes Eis gewünscht. Maja, die Frau von Aleš, ist auf Reisen, sie ist Sozialanthropologin, ein spannender, aber ungemein fordernder Beruf, der die historischen Bedingungen von menschlichem Aggressionspotenzial untersucht, bis hin zu den Bestialitäten der jüngsten Vergangenheit im ehemaligen Jugoslawien.

In der Ljubljanca spiegeln sich die Sonnenschirme, an der berühmten Tromostovje-Brücke, der dreigeteilten Brücke, die den Prešernov trg, den Platz des Nationaldichters France Prešeren, mit dem gegenüberliegenden Ufer verbindet, baumeln Luftballons und Stoffpuppen, überall die Selfie-Mania der Touristenmassen. Um davon abzulenken, frage ich Aleš nach seiner Wanderung rund um Slowenien, ein peregrinisches Abenteuer, das er 2010/11 unternahm und in der Erzählung „Der Handschuh" niederschrieb, ediert in der Edition Thanhäuser zusammen mit Juri Andruchowytschs Erzählung „Albert oder die höchste Form der Hinrichtung". Das Myzel der Dichtung durch Europa ... Aleš Šteger beginnt seine Wanderung so:

Jeder Anfang ist eine Minderheit. [...] Die Sprache der Litera-
tur ist Sprache des Anfangs, ist Sprache einer Minderheit. [...]
Die Sprache ist haptisch. Das Ich greift, ist der Versuch einer
Ergreifung. / Das Ich ist der Versuch, den Raum einer Fest-

nahme zu konstituieren. Wenn eine Sprache im Raum herum-
spaziert, wenn sie Rede wird, die Rede den Raum durchquert,
seine Fahrwege und Gehsteige, seinen Asphalt, das Granit-
pflaster, Abfall und Gräser, zieht das Ich Handschuhe an. /
Und wenn ich spreche, bewege ich mich so, als ginge ich auf
Händen in Handschuhen.[10]

Die Hunderten Kilometer ging er zum Glück auf den Sohlen seiner Schuhe, ging bis zu 40 Kilometer pro Tag, schlief oft im Freien,
wollte sich die Grenzen seines kleinen Heimatlandes erfühlen und
erschreiben. Dieses Landes, das immer Teil eines anderen war und
erst vor wenigen Jahren zum ersten Mal seine Selbstständigkeit
errang, immer Durchgangsland war von Handelsstraßen und Gedanken zwischen Alpen und Adria, Venedig und den transsilvani-
schen Gebieten. Auf seiner großen Wanderung fand Aleš eher Ste-
reotypen als Überraschungen, mehr ein Raunen als eine wirklich
sprechende Erfahrung. Denn als Dichter muss er die Erlebnisse
verlieren, um sie gestalten zu können: „Deshalb ist bei mir der Blick
auf eine weiße Wand viel produktiver als ein Blick nach draußen."
   Welch ein Unterschied, sage ich, zu deinem Freund Ludwig,
der die unmittelbare Anschauung braucht, das Unscheinbare zum
Gleichnis macht, jeden Halm, ja, jedes Zittern eines Halms genau
betrachtet, jede Schattenfuge und jede Schwalbenpartitur und daraus seine Gedichte erträumt. Und Aleš stimmt mir zu und sagt, ja,
so ist es mit dem weiten Land der Literatur, und der kleine Taras
zeichnet mir in mein Notizheft eine Komposition aus Strichen
und einem Seil und sagt: Das ist ein Roboter, der eine Schildkröte
befreit, und macht eine neue Schraffur, in die er ein noch dunkle-
res Herz zeichnet, und als er von der Toilette zurückkommt, um-
fängt er mich von hinten und springt mir auf die Schultern, und
das trifft nun mich ins Herz, und Aleš sagt liebevoll: Ein Kind zu
haben ist ein schönes Spiel, aber man besitzt es nicht. Rund um uns
ist die Laune des *carpe diem,* man könnte glauben, dass die Welt
heil wäre, und Aleš muss weiter, zu einer Jurysitzung des wichtigen Kresnik-Preises für Literatur, der in wenigen Tagen, immer
zur Sonnenwende, in der Stube des Dichters Iván Zánka vergeben
wird, und abends muss er zu einer Präsentation von drei jungen

slowenischen Autorinnen, und die Glocken der Franziskanerkirche läuten über die Köpfe, die Pläne, die Zeit.

W. und ich erkunden noch die Ufer der Ljubljanica, die Straßenmusiker sind besser als anderswo, junge Frauen tanzen, die Altstadt ist ein Juwel in Taschenformat von Gotik bis Art déco, im Dom St. Nikolaus rühren mich Maria mit dem Kind, denn so monströs, so schwer sind ihre goldenen Kronen, dass sie ihre Köpfe zur Seite neigen, als ob es einen Fluchtweg gäbe aus der Verantwortung, die sie tragen müssen. Im Nationalmuseum suchen wir das angeblich älteste Musikinstrument der Welt, die Flöte eines Neandertalers, aber die Zeit drängt, wir wollen noch weiterfahren, um am nächsten Vormittag Aleš in seiner Geburtsstadt Ptuj zu treffen, das ehemalige Pettau der k. u. k Monarchie. Bevor wir den Weg auf die Autobahn Richtung Maribor nehmen, möchte W. noch nach Tacen, einen kleinen Ort nördlich von Ljubljana, wo er 1955 bei den Kanu-Weltmeisterschaften mit Bruno Kerbl den dritten Platz im Kanadier-Zweier errang. Die Anlage ist dieselbe geblieben, Schleuse, Walzen, Brecher und Kehrwasser, junge Leute trainieren mit bunten Booten, kämpfen, kentern, eskimotieren ...

W. steht nachdenklich auf einem der Stege und sagt, 1954 war die Vor-WM, es war unsere erste Auslandsreise, Österreich war noch ein besetztes Land, arm, wir hatten immer Hunger, und hier gab's alles, das erste Eis, und der Bürgermeister von Ljubljana hat uns auf der Burg empfangen. W. bleibt an der Rennstrecke, ich suche einen Schattenplatz und nehme den Gedichtband *Kaschmir* von Aleš Steger aus dem Rucksack und fahre zum Meer.

> [...] *Gestern wirkte dein Zweifel wie der Zweifel eines Knaben,*
> *Der am Zaun vor dem Strand steht*
> *Und der, weil er nicht zum Meer kann,*
> *Die Augen schließt und behauptet, dass es das Meer nicht gibt,*
> *Woraufhin das Meer für ihn tatsächlich aufhört zu bestehen,*
> *Nur er besteht weiterhin für das Meer,*
> *Das heranrauscht, ohne dass er es ahnt, um ihn einzuholen,*
> *In einem Laden, oder in der Schule, oder wenn die Eltern sich*
>   *streiten,*
> *Oder später, während eines schüchternen Liebesakts, bei dem*
>   *es an Liebe mangelt,*
> *Kommt dieses Meer, die Liebe, von oben, strömt über den*
>   *Himmel,*
> *Damit er, wenn er den Kopf hebt, sich selbst sieht, nackt,*
> *Auf dem lachenden Wogenspiel gleitend [...]* [11]

Ptuj war für uns Neuland und ein überraschendes Juwel. Aleš hatte uns das Musikafe am Vrazov trg unweit des Drauufers empfohlen, die heiter-skurilste Pension, in der wir je übernachtet haben, hingebungsvoll vollgestopft mit Bildern, Büchern, Nippes, Plüsch und Nostalgie.

Ptuj liegt im fruchtbaren Draubecken am Rande der Windischen Bühel und steht ob seiner Schönheit komplett unter Denkmalschutz. Das römische Poetovio – Kaiser Vespasian wurde hier zum Kaiser ausgerufen – entwickelte sich rasch, es lag an der späteren Bernsteinstraße und wurde nach vielen Querelen im 19. Jahrhundert von den Habsburgern zum Verwaltungszentrum von Krain, der Untersteiermark, ausgebaut. Nach 1918, radikal nach 1945, wurde die deutsche Bevölkerung vertrieben, die Stadt wurde slawisiert, ein Konfliktstoff, der bis in die Gegenwart Wunden aufreißt.

Ptuj lässt sich nicht zum Wasser herab, es erhebt sich aus dem Wasser, Anfang und Ende der Stadt, der Übergang der Stadt und ihre Widerspiegelungen bilden die Uferlinie. Diese Linie wurde nicht unter die Summe der menschlichen Schicksale in der oberen Stadt gezogen ...

Das Läuten des Telefons unterbricht W.s Vorlesen aus Aleš Štegers Essay über seine Heimatstadt, ein strahlender Morgen empfängt uns an unserem Frühstückstisch auf dem kleinen Platz vor dem Musikafe. Der Anrufer ist Aleš selbst, er sei schon auf der Autobahn, müsse jedoch wieder umkehren, Taras sei im Hort die Treppe heruntergefallen und müsse ins Spital. Alle drei sind wir bestürzt und traurig, und alle guten Wünsche gelten dem Kind. W. und ich versuchen uns damit zu trösten, dass auf den vielen Reisen auch einmal ein Scheitern von schönen Plänen möglich sein muss; wir werden uns bescheiden müssen mit den eigenen Augen und den Sätzen eines Dichters, der seine Stadt beschreibt wie kein anderer.

Das Spiegelbild der Stadt auf der Flussoberfläche erinnert an die ständige Anwesenheit einer chthonischen Welt. Wer träumerisch und versonnen seinen Blick am wogenden Widerschein der Fassaden und Glockentürme verweilen lässt, den stellt das Spiegelbild vor die Frage, welche der beiden Städte, die unterirdische, auf ihren roten Dächern schwimmende Stadt im Fluss oder die anscheinend ewige über ihm, ist die wirkliche? Die Ptujer konnten sich nie für nur eine Antwort auf diese Frage entscheiden. Mit Bewohnern der unterirdischen Welt haben sie ihre Gassen und Plätze besiedelt. Mithraskult, Orphismus, Bacchusverehrung und Karneval sind Zeittunnel, die von der oberen in die untere Stadt führen und zurück, es sind verborgene Wege, auf denen die Einwohner dieser Stadt verschwanden und noch immer verschwinden, für ein paar Stunden, ein paar Tage oder gar Wochen in ein Negativbild der Welt, der

Logik, des alltäglichen pragmatischen Überlebenskampfes und
so den Lauf der Welt und der Planeten erneuern.[12]

Und so wandern W. und ich ohne Aleš durch seine geschichts-
trächtige Stadt, in der sich die Überreste antiker Göttertempel mit
mittelalterlich-renaissancegeprägten Marktplätzen verbinden, in
der der Orpheusstein vor der katholischen Kirche mit dem zarten,
goldgeharnischten St. Georg steht und in der die Spatzen schreien
in den Arkadengängen alter Klöster. Alles ist wie eine Halskrause
um das Schloss gelegt, das auf dem Hügel thront mit herrlicher Aussicht, reichen Interieurs sowie Musik- und Waffensammlungen, mit
fabulösen Stammbäumen der europäischen Adeligen quer über
den Kontinent, den Hinterglasbildern aus dem oberösterreichischen Sandl und den Kurentenmasken für den Karneval der bäu-
erlich-heidnischen Bräuche. An der Hausecke von der Prešernova
ulica zum Jadranska-Gässchen, das zur Drau und zu unserer Pension hinunterführt, wacht die schwarze Maske, die der berühmten
Parler-Schule um 1400 zugeschrieben wird: Schwarz Gesicht, Haar
und Schulteransatz, weiße Punkte in den aufgerissenen Augen,
drohend und bedroht ist dieses Gesicht, wen soll es vertreiben,
verjagen, wen schützen? Aleš liebt diese Maske, er hat sie uns ans
Herz gelegt, das Suggestive und Reduktionistische ist ihm Sinnbild.

Was habe ich wann in welcher meiner Vergangenheiten getan,
dass ich so verwundbar bin, was haben andere mit meiner
Seele angestellt? Mit meiner porösen, durchlöcherten Seele?[13]

Sätze wie diese verweisen voraus auf seinen abgründigen Roman
Archiv der toten Seelen. Wie weit zurück und in welchen unterirdischen Karstwässern bewegen sich solche Gedanken? Aufgewachsen ist Aleš Šteger in Destrnik, einem 192-Seelen-Dorf in der
Drauebene, die Oberstufe des Gymnasiums besuchte er jedoch in
Ptuj, und diese Stadt der Metamorphosen, Masken und der karne-
valesken Deutung der Schrecken der Welt hat ihn nachhaltig geprägt. Aleš gilt mit der internationalen Erfolgsgeschichte seiner
Biografie als Autor, Verleger, Übersetzer und Festivalgestalter, als
eine der Zentralfiguren des slowenischen Literaturbetriebs, als

polyglotter Diskutant auf europäischen Bühnen und mit seiner vielstimmigen, immer wieder Neuland erobernden Dichtung sowie seinem gewinnenden Wesen als der schwungvolle Sonnyboy. Die dunklen, gebrochenen Seiten des Lebens erschließen sich, außer im jüngsten Roman, die sie in aller Brutalität und Perfidie zeigen, nur dem genauen Blick. Dieser könnte Štegers Faszination von der arabischen Ziffer null entdecken und in der Fülle des Lebens immer wieder auf das Nichts und die Worte *niemand, nirgends* und *nie* stoßen. Im *Buch der Dinge* spürt er der Realität nach und im *Buch der Körper* den Ursprüngen des Seins: In der kristallinen Formensprache seiner Poesie zeigt er in beiden, wie schwer zu fassen ist, wer wir Menschen sind. Wie ein „ein eingegrenztes Überall", sagt er, reise er durch sein Leben.

Alles ist möglich.
Alles vielleicht.
Und fast nichts.[14]

Jenseits der slowenisch-österreichischen Grenze erreicht uns die Nachricht, dass Taras schon nach Hause durfte, welch beruhigende

Botschaft. Über Berg und Tal Richtung Norden heimwärts reisend, nehmen wir in Gedanken Abschied von Vater und Sohn und einem Land, das im Licht lag. Es beginnt zu regnen, ab den Niederen Tauern wolkenbruchartig, wir fahren in ein Regen- und Nebelland ohne Konturen. Der Regen prasselt herab, das Grün dankt es ihm, es überwuchert alles, was nicht es selbst ist, und die Sehnsucht nach Sommer hat das Gesicht einer hellen Karstlandschaft, die Luft zittert über gelbem Gras, eine Landschaft heiß über heißem Stein, in die sich ein Dichter aus dem Steinernen Meer eingelebt und eingeliebt hat.

mit weißem lid. dort oben.
hockt die steineule. wacht.
netze noch wie wege knüpft
verschwiegener kinderblick [15]

Und der Wortschmuggler mit der abgewetzten Aktentasche geht zur steinernen Schäferhütte über der Doline, geht durch den lichtzerbrechlichen Tag, nomadisierend sein Herz, lauscht der Sprache der weißen Felsen, schreibt seine Zaubersprüche, ist Schattensäumer und Rispenstreifer, flicht Traumgarn in die Rhapsodien von Lavendel, und eines Tages wird er verschmelzen mit dem Gesang der herbstlichen Wacholderdrossel und dem Rauschen der Föhren.

Monika Helfer –
Michael Köhlmeier
Die Seele ist eine
titanische Bildergalerie
Hohenems – Bregenzerwald

Abendland. Auch der Alte Rhein liegt im Abendland und ein verwunschenes Haus liegt im Abendland und die Stätten Homers liegen im Abendland, und hier lebten Männer wie der Peverl Toni, Sebastian Lukasser und Joel Spazierer. Hier gibt es psychiatrische Kliniken, süchtige junge Mütter und eine Bar im Freien, und hier liegt auch das immer geschmückte Grab einer jungen Frau und dahinter erhebt sich steil ein Schlossberg, auf den eine Dichterin jeden Tag hinaufwandert … Wir gehen durch die Straßen von Hohenems, Monika Helfer, Michael Köhlmeier, W. und ich, und reden über Michaels Jahrhundertroman *Abendland,* über die Figuren seiner Romane und über die minimalistischen Szenen in Monikas Büchern, über dieses und jenes, was von ihnen zu lesen und im Radio und auf CDs zu hören ist, alles ist da und alles geht durcheinander, denn die Welten, die die beiden entwerfen und leben, sind abendländische Geschichte aus vielen Jahrtausenden und brennende Gegenwart.

Wie soll ich diese Erzählung über Monika Helfer und Michael Köhlmeier beginnen, sage ich zu W., als ich Monate nach unserem Besuch zu Hause an meinem Schreibtisch sitze, alle Bücher der beiden – eine kleine Bibliothek – nochmals durchgelesen und überflogen und mir die DIN-A3-Blätter mit den Exzerpten bunt angestrichen habe. Wie schreiben über diese beiden Menschen, die mich auf unterschiedliche Weise ins Herz treffen, die so verschieden sind, wie Menschen es eben sind und dennoch eins sind, nicht nur, weil sie seit mehr als drei Jahrzehnten verheiratet sind, sondern sich kennen bis in die letzte Seite dessen, was sie denken und tun und dies in ihre Geschichten legen als unendliche Deutungsmöglichkeiten ihres eigenen Lebens und als ebensolche Variationen der Welt. W. macht ein paar Vorschläge, und wir blättern in den schönen Fotobüchern, die er mir von unseren Begegnungen gemacht hat, da spazieren wir am Alten Rhein bei Hohenems und sind im Garten des Köhlmeier'schen Hauses jenseits des Bahnhofs, und ich kann mich nicht entschließen und sehe einer Amsel zu, wie sie sich über meinem Schreibplatz in der Dachrinne badet und einen Sprühregen verursacht, der in der Nachmittagssonne glitzert. Und nehme dann doch Köhlmeiers Roman über *Die Abenteuer des Joel Spazierer* zu Hilfe:

Es sei durchaus erlaubt abzuschweifen; ein Buch sei ein mäandernder Fluss und kein Kanal – belehrte mich Sebastian Lukasser; nur eines: meine Geschichte dürfte ich dabei nicht aus den Augen verlieren. Was aber, wenn man nicht nur eine Geschichte hat? Wenn man drei, zehn, hundert Geschichten zu erzählen hätte? Ich hoffe, ich stecke den Leser mit meiner Verwirrtheit nicht an; ich werde mein Bestes tun, damit er den Überblick behält, wo ich keinen habe.[1]

Das würde ich gerne tun: zehn, hundert Geschichten über die beiden erzählen. Aber ich werde mein Bestes tun, um nicht Verwirrung zu stiften, und darum werde ich ganz einfach von unserem Wiedersehen erzählen, im September, in Hohenems in Vorarlberg.

Das Rheintal südlich von Bregenz über Lauterach und Dornbirn bis Hohenems habe ich immer als hässlich empfunden: Ein Tal, das von Hochspannungsmasten und -leitungen beherrscht wird und dicht besiedelt und industrialisiert ist. Der Rhein ist kanalisiert und von den großen Verkehrswegen aus nur zu sehen, wenn man über die Grenze in die Schweiz fährt und eine der Brücken quert. Hohenems war ein Städtchen, an dem man üblicherweise auf der Autobahn vorüberfährt und von dem ich nur gehört und gelesen hatte: Zum einen durch ein Feature, das ich vor Jahrzehnten gehört hatte und das inzwischen zu einem der meistgespielten und -exportierten Sendungen von Ö1 wurde: „March Movie", in dem Michael Köhlmeier und Peter Klein eine Zwergenmusikkapelle auf den Schlossberg von Hohenems verlegten und sich mit Musik und Abenteuern ein begeistertes Publikum eroberten. Zum anderen durch Köhlmeiers ersten Roman von 1982 *Der Peverl Toni und seine abenteuerliche Reise durch meinen Kopf* – Ausgangspunkt dieser Reise ist ebenso der Schlossberg von Hohenems, der auch später immer wieder in Köhlmeier-Texten auftaucht und sein völlig anderes Bild in den Erzählungen von Monika Helfer findet.

Das literarische Bild eines Ortes hält selten der Wirklichkeit stand. Jedoch: Welche Überraschung war diese Wirklichkeit! Sie schloss alles ein: den Berg, den Ort und das Zuhause von Monika und Michael inmitten einer Allerweltssiedlung, wie man es vielleicht nennen würde, wenn man von außen kommt, noch nichts Näheres weiß und nur Neugier, Sympathie, Vertrautheit mit den Büchern und die Erinnerung an schöne Begegnungen anderswo aus früherer Zeit mitbringt.

Der Schlossberg von Hohenems ist ein wilder Berg. Er ist 740 Meter hoch. Steil fallen seine Hänge bis in die Gärten der Häuser nieder, die Wälder sind mit senkrechten Felsen durchsetzt, er wirkt abweisend und bizarr in seinen unregelmäßigen Formen und bewegten Gratlinien. Die Burg Alt-Ems, die zur Zeit der Staufer erbaut wurde und nur mehr eine Ruine ist, liegt hoch oben auf dem Bergrücken – ihre Bezeichnung kommt daher auch nicht von alt, sondern vom Lateinischen *alta*, was hoch bedeutet, erklärt uns Michael und führt uns zum Renaissancepalast, der sich an den Fuß des Berges schmiegt und ein architektonisches Kleinod ist, denn die Herren von Ems waren ein einflussreiches Geschlecht, beherrschten das gesamte Rheintal und waren als Reichsgrafen eng mit den Habsburgern verbunden. Sie machten Karriere als Krieger, Geistliche, Gelehrte und Mäzene: Rudolf von Ems beispielsweise ist der Verfasser der populärsten Weltchronik des Mittelalters, in der Bibliothek des Palastes wurden sensationellerweise die Nibelungenhandschriften A und C gefunden, Markus Sittikus wurde Kardinal in Rom und später Erzbischof von Salzburg, und Kaiserin Elisabeth von Österreich nannte sich auf Reisen „Gräfin von Hohenembs", um inkognito zu bleiben – es hat ihr nicht geholfen: 1898 wurde sie unter diesem Pseudonym dennoch am Genfersee ermordet.

Hohenems ist ein Ort, der aus einer Erzählung des großen Geschichtenerzählers Michael Köhlmeier stammen könnte, dem alles, was er hört, sieht, liest, weiß und sich erfindet zu neuen Geschichten wird. Ein verzaubertes Reich für tausend Geschichten ist auch das Haus von Monika und Michael, in dessen Wohnzimmer wir in einem in Rot getauchten Erker Tee trinken und umfangen sind von Schling- und Kletterpflanzen, sie blühen in allen Rot- und Orangetönen, in Gelb und Weiß und wachsen die Fenster zum Garten hin fast vollkommen zu: „Monikas Dschungel" nennt Michael diese Wucherlandschaft. Rot ist die Farbe des Zimmers, Teppiche, Sitzmöbel, Stoffbahnen, Decken, Pölster, wunderbare Muster, Arabesken und Symphonien in Rot. Verspielte Flohmarktstücke, Tiere, Püppchen, Heiligenfiguren und Nippes aller Art. „Ich bin eine Kitschfrau", sagt Monika und lacht. Ein aufgeschlagenes Pianino mit den *Pocket Beatles Complete* auf dem Notenpult, Bücher überall, bis hinauf zur Decke, und die malerischen Entwürfe von Lorenz, dem Sohn und bildenden Künstler, der in den letzten Jahren Titelbilder der Bücher seiner Eltern entworfen und Texte illustriert hat. Viele, viele Fotos. Vor allem von Paula, der Tochter, die 2003 mit einundzwanzig Jahren auf dem Schlossberg von Hohenems tödlich verunglückte und deren Erzählungen 2004 posthum mit einem Nachwort von Monika und Michael herausgegeben wurden: *Maramba*. Paula selbst, die in Wien an der Filmakademie studierte, hatte an den Titel „Mein Talent zum Glück" gedacht. Das Schicksal hat ihr keines zugedacht. Aber hier lebt sie. Die letzten Worte von Monika Helfers Roman *Bevor ich schlafen kann* sind ein Brief an ein Mädchen namens Paula: „Du gehörst zu unserem Leben. Ich hab Dich lieb."

Ich bin fast gestraft mit einem guten Gedächtnis, sagt Monika. Nach dem Tod von Paula konnte ich nichts schreiben, was nicht mit ihr zusammenhing, als ob sie sonst sagen würde: Du, du hast mich vergessen! Und ich sagte, komm, setz dich neben mich, du bist da und wir reden, und dann ging es, und seither ist alles selbstverständlich. Vielleicht ist Beschwörung dabei, aber Paula ist einfach da, und so ist es gut. Ich schreibe auch sonst nicht mit Plan, schreibe auch nicht so sehr fürs Publikum, eher für mich, ich kritzle etwas auf einen Zettel, und abends schreibe ich es in den Computer, oben in meinem Schreibzimmer unter dem Dach. Ich habe zwar ein „Tatsachenbuch", in dem ich Ereignisse und Beobachtungen notiere und sammle, aber das ist nur ein Anstoß. Wenn ich Glück habe, ist es so, als ob jemand hinter mir stünde und mir einsagte, und dann läuft es von selbst aus den Fingern. Der Titel meines jüngsten Buches *Die Welt der Unordnung* zum Beispiel war zuerst da, und dann hab ich nicht viel gedacht, es hat sich von selbst geschrieben. Ich möchte überhaupt einmal ein Buch nur mit Titeln schreiben.

Diese ungezählten Selbstinterpretationen über das Phänomen Schreiben, über seine Unabsichtlichkeit und sein Wunder, bis hin zu den Formen der *écriture automatique!* Ich glaube, sage ich zu mir selbst, als die anderen in den Garten gehen und ich in diesem Zimmer der verspielten und sprechenden Unordnung bleibe, Monika Helfer *ist* Empathie, sie hat keinen theoretischen Plan für die Darstellung der Rattenfallen des Lebens, sondern sie *lebt* das Umfangen und die oft durch Trauer grundierte Zärtlichkeit. Tut es, seit sie in ihrer Kindheit aus den schönen Versicherungen des Glücks fiel. Seither schreibt sie für die kostbare Zuneigung in einer chaotischen Welt, in der es Flucht, Ausgrenzung, Armut, Drogen, Vorurteil und Gewalt gibt, versehrte, verlorene Menschen, viele

Kinder unter ihnen. Viel Mut und Witz auch in den Überlebensstrategien und die Hoffnung, dass es inmitten dieser Unordnung etwas Friedfertiges geben oder zumindest entstehen könnte, etwas wie Liebe zueinander.

Die Selbstverständlichkeit ihrer Zuwendung ist niemals urteilend, nie banal und nie zudringlich. Sie legt einfach Zeugnis ab, oft aufgehellt durch knappste, treffende Komik – es hat Konsequenz, dass Köhlmeier ein Helfer-Zitat aus *Die Bar im Freien* als Motto seinem Roman *Zwei Herren am Strand* voranstellt, in dem Charlie Chaplin einer der Protagonisten ist. Viele von Helfers Geschichten haben einen sarkastischen Ton oder Unterton, er entsteht aus Wut. Behauptungen kommen dieser Dichtung jedoch nicht nahe, es müssten federleichte Worte sein, die in aller Bitternis auch lachen können, die böse und mit äußerster Präzision in die Tiefe sozialen Elends und verletzter Seelen gehen, die aber die Kraft haben, sich davon zu lösen und wieder aufzusteigen. Monika Helfer schreibt mit großer Beiläufigkeit, sie liest auch so, atemlos und mit ihrer melodiösen Stimme Gegenstände und Figuren nur flüchtig berührend wie eine Fee, die nicht das Glück, aber die Möglichkeit dazu verspricht.

> *„Dass du das kannst", sagte Swini.*
> *„Dass ich was kann?", fragte Elvira.*
> *„Trost geben mit einem Hauptwort und einem Eigenschaftswort."*[2]

In einer Ecke des Zimmers ist eine Vertiefung in der Mauer, eine Art Koje, wie in einer Schiffskajüte, für ein breites Bett. Rot und üppig zugedeckt und weich gemacht und geschmückt. Ein wenig verhangen, wie glimmend im Dämmerlicht des Raums. Hier könnte man träumen von Alice im Wunderland. Hier könnte man bleiben, und draußen ginge die Welt unter.

Das Schöne, Gemütliche: Das ist die Monika, sagt Michael am nächsten Tag. Eine Mischung aus Nest und Kunstwerk. Und erzählt stolz von Monikas künstlerischen Arbeiten, die sie für die Vereinigung der Emsianer gemacht hat, erzählt von ihrem Atelier in der aufgelassenen Skifabrik von Kästle, in der sich lauter irre

Typen angesiedelt haben, Künstler, Musiker, Maler, Freaks jeder Art. Die Straßen von Hohenems sind leer, sagt Michael, sie tödeln, aber in der Fabrik ist es lebendig und laut, dort kann jeder alles machen! Und wer sind die Emsianer? Sie sind eine Vereinigung der Nachkommen jener jüdischen Familien des Ortes, die den Holocaust überlebten und sich, aus aller Welt kommend, einmal im Jahr in Hohenems zusammenfinden. Monika und Michael sind eng mit dem Leiter des Jüdischen Museums, Hanno Loewy, befreundet – ein kleines Museum, in dem über 400 Jahre andauernde Zusammenleben von Juden und Christen dokumentiert ist; eine Geschichte, die Symbolkraft für heute haben könnte und die „von Migration und Zusammenleben, von Konflikten und Vorurteilen, von Erfolgen und Verfolgung, von Brüchen und Ausbrüchen geprägt wurde [...] Besucher des Jüdischen Museums und der Stadt, Einheimische und Einwanderer finden hier gleichermaßen einen Zugang zum Zentrum von Hohenems, das immer von Polaritäten bestimmt war, zwischen Palast und Markt, zwischen Bürgern und Grafen, zwischen Juden und Christen, zwischen denen, die schon da sind, und denen, die neu dazukommen.“[3]

Als wir durch die ehemalige „Christengasse“ und die „Judengasse“ gehen und uns Michael die einzelnen restaurierten Häuser, ehemaligen Villen, Gasthäuser, die Synagoge und das Schulgebäude zeigt, werden die Schicksale jener Menschen lebendig, die hier gelebt und gearbeitet, geliebt und gehofft haben, und es ist augenscheinlich, dass es diese jüdische Geschichte von Hohenems ist, die beide Köhlmeiers bewegt und an deren Gedächtniskultur sie von Anfang an mitgearbeitet haben. Der Ursprung dieser staunenswerten Entwicklung des Gemeinwesens, erzählt Michael, geht in die Jahre 1614/17 zurück, als Reichsgraf Kaspar von Hohenems den Ort zur Residenz ausbaute und nicht nur christliche Gewerbetreibende und Handwerker durch große Vergünstigungen anlockte, sondern auch jüdische Familien ermunterte, sich hier anzusiedeln, indem er ihnen einen umfangreichen „Schutzbrief" gewährte. Er wolle den „markt Embs gern geöffnet und befördert sehen" und schuf damit weitblickend die Basis für lebhaftes Handwerk, internationale Handelswege und in späterer Zeit für eine blühende Industrialisierung. Viele Bürger kamen zu Wohlstand, manche zu Reichtum und hohem Ansehen. Habt ihr gewusst, fragt Michael, dass Stefan Zweigs Mutter aus der Familie Brettauer kam, die er in *Die Welt von Gestern* beschreibt und die sich sogar über Wiener Verhältnisse erhaben fühlte?

> [...] *die Brettauers, die ursprünglich ein Bankgeschäft besaßen, hatten sich [...] von Hohenems, einem kleinen Ort an der Schweizer Grenze, frühzeitig über die Welt verteilt. Die einen gingen nach St. Gallen, die anderen nach Wien und Paris, mein Großvater nach Italien, ein Onkel nach New York, und dieser internationale Kontakt verlieh ihnen einen besseren Schliff, größeren Ausblick und dazu einen gewissen Familienhochmut.*[4]

Wir stehen gerade vor dem Brettauerhaus, an dessen rechtem Türpfosten noch die Spuren einer Mesusa, eines jüdischen Türsegens, zu sehen sind, als uns ein wolkenbruchartiger Regen zum Auto flüchten lässt und wir zurückfahren in das Köhlmeier-Helfer'sche Zuhause jenseits der Bahnlinie. In dieses Zuhause, das eine geschützte Bücher-, Bilder- und Blütenhöhle ist, sehr delikat und persönlich, sodass man sich scheut, diese Intimität zu betreten und an ihr teilzuhaben. Monika öffnet uns. Vor der Eingangstüre hat eine Katze Schutz gesucht und läuft sofort über die Treppe in den Flur – das ist Kipling, sagt sie, eine Familie ist weggezogen und hat das arme Tier einfach hiergelassen. Und der scheue Kater, der da drüben unter dem Weigelienbusch sitzt, das ist Camus, der Fremde, er kommt nur hier und da auf Besuch und bleibt auf der Schwelle sitzen, nie kommt er ins Haus herein.

Der Wolkenbruch ist vorübergegangen. Im Garten, „zugeschüttet mit Grünem", herrscht spätsommerliches Blühen. Wilder Holunder steht an den Rändern, Glyzinien ranken sich über das Verandadach, kleine Rosen wetteifern mit den Farben der bunten Lampions. Keine Nachbarhäuser zu sehen. Ein Reich für sich. Der Kirschbaum steht da, den Michael als Kind aus einem Kern gezogen hat. Am rechten Rand des Gartens hat er sich ein kleines Schreibhaus gebaut, das auch als Atelier dient, denn als begabter Zeichner illustriert er mitunter auch selbst einige seiner Bücher. Ich brauche jeden Tag mindestens zwei Stunden für mich allein, sonst werde ich grantig, sagt er lachend, da muss ich am Schreibtisch sein und arbeiten, egal, was dabei herauskommt.

Im Haus selbst ist sein anderes Schreibzimmer. Bücher auf Schritt und Tritt, längs, oben herum, in der Mitte aufgebaut, kreuz und quer ein herrliches Bücherland, ein weites Feld für Recherchen jeglicher Art, die er für seine thematisch immer ins Universale ausholenden Bücher braucht. „Mir war, als würde ich in die Bücher hineinsteigen und alles, was mir dort etwas bedeutete, mitnehmen in mein Leben", lässt er Sebastian Lukasser, sein Alter Ego im Roman *Die Abenteuer des Joel Spazierer* sagen. Auch in der Wiener Wohnung am Naschmarkt sind noch Bücher, sagt Michael, und hier im Treppenhaus sowieso bis hinauf in Monikas Schreibzimmer und hinunter in den Keller, wir haben die Heizungsrohre nicht isoliert, damit die Bücher und Schriften nicht feucht werden. Auf dem Schreibtisch Dutzende Füllfedern und Stifte, Futterale, Fotos und Bilder und Bücher, Bücher, Bücher. Der Blick geht hinaus in den Garten. Ein Spielzeug-VW-Bus steht auf einem Regal, ein kleinerer auf dessen Dach, ein Holzschiffchen hängt vor dem Fenster: Fährten in die Fantasie.

Wünsch dir was, sagt die Frau.

Sitzen und denken will ich, glaub ich, sagt der Peverl Toni.

Denken kann man so oder so, sagt die Frau.

Aber du bist doch eine Zauberin, sagt der Peverl Toni. Wie kannst du da wissen, was Denken ist. Zaubern kann man nur in einer anderen Welt. In meiner Welt hat noch niemand gezaubert. Dafür soll man in der anderen Welt nicht denken können!

Wir schaukeln hin und schaukeln her, sagt die Frau. Einmal nach links und einmal nach rechts, einmal hinüber und einmal herüber. Wenn man hinüben ist, weiß man nicht, was drüben ist, und drüben nicht, was herüben ist [...] So seh' ich ihn auf dem Zaun sitzen, meinen Peverl Toni, schaukeln und denken, stundenlang in die Augen der fremden Frau schauen und dabei schaukeln und denken. Denn nie kann man so gut denken wie sitzend auf einem Zaun. Und ich, Michael Johannes Maria Köhlmeier, schaukle auf meinem Schreibtischstuhl, weil ich genauso fest nachdenken will. Ich habe den Wecker auf eine Stunde später gestellt, so lange will ich mir Zeit geben. Soll ich so oder soll ich anders?[5]

Das stand am Anfang von Michael Köhlmeiers Schreiben, wo alles begann, im Wald des Schlossberges von Hohenems, wo der Peverl Toni der Zauberin begegnet. Und schon am Anfang war alles da: das Denken, das Schaukeln zwischen den Weltbildern und die Farben der Fantasie, dieses genuine Erzählen, das im geschriebenen und gesprochenen Wort die Welt zum Leuchten bringt und Michael Köhlmeier zu einem der meistgelesenen und -gehörten Dichter, Flunkerer und Zauberer der Poesie macht. Er hat alles ausgebaut in einem enzyklopädischen Schriftstellerleben, ist zu den Mythen, zur Historie, der Philosophie und den Naturwissenschaften gekommen, aber immer noch ist er einer, der alles wissen will, von herüben und drüben und der sich alle Gedankengebäude und die Flügel der Imaginationskraft auf seinen Schreibtisch holt, um die Panoramen menschlichen Seins und Träumens zu entwerfen.

Es war 1982, als der Peverl Toni in Hamburg erschien und Michael 1983 dafür den Rauriser Literaturpreis für die beste deutschsprachige Erstveröffentlichung erhielt. Schon 1974 war er ebendort mit dem Förderungspreis geehrt worden – es war sein erster Preis, und später, als er bereits vielfach international geehrt wurde, meinte er zu glauben, dass ihm kein Preis, und sei es der Nobelpreis, so viel Freude machen würde wie dieser. Er hatte ihn für sein Theaterstück *Like Bob Dylan* bekommen, Klaus Gmeiner hat es fesselnd auf die Bühne des Grimmingwirtes gebracht. Die Musik – Köhlmeiers zweite (dritte?) große Leidenschaft. Er gibt mit dem Freund der ersten Stunde, Reinhold Bilgeri, und Band immer noch Konzerte, zumindest für Charity-Veranstaltungen. Sechsundzwanzig Gitarren hat er, viele davon stehen im Schreibzimmer. Schlägt ein paar Akkorde auf seiner neuesten an, ich habe vergessen, mir Name und Art zu notieren, war so begeistert vom Spiel. Viele seiner Figuren in den Erzählungen und Romanen spielen dieses Instrument. In *Abendland* bekommt Sebastian Lukasser zu seinem sechzehnten Geburtstag vom Vater einen Verstärker und eine elektrische Gitarre geschenkt, eine Fender Telecaster, Baujahr 58, die der Vater billig und übertragen von einem Freund erworben hatte. Heutiger Sammlerpreis: etwa der Wert eines Mittelklassewagens. Ich besitze sie selbstverständlich immer noch, sagt Michael. Der Roman-vater ist ein genialer Jazzmusiker und Bob-Dylan-Fan, aber er, der junge Wilde, der Rebellion und Verweigerung probt, will Mick Jag-ger und die Rolling Stones und Jimi Hendrix, will „mies" sein wie sie. Er will es umso mehr, als er in der Familie einen anderen Ruf genießt: „Seit ich einen klaren Gedanken fassen konnte, war ich in unserer Familie der ruhende Pol gewesen, der Flageolettpunkt, der Beschwichtiger, der Schiedsrichter, der Versöhner, der Lau-nenglätter, der Vermittler-Aufrüttler-Aufheiterer-Aufheller, der Ernüchterer, der Mutmacher, der Friedensstifter, der Lober, der Anti-Schwarzseher [...]; ich war allein gelassen in allem."[6]

Man soll nie der Verführung erliegen, ein Roman-Ich mit dem-jenigen des Autors gleichzusetzen. Beide haben unzählige Ichs, und unermüdlich schreibt Köhlmeier von seinem oder seiner Fi-guren Wunsch, ein anderer zu sein. Seine reale Jugend dürfte den-noch nicht leicht gewesen sein: Die Mutter war nach der Geburt des letzten Kindes gelähmt, die Großmutter kam aus Coburg, um den Haushalt zu führen. Fünfzehn Jahre lang packte sie in der Hoffnung, bald in ihr Frankenland zurückkehren zu können, ihr Köfferchen nicht aus. Es hat so gut nach Lavendelsäckchen geduf-tet, sagt Michael, und an der Innenseite des Köfferchens steckte noch ein Flachmann. Sie war eine große Geschichtenerzählerin, die fest daran glaubte, dass das Geträumte und das Gewünschte, ebenso wie das Fantasierte, das Märchen-, Sagen- und Mythen-hafte, denselben Anspruch auf Wahrhaftigkeit erheben könne wie alles, was sich angreifen lässt. In der Küche sang die Großmutter das Kirchenlied „Oh Haupt voll Blut und Wunden", das die Hoch-gestimmtheit der Ostermessen verkörpert, zum Eierkochen: fünf Strophen, fünf Minuten. Mein Vater, erzählt Michael weiter, war ja Historiker, er hatte große Skepsis gegen das Weltverständnis seiner Schwiegermutter. Er war der Aufklärer, für den das Ver-gangene vergangen war, das dargestellt und analysiert, aber nicht beschworen werden könne. Er hat mir als Humanist das Reich der Griechen eröffnet, die Genealogien ihrer Mythen und Sagen, ihre Philosophen und Dramatiker, hat mich von Herodot und Thukydides bis zur römischen Geschichte geführt. Ich bin aller-dings bei den Mythen hängen geblieben, schon mit neun Jahren.

In jedem Augenblick wird Zukunft hinter uns gebracht, wird Vergangenheit erzeugt, gleichsam abgefressen von der Zukunft, die es eigentlich ebenso wenig gibt wie ihren Widerpart, die Vergangenheit. Zwischen Zukunft und Vergangenheit, den Antagonisten im Drama Zeit, befindet sich ein Punkt, ein ausdehnungsloses Etwas, das wir Gegenwart nennen. Auf diesem Punkt steht der Erzähler, und er fuchtelt mit Armen und Beinen, mit Grimassen und Lautstärke, mit Erinnern und Fantasieren. In unserem Empfinden dehnt sich dieser Punkt zur sinnlich wahrnehmbaren Welt. In Wahrheit liefert uns die Gegenwart einen sehr zweifelhaften, Geschick und Gleichgewichtssinn erfordernden Standpunkt.[7]

Der Alte Rhein ist ein toter Arm, der durch die Regulierung des Hauptstroms um 1900 entstanden und nur mehr durch Gerinne mit ihm verbunden ist. Mit dem Auto bis zum Parkplatz an der Autobahn. Abgeerntete Maisfelder. Schrebergärten reihen sich aneinander, Sonnenblumen leuchten, Äpfel hängen an den Spalierbäumen, Menschen harken, beschneiden Hecken, reden und lachen. Über ihnen und uns: der Lärm der Autobahn. In Vorarlberg gibt es kaum einen Ort, sagt Monika, der ohne Autobahnlärm ist. Aber ich bin ihn gewöhnt, sagt Michael, ich laufe hier fast täglich, es macht mir nichts mehr aus. Seit er vor Jahren einen Herzinfarkt hatte, steht er früh auf, geht fünfmal pro Woche eine Stunde laufen, meist am Alten Rhein, und danach erst zum Frühstück. Und auf diesem Uferweg war es, als das Paar einmal gemeinsam unterwegs war, verzurrt in die schon lange ungelöste Frage, wie der Titel des damals neuen großen Romans von Michael, der Historie und Wissenschaft, Europa und seine Ausstrahlung zu einem funkelnden Tableau vereint, lauten sollte – und mitten im Reden war er plötzlich und erlösend da, genau und unveränderbar: „Abendland". Hier am Alten Rhein war es auch, dass die Eltern mit Paula zum letzten Mal spazieren gingen. „Zwei Tage nach unserem Spaziergang stieg Paula auf den Berg, fiel und kam nicht mehr nach Hause", heißt es zum Schluss des Nachworts von Monika Helfer und Michael Köhlmeier im Band *Maramba* von Paula Köhlmeier. Zurückhaltender kann man Schmerz nicht formulieren. Darüber lässt sich nicht reden. Im Grunde auch nicht schweigen. Der Schmerz ist da wie Luft. Vielleicht eine Berührung, vielleicht tut sie gut. Der Schmerz bleibt, mit jedem Blatt, das fällt, in jedem Lichtreflex, im Rauschen des vorüberfließenden Verkehrs. Ist in den Knochen, im Herzen. Das Feuilleton suchte nach Spuren einer Trauerarbeit in den Büchern, in Köhlmeiers Novelle *Idylle mit ertrinkendem Hund*, manche nahmen sogar den Roman *Madalyn* dafür in Anspruch, der Autor selbst lehnte beides ab. Monika Helfer wurde wiederholt gefragt, warum sie Paula mit deren Namen in ihre Geschichten einbaue, ob es Bewältigungsversuche wären. Nein, sagte sie, sie schreibe einfach gern über Paula, und es wäre ihr als Verrat erschienen, wenn sie sie anders benannt hätte.

Wir gehen am Ufer des Alten Rheins entlang, der Weg ist sandig und feucht, es riecht nach stehendem Wasser. Die letzten Sonnenstrahlen streifen die Spitzen der Bäume, dahinter fahren Menschen nach Hause oder irgendwohin, und hier gehen vier, die schweigen und reden, die miteinander sind und in sich selbst. Mir kommt Köhlmeiers Szene aus dem Roman *Telemach* in den Sinn, in der dessen Lehrer Mentor ihm die Theorie von einem Leben als ob nahezubringen sucht:

> *Wir müssen so tun als ob, verstehst du! Telemach, verstehst du!*
> *Als ob ist unsere Rettung, unser einziger Trost! Als ob ist der Geist*
> *der Hoffnung, der in der Büchse der Pandora gefangen blieb,*
> *nachdem alle Übel ausgekommen waren, um uns Menschen*
> *zu quälen; der Geist der Hoffnung, Telemach, der schreit und*
> *herausgelassen werden will, um das Leid zu lindern, das über*
> *die Sterblichen herfällt, seit Pandora die Büchse geöffnet hat.*[8]

Wenn es den Sinn nicht gibt und ein Ziel nicht gibt, referiert Mentor weiter, müssen die Menschen so tun als ob, und sie tun es ja auch. In Variationen hat Köhlmeier diesen Gedanken in seinen Büchern ausgebreitet und ihm Masken erdacht, den Schlaukopf und den Spaßmacher, den Skeptiker, den Schelm und den kühnen Spieler mit Identitäten.

Monika Helfer hält sich zunächst mehr an das Tatsachenbuch des Lebens, in ihren Geschichten werden klare Entscheidungen getroffen: Ein Mann verlässt seine Frau, und sie *ist* verlassen; ein Palästinenser spendet das Herz seines getöteten Sohnes – einem israelischen Kind; eine Illegale sagt: „Ich heiße Saba und stamme aus Marokko. Ein Student nahm mich aus Anstand zur Frau, so dass ich nun keine Illegale mehr bin"; der „Kleine Mann", der täglich in die „beschützende Werkstätte" geht, fragt: „Schenkst du mir deine Uhr, wenn du sie nicht brauchst?" – „Es ist eine Damenuhr." Kleiner Mann: „Dann nützt sie mir nichts. Gute Nacht." – „Gehst du jetzt schon ins Bett?" Kleiner Mann: „Nein, das nicht, aber wir sehen uns erst morgen wieder, und da liegt die Nacht dazwischen."[9] Dennoch gibt es auch hier viele Szenen des „als ob": Eine Brustamputierte versucht, „von Anfang an eine andere zu sein"; auf Facebook schafft es eine Dicke, sich in eine Dünne zu verwandeln, ein Zigeuner kauft vier Kilo Zucker, um seinen Kindern ein Coke vorzutäuschen ...

Ist auch unser Leben so, wird mich W. abends in unserer Pension über einer Metzgerei fragen, tun auch wir als ob? Nein, will ich sofort antworten, zögere dann jedoch, auch ein Ja kann es nicht werden, wir gehen ans Fenster, W. berührt meinen Rücken, und mir fällt nichts anderes ein als ein zusammenhangloser Satz: „Welche Farbe hat der Himmel, wenn wir an die Flüsse denken?"

„Guten Morgen, Rabe", hatte im Sommer der jüngste Enkel gesagt, als Michael mit ihm am Alten Rhein entlanggegangen war, der Kleine mit einem Eis in der Hand die Vögel beobachtend. Die großen Aulandschaften und Sumpfgebiete am Alten Rhein sind ein Vogelparadies. Beide, Monika und Michael, sind gute Vogelbeobachter. Vögel tauchen in den Büchern auf, da ein Eisvogel im *Abendland,* dort der exotische Zunzuncito, von dem der Taxifahrer aus Havanna zur Ich-Erzählerin, die zwischen Traum und Wirklichkeit Spuren ihres toten Mädchens sucht, sagt:

Diese kleinen Vögel haben viel Glück übrig, müssen Sie wissen. Dem Zunzuncito ist nämlich genauso viel Glück gegeben worden wie jedem andern Vogel. Aber er ist der kleinste Vogel der Welt und braucht nicht so viel wie die anderen, und deshalb hat er einen Überschuss. Die Weibchen sind ein bisschen größer

als die Männchen, dafür leuchtet das Gefieder der Männchen
kräftiger. Die Männchen haben also mehr Glück zu vergeben.[10]

Ein einsamer Fischer steht am Ufer, er hat hier bereits eine Nacht in seinem Zelt verbracht, gefangen hat er bisher fast nichts. Mir gefällt es hier, sagt er laut, um den Lärm von der Autobahn zu übertönen. Als wir durch das Viadukt unter der Autobahn zum Auto zurückgehen, sagt Michael: Schaut euch das an – das ist wie eine Opernkulisse, wenn man hier durchgeht, öffnen sich die Berge, und Schritt für Schritt steht dann auf einmal alles da: das Gsohl, die Hohe Kugel, der Schöne Mann und weiter hinten der Hohe Freschn. Bis Dornbirn ist es das liebliche schwäbische Hügelland, aber dann, ganz abrupt, fallen die Berge wild durcheinander, sind zerklüftet und schroff, als ob spielende Riesen ihre Bauklötze im Weglaufen hinter sich geschmissen hätten. Als ich ein Kind war, hat bei Regen noch das Hakenkreuz auf den Felsen durchgeschienen.

Über uns surren die Drähte von Hochspannungsleitungen, die das gesamte Rheintal in einem dichten Netz durchziehen. Ich finde sie hässlich, sie stören und beunruhigen mich, wie Nadelstiche spürt man die Elektrizität. Michael findet sie großartig. Er liebt die riesigen Masten, sie sind ihm wie Land-Art, ein Kunstwerk, das nichts Überflüssiges hat. Ihnen hat er eine eigene Novelle geschrieben: *Der Tag, an dem Emilio Zanetti berühmt war.* Es ist eine auf Tatsachen beruhende Geschichte aus den 1950er-Jahren, in der ein junger Mann namens Emilio Zanetti eine Schlägerei beginnt, verhaftet wird, fliehen kann und in der ausweglosen Situation seiner Verfolgung auf einen Hochspannungsmasten klettert. Der zehnjährige Ich-Erzähler beobachtet die neugierige Menschenmenge, holt Proviant von zu Hause und klettert zum Entsetzen aller zu Zanetti hinauf. Eine der vielen berührenden Versionen in Köhlmeiers Literatur, die davon erzählen, dass nichts Sicherheit verspricht.

Im Laufe dieses Sommers war ich dahinter gekommen, dass
viele anders sein wollten, als sie waren. Was ich nicht verstand.
Denn ich wollte nicht anders sein. Und ich wußte, auch Emilio
Zanetti wollte nicht anders sein […] Mein Vater wollte auf alle
Fälle und in jeder Minute seines Lebens ein anderer sein. Jetzt

*zum Beispiel wollte er der Vernünftige sein, der alle Seiten
zu Wort kommen ließ. Über meine Mutter wußte ich so gut
wie nichts zu sagen. Außer daß sie spitzzüngig war und ich
mir ihr Herz vorstellte wie einen Pfirsichkern, so klein und
rauh und hart.*[11]

Mein Manko beim Schreiben ist, sagt Monika, dass ich kein Talent
für Epik habe wie der Michael, der zum Beispiel großartig einen
Menschen beschreiben könnte, der bei einer Tür hereinkommt,
wie sein Gang ist, wie er die Türklinke schließt, welche Gedanken er gerade im Kopf hat, welche Formeln, Utopien oder Dis-
pute ... Ich möchte einfach traurige Geschichten leicht erzählen,
alltäglich und spröd, in genauen Dialogen. Auf der Stelle springt
mich jene Szene aus Monikas Roman *Bevor ich schlafen kann* an,
in der Josi Bartok, Ärztin einer psychiatrischen Klinik, versucht,
zwei unmittelbar aufeinanderfolgende schwere Schläge zu über-
winden: eine Krebsoperation und die Eröffnung ihres Mannes,
dass er homosexuell sei. Eines Tages ruft Edgar an, der Geliebte
des Exmannes Tomas.

„Er redet nicht mehr mit mir. Und er geht weg und sagt mir nicht, wohin er geht."

„Du denkst, er hat einen anderen, stimmt's?"

„Um Gotteswillen, Josi! Das will ich nicht denken."

„Denk es ruhig! Entweder er hat einen anderen, dann bist du darauf vorbereitet, oder er hat keinen und es ist etwas anderes, warum er nicht mehr mit dir redet, dann bist du glücklich, dass es nicht das ist. Du siehst, nur Vorteile."

„Du bist auf einmal so brutal, Josi."

„Auf einmal? Was soll das heißen, Edgar? Du tust, als würdest du mich seit zwanzig Jahren kennen. Du kennst mich gar nicht. Überhaupt nicht. Hast du eigentlich einen Vogel? Rufst mich an und jammerst mir deinen beschissenen Liebeskummer vor! Mir! Hab ich dir meinen beschissenen Liebeskummer vorgejammert? Ich will dir etwas sagen, Edgar ..."

Aber da hatte er bereits aufgelegt.

Sie drückte die Antworttaste. Er nahm gleich ab.

„Entschuldige", sagte sie.

„Brauchst dich nicht zu entschuldigen, Josi. Hast ja recht."[12]

Trotz unterschiedlicher literarischen Verfahrensweisen haben Monika und Michael auch gemeinsam gearbeitet, Hörspiele und Kinderbücher, *Irma und der Tyrann* etwa oder jüngst *Rosi und der Urgroßvater*. „Man hat so viele Gedanken im Kopf, und sie sind ja nicht mit Farben markiert – rot die fremden, blau die eigenen. Wie soll man sie auseinanderhalten. Es ist so schwer. Man soll sie aussprechen", heißt es in *Abendland*. Michaels dramatische, jedoch mit äußerster stilistischer Knappheit erzählte Geschichte *Das Mädchen mit dem Fingerhut*" von 2016, diese herzzerreißende Geschichte über ein sechsjähriges Flüchtlingsmädchen, könnte ebenso gut von Monika sein, denn beide fühlen sich als Apologeten der Verlorenen, Schutzlosen und Geschlagenen. Mitunter scheint es, als ob ein Text des einen die verschlüsselte Antwort auf einen des anderen wäre – literarische Camouflage der hellen und dunklen Seiten eines Zusammenlebens und einer Liebe. „Und blicke zu dir hinüber / Aus meinen müden hellsichtigen Augen" ist in Köhlmeiers Gedichtband *Der Liebhaber bald nach dem Früh-*

stück zu lesen. In vielen Büchern gibt es gegenseitige Widmungen, „Für Monika", „Für Michael", viele auch für die vier Kinder: Undine, Oliver, Paula und Lorenz, oder „Für meine Familie". Die beiden sind jeweils die ersten Leser der Texte des anderen, die ersten Kritiker – das ist nicht immer leicht, sagt Monika, manchmal kränkend, sagt Michael, aber notwendig und gut. W. und ich wollen nicht weiterfragen, denn was lässt sich sagen über ein gemeinsames Leben und das Geheimnis, das es zusammenhält?

Es ist bereits dunkel geworden, als wir in den Bregenzerwald unterwegs sind, über das Bödele hinauf nach Schwarzenberg zum Abendessen. Die Landschaft zieht vorüber, nichts bleibt. Ich reise nicht gern, sagt Michael, manchmal muss ich ja, aber ich reise lieber im Kopf, bis zum Hollywood Boulevard von Los Angeles oder nach Troja oder sonstwohin. Ich finde es nicht notwendig, Orte in der Realität zu kennen, ich verlasse mich da auf meine Fantasie und wenige Bruchstücke und Details. Wenn vorne „Roman" steht, muss das genügen. Zuhause: das ist alles. Ihr habt es ja gesehen. Man weiß, wie es riecht, wie es ist. Nest und Kunstwerk, das reicht.

Der Bregenzerwald ist eine eigenwillige und eigene Landschaft. Nur eine halbe Stunde von der Ebene des Rheintales und Hohenems entfernt, scheint man in einer anderen Welt zu sein. Dörfer, Wiesen, Weiden und Wälder, Bäche und Achen in tiefen Schluchten. Ländliches Leben, Kuhglocken und sonntags die gefältelte Tracht, fashionable Hotels, alte, mit kleinteiligen Rundschindeln geschützte Bauernhöfe und das maßvolle Selbstbewusstsein der modernen Bregenzerwälder Holzarchitektur, die Funktionalität und Ästhetik vereint. W. und ich haben uns seit langem schon verliebt in dieses Land, in seine Dörfer und die Wege über die Berge, am Grat der Nagelfluhkette entlang von der Alpe Glockenplatten auf den Eineguntkopf, den Hohenfluhalpkopf bis zum Seelenkopf (allein diese Namen!), links liegt das Allgäu ausgebreitet, rechts das Bregenzerwälder Paradies.

Es gibt andere Geschichten. Ein kleiner Bub geht an der Hand seiner Mutter, die sich auf der Alpe ihr Geld als Sennerin verdienen muss, einen Grat entlang. Sein Kasperle schwingt er übermütig im Kreis, es fliegt ihm aus der Hand, stürzt den Abhang hinunter. Der Bub weint, die Mutter will den Kasperl holen, er wartet.

Immer kommt die Mama noch nicht. Der Bub steht langsam
auf, trippelt vorsichtig zum Abgrund und ruft:
„Kannst du ihn nicht finden? Wo seid ihr?"
Er macht eine Pause. Ruft wieder. Diesmal nur nach der
Mama, trippelt weiter auf den Abgrund zu. Da sieht er, wie
steil es ist. Er ruft, wird leiser und leiser, wimmert und geht
den Weg zurück. Er atmet schwer. Wie ein alter Mann, und er
schluckt heftig. Hält sich mit seinen Händchen an den Ruck-
sackriemen fest. Er stapft bergaufwärts. Findet die Hütte. Sie
ist nicht abgesperrt. Er holt einen Stock und stößt die Tür auf.
Inwendig ist es dunkel. Er kennt sich aus. Er geht ins Helle,
zum kleinen Fenster, setzt sich auf die Bank, immer noch den
Rucksack auf dem Rücken. Ein Stück Käse liegt auf einem
Holzteller. Kein Messer. Er nimmt den Käse mit beiden Hän-
den und schleckt ihn ab. Schleckt und schleckt. Man weiß nicht,
wie lange das Kerlchen allein in der Hütte verbracht hat. Die
Mutter ist tot gefunden worden. Gleich war sie nicht tot. Sie
ist noch ein Stück gekrochen, hinauf.[13]

„Mama hinuntergefallen" heißt diese Geschichte aus Monika Helfers Erzählband mit einem Titel, der hier wie Hohn klingt: „Diesmal geht es gut aus". Nein, das ist kein Paradies, sagt Monika, als
wir im Gasthaus Adler in der holzvertäfelten Stube zu Abend essen,
das ist keine Idylle. Sie kennt diesen „Wald", sie wurde in Au am
Ende des Tales geboren, im vorletzten Dorf, bevor die Passstraße
beginnt und die Berghänge ansteigen, die zum Hochtannberg und
weiter zum Arlberg führen. Ich habe ein gebrochenes Verhältnis
zum Dorf und zu den Menschen, sagt sie und erzählt ihre Lebensgeschichte – in „Dichtung und Wahrheit 1 und 2" im Band *Die Bar*
im Freien ist sie als allgemeines und privates Zeitdokument nachzulesen und zeigt, wie alle ihre Bücher, Monika Helfers singuläre
Kunst, Lebensläufe und Emotionen in radikaler Reduktion irritie-
rend klar darzustellen.

Der Vater war das uneheliche Kind einer Magd, die vom Bau-
ern, der sie geschwängert hatte, vom Hof gejagt wurde. Sie nimmt
Zuflucht bei ihrer Schwester, die am Erblinden ist, arbeitet für drei.
Ein Raum, Lehmboden, zwei Betten mit Strohsack. Monikas Vater

wird Klassenbester, im Haus eines Freundes stehen hundertzwölf Bücher, er liest sie alle. Kurz vor der Matura wird er eingezogen, in Russland friert ihm ein Bein ab, im Lazarett lernt er Monikas Mutter kennen. Zu Hause bekommt er Kinderlähmung. Kaum kann er sich wieder bewegen, holt er die Matura nach, er will Chemiker werden. Kauft und liest Bücher, wie die Mutter auch, wenn Monika an sie denkt, sieht sie sie mit einem Buch in der Hand. Das Mädchen liebt die Beinprothese des Vaters und glänzt seinen orthopädischen Schuh. Als sie elf Jahre alt ist, stirbt die Mutter. Sie kommt mit ihren Schwestern zu einer Tante, die selbst drei Kinder hat. Es war ein ungeheurer Abstieg, sagt Monika, das Leben auf engstem Raum, der Mann der Tante ein Alkoholiker, es war extrem, es war grauslich. Sie selbst heiratet jung, dann geht sie weg in ein neues Leben.

Monika Helfer hat noch die archaischen Lebensmuster einer harten Männer- und verschlossenen Frauenwelt kennengelernt, einer Welt von Armut, Krankheit, Vorurteilen und ungeschriebenen Gesetzen. Ein Lebensbereich, den schon Franz Michael Felder einprägsam gezeigt hat – auch er wurde am Urgrund des Bregenzerwaldes geboren, 1839, war Bergbauer, Sozialreformer und schrieb mit dem Roman *Reich und Arm* und der bewegenden Autobiografie *Aus meinem Leben* Bücher, die bis heute fesseln. Er war Mitarbeiter des *Grimm'schen Wörterbuches,* kaute nachts Unschlitt, um wach zu bleiben, denn er wollte lesen und schreiben. Noch nicht einmal dreißig Jahre alt, starb er. In Schoppernau ist ein kleines Museum eingerichtet, an dem auch die Schriftstellerin Ulrike Längle mitarbeitet. Man sollte es besuchen, sagt Monika, und jeder, der diese Gegend verstehen will, sollte Felder lesen.

Nach dem Essen trinkt Michael noch einen Enzianschnaps: Der schmeckt nach Erde oder nach einem heißen Stein, der den ganzen Tag in der Sonne lag und auf den der Regen fiel. Das könnte auch Raoul Schrott gesagt haben, Michaels Dichterfreund, Homer-Spezialist und Poesiekosmiker. Er wohnt in einem Haus mitten in den Wiesen oberhalb von Egg, wir hätten ihn gerne gesehen, aber er war wieder einmal verreist. Monika sagt: In der Welt der Literatur kannst du machen, was du in einer anderen nicht machen kannst. Die Wirklichkeit muss nicht immer wahr sein, es würde immer noch stimmen, auch wenn es nicht so gewesen wäre, darüber reden wir oft, Michael und ich.

Ich bin immer auf der Seite meiner Figuren, sagt Michael. Ein Schriftsteller muss jonglieren zwischen Wahrheit und Fantasie. Alle totalitär denkenden Menschen wollen die Fantasie ausrotten. Wenn du herrschen willst, musst du die Wahrheit zum Fetisch machen. Ich halte diesen Antagonismus Wahrheit – Lüge für überschätzt, denn: Wahrheit, gibt es die? Und was Wahrheit genannt wird und was Lüge unterscheidet den, der Macht hat, von dem, der keine hat, in der Welt, im Staat, im Betrieb, in der Familie, im Bett.

Von der großen Lüge sind beeindruckt, die in der kleinen versagen. Die eine große Lüge, die Lebenslüge, gibt es nicht; sie setzt sich zusammen aus vielen kleinen Lügen. Wenn die kleinen Lügen schief sind, kracht das große Gebäude in sich zusammen. Das Gute und das Böse definiert immer ein anderer. Ob dies sinnvoll ist oder nicht, definiert auch immer ein anderer.[14]

In Schwarzenberg ist derzeit nicht Saison. Keine Schubert-Konzerte und kein Andrang zum Museum für die Malerin Angelika Kauffmann, deren Wahlheimat Schwarzenberg war und die in Rom Johann Wolfgang von Goethe portraitierte. Michael zeigt uns das alte Holzsalettl auf dem Kirchplatz, wo einst zum Tanz aufgespielt wurde. Jetzt ist der Platz eine Straßenkreuzung. Jetzt ist Nacht, kein Mensch mehr unterwegs. Das Kreuz des Kirchturms sticht in den schwarzen Himmel. „Wer das Große nicht in Gott findet, findet es nirgends. Er muß es entweder leugnen oder schaffen. Was aber, wenn er es weder leugnen will noch schaffen kann?", lässt Köhlmeier Carl Jacob Candoris sagen, der als Mathematiker an der Entwicklung der Atombombe in Los Alamos mitgewirkt hat. Gott zerrinnt mir wie Sand in den Fingern, sagt Michael. Wenn ich sage: Ich glaube an Gott, kann ich nicht mehr über ihn schreiben. Es gibt wilde Schöpfungsmythen, aber heute gibt es ganz andere als jene von den sieben Tagen: den Urknall. Die Physik stellt alles in den Schatten! Und lebhaft erzählt er noch vom Philosophicum Lech, in dem er mit Konrad Paul Liessmann die Zusammenführung aller Wissenschaften und Denkmodelle versucht und das inzwischen dem Publikumsandrang kaum mehr standhält. Aber, sagt Michael noch, als wir das Salettl verlassen: Ich bin ein Zauberlehrling, ich suche nach dem Wort, dem richtigen Wort, das Leben erschafft, das dem Golem unter die Zunge gelegt wird und die Menschen sich fragen: Was ist das Wort Gottes?

Als wir die Höhe des Bödele erreichen und die Landschaft des Bregenzerwaldes zurückbleibt, liegt jenseits der Kuppe die Ebene des Rheintales tief unter uns. Der silberne Schimmer des Bodensees steht in der Ferne, ein Lichterkranz um seine Ufer. Lichter auch über Dornbirn, Götzis und Hohenems. Die Hochspannungsmasten stehen da wie Scherenschnitte. In den Häusern der Johann-Strauß-Straße von Hohenems sind kaum mehr Fenster erleuchtet. Eine Katze läuft über den Asphalt. Über dem umwucherten Zuhause des Dichterpaares stehen Sterne. Hier ist Michael Köhlmeier aufgewachsen, hier lebt er mit Monika seit 1983, und zum Abschied sagt er noch: Ich bin ein Materialist. Aber ich glaube an die Poesie.

Am nächsten Morgen regnet es. W. und ich sind allein unterwegs. Der Regen nimmt zu und wieder ab, launisch. Wir wollen noch hinauf zur Ruine Alt-Ems. Monika geht jeden Tag auf diesen Schlossberg. Geht bei jedem Wetter. Ohne Schirm und Schutz über ihrem schwarzen Haar. Alle in Hohenems wissen, dass sie jeden Tag auf den Schlossberg geht. Jeden Tag auch auf den Friedhof, zu Paulas Grab. „Am Grabkreuz hängt ein Foto, auf dem unser Mädchen eine Zigarette raucht. Sie ist die einzige Raucherin auf dem Friedhof. Das hätte ihr gefallen." Der Weg auf den Schlossberg ist steil. Enge Serpentinen schrauben sich hinauf durch Buchen und Fichten, Ahorn und Eschen. Die herabfallenden Tropfen machen ein Geräusch, als ob jemand hinter uns ginge. Ein winziger, kohlrabenschwarzer Salamander liegt im Laub, das Köpfchen erhoben, stellt sich tot. Rutschig sind Steine und Wurzeln. Erstaunlich hoch, dieser Burgberg, unwegsam. Erste Reste von Gemäuer, ein Torbogen. Und dann, plötzlich durch den Nebel: Geläut von Kuhglocken. Das muss eine Täuschung sein. Aber da sind sie: vier, fünf Stück grasendes Fleckvieh auf einer buckligen Wiese, Obstbäume, Zäune. Hier heroben also die Reste einer früher möglicherweise blühenden Landwirtschaft zur Versorgung von Alt-Ems.

Bizarr steht die Ruine der alten Burg im Diffusen. Türme, der ehemals viergeschoßige Palast, der Grundstein aus dem 12. Jahrhundert. Sie scheint uneinnehmbar gewesen zu sein, umgeben von Felsabstürzen und dichtem Wald. Auf dem Rückweg, schon weiter talwärts, reißt der Nebel auf. Durch einen Holzschlag hindurch ist kurz der Friedhof zu sehen, dann ein Teil von Hohenems. Der Peverl Toni hat es sich einst aus Kieseln und Erde aufgebaut, als ihn die Zauberin auf eine Südseeinsel versetzt und er Heimweh nach Hause hatte. Er fing mit den Eisenbahnschienen an, dann schuf er den Bahnhof, die Steinhäuser aus Lehmziegeln, die Holzhäuser aus Spreißeln und Palmenblättern, dann die Pfarrkirche, den Schulweg und die Hohenemser Berge. Den Emsbach und den Alten Rhein betonierte er mit Kieselsteinen aus. Ich bin nass bis auf die Haut und friere.

W. will sich Zeit lassen, so laufe ich voraus den steilen, tropfenden Weg bergab. Es gibt Augenblicke, die wärmen und dauern: Langsam, von Weitem schon zu sehen als dunkle Gestalt auf regenschwarzem Waldweg, kommt mir eine Frau bergauf entgegen, die Hände in den Manteltaschen, ohne Schirm, der Regen fällt auf ihr schwarzes Haar. Wir umarmen uns.

W. und ich packen unsere Koffer und verlassen dieses Städtchen der reichen Historie, der tragischen Geschichten und eines
mirakulösen Paars, das hier lebt. Mit dem wir hier eine Spanne Zeit
geteilt haben, der wir jedoch keine große Bedeutung beimessen
sollen, denn, so schreibt der Skeptiker Michael Köhlmeier, Bedeutung sei wie Rauschgift – und: „Die Verfassung des Menschen ist
die Ungewissheit." Ein warmer Wind kommt von Süden her durch
das Rheintal, treibt die Wolken vor sich her und weg.

*Eine Föhnwoge strich über mich hinweg wie Zauber und
Betrug, und es war ein banges Gewahrwerden des Unmög-
lichen in allem.*[15]

Bodo Hell
Ich möchte am liebsten leben
Grafenbergalm am Dachstein

Wenn der Abend von den Bergen auf das Hüttfeld niedersinkt, rauscht das Grün der Wiesen noch einmal auf. Wie durchglüht vom Erdinneren. Feuerfarben in den Spitzen der Gräser. Es dauert nicht lange. Dann kommt das Sanfte. Bleibt eine Weile. Jeder Hügel der tiefweiten Mulde schmückt sich mit weichen Rändern und weckt den Wunsch nach Bleiben ohne Abschied. Die letzten Lichtgarben streifen über die Viehweiden. Von da und dort Glockengeläut. Die Felswände am Horizont noch im Hellen. Malt die Abendsonne, „diese schöne Lügnerin", wieder „das Bild einer heilen Welt an den Himmel"? Aus einer Almhütte steigt Rauch.

Hier ist Bodo Hell, der Halter, der Hüter, der Senner (jeder sagt anders), zu Hause. Zweieinhalb Sommermonate lang, je nach Witterung. Er hütet an die einhundert Jungrinder, zweihundert Schafe, eine Handvoll Pferde, fünf Ziegen und drei Hühner. Es ist das 38. Jahr, dass er hier ist. Zahlreiche Geschichten, Feuilletons, Filme und Fotos gibt es darüber. Er ist das staunenswerte Kuriosum eines avantgardistischen Dichters und passionierten Großstadtliebhabers, der im Sommer auf die Alm geht. Viele suchen ihn auf, das Publikum, sagt er, will Realität, will das Original und den Schauplatz sehen – Bodo Hells „loft", wie es in einem Gedicht von Friederike Mayröcker heißt. Die Grafenbergalm im Dachsteinmassiv „Am Stein" ist längst nicht mehr unbekannt.

Auch die Geschichte, wie er hierher kam, ist vielfach erzählt: Als Kind war er mit den Eltern viel in den Bergen unterwegs, als in Salzburg Geborener waren sie ihm vertraut. Später war er sommers auf einer Alm. Und wieder Jahre danach ging er mit einem Freund vom Ramsauer Gutenberghaus den Weg Nr. 618 Richtung Osten, über Stein und Karstrippen, durch Latschen- und lichte Zirben- und Lärchenwälder, als sich das Gelände plötzlich öffnete und den Blick auf ein riesiges, baumloses Einbruchsbecken freigab, grün und wellig, mit Weidevieh und weit drüben ein paar kleine Hütten. Hüttfeld. Das war's. Amors Pfeil braucht keine Erklärung.

Die Stelle des Halters für die Almgemeinschaft der Ramsauer und Weißenbacher Bauern war zufällig frei für das kommende Jahr. Anfängliches Misstrauen. Wagemut, Lernen, von Jahr zu Jahr größere Akzeptanz und für sich selbst skeptischer, verhaltener Enthusiasmus. Vielleicht innere Notwendigkeit? Fast vier Jahrzehnte sind daraus geworden: „[...] alles was wir tun ist nur ein Bild dessen, was wir zu tun wünschen [...]"

Es ist Anfang Juli. Hochsommer, Hitze und das Offene der Welt. Der Siebenschläfertag am 27. Juni war der Lostag für den Auftrieb des Viehs. Bis zur Almsommermitte jedoch, zum Fest der heiligen Anna, an dem im Tal die ersten Äpfel reifen und früher auf den Almen – so habe ich bei Bodo Hell gelesen – der erste Käse reif wurde und den Besuchern zum Verkosten angeboten werden konnte, ist es noch eine Weile hin.

Auf unserem Weg zur Grafenbergalm sind W. und ich bei Holzschlägerungsarbeiten vorbeigekommen. Caterpillar, Greifhebel und Seilzüge. In drei Minuten ist ein Baum gefällt, der hundert Jahre zum Wachsen gebraucht hat und noch einmal so lange hätte leben können: Die Motorsäge fährt ins Holz, Kerbschnitt, Fällschnitt, Eisenkeil hineingetrieben, der Baum zittert schon, hat er Schmerzen? Fällt vom blauen Himmelsspitz mit einem Rauschen, dann mit einem letzten Krach zur Erde, aus der er kam.

Nach der Stornalm weiter über reiche Almböden. Ein Blütenmeer wogt und wiegt sich in der Sommerluft, augenweit Blau und Gelb und Rot und Lila, weiß gesprenkelt mittendrin, Almrausch, Enzian und Vergissmeinnicht, Wundklee, Hahnenfuß und Gamsblümel, Läusekraut, Storchenschnabel, Quendel, Skabiosen und Pestwurz, Margeriten, Brunnenkresse, Anfaltergrün ... Hügel, Halden, Kare. Abbrüche. Hellgrauer Kalk im Grün der Weiden. Rutschiger Weg im Steilen, zertrampelt vom Viehtrieb. Felswände, Schwarzlöcher, von weither Kuhglocken. Ein Zirbenhäher schreit. Sonst Stille und Himmel. Nur W. und ich und die tiefblaue Handschrift einer Seligkeit. Der Senner würde lachen, keine Sentimentalitäten, würde er sagen, vielmehr –

HIMMEL *Abendhimmel Morgenhimmel Traghimmel Wol-*
kenhimmel Sonnenhimmel Sternenhimmel Thronhimmel Som-
merhimmel Winterhimmel Götterhimmel Betthimmel – (dann
kommt schon:) der Schimmel der Pimmel die Trommel der
Bummel die Hummel der Kümmel der Lümmel der Stummer
(es kommen:) die Ärmel (es kommt:) die Formel das Gemur-
mel der Taumel und (somit auch) der Liebestaumel [1]

Von Weitem schon sehen wir Bodo, schwere Knüttel von den Hängen des 2049 m hohen Kufsteins zur Hütte herunterschleppend,
er lacht, springt über den Staketenzaun, die Ziegen, die Hühner,
der Stall, die Almhütte aus ergrauter Lärche, der Klapptisch, die
Hausbank, es ist wie Heimkommen, wir waren schon oft hier. Wir
kannten auch noch die alte Gemeinschaftshütte für Senner, Jäger
und Bauern. Zum zwanzigsten Jahrtag von Bodos Dienstverhält-
nis sagten Letztere: „Wenn du noch 20 Jahre bleibst, bauen wir
dir ein Stüberl an." Es wurde eine ganze Hütte daraus, direkt angebaut, aber ein eigenes Reich.

Es ist Mittag. Bodo hat köstliche Gemüsesuppe gekocht, wir
trinken ostfriesischen Tee mit Kluntje, ein Paar aus Bremen hat
sie ihm mitgebracht. Auf den Tischen, Borden, Sesseln, Hockern
der circa zwanzig Quadratmeter kleinen Küchenstube steht und
liegt die Fülle eines wochenlangen Almlebens, Teller, Gläser und
Pfannen, alles, was man zum Kochen braucht sowie Bergschuhe,
Wetterfleck und Joppe, Gerätschaften und Werkzeuge aller Art,
zahlreiche Käsereiutensilien, Siebe, Trichter, Filter und Eimer, an

den Wänden Zeichnungen von Linda Wolfgruber, für Bücher ist kaum Zeit und Platz, sie stapeln sich oben in der Schlafkammer unter dem Dach. Bodo öffnet eine Klappe im Stubeneck: Die Bauern, die um das Elementare wissen, haben ihm einen kleinen Vorratsraum in die Erde eingelassen, es ist sein Kühlschrank. Holt frischesten Ziegenfrischkäse hervor, selbst gemacht mit Mühe, Routine und erworbener Kenntnis. Bodo erzählt über die Almgenossenschaft, über Erfolg und Überlebenskampf der bäuerlichen Bevölkerung, über Nebenerwerb, Verhüttelung und die Belastung der Frauen, die Landwirtschaft und Tourismus zugleich schaffen müssen, reden über Streit und Meineid, über lokale Jagdrechte und die europäische Flugleitzentrale auf dem Koppenkarstein, der von der uralten Zirbe aus als der markanteste Gipfel des Dachsteinmassivs zu sehen ist.

Mit dem Herrn der Hütte kann man tage- und nächtelang reden, weit schweifend durch alles, was ist und denkbar ist ..., und dann sind wir plötzlich auf die Ölfelder von Baku gekommen, die Alfred Nobel reich gemacht haben und die Nikola Tesla erweitert hat, und Bodo kennt das Denkmal, das für diesen in der Hauptstadt von Aserbeidschan errichtet wurde, er war dort und suchte anschließend im Kaukasus nach den Traditionen der einheimischen Schafhirten. Bodo Hell ist Neugier, Wissensdurst und Wissenslust, ist Grenzüberschreiter der Sparten, definiert sich selbst in knappem Understatement mit „Prosa, Radio, Theater, Text im öffentlichen Raum, Fotos, Film, Musik, Ausstellungen, Almwirtschaft" (die Liste seiner Werke und Aktivitäten füllt jedoch mehrere Seiten). Forscht, reist, geht, liest, fragt, notiert, macht Geschichten daraus und Dokumentationen, überall, wo er ist, überall, wo er hindenkt: „Ohne Geschichten sterben wir und die Geschichten sterben ohne uns."[2]

Bodo Hell ist ein enzyklopädischer Mensch. „Weltentzifferer" stand auf der Einladung zum Fest seines 70. Geburtstags. Liebt Bildlichkeit und Subtext, die Pixel der Realität und Sprachartistik, fasst die Bewusstseinsströme in präzise Worte. Möchte allem auf den Grund gehen, alles wissen, alles sagen und vermitteln. Über Gestirne und Gesteine, Tiere und Pflanzen, Götter, Teufel und Nothelfer, Historie, Gebräuche, Legenden und Symbole, über das

Leben und das Sterben. „...wir sind vorerst nur das schlecht entworfene Skizzenbild des Menschen, den es noch zu zeichnen gilt ...“[3] Fängt in der Etymologie des Wortes an, in Ursprung, Bedeutung und Verbindungen, zieht konzentrisch die Kreise ins immer Weitere. Das spiegelt auch seine Methode der Parenthesen wider, der Einschübe, Klammern und Variationen, des atemlosen Erzählens, vielfach ohne Punkt und Komma ein ganzes Buch lang, ein Dahinstürmen durch das Tausendfältige des Lebens der Sätze des Kosmos des Chaos des Ichs.

Unrast. So ist auch sein Gehen. Ich begleite Bodo auf der Suche nach dem Vieh im Wurzkar, nach einer der kleinen Herden jener elf Bauern, die in diesem Jahr aufgetrieben haben. Eine lebensnotwendige Quelle ist in der Nähe. Das Wurzkar ist weit entfernt in Richtung Hoher Krippenstein. Das Gelände ist zerklüftet, felsig, schrundig, durchzogen von zahllosen Karren, wie die Karstformationen genannt werden. Das riesige Plateau trägt die Beschaffenheit in seinem Namen: „Am Stein“. Die Wälder locker, das Buschwerk dicht, die Latschenflächen undurchdringlich, Dolinen, Abhänge, Gipfel, Geröll. 1300 Hektar groß ist der Bereich, für den Bodo Hell verantwortlich ist. Früher gab es bis zu sieben bestoßene und bewirtschaftete Almen hier, es gab Sau-, Ross- und Kälbertrempel, wie die hingeduckten Ställe genannt werden. Jetzt sind sie fast allesamt verlassen und verfallen, jetzt ist er der einzige Halter. Unvorstellbar. Oft müssen Hunderte Höhenmeter täglich bewältigt werden, bei jedem Wetter, bei Hitze und Regen, Nebel und tiefhängenden Wolken, die die Landschaft schlucken, bei Schneesturm auch, der fast jeden Sommer übers Gebirge hereinbricht, die Hand vor dem Gesicht ist kaum zu sehen, tage-, oft wochenlang kommt kein Mensch. Ein hochsensibles Orientierungsvermögen ist notwendig, um sich zurecht- und das versprengte Vieh im Unwegsamen zu finden. Alles nass, Schuhe, Kleider, Haut. Minusgrade und Düsternis, Hitze und Schweiß.

Stundenlang unterwegs. Im Rhythmus der Woche muss jede Gruppe der Jungrinder, die zwischen zwei und zwanzig Stück variieren, einmal gefunden und ihnen Salz gebracht werden. Muss überprüft werden, ob sie vollzählig und ob sie gesund sind. Bei

Schlechtwetter sind sie unberechenbar. Bodo legt jeden Almsommer rund eintausend Kilometer zurück. Das ist kein Zeitvertreib. Das ist Schwerarbeit. Kaum einer nach ihm wird das machen können oder wollen. Die Jungen kennen oft nicht einmal die Grenzen des Gebiets, die Namen der Berge und der Weideareale.

Und abends heizen, kochen, Ziegen melken, Stall ausmisten, käsen (eine ungemein zeitraubende und diffizile Prozedur), Wäsche waschen, Holz hacken, Rösser betreuen, Hühner füttern, das Pumpaggregat bei der Quelle in Gang setzen, dies und jenes reparieren, notieren, was ihm auf- und einfällt und was ihm von den Alten erzählt wird und er vor dem Vergessen bewahrt, SMS und Mails durchsehen und beantworten ... Seit einiger Zeit gibt es halbwegs guten Empfang und ein kleines Sonnenaggregat auf dem Dach, das Strom liefert. Um fünf oder halb sechs Uhr morgens wieder aufstehen. Viel Besuch. Freunde, Filmemacher, Dichtervolk, bildende Künstler – eine kleine Sommerakademie auf der Grafenbergalm. Touristen auch, halb am Verdursten, die einen Hollersaft oder ein Schiwasser brauchen. Das Wasser muss er nicht mehr, wie jahrzehntelang, von der weit entfernten Quelle in großen Kanistern heimschleppen – die Bauern hatten ein Einsehen und legten ihm vor drei Jahren eine Wasserleitung. Die Quelle ist stark, 6 Liter/Sekunde, es ist eine artesische Quelle, in der der Druck von unten kommt, das Wasser sofort wieder abfließt und erst in der Koppenbrüllerhöhle wieder auftaucht.

Unterwegs also in das Wurzkar. Bodos Gehen ist mehr ein Fliegen. Ein fast schwereloses Antippen der Karstrippen, Felsbrocken und Wurzeln, er berührt sie nur flüchtig, es ist ein Drüberspringen, ein sorgsames Ballenabrollen, eine eigene Art der Fortbewegung, scheinbar ohne Kraft und mit großer Leichtigkeit und Schnelligkeit. Auf ausgetretenem Pfad, auf altem Treibweg oder in weglosem Gelände.

Trittfigur, Denksiegel, Gedankengang, Knochenarbeit, der ist nicht neu, man hat in den Kuhfladen schon letztesmal hineingestochen, mit dem Stegelstecken, so geht es schon: auf und davon, oft und oft kommt und kommt man nicht weg nicht weg, und jetzt wieder den Faden Faden verloren, alles liegen

und stehen gelassen, ich brauche die tägliche Bewegung für
die Seele, aha: jetzt sind wir da, angekommen, atmen auf, ge-
nießen Aussicht, packen Jause aus, der stapft und stapft und
geht und geht und geht und stapft und stapft und geht nur so
dahin, um seine Zwangsvorstellungen – [4]

So ist es in Bodo Hells frühen Erzählungen 666 zu lesen. Die Zahl
ist die Nummer der Wegmarkierung von Weißenbach zum Las-
koppen Richtung Hoher Krippenstein.

Die einzelnen kurzen Passagen des Textes brechen ab, weichen
einem immer neuen Minifoto von Steinen mit der Aufschrift 666.
Noch gibt es Beistriche im Text, die werden sich verlieren, das
Tempo nimmt zu, wie die körperliche Kondition im Lauf der Wochen, wenn er von der Stadt auf die Alm kommt, es gibt auch kein
„Stapfen" mehr, nur noch gehen, rennen, eilen, flugs und flink,
diese Art Felsfliegen, aber mit allergrößter Aufmerksamkeit. Wir
nehmen viel zu wenig wahr, hat ihm ein Bauer einst gesagt. Das
kam seinen Sinnen, dem Notieren und seinem außerordentlichen
Gedächtnis nur entgegen.

Er weiß genau, an welcher Stelle ein Tier verunglückt ist, wo
eine Kalbin in einer Felsdoline starb, wo die Rehgeiß mit ihren
Zwillingsjungen aus dem Gebüsch brach, wo die Gruben liegen,
die düster sind und von den Tieren gemieden werden und wo eine
alte Lacke verschwand und eine neue entstand. In der Kartografie
seines Kopfes hat er genau verzeichnet, an welcher Stelle der Wolkenbruch des letzten Jahres niederging, das Echo am deutlichsten
und der Signalbaum nach welcher Wegkrümmung zu sehen ist, wo
das Rot der Markierung bei welchem Licht aufleuchtet, der beste
Nistplatz für den Adler, der sumpfige Grund für die Molche und
wo das Moos am weichsten ist für eine zärtliche Stunde. Weiß,
wo man diese oder jene Heilpflanze findet, den Frauenmantel, die
Meisterwurz oder die Silberwurz, die sich aus der Eiszeit in die
Gegenwart gerettet hat, Basis für den geheimnisvollen Kaisertee.
Dieser soll nur, so hört man, in Bad Ischl, der ehemaligen Som-
merfrische des Kaisers, zu erwerben sein oder, unter der Hand, zu
nächtlicher Stunde in der Hütte des Senners von der Grafenbergalm. Die Ramsauer erzählen sich, dass er in seinem 33. Sommer für

Tage verschollen gewesen und vom Felsabhang über dem Hüttfeld, von den Wildfrauenlöchern her, Lachen und betörender Gesang zu hören gewesen sei, das erste Mal, seit man denken könne.
Niemand hätte diese Frauen je gesehen. Junge Hirten würden in
den Tod stürzen, wenn sie die wilden, schönen Frauen erobern,
aber nicht heiraten wollen. Wie der Grafenbergsenner davonge-
kommen sei? Ein Rätsel.

Wir haben sie gefunden, die zehn Kalbinnen im Wurzkar. Eine
Schönheit ist dabei, eine Belgian Blue, deren Fell changiert und in
sonnenbestrahlter Bewegung blaugrau schimmert. Die Tiere grasen friedlich, trinken, scharen sich um das ausgestreute Salz. Auch
wir trinken, brechen ein Stück Schokolade. Bodo erzählt von den
Eigennamen und Grenzbergen seines unüberschaubaren Gebiets,
vom Rossschädel, den Lausböden, dem Weißwandl und dem Lack-
ner, dem Kleinen und Großen Mies, auf dem noch Schnee liegt,
dem Letzes Steg, der Maisenbergalm – „Moasen" ist das alte Wort
für Butter –, an der Erzherzog Johann vorbeigekommen ist, und
dem Bärenloch über dem kleinen Wiesenfleck in den Felsen, wo
man Knochen von Höhlenbären und Markierungsstriche für den
Sonnenstand gefunden hat.

Bodo erzählt und deutet. Das Auge ist Landschaft, das Ohr Glockensymphonie, das Herz Frieden. Seelenareal. Theatralische Arenen sind das hier, sagt Bodo. Eine sich dauernd verändernde und immer gleichbleibende Faszination, ein Geschehen im Draußen und Drinnen, im Gehen, Schauen, Erinnern und Entdecken, es entstehen neue Kombinationen, Laute, Wörter, Sätze, Gedanken, Tagträume. Neue Wege, neue Texte. „[...] die Seele wird nie satt (gleich welche Nahrung man ihr bietet), denn sie ist eine Tochter des Himmels", schreibt er in der Erzählung *Im Prinzip gilt*.[5]

Noch einmal weiter zur Quelle im Gebiet der Maisenbergalm beim Stein Nr. 34, der die Landesgrenze zwischen Oberösterreich und der Steiermark anzeigt – jenseits liegt das „ärarische" Gebiet der Bundesforste. Ziehen Rinder oder Schafe auf der Suche nach frischen Weiden über diese Grenze, müssen sie zurückgeholt werden. Nur die Quelle ist frei. Wie vermutet, grast die kleine Herde jenes Bauern, der hier das Weiderecht besitzt, in den derzeit noch saftigen Wiesen, schier am Ende der Welt. Die Quelle allerdings rinnt nur spärlich, Bodo wird es mit dem Bauern besprechen und eine Lösung suchen müssen. Jedes Tier braucht bis zu 30 Liter Wasser pro Tag. Im Herbst weniger, wenn morgens reichlich Tau liegt.

Es ist später Nachmittag geworden. Lange Schatten fallen in die Kare. Eine Stunde noch, vielleicht eineinhalb zurück bis zur Hütte. Milzkraut, Kresse, Sturmhut, Neunblättriger Zahnwurz, Gletscherhahnenfuß. Der morsche Baumstamm am Weg ist noch tiefer ins Erdreich gesunken, sagt Bodo, der alles registriert. Unverändert stehen die vom Blitz getroffenen Zirben als weiße Gerippe im Rund. Zirbenhäher begleiten uns, ihr Warnschrei fliegt über Dobel und Wipfel; wenn ein Vogel zurückbleibt, übernimmt ein anderer, Stafette der Aufmerksamkeit. Abendlied des Pirols. „[...] wir möchten nur ein wenig mehr auf die Dinge und Erscheinungen rundherum hören als darauf, was die Leute sagen", schreibt Hell, „es läßt sich sehr wohl die Stimme des Feuers vernehmen, auch die Stimme des Wassers, man kann dem Wind lauschen, wie er im Gebüsch schluchzt [...]"[6]

Streckenweise geht Bodo langsamer, der Stegelstecken liegt quer in den Armen, der Kopf ist gesenkt. Contemplatio. Die Sonne sinkt. Der Himmel ändert seine Farbe, wird transparent. Schließlich breitet sich das Hüttfeld vor uns aus, groß, verträumt und still. Vor Millionen von Jahren entstanden solche Einbruchsbecken, Polje genannt. Wie alle Worte, die mit dem Karst zu tun haben, kommen sie aus dem Slawischen, wie Dolina, Ponor und das Wort Karst selbst. Der Goldpippau leuchtet wie winzige Laternen, er blüht heuer zu früh. In der Nähe der Almhütte weiden verstreut ein paar Kalbinnen. Eines der beiden Isländerpferde ist mitten unter ihnen. Bodo holt die Ziegen von den Wiesen, melkt in Windeseile, das von ihm oft und zungenbrecherisch schnell wiedergegebene „Melklied" scheint den Takt vorzugeben

1 und 2, 3
alt ist nicht neu
neu ist nicht alt
warm ist nicht kalt
kalt ist nicht warm
reich ist nicht arm
arm ist nicht reich
ungrad ist nicht gleich
gleich ist nicht ungrad
der Wagen der hat 4 Rad
4 Rad hat der Wagen
singen ist nicht sagen
sagen ist nicht singen [...] [7]

… und heizt den Herd, Kent heißt die heißeste Stelle, kommt von kenten, anzünden, sagt Bodo, und bereitet Kaiserschmarrn aus der frischen Ziegenmilch, fügt Rosinen bei, die Eier stammen von den Legehennen, die keinen Hahn brauchen, viele Eier haben einen doppelten Dotter. In der Pfanne noch mit Schnaps flambiert, dazu Welschriesling 2012 vom Salzl aus dem Burgenland, hervorgeholt aus dem kleinen Erdkeller im Stubeneck – immer ist Bodo großzügig und gibt mit heiterer Selbstverständlichkeit. Und warum kommt mir jetzt etwas in den Sinn, woran ich schon lange nicht dachte: War es nicht auch Bodo, der mir damals, als wir beide in Wien studierten und uns gerade erst kennengelernt hatten, den schmalen weiß-blauen Band von Paul Celan schenkte, *Mohn und Gedächtnis?*

Kann man sagen: Die Ziegen sind Bodo Hells Steckenpferd? Er selbst ist geboren im chinesischen Sternzeichen der Ziege. Es war sein Wunsch, die Tauernschecken mit auf die Alm zu nehmen. Fünf wurden ihm zugestanden, für mehr, sagte ein Bauer, hat er kein Weiderecht. Ziegen sind seine Neigung und sein Studienobjekt: Er kennt ihre Stallphilosophie, das Nichtvorhandensein einer Rangordnung, sodass sie ständig gegeneinander kämpfen, sich stoßen und jagen, sie sind klug, nachtragend und von größter Aufmerksamkeit, haben ein gutes Gedächtnis und würden lieber sterben als etwas tun, was sie nicht wollen. Nachts spielen sie Wild – wenn sie im Freien bleiben, werden sie zu Fluchttieren, sind auf und davon. Nora, Sina, Marei, Romy, Iduna, die Älteste, und ihr Kitz Nella. Iduna frisst nicht, scheint krank oder erschöpft von der Geburt oder vom weiten Weg des Auftriebs. Nora kommt aus einem anderen Stall, ist noch fremd, noch nicht aufgenommen in die Herde, sie wird verjagt, will ständig fliehen, talwärts, nach Hause. Du wirst sie schon koam machen, hat der Bauer gesagt, will meinen: kalmieren, beruhigen. Wenn Bodo auf seine stundenlange Viehsuche geht, muss er sie anpflocken, das Seil mit Karabinern beweglich machen, aber offensichtlich geht sie immer im Gegenuhrzeigersinn im Kreis, sie verdreht das Seil so lange, bis sie sich fast selbst erwürgt. Mit grünen Vogelbeeren, die die Ziegen lieben, sucht er sie für sich zu gewinnen – wie Exupérys kleiner Prinz den Fuchs. Noch immer habe ich Gérard Philipes Stimme auf unserer alten Vinylplatte im Ohr, wie er den Fuchs verschlagen und verlockend zugleich sagen lässt: apprivoise-moi, apprivoise-moi, zähme mich, zähme mich ...

Schafe sind anders. Selbstständig und frei. Im Mai brechen sie von den Höfen im Tal auf, ziehen auf immer gleichen Steigen allein durch die Wälder, hinauf in die kargen Felsregionen in ihr Weidegebiet vom vorigen Jahr, das sie ohne Schwierigkeit wiederfinden. Dieses exzellente Gedächtnis kann auch Probleme machen: Bodo erzählt von einem Fall, dass sich eine Herde Sommer für Sommer in unerlaubtem Rayon bewegte und durch nichts davon abzubringen war, sodass der Bauer das Leitschaf schlachten und die Herde verkaufen musste. Ein neues Leitschaf führte die neue Herde in erlaubtes Terrain. Wenn unerwartet dichter Schnee kommt, verlässt sie ihr sechster Sinn: Die Schafe flüchten bergauf statt talwärts. Wenn Sturm, Schnee und Kälte zu lange anhalten, müssen sie mit dem Hubschrauber ausgeflogen werden, oder sie verhungern und erfrieren.

Die Kalbinnen kennt Bodo genau, jedes einzelne Tier. Im Lauf des Sommers merkt er sich ihre Gesichter, die Zeichnung ihres Fells, die Rasse sowieso: Pinzgauer, Braunvieh, Schwarz- und Rotbunte, neuerdings Ennstaler Bergschecken ... Es sind Moden und Vorlieben, denen die Bauern aus Experimentierlust und Neugier nachgehen, sich auch nach dem Gesichtspunkt von Geländegängigkeit entscheiden und sich nach dem jeweiligen Diktat des internationalen Marktes richten müssen: mehr Fleisch oder mehr Milch und zu welchem Preis. Bodo kennt das jeweilige Leittier und das schüchterne Jüngste, er weiß, wann welche stierig ist, sie sich gegenseitig bespringen, sie unruhig und reizbar werden und weithin über die Alm ziehen, um andere Gruppierungen zu suchen, dem Trieb zum Stier folgend. Tagelang ist er mitunter auf der Suche nach einem vermissten Tier, von Fall zu Fall kommt der Besitzer zu Hilfe, denn das Gelände ist unüberschaubar, zerklüftet und gefährlich. Ist ein Tier in der Nähe eines Quellgebietes verendet, muss es ausgeflogen werden, ist es weitab geschehen, darf es bleiben, wo es ist. Krähen und Geier zeigen es an. Als Halter muss Bodo Hell veterinärwissenschaftliche Grundkenntnisse haben, er hat gelernt, mit welcher Salbe er kranke Klauen behandeln oder, in seltenen Fällen, einer sich verbreitenden Seuche mit Injektionen beikommen muss. Und Erfahrung hat ihn gelehrt, wann nichts anderes mehr hilft als ein Telefonat mit dem Tierarzt. Er lebt mit den Tieren. Sie sind ihm anvertraut. Natur meint mehr als Environment, sagt er, man sucht ein Stück Vieh, ein Stück Harmonie, dem Himmelsauge in die Pupille geblickt.

Ist Almleben mehr als die Alternative zum urbanen Lebensklima von Unruhe, sozialer Kälte und dem Kalkül des Wettbewerbs? Ist es ein Feld für Selbstvertrauen, eine intensive Lebenszeitbemühung? Es hat jedenfalls einen klar umrissenen Rhythmus mit

klaren Aufgaben. Anstrengend, wiederkehrend, überraschungs-
reich. Macht müde. Getane Arbeit. Guten Mutes. Morgen wieder.
Ein Arbeitsschritt nach dem anderen. Keiner darf ausgelassen, keiner vernachlässigt werden. Ein Leben von Konsequenzen. Später
nacherzählt und nachgeschrieben, Echoraum für die Stunden in
der Stadt, die Bodo Hell ebenso liebt, ebenso rastlos durchstreift
und beschreibt wie sein Almgebiet. Er lebt übers Jahr in Wien, in
der Alserstraße des 8. Bezirks. Geht viel auf Tournee, liest, musi-
ziert in vielen Gruppen, spielt Maultrommel, fotografiert, schreibt
fürs Theater, gestaltet Ausstellungen, forscht, diskutiert, ist überall
präsent und geliebt. Bodo Hell ist bekannt, gesucht, vielfach preis-
gekrönt. Es gibt nicht viele, die Experiment und Poesie, Avantgarde
und Verzauberung in ihren Büchern und Auftritten mit solcher
Leichtigkeit zu verbinden wissen. Das Erlebte dem „Halbdunkel
eines zähflüssigen Anschauungsdepots" entreißen: Das tut er überall, wo er geht, in der Stadt, in der Landschaft.

da wir uns als Einwohner, Flaneure und Besucher auch in der
Stadt (deren Bau-Volumina und beschriftete Fassaden wir ganz
wie die Tauben als ein „Gebirge der Zeichen" wahrnehmen

oder mißverstehen, in dem wir zeitweilig sogar nisten können),
da wir uns also wie in der freien Landschaft auch im Laby-
rinth der Häuserfluchten und Areale auf unser Orientierungs-
sowie Entzifferungsvermögen verlassen müssen, können wir
gar nicht anders, als sofort unsere Assoziationsmaschine an-
zuwerfen und mit der Ausdeutung, Umdeutung oder Miß-
deutung alles Zeichenhaften, das uns da wie dort ins Auge
springt, zu beginnen.[8]

Es ist spät geworden. Fast zehn Uhr, aber noch liegt ein Schimmer
von Helligkeit über den Weiden, Wäldern und Gipfeln. Abendkühle,
Abendruh. Ein einziger Stern steht am Himmel, noch schwach ist
sein Leuchten, bald wird sich ihm ein zweiter zugesellen, Venus
und Jupiter werden sich nahe rücken. Bodo und W. gehen in den
Stall, um die Ziegen für die Nacht anzuhängen. Nur mehr leise klin-
geln die Glöckchen, wie Märchenmusik aus Kinderträumen. Dann
werken und reden die beiden Männer in der Stube, heute ist es zu
spät fürs Käsemachen. Nachrichten aus dem kleinen Kofferradio.

Ich sitze draußen auf der halbrunden, groben Holzbank, die
verwittert seit Jahrzehnten dasteht, auf dem Klapptisch mache
ich ein paar Notizen, lagere die Beine hoch, die Füße tun weh. Vereinzelt noch ein Vogellaut. Über dem Kufstein zieht der Mond auf.
Hat sich einige Bäume am Horizont erkoren, die ihm zuwachsen
dürfen. Aber nur eine, die größte Zirbe, ist seine Botschafterin.
Sie wirft ihren fahlen Schatten geisterhaft lang gezogen über den
Hang herab bis zur Hütte. Gute Nacht. Dann steigt jeder die Stiege
hoch zu seiner Schlafstatt, Bodo oberhalb seiner Küchenstube,
W. und ich über die Außentreppe an der alten Hütte in das Lager
der Bauern und Jäger. „I lieb di so fest / wia da Bam seine Äst",
stand auf dem Häferl, aus dem wir Tee getrunken hatten.

Zwischen Wachen und Schlaf ist Unrast im Kopf. Trittsiegel,
Denkfigur, Karst und Krummholz, Gipfel und Grube, und woran
starb das tote Schaf auf dem Mies, das im Schnee lag, Augen he-
rausgepickt und Eingeweide herausgefressen, und wo sind die
Kalbinnen vom Feichtl, vom Knerzl, vom Landl, vom Rössinger?
Ich fand keinen Schlaf. Schlich mich hinaus, stand im feuchten
Gras, irgendwo schnaufte ein Rind, schluchzte ein Vogel auf, über

mir sternendurchstreutes Schwarz. Und wenn man aufwacht, hat Bodo gesagt, beginnt man schon im abnehmenden Jahr, Sonnwend ist vorüber, aber hier lebt man das Jahr zwei Mal: Ist hier Winter, ist Frühling im Tal, ist hier Frühling, liegt Sommer auf dem Asphalt, ist Sommer auf dem Hüttfeld, gilben in der Niederung schon die Bäume. Als es hell wird, zieht bereits Rauch von Bodos Seite über das Hüttendach. Glänzender Morgen. Taunasse Mulden. Die großen, schwertförmigen Blätter des Alpenampfers – „Pletschen", sagten wir als Kinder dazu – glitzern silbern. Hühner gackern. Der Himmel so hoch. Es ist noch früh, aber zu spät für die Augenblicke, die in Bodos Materialien zum Sprechstück *feminin/ masculin* beschrieben sind –

> […] *wie nämlich kurz vor Sonnenaufgang das rote Morgen-Auflicht von den Höhen (dort oben scheint die Sonne bereits hin!) über die Hänge herabsteigt, bis es meinen Standpunkt bei der Hütte erreicht hat, während am Horizontkamm gegenüber das oberste Glutsegment des Sonnenballs in diesem Moment über die Geländekante blendend emporsteigt* […][9]

Bodo hat schon einen Teil des Tagwerks hinter sich. Am Frühstückstisch stehen Ei, Wurst, Ziegenkäse, der Tee dampft. Die Frage, die er in den Erzählungen des Bandes *wie geht's* stellt, ob die Wirklichkeit unerträglich sei, ist hinfällig.

> *bedenke: mit all deinen Gedanken bestimmst du deine Existenz, deshalb sollte schon der Blick auf unbeseelte Gegenstände (vor deinem geistigen Auge) und erst recht der Anruf von Tier und Mensch (in deiner Vorstellung) nicht leichtfertig noch mutwillig erfolgen, vielmehr mit Bedacht, doch wie den Andrang aus dem Innern steuern, wer Namen entwirft, übernimmt Verantwortung*[10]

Der Name, der jetzt fällt, ist: Grafenbergsee. Auch er ist in den zahlreichen Berichten über den Almhüter, der aus der Großstadt kommt, fotografiert, gefilmt und beschrieben als „grünes Auge", als „Paradiesesblick". Aber er ist einfach ein Teil von Bodos grenzenlosem Arbeitsbereich, denn gefordert ist: Vieh aufspüren. Eine kleine Herde geht dort unten um. Weglose Suche. Im Geröll des Steilhangs setzt Bodo seinen Stegelstecken ein, stützt, bremst, fährt mit ihm nach Belieben und Erfordernis bergab. Augenlieb und Augentrost, Blüten allerorts, Botticelli-Pracht und Arcimboldo-Fantasie, Klimt-Dekor.

Der See spielt mit allen Tönen von Grün. Vom Grüngelb des Uferkranzes bis zum dunklen Smaragd der Mitte, in der sich die Silhouette des gegenüberliegenden Waldes spiegelt. Wenn ein Fisch springt, erzittert sie kurz, besinnt sich jedoch schnell wieder ihrer Erhabenheit. Schwimmen, wir alle drei, kühl und frisch. Saiblinge am Grund. Ein Ausseer Höhlenforscher hat ein Fossil herausgetaucht, das Geweih eines kapitalen Hirsches. Dotterblumen in den Schattenbuchten. Leise reden die Lärchen, rauschen die Zirben. Und immer schreien die Häher. Aus der Zeit gefallen, in das Leben gesprungen. Sprache verloren, Glück gespürt. Große Worte nicht gesprochen.

Aus der Ferne hören wir Bodos Lockruf „Dösin, Dösin" – er hat seine Kalbinnen gefunden. Sie waren noch scheu, erzählt er später, misstrauisch und nur zögernd durch Salz heranzulocken. Das wird sich bald ändern. Auf dem Weg zurück gehen wir durch Almrauschpolster, Wundkleehänge, Enziandriften. Die blauen Trichter blicken uns an, als ob sie etwas sagen wollten. Weiß blühen die Preiselbeeren. Vereinzelt steht Arnika am Rand, es ist calciphob, meidet das Kalkgestein und wächst nur dort, wo es Quarz- und kristalline Einschlüsse gibt. Bodo, der Botaniker. Er scheint alles zu wissen. Ist ein Enzyklopädist in Pflanzen, Tieren, Gesteinen, Sprachen und ihren Dialekten.

Beim Hüttl, wie Bodo es nennt, warten zwei Mädchen mit riesigen Rucksäcken. In gebrochenem Deutsch bitten sie um Wasser. Bodo füllt alle ihre Flachen und Kanister, offeriert ihnen Saft und will wiederum alles erfahren: Sie kommen aus Bulgarien, haben kaum Geld, übernachten im Freien, gehen nach Karte und Schönheit der Landschaft, sind dankbar für jeden Hinweis zum besten Weg. In kyrillischer Schrift tragen sie sich ins Hüttenbuch ein, Bulgarien war noch nie in der Liste seiner Länder. Ein kleiner Laib Ziegenfrischkäse wird zum Abschied eingepackt. Auch für uns. Es ist schwer, von hier fortzugehen. Andrea, Bodos Gefährtin, kommt uns auf dem Weg bergab entgegen, schwer bepackt mit frischen Lebensmitteln, wir schicken Grüße mit und umarmen uns. Im Gasthof von Hilde Burgstaller, der guten Seele aller Almleute, machen wir noch eine kurze Rast, trinken einen Radler und essen ein Paar Würstel. Und dann endgültig zurück in das, was Zivilisation genannt wird. In der Ramsau ist die sekundäre Welt: Plakate überall mit „Almfrühling“, „Almsommer“, „Almtag mit Wohlfühloase“, auf dem Gletscher spielt die Trachtenmusik, für eine Toleranzwoche kann man sich anmelden, nächsten Sonntag ist Wettmelken und eine junge Frau an der Tankstelle hat ein Pferd in ihr pralles Wadel tätowiert.

Seltsam, überlegen W. und ich, als wir schon an der Abzweigung zur Dachstein-Gletscherbahn vorüberfahren: Viele Senner kommen aus Großstädten. Vielleicht liegt es daran, dass für Einheimische das Almleben antiquiert ist und sie Einsamkeit ebenso scheuen wie Stille, die von Städtern hingegen gesucht werden. Für jeden von ihnen mag es unterschiedliche Motive geben. Viele haben künstlerische Berufe, Musiker zum Beispiel, wie Toni Burger, der lange Zeit im Toten Gebirge Senner war und die musikalischen Traditionen des Ausseerlandes in sein teuflisches Geigenspiel einbaut; Peter Gruber, der zwar ein Bauernsohn ist, jedoch schon Jahrzehnte in Wien lebt und während der Sommermonate im Hemetgebirge in den nordwestlichen Ausläufern des Dachsteinmassivs die Wiesalm betreut, alle seine Romane und sein bewegendes Almtagebuch *Sommerschnee* in diesem Gebiet spielen lässt und vielfach mit Bodo auftritt. Andere Beispiele wurden uns erzählt. Die meisten städtischen Senner bleiben jahrelang und tun ihre Arbeit zur großen Zufriedenheit ihrer Auftraggeber. Sie haben etwas, was sich als Vorteil erweist: Sie kennen viele divergierende Lebensbereiche und Verhaltensweisen. Sie haben den Blick von außen auf das ländliche Tun, sehen es mit Distanz und sind nicht verwoben in vielfältigen Streit. Schöpfen Zugewinn für ihre eigentliche Profession. Sie sind freiwillig da, und vor allem: aus Zuneigung und Sehnsucht, welche Kleider und Verkleidungen diese auch immer tragen mögen.

Zu Hause packt uns der Alltag im Genick. Der Schock, dass es so schnell geht. Es bleibt eine große Traurigkeit und die Frage:

Leben wir falsch? Ist das primitive Leben wirklich „primitiv"? Jedes Wort ist ein Fallstrick, hat Bodo gesagt.

Und wieder später, jetzt, als ich das niederschreibe, am Wiesentisch des Sturmgutes am Fuß des Toten Gebirges, steht die untergehende Sonne direkt über dem Kreuz des Großen Priel und wirft ein Wiederbild en miniature auf das Holz des Tisches: ein rotes Gipfelkreuz aus meinem Rotweinglas. Nur ein paar Sekunden lang. So schnell verlässt das Gestirn den Tag. Es bleibt ein hellgelbblendender Heiligenschein über dem Gebirge, eine halbe Corona von großer Strahlkraft. Wind kommt auf, kühl und angenehm. Eine Elster unterhält sich mit einer anderen. Erna, die Bäuerin, bringt frisch gebackenen Ribiselkuchen. W. ruft aus Montenegro an, er wird mit seinen Wildwasserfreunden die Tara-Schlucht befahren. Die Gästekinder vom „Urlaub am Bauernhof" kreischen und rasen mit den Gokarts die abschüssige Straße hinunter Richtung Stall. Wenn sie die Kurve nicht schaffen, krachen sie in die Rosen am Stadeleck. Die tanzenden Insekten haben klare Konturen im Gegenlicht. Ich würde gerne Bodos Maultrommelmusik hören. Auf der Forststraße kommt der letzte Laster aus dem Wald, beladen

mit den Fichtenstämmen der jüngsten Schlägerungen. Mutter-
kühe grasen mit ihren Kälbern hinter dem elektrischen Zaun. Die
Lamas auf der Nachbarweide furzen und fressen, liegen im Gras,
käuen von Zeit zu Zeit wieder und wackeln mit den Ohren. Wolken ziehen auf. Gegen die Wespen decke ich das Rotweinglas mit
Bodo Hells lehrreichem Büchlein über die *Nothelfer* zu. Eine grüne
Zwetschke fällt auf den Laptop.

Im Text des Heute verborgen liegt ein Katalog der Welt. *der
Donner des Stillhaltens* ist der Titel einer Prosaminiatur von
Friederike Mayröcker und *Larven Schemen Phantome* nennt Bodo
Hell seine eigene in diesem schönen, gemeinsamen Buch. Ohne
Seitenangabe und in die Flüchtigkeit des Seins hineingesprochen,
schreibt er da die einfachsten Worte für unser aller tiefsten, wieder-
kehrenden Wunsch: „ich möchte am liebsten leben."

Hubert von Goisern
nebenanand füreinand miteinand
Salzkammergut

Die Wälder des Sarsteins glauben an die Ewigkeit. Der Sommer liegt heiß und müde über dem Hallstätter See. Von der schmalen Brücke über die Traun springen Jugendliche in den smaragdfarbenen Tümpel, der sich nach einem Felsriegel gebildet hat. Die Eltern sind für ein paar Tage verreist. Ein Teenager mit langen Haaren hat sich zwei Verstärker ausgeborgt, sie im Garten unweit der Hauptstraße am Ortseingang von Goisern aufgestellt und beginnt auf seiner Gitarre zu spielen. Blues, rockigen Blues. Das ist ihm selbst neu, er versucht es, übt Jimmy Hendrix. In Linz hat er sich seine erste E-Gitarre gekauft, in der Chance, einem Billigkaufhaus, in dem man auch tauschen kann. Ein roter 2CV fährt vorüber. Das Dach offen und zurückgerollt. Der junge Mann sieht die „Ente", wie diese kleinen Citroëns genannt wurden, vorüberfahren, sie wird langsamer, bleibt stehen, kommt im Schritttempo zurück. Es sind nur die Köpfe zu sehen, drei Burschen, auch sie tragen die Haare lang und wild. Halten vor dem Garten. Hören dem Spiel zu. Kommen rein. Sagen: Wir haben eine Band, wir suchen einen Gitarristen, willst du mitspielen? – Kann ich nicht, hab ich noch nie gemacht. – Du spielst super! – Bin erst am Probieren. – Hey, das glaubt dir niemand! Sie debattieren hin und her, und dann haben sie ihn überredet, und er fährt mit ihnen mit nach Bad Ischl. Dort wird gleich gespielt. Später tragen sie ihn auf Händen hinaus.

Das war Hubert Achleitners Anfang als Musiker. Dann bin ich in den Blues gekippt, sagt Hubert. Volkslied, Blues, Pop, Rock. „Alpenrock" werden die Medien diese Musik nennen. Aber das kam erst viele Jahre später. Erst, als er sich „Hubert von Goisern" nannte, er jahrelang weg gewesen war aus seiner Heimat und seine Karriere erst begann, als er schon vierzig war. Als er mit seiner Musik millionenfach die Charts und das Konzertpublikum eroberte, mit seinen Liebesliedern die Herzen der Menschen gewann, mit den sozialkritischen Texten den Puls der Zeit traf und mit seinen völkerverbindenden Projekten, die manche als „Irrsinn" bezeichneten, Verwunderung auslöste und höchste Anerkennung fand.

Wir schlendern durch Bad Ischl. Wollen uns treiben lassen durch die Landschaft des oberösterreichischen Salzkammergutes, in dem Hubert aufgewachsen ist – im Grunde nur in einem kleinen Teil, dem südlichsten vor dem Massiv des Dachsteins, der das Tal der Traun abriegelt wie ein Wächter: Hallstätter See, Goisern, Ischl. Das großtönende „Bad" haben sich beide Orte erst in jüngerer Zeit nach Gemeinderatsbeschlüssen zugelegt: Ischl 1906 für Solebäder und Goisern 1955 als Luftkurort und dank seiner Fluorid-Schwefelquelle. Es ist das Innere dieses Salzkammergutes, das in seinem Namen sofort alles klärt: Das Salz war die Haupteinnahmequelle, das „Gold" dieses Landstrichs, und als „Kammergut" war es seit 1298 Privatbesitz der herrschenden Habsburger, die allen Reichtum für sich in Anspruch nehmen konnten und denen die Bevölkerung untertan war. Jahrhundertelang war sie daher geschult in Gehorsam und geübt in Widerstand. Hier, am Ende des Tales, das nur über drei Pässe oder, als einzige Verbindung in die Ebene hinaus, am Flusslauf der Traun entlang zu erreichen ist, hat das Leben seine eigenen Gesetze. Es ist ein hartes Leben, das die Menschen hier führen, der Horizont ist durch schroffe, fast 3000 Meter hohe Berge begrenzt, und die Sehnsucht nach draußen wird in vielen Liedern besungen. Hier mischen sich Archaik und Moderne auf unangepasste Weise, halten sich Opposition und fatalistische Einsicht in den Lauf der Dinge die Waage, und hier wird, auch von Hubert von Goisern, dennoch immer wieder das Leben „Oben und unten" besungen:

> boid bist obn und boid bist untn
> boid bist verlorn und boid wirst gfundn
> boid bist wer und boid bist nix –
> und dann fressen di de fix

Der Refrain – „oba so lang no die musi spült" – hofft auf die Musik: Solange sie spielt, ist das Leben erträglich. H. C. Artmann, der große Dichter, der Romantiker, Surrealist und Verbündete aller Genien der Fantasie, der mit seinem ersten Gedichtband *med ana schwoazzn dintn* den Dialekt hoffähig machte, war schon zu Beginn von Hubert von Goiserns Karriere Anfang der 1990er-Jahre, von dessen Musik und Sprachgefühl begeistert. „Der hat den Blick für die Einfachheit und das Wesentliche zugleich", sagte er, „für das Derbe, das Feine und den Hintersinn, für die Tragik und die Komik des Lebens."

boid hast an kreuzer, boid an guldn
und glei drauf schon wieder schuldn
des radl draht si oiwei weida
oba seltn wern ma gscheida[1]

Es war ein Tag Mitte Februar, als wir unterwegs waren, Hubert, W. und ich. Wir hatten Hubert von seinem Haus im Süden von Salzburg abgeholt. Die Winterwiesen lagen im Reif, zwei Reiter zogen über sie hin. Lichtmess war vorüber, und es war der erste Tag, an dem frühmorgens der zaghafte Gesang eines Vogels den Frühling anzukündigen schien. Die Wettervorhersage war gut, nur an diesem Tag sollte es inmitten einer regnerischen Woche sonnig sein. Grau war es jedoch in Salzburg, grau auf dem Weg entlang des Fuschl- und Wolfgangsees und grau in Bad Ischl. Hochnebel, dicht und dick und blieb den ganzen Tag. Kriechende Kälte.

Es werden wärmere Tage gewesen sein, als Hubert auf der Treppe des Bahnhofsgebäudes von Bad Ischl saß, in die Stadt hineinschaute und glücklich war. Er war fünfzehn, sechzehn Jahre alt: Ischl war mein Fenster zur Welt, sagt Hubert. Hier hatte er seine ersten Musikerfreunde, mit denen er sich ins Ungestüme spielte, und jedes Mal, wenn er mit dem Zug nach Ischl aufbrach, hatte er zu sich gesagt: „Jetzt fahr ich in die *Stadt*". In Goisern gab es nur Metzger, Bäcker und Wirtshäuser. In Ischl gab es Cafés, zwei Kinos und städtisches Leben.

Wenig hat es offenbar in den 1960er-Jahren gebraucht, um einen jungen Mann sprachlos vor Glück zu machen, wenn er, nur sieben Kilometer von seinem Heimatort entfernt, in die „große Welt" kam. Und als er zwanzig war, ging er hinaus in diese Welt und hat seiner Neugier, seiner Flucht und seinem Wissensdurst weite Zirkelkreise erlaubt, hat sich verloren und wiedergefunden in Südafrika und auf den Philippinen, in Kanada, Tibet, Tansania und Mali, in Grönland, am Schwarzen Meer und in den Südstaaten der USA, hat gearbeitet, beobachtet und gespielt, hat Menschen und Volksgruppen und ihre Lieder erforscht, sich durchlässig gemacht für das Fremde und es zum Eigenen verwandelt in den Melodien seiner Ziehharmonika, seiner Flöten, Trompeten, Klarinetten und Gitarren sowie in den Drums seiner unterschiedlichen Bands. Und immer wieder ist er heimgekommen, zurück dorthin, wo alles begann und wo er seine Wurzeln hat, in der Musik und im Leben: nach Goisern.

... weil es is' die selbe stråss'n
die di' hoam führt und fort[2]

An diesem grauen Tag ist es angenehm ruhig in Ischls Fußgängerzone. Die Trinkhalle ist schneeweiß herausgeputzt, die Säulen tragen vergoldete Kapitele. IN SALE ET IN SOLE OMNIA CONSISTUNT steht über dem Portikus zu lesen, im Salz und in der Sole soll alles enthalten sein. Hier haben schon Kaiser und Künstler aus vielen Ländern ihr Salzwasser getrunken und auf Linderung ihrer körperlichen Leiden gehofft. Noch vor wenigen Jahren wollte man das Gebäude abreißen, sagt Hubert, im Vernichten ist man hier überhaupt nicht zimperlich: Auf dem Hügel vor dem Bahnhof wollte Adolf Hitler ein Festspielhaus für Franz Lehárs Operetten bauen lassen, die Pläne dazu hat man vor einiger Zeit gefunden und gleich wieder vernichtet. Es wollte wohl niemand daran erinnert werden, dass Hitler den Komponisten glühend verehrte, dessen Frau, die jüdischer Abstammung war, zur „Edelarierin" deklarieren und Lehárs Werke auch während der Nazizeit auf deutschen Bühnen aufführen ließ. Lehár selbst soll regimekritische Freunde denunziert oder zumindest nicht geschützt und sich in vielfacher Weise dem Diktator erkenntlich gezeigt haben. Viel Stoff noch für Historiker.

Aber locker lässt man das Dunkle weg und feiert immer noch Habsburgs Flair, war Ischl doch die Sommerresidenz Seiner

Majestät, Kaiser Franz Joseph I., hier ließ er seine Villa bauen, von hier aus ging er auf die Jagd dies- und jenseits des Dachsteins, im Seeauerhaus hatte er sich 1853 mit Sisi, Elisabeth in Bayern, verlobt. Jahrzehnte später war Katharina Schratt die heimliche Begleiterin seiner Sommertage. Am 18. Juli 1914 verfasste er in der Kaiservilla das Manifest „An meine Völker", das den Beginn des Ersten Weltkrieges anzeigte. In der Konditorei Zauner trafen sich Fürsten, Hofräte, Komponisten und ihre Gespielinnen, und über alles gibt es unzählige Filme und Bücher, Ausstellungen und Museen, Erzählungen und immer neu interpretierte Geheimnisse.

Das ist nicht das Ischl von Hubert von Goisern. Aber er liebt das Städtchen immer noch. Es ist Teil seiner Biografie, hier kennt er jedes Haus, jeden Blick, und er zeigt uns lachend das Traditionsgeschäft der Hutmanufaktur Bittner, wir gehen hinein an diesem grauen Tag, und Hubert probiert einen „Ischler" und einen „Goiserer" und kauft sich einen, der ihm gut passt.

Alles hat hier im Inneren Salzkammergut Tradition. Die Hüte, die Joppen und die Lederhosen, das Dirndl und der Wetterfleck, die zarten Schuhe für den Tanz und die groben für den Berg, die einst als genagelte „Goiserer" berühmt waren. Olivgrün ist Huberts Hut, und die Verkäuferin sagt: Da gehört noch ein „Bachtl" rein, Haare vom Dachs oder von einer Gams, und Hubert erwidert: Als kleine Renitenz hab ich mir früher eine Plastikblume reingesteckt. Aus Jux ließ er sich einmal eine „Kaiser-Melone" machen, die sogar bei einem Wiener Sandler Anerkennung fand: „Der Huat, der is ka Schas."

Tradition hat hier vor allem die Musik – die Musik, die aus dem Volk kommt, die gespielt, getanzt und verändert wird, nicht aufgeschrieben und nicht kanonisiert, für die es vielfach kein Original gibt, aber unzählige spontane und lustvolle Variationen. Diese Musik ist später Huberts Basis für seine eigene musikalische Sprache geworden, in die er die verführerische Mannigfaltigkeit fremder Kulturen mit hineinkomponiert. Man soll Traditionen nicht jenen überlassen, die sie als Heiligtum betrachten, sagt er, man soll sie nützen und verändern. Aber damals, als er als Jugendlicher in Ischl seine erste Freiheit fand, war er nur Opposition. Da

galten nur Jimmy Hendrix, Alexis Korner, John McLaughlin oder
Miles Davis, da spielte er nächtelang mit seinen Freunden in Kel-
lern und Kinos, da gab es erste Kompositionen und erste Gedichte.
Es war ein klingendes Land, in dem er sich bewegte. In Ischl selbst
war noch die Erinnerung an Johann Strauß, Johannes Brahms und
Anton Bruckner wach, der „Organist des Kaisers" genannt wurde.

Uns war kalt, und wir flüchteten ins Café Ramsauer, wo uns
Hubert das alles erzählt. Hierher gingen die Jugendlichen, nicht
zum Zauner, dort war das Establishment, das sie bekämpften. Und
wir fragen Hubert nach seiner Kindheit, und die Zeit läuft zurück
in die Mitte des vergangenen Jahrhunderts, als Hubert in Goisern
geboren wurde.

Goisern, 1950er-Jahre. Auf den Kriegerdenkmälern waren viele
neue Namen eingraviert. Zunächst war das Land noch amerika-
nische Besatzungszone. Die Traun floss dahin, der See gab die
Himmelsfarben wider, der Mond stand honigbleich über gezack-
tem Grat, die Gemäuer der steinernen Häuser speicherten die
Kälte, und zwischen Karfreitag und der Auferstehung flogen die
Glocken der katholischen Kirche nach Rom. Und ein Kind hing
am Fenster im ersten Stock der großmütterlichen Wohnung im

Färberhaus, an der Ecke zum Seifensiederhaus, und wartete und wünschte sich, dass es die Glocken über die Gebirge zurückkommen sähe in den Kirchturm des heiligen Martin. Die Großmutter war eine gläubige Frau, sie ging jeden Abend in die Maiandacht. Und Hubert mit ihr. Es waren fast nur alte Frauen in der Kirche, aber er saß still dabei und lauschte der Litanei des Betens, der Monotonie und dem Singsang gemurmelter Worte.

Bei den Sonntagsmessen war die Kirche brechend voll, erzählt Hubert, alle Sitzplätze belegt, und selbst unter dem Chor standen die Menschen noch dicht an dicht. Geruch von Rauch und Schweiß, Wirtshaus, Bauernküche und Lavendel. Er mitten drunter. Aber es würgte ihn im Hals, er hatte panische Angst, dass er ein falsches Wort sagen, hinausschreien könnte, „Teufel!" zum Beispiel, und hielt sich den Mund zu.

Jetzt ist die Kirche leer und kalt. Schwaches Licht fällt durch die Fenster, es ist grau geblieben an diesem Tag, und W. gibt mir seinen Pullover und Hubert seine Wollmütze. Wie immer brennen die Kerzen bei Maria, als kleine Statue steht sie am linken Seitenaltar. Wir gehen über den hallenden Steinboden, und Hubert erzählt, wie er sich später, als er schon vierzehn war und Trompete lernte, beim Pfarrer den Schlüssel zur Kirche ausborgte und zur Orgel hinaufstieg, sie einschalten durfte und versuchte, sich das Instrument selbst beizubringen. Und einmal, zu einem österlichen Hochamt, als der Trompeter ausgefallen war, hieß es: Jetzt musst *du* spielen, du kennst eh schon die Noten, die Lieder liegen oben am Pult, du musst nur alles einen Ton höher denken ... Und er hat es wirklich getan, gepeinigt vom Albtraum, dass er einen Ton spielen könnte, der nicht stimmt und der dann sechs Sekunden in der Luft hängen bleiben würde, stellt euch das vor, sechs Sekunden wäre dann ein falscher Ton durch die Kirche gezogen!

Die hölzernen Stufen zur Orgel sind in der Mitte abgetreten, durch oftmaliges Schrubben ausgebleicht, nur die Astgabelknöpfe stehen dunkelbraun hervor. Ich streiche mit der Hand über das Pfeifenwerk und sehe in das Kirchenschiff hinunter, das von hier oben riesig und seltsam herrschsüchtig anmutet und die beiden Männer klein erscheinen lässt, die in einer Bank Platz genommen haben und sich einander zugewandt unterhalten. Und ich sehe den Vierzehnjährigen vor mir, wie er hinter sich die Kirchentüre versperrt, damit ihn niemand beim Üben beobachten kann und er versunken ist in seine Musik.

Mit zwölf war er zum Instrumentenmeister der Ortskapelle gegangen und hatte ihm erklärt, dass er Trompete lernen wolle. Zuerst nimmst du das Flügelhorn, sagte der alte Mann, dessen künstliches Bein über den Boden tackerte und vor dem das Kind Angst hatte. Mit dreizehn bekam er eine Trompete geliehen, mit fünfzehn spielte er in der Musikkapelle die dritte Trompete und nach einem Jahr schon die erste, was die Feindschaft des zweiten Trompeters zur Folge hatte. Zu dieser Zeit hatte der Jugendliche als Statussymbol schon die erwähnten langen Haare, war widerständig, ließ sich von den Alten, die nur bewahren wollten, nichts mehr sagen und wollte nicht mehr kuschen. Das führte dazu, dass er ausgeschlossen wurde und die Trompete zurückgeben musste. Ich war überzeugt, sagt Hubert, dass sich der Kapellmeister am nächsten Tag bei mir entschuldigen würde. Er bei mir, ja. Nicht ich bei ihm. Als niemand kam, war ich verzweifelt. *Ich* war bei jeder Probe, die anderen nicht. *Ich* hatte neue Ideen, die anderen nicht. Ich hab mich im Recht gefühlt. Entschuldigt hab ich mich nicht.

Wie ist sie gewachsen, diese Widerständigkeit? Hat sie ihren Boden in der Tradition dieser Landschaft, die immer einer Obrigkeit untertan war, wirtschaftlich und persönlich, und die in jenen, die nicht davon profitierten oder sich anpassten, Protest und Eigensinn hervorrief? Widerstand, der auch im Protestantismus eine gewaltige Oppositionskraft zum herrschenden Katholizismus fand? Auf dem Höhepunkt des Glaubenskrieges, sagt Hubert, sind in Ischl noch Lutherische geviertteilt worden. Seit dem Toleranzpatent von 1781 gab es selbst in so kleinen Orten wie Goisern und Hallstatt auch eine protestantische Kirche, die das Selbstbewusstsein der anderen Konfession demonstrierte. Und heute? Das Lied „Heilige" beginnt und endet so:

jeder wein war einmal wasser
wunder gschengan heut no gnua
jeden tag wird wer verraten
und mir schaun beim kreuzigen zua [...] [3]

„nur nit knien vor igendwem / und a nit vor irgendwas [...]". Hubert von Goisern textet und komponiert, mit wenigen Ausnahmen, alle seine Lieder selbst. Sie sind ein diffiziles Ganzes. Wenn ich an meinem Arbeitstisch in Leopoldskron schreibe, legt mir W. meist eine Goiserer-CD auf. Melancholisch und wild, zärtlich und wütend ist der Sound dieser Musik, die Disparates aus vielen Weltgegenden mischt, bis jüngst zum Cajun, der „schwarzen" Musik aus Louisiana. Und wir lauschen dieser Stimme und der steirischen Harmonika, die ihm einst der Großvater geschenkt hatte, die er, weil er sie altmodisch fand, fast zwei Jahrzehnte liegen hatte lassen und die er eines Tages zerreißen wollte, als er wegen etwas anderem wütend und enttäuscht war – und sie im Zerreißen einen Ton von sich gab, der ihm ins Herz schnitt, und er sie fortan zu seinem wesentlichsten Ausdrucksmittel machte, das alle seine Lieder, auch seine berühmten, grundiert.

jetzt sind die tåg schon kürzer word'n
und blattln fålln a von die bäum
und auf'm almasattl liegt schon schnee

a kalter wind weht von die berg
die sonn is a schon untergangen
und i hätt di gern in meiner näh

jetzt bist so weit, weit weg
so weit, weit weg von mir [...][4]

Wir rufen uns jene kleine Szene in Erinnerung, als wir, gemeinsam mit Huberts Frau Hildegard, an einem strahlenden Herbsttag auf Christoph Ransmayr warteten, mit dem wir einen Schafsteig im Hochkönigsgebiet gehen wollten, und Hubert auf einmal seine Ziehharmonika aus dem Auto nahm und langsam und leise vor sich hinzuspielen begann, einfach so, selbstvergessen und versunken.

Der Ortskern von Goisern ist ziemlich ausgestorben. Kurz vor zwölf kauft Hubert noch schnell drei Beigeln, nur in Goisern sind sie so gut, sagt er, und man muss sie reißen, einer dem anderen das runde Ding auseinanderreißen, und nur zwischen Ascher-

mittwoch und Gründonnerstag darf man sie essen. Er zeigt uns die alten Häuser des Dorfes, die den Reichtum erahnen lassen, den sich die Bürger in der Blütezeit des Hallstätter Salzbergbaus ab dem 16. Jahrhundert erwarben, als sie Beschäftigung in Abbau, Transport und Handel fanden. Dem Höpplingerhaus, in dem Hubert mit zwölf sein erstes Flügelhorn geborgt hatte, ist ein hässlicher Stahl-Glas-Bau vorgesetzt, aber sonst ist der innere Kern von Goisern nahezu unzerstört erhalten. Dass es ihn überhaupt noch gibt, erstaunt W. und mich, die wir schon oft an der Ortschaft vorübergefahren sind, Richtung Hallstatt oder über den Pötschenpass in das Ausseer Land, aber noch nie auf den Gedanken gekommen sind, sie uns näher anzusehen. Vielleicht lag es an den Hässlichkeiten der Umfahrungsstraße, deren Geschmacklosigkeiten von Groß- und Billigmärkten einen allerorts die Flucht ergreifen lassen.

In meiner Kindheit hat es in Goisern auf hundert Metern fünf Bäckereien und vier Metzger gegeben und im oberen Ortsteil noch einmal drei, erzählt Hubert, heute ist grad noch einer da von jedem. Als Volksschüler stand er oft sehnsüchtig vor dem Oberlichtenfenster einer Kellerbäckerei und konnte sich nicht trennen vom

Duft frischen Brotes. Unweit davon liegt das Haus von Konrad Deubler, dem Bauernphilosophen und Freidenker, der um 1850 hier lebte, mit Ludwig Feuerbach befreundet war und Sozialgesetze für Bauern und Arbeiter einführen wollte. Freidenker, sagt Hubert, das Wort hat mich immer erstaunt, denn: Kann man anderes als frei denken?

Viele Obst-Spalierbäume zieren die alten Häuser, im Frühling muss es eine duftende Pracht sein, hier zu gehen. Hubert grüßt und redet, alle kennen ihn, fragen und freuen sich, die Beigel-Verkäuferin gratuliert ihm zum fantastischen Soundtrack zu Joseph Vilsmaiers Film *Österreich: Oben und Unten,* und ein Touristenpaar aus dem Rheinland ersucht um ein gemeinsames Foto. Im Sommer 2016 startet Hubert seine Tournee mit dem *Federn*-Programm durch deutsche Städte, von Köln bis Hamburg, von Worpswede bis München, jeden Abend in einer anderen Halle, auf einem anderen Platz, mit Abertausenden Fans – vielleicht wird das Paar dann im Publikum sein. Wenn ich spiele, sagt Hubert, und merke, dass ich die Menschen erreiche, ist es wie ein großartiger Rausch, ein täglicher ekstatischer Ausnahmezustand.

Welch weiter Weg vom Orgelspiel in der Martinskirche zum Weltmusiker, welch weiter Weg auch vom ersten Sensationshit „Koa Hiatamadl" von 1992 bis zu „Snowdown" von 2015, dem Protestlied, das Edward Snowden und allen, die sich getrauen, die Wahrheit zu sagen und ihre Freiheit aufs Spiel zu setzen, gewidmet ist. In einem einzigen Wort sind brennende Probleme der Gegenwart genial vereint: das Erkalten der Politik, der Abhörwahnsinn und der Showdown einer Gesellschaft, die sich selbst zugrunde richtet. Das Lied entstand aus Fassungslosigkeit über Unrecht und Dummheit, das Bild des Schnees deckt alles zu, aber ich hoffe, sagt Hubert, ja, ich hoffe, dass wir die Talsohle durchschreiten können, dass sich das Auf und Ab ausgleicht und wir aus der Krise lernen, dass der Wohlstand einen Preis hat, den andere zahlen.

Snowdown
snowdown in china, snowdown im iran
snowdown in russia, snowdown in oman

nur nit da bei mir, nur nit da mitten vor meiner tür
[...]
de wahrheit de suacht um asyl
hey, sie brauchat nit vü
aber kriag'n tuat si's nia
und des tuat ihr so schiah
weil ma z'feig san dafür?
lass ma's stehn vor da tür
oder was oder wia ...?[5]

Je höher die Straße zur Halleralm, einer der Lieblingsgaststätten von Hubert, führt, desto schöner liegt das Goiserer Tal zwischen den Bergen. Wie ein Schlauch windet sich der dunkelgrüne Hallstätter See um die Waldhänge der Ufer. Im Ansteigen der Straße fahren wir an Wiesen, Weiden und Bauernhöfen vorbei, an Heustadeln, Zeughäusern und Keuschen. Leicht lässt sich das karge Leben der Menschen vorstellen, die dieses Land bebauten und bebauen. Viele der Männer und Söhne waren durch die Jahrhunderte als Knappen, Pölzer und „Pfannhäuser" im Salzbergbau und in den

Salinen beschäftigt, als Flößer auf der Traun, als Schmiede, Fuhrleute, Holzfäller oder Zimmerer. Und Hubert sagt: Es gibt keinen Ort in diesem Tal, der für mich keine Bedeutung hat. Der See, die Traun, der Wald, die Berg'. Und erzählt, wie er als Kind nach der Schule den Ranzen in eine Ecke warf, sich ein Stück Brot nahm, nichts wie weg und allein sein wollte und in den Wald lief. Hinsetzen, schauen, in der Nähe von einem Bach – wie gut riecht das Brot, wie gut schmeckt das Wasser, kommt ein Eichelhäher vorbei, und was tun die kleinen Krebse in der Strömung? Niemand will was von mir, ich bin ein Teil dieser Schönheit ... Die Eltern haben mich lassen, sie sind froh gewesen, wenn ich keine Ansprüche gestellt hab.

Den Schweinsbraten auf der Halleralm, auf den sich Hubert schon gefreut hatte, gibt es heute nicht. Stattdessen einen Rostbraten, den die junge Wirtin schlechten Gewissens bringt, denn sie hätte Hubert gerne verwöhnt. Die beiden kennen sich schon lange und mögen sich, das Verhältnis der Menschen hier ist ein unmittelbares, ungekünsteltes. Die Männer vom Nebentisch, die ebenfalls über Rostbraten und Bier gebeugt sind, mischen sich ins Gespräch, der Hubert ist einer von ihnen. Verborgen bleibt in solchen Szenen die Zwiespältigkeit, von denen viele Erzählungen der heimischen Autoren – Franz Kain ist der vielstimmigste von ihnen – berichten und die die düstere Seite von Missgunst, Gewalttätigkeit und Not zeigen.

Draußen der Nebel, die Landschaft, das Unsichtbare der Zeit. „heast as nit / wia die zeit vergeht / [...] die jungen san alt wordn / und die alten san g'storbn / [...] und gestern is heit word'n / und heit is båld morg'n / [...] heast as nit, wie die zeit vergeht / heast as nit, wie die zeit vergeht [...][6] Eines von Huberts erfolgreichsten Liedern, das oft am Ende eines Konzertes steht und das Publikum zu Tränen rührt. Wir sind im Warmen und Heimeligen, Hirschgeweih und Birkhahn über uns. Da ist es gut, vom Fortgehen zu reden. Und von einer abenteuerlichen Karriere, die nicht im Bilderbuch steht und die nur langsam, sehr langsam in Gang kam: Nach dem Schulabschluss Chemielaborant in einer Goiserer Firma für Kunstgrafit, es interessiert ihn nicht, er geht einige Jahre nach Südafrika, später nach Toronto, wo er österreichische Ski verkauft und Harmonielehre studiert, wiederum aufbricht, auf den Philippinen hängen bleibt, die Musik der Ureinwohner erlernt, zurückkommt und erst jetzt weiß: Ich will, ich muss Musiker werden. Da war er schon dreißig. Hat dann aber noch einmal zehn Jahre gedauert, sagt Hubert und bestellt einen Schnaps.

åll's wås d' wüllst, des geht
wånns d' nur woaßt, wås d' wüllst
drah d' um und geh
bevor's di z'lang spülst[7]

Studium an der Wiener Musikakademie, erste Auftritte. Der Durchbruch kam tatsächlich erst 1992, mit der neuen Band der Alpinkatzen mit Sabine Kapfinger, dem Album *Aufgeign ståt niederschiassn* und dem Kultlied „Koa Hirtamadl". Da war er vierzig. Kurz zuvor hatte er sich den Künstlernamen „Hubert von Goisern" ausgedacht – Kritiker warfen ihm vor, dass er sich einen Adelstitel zugelegt hätte. Es hat wenig genützt, sagt Hubert, dass ich allen erklärt hab: Es ist der *Ort* Goisern, denn von dort komm ich her.

Hubert ist ein guter Erzähler, hier, hoch über dem Goiserer Tal. Die Wirtin hat flaumigen Kaiserschmarren mit Zwetschkenröster gebracht, die laute Handwerkerrunde hat wieder zur Arbeit müssen, wir sitzen um den Tisch unter einem Vierzehnender und einem ausgestopften Marder, Wolken über dem Gebirge, es bläst kein Föhn, sonst würden wir den schnee- und eisbedeckten Dachstein sehen. „Der Goiserer" war und ist ein Rastloser, sucht Wagnis, Grenzgänge, Herausforderung. Auf Reisen gehen, Sinne schärfen, Fragen stellen. Zur Schimpansen-Forscherin Jane Goodall in den Gombe Stream National Park in Tansania, West-Afrika-Tournee durch den Senegal und Burkina Faso, in das von China besetzte Tibet. Zu Hause: neue Alben, neue Erfolgshits, große Tourneen, das kann jeder auf meiner Homepage nachlesen, sagt Hubert, der sich nicht gerne mit Lorbeerkränzen schmückt. Kommt wieder auf Afrika. Lange Zeit war es „sein Land", die Musik, die Menschen, die Landschaften. Und erzählt von den interkulturellen Konzerten, auch in Europa, mit dem populärsten ägyptischen Musiker Mohamed Mounir, der jedes Konzert mit dem Lied für den Frieden, „Madad Ya Rasulallah" beendete, und vom Abenteuer des Festival au désert in Timbuktu – es ist zum Geschäft verkommen, sagt Hubert, denn der Westen braucht Mythen. Und erzählt schließlich von seinem Plan, mit einer Schiffsrundreise alle zum Großteil verfeindeten Staaten rund um den Tanganjikasee durch Musik zu verbinden. Das Projekt scheiterte, die Politik hatte kein Verständnis. Alle korrupt. Warum? Weil wir sie füttern. Kein Verständnis auch unter den afrikanischen Musikern: Bei uns ist Krieg oder wird Krieg sein, es gibt Malaria und Aids, und wie sollen wir wissen, ob wir nächstes Jahr noch leben? Seinen Traum vom Zusammenführen hat sich Hubert zwischen 2007 bis 2009 auf der „Linz-Donau-Tournee" verwirklicht, diesem Mammutprojekt, das ihn und seine Band auf drei Schiffen von Linz bis in das Donaudelta am Schwarzen Meer brachte und sie mit den jeweils einheimischen Musikern die Botschaft eines europäischen „füreinand miteinand" spielten.

Goisern goes East heißt die Filmdokumentation darüber, *Goisern goes West* jene über die Fahrt über den Main-Donau-Kanal zum Rhein bis Rotterdam. Ich habe ja auch ein Buch über beide Fahrten geschrieben[8], sagt Hubert, es gab ungeheure Hindernisse, alles war aufregend, spannend und über die Grenzen gehend. Aber es war das Großartigste, was ich in meinem Leben gemacht habe. In alle Projekte investiert er viel eigenes Geld, Gesundheit und grenzenlose Begeisterung, in allen lebt er die Utopie der Völkerverständigung. Aber ich weiß nicht, fügt er nachdenklich hinzu, ob ich die Menschen nicht zwangsbeglücke mit meiner Liebe. Es ist schon enttäuschend. Macht mich fassungslos. Es hat sich im Grunde nichts weiter ergeben, keine Vorschläge, die von den anderen gekommen wären, weder aus Afrika, noch von den Volksgruppen entlang der Donau. Die Einzigen, die sich hie und da melden, sind die Roma. Vereinzelt noch die Tibeter.

Das exzessive Unterwegssein schreit nach Ruhe. Da gibt es eine Landschaft, seit je. See, Traun, Wald, die Berg'. In den Hängen oberhalb von Goisern, unter der Ewigen Wand, hat sich Hubert vor Jahren ein kleines Haus gekauft. Es gehörte Franz Kain, dem Dichter vieler packender Erzählungen und überzeugten Kommunisten, der für eine klassenlose Gesellschaft kämpfte. Hubert hat in dem gelben Häuschen, an dessen Grenze ein Bach in die Tiefe rauscht, alles belassen, wie es war. Den gekachelten Herd in der Küche, den alten Tisch, die Werkstatt ganz unten, die man über eine halsbrecherische Holzstiege erreicht. Eine große Säge von Kains Vater steht noch da, Spinnweben und Staub aus einem Jahrhundert. Ich arbeite gerne hier, sagt Hubert, aber im Winter ist es zu kalt.

Dichter Efeu hängt über einen Felsen am Gartenrand, schwarz glänzen die Beeren in der feuchtkalten Luft. Handdicke Lianen. Vor der Werkstatttür hat Hubert einmal versucht, einen kleinen japanischen Garten anzulegen, aber es ist immer zu wenig Zeit. Der See lockt. Schwimmen oder mit der Zille, die hier „Fuhr" heißt, diesem schmalen langen Holzboot, über den See gleiten. Fischen: Forellen, Reinanken, Saiblinge, Aalruten. Kajak-, später Kanufahren auf der Traun, die für ihn der schönste Fluss der Welt ist, mehrstimmig wie ein Lied. Im Oberlauf trägt sie viele Namen, Grundlseer-, Altausseer-, Kainisch- und Koppen-Traun, durchfließt den Toplitz-, Grundl-, Hallstätter- und später den Traunsee, hat in Jahrmillionen die Koppenbrüllerhöhle gebildet, entspringt im Toten Gebirge und streift das Höllengebirge, gibt Ischl seine schöne Esplanade und Gmunden seinen malerischen Übergang, war der Salzfluss vieler Völker und mündet bei Linz in die Donau. Die Worte, die Ufer, das Fließen, das Immer.

Stille hören. Nichts denken. Hinausschauen durch die kleinen Fenster des Hauses. Gegenüber liegt der Hohe Krippenstein, der letzte Ausläufer des Dachsteinmassivs, wo Hubert knapp nach der Jahrtausendwende das Album *Trad II* aufnahm: pure Volksmusik aus seinem Umfeld, Tradition, nur anders gedacht, gespielt und gesungen. Für einige Wochen hatte er ein Hotel, das pleite gegangen war, auf über 2000 Metern Höhe gemietet, hier lebte er mit seinen Musikern, sie versorgten sich selbst und tauchten ein in den Reichtum des Überkommenen. Wenn sie Zeit gehabt hätten, sage ich zu Hubert, hätten sie über den „Stein" auf die Grafenbergalm hinüberwandern können zu Bodo Hell, er hätte ihnen sicher seinen Ziegenkäse und den starken Schnaps der Ramsauer Bauern angeboten. Das holen wir nach, das planen wir ein für den kommenden Sommer, sagt W., und Hubert stimmt begeistert zu.

Die Männer trinken Bier, ich wünsche mir einen heißen Tee, als wir um den Küchentisch versammelt sind, Huberts Sohn Niko ist dabei, der eben in Karlsruhe seinen Magister gemacht hat. In seinen Texten liebt Hubert konkrete Orte, und intuitiv weiß er symbolische in Szene zu setzen, wenn er Zeit- und Gesellschaftskritik übt. In „Brenna tuats guat" zum Beispiel aus dem Album *Entwederundoder*, das zwischen Büchern auf dem Tisch liegt: Das Lied, das sich zum Tophit und Evergreen entwickelte, auf der Gasse gesungen und in seiner sich steigernden, atemlosen und zornigen Musik zum Symbol für die Unzufriedenheit vieler Menschen wurde: Der Ort ist jener, „wo da teufl seine kinda kriagt" …

jeder woass, dass a
geld nit auf da wiesen wachst
und essen kann ma's a nit
aber brenna tat's guat
aber hoazen toan ma woazen
und de ruabn und den kukaruz
wann ma lang so weiter hoazen
brennt da huat[9]

Schreibst du zuerst die Musik oder zuerst den Text?, fragt W., im Herd prasselt das Feuer, ein kleiner Kaiser mit Sonnenbrille steht auf einem Bord, vor den Fenstern ist es grau, und Hubert erklärt uns sein System: Zuerst ist immer die Musik. Sie hat Priorität. Die hab ich im Kopf, sie entsteht je nach Stimmung, Wut, Sehnsucht, Liebe, Zeit … Wenn die Komposition fertig ist, kommen erst die Worte. Die passe ich ein, da kommt es auf den Klang, die Phrasierung und den Rhythmus an, oft sind es nur Halbtöne und eine Silbe, die zueinanderfinden müssen. „Snow-den" zum Beispiel kann man nicht singen, da brauche ich eine zweite, singbare Silbe, so ist „Snow-down" entstanden. Manchmal brauche ich nur einen Vokal, ein „a" oder ein „e". Wenn ich konzentriert bin, kann ich Worte hineinhören. In der Musik mit der klassischen Kadenz 1-5-4 kannst du machen, was du willst, auf jedem Ton kannst du einen Dreiklang aufbauen, alles kann zusammenfließen, ein Blues, ein Hochzeitslied aus Goisern und ein Kinderlied aus Timbuktu, das ist

wunderbar, das ist eine innere Seelenverwandtschaft. Ich glaube, Webern war es, der einmal gesagt hat: Ein Ton ist ein Standpunkt, zwei Töne ein Weg, drei Töne sind ein System. Mit dem dritten Ton hast du schon eine ganze Geschichte, aus der du nicht mehr raus kannst. Ich kann nur komplett versunken singen, in der Melodie, in der Geschichte. Ich bin kein Musikant. Ich bin Musiker. – Wenn du spielst, klingelt was im Himmel, hat einmal ein alter Goiserer zu ihm gesagt.

Farblos geht der Tag in eine frühe Dämmerung über. Der Nebel hat die Welt verschluckt. Es riecht nach Schnee. „es is so wias is / nur oans des is ma g'wiss / dass all's was's jetzt obaschneit / nit liegen bleibt [...] [10] Hubert hat uns in den Ortsteil von Untersee geführt, in das Strandbad von Goisern am Hallstätter See. W. fotografiert, ich mache Notizen, und Hubert geht nachdenklich am Ufer entlang, und ich sehe plötzlich sein Gegenbild, wie er im grellen Outfit, knallgelb oder feuerrot, auf eine Bühne springt, Alpenrock und Weltmusik spielt, singt, tobt, klagt, fragt, weint und lacht und den Nerv und das Herz aller trifft, die ihm zuhören. Ihn, der auf der Bühne als Star wahrgenommen wird und abseits davon ein anderer ist, die Einsamkeit sucht, grübelt, zweifelt. Immer den Menschen zugeneigt, versonnen, staunend und leidenschaftlich. Wer ich bin, weiß ich selbst nicht, sagt Hubert, darum möchte ich mich nicht definiert wissen. Aber vielleicht kann man über die Musik herausfinden, wer man ist.

Der See hat nichts Liebliches, er gleicht einem Fjord. Ist tief und fischreich. Ein alter Freund – er war Fischer, heißt Fischer und wohnt in der Fischergasse – hat in seinem Leben rund eine Million Reinanken gefangen. Die Badewiesen sind gelbbraun und ungequält. An einem kahlen Baum hängt ein Täfelchen mit der Aufschrift „Reserviert für Naomi Campbell und Heidi Klum". Werden die Dorfschönen des Sommers gewesen sein, sagt Hubert lachend. Der Kiosk ist vollgeräumt mit Bänken und Tischen, mit einer Kette gesichert. Die Bootshäuser einsam. Die Holzpfähle haben kaum Kraft für ihr Spiegelbild. Da und dort steht gelbes Schilf zerzaust und geknickt am Ufer. Der Zlambach hat bei seiner Mündung eine Schotterbank in den See geschoben. Hubert nimmt flache Steine auf und lässt sie über das Wasser blatteln, er kann das gut. Vielleicht ist es ihm ein Symbol für das Oben und Unten des Lebens? Der See trägt gefügig die steilen Hänge des Zwölferkogels und des Sarsteins, die in ihn hineinstürzen mit Gewalt. Hallstatt, die Schöne, Berühmte, das Weltkulturerbe, Salzzentrum der Kelten und Römer, reich an Funden und Geschichten, abertausend Mal fotografiert und besucht, liegt hinter der Biegung des Sees, es ist von hier aus nicht zu sehen. Im Sommer sind W. und ich von Hallstatt aus einmal über den See gepaddelt, um dem Rummel zu entgehen. Das Wasser trug alle Farben von Grün und Blau, Augustvögel darüber. Unzugänglich das andere Ufer, nur mit einem Boot erreichbar. Der Himmel in deiner Hand.

Jetzt ist Februar am See. I have this little melody, it carries all my dreams. Hubert nimmt eine Mundharmonika aus der Hosentasche und spielt für sich und uns und die Saiblinge im See eine seiner Melodien, die alle seine Träume tragen.[11]

jeden augenblick vom leben leben, leben
in jeden tag all's einelegen, einelegen [...]
i wü' leben.

Alfred Komarek
In den Kellergassen des Lebens
Weinviertel

Hitze liegt über dem Land. Greift sich Himmel und Erde, Robinien, Rüben und Rebstock. Kein Laut, kein Vogel, kein Traktor, kein Mensch. Grün und braun und still ist das Land. Wege dazwischen, Wiesenraine. Hügel, sanft und weit und unbegrenzt, das Land ist ein geschmücktes Tablett für den Himmel. Man muss den Kopf nicht heben, um ihn zu sehen. Sonnenheißes Zittern. Hitze und weißblaues Licht. Schauen, bis alles Wünschen sich auflöst und man leer ist und dumm und niederfällt ins Gras, auf die trockene, harte Erde. Weinviertel im August. Komarek-Land und Revier seines Gendarmen Simon Polt, bekannt aus sechs Kriminalromanen, zwei Begleitbüchern und den langsam atmenden Filmen des Regisseurs Julian Pölsler mit dem unvergleichlichen Erwin Steinhauer als genuinem Polt.

Simon Polt spürte rauhe, rissige Rinde unter seiner Hand. „Wie alt wird so ein Nussbaum?"

„Weiß ich nicht genau." – Friedrich Kurzbacher schaute zum Blätterdach hinauf. Kaum ein Sonnenstrahl drang durch, aber der Schatten glühte in der Hitze, die seit Wochen über dem Land lag. „Fünfzig, sechzig Jahre, ein Menschenalter vielleicht. Den da hat mein Vater gepflanzt, als ich zur Welt gekommen bin [...] Regen könnten wir brauchen. Wenn das so weiter geht, gibt's eine Notreife."

„Und das bedeutet?"

„Wässrige Beeren, dünne Weine."

[...] Der Weinbauer ging auf die offene Preßhaustür zu, und Polt folgte ihm.

Nur im Sommer über war der Aufenthalt in den Preßhäusern wirklich angenehm. Im Herbst gab es jede Menge Arbeit hier, im Winter war es in den kleinen, weißgekalkten

Gebäuden eiskalt, und die dicken Mauern hielten die Kälte auch noch im Frühjahr fest. Im Sommer aber blieb die Hitze draußen und drinnen war es fast so kühl wie in einer Kirche. Polt empfand auch jedesmal so etwas wie unheilige Andacht, wenn er ein Preßhaus betrat.[1]

Mit präzisen Strichen zeichnet Alfred Komarek Szenerie und Lebensraum des nördlichen Weinviertels, die Menschen, ihr Tun und die arbeitsbezogene Architektur ihrer Dörfer. In jedem der Polt-Romane erschließt sich das Land auf immer neue Weise, Weinland, Bauernland, Grenzland. Die Jahreszeiten gehen hin, die Jahre und das Leben. Wein wird angebaut, gepflegt, gekeltert und getrunken: Grüner Veltliner und Cabernet Sauvignon, Grauer Burgunder und Weißburgunder, Eiswein und Blauer Portugieser ...

Der Kastaniengarten des Karlwirtes von Alberndorf ist ein kleines Sommerparadies. Im Winter hat der Wirt seine Gaststube an der Hauptstraße, im Sommer zieht er mit Sack und Pack hierher an den Ortsrand. Alfred Komarek wartet an einem grün lackierten Tisch auf W. und mich, Sonne und Schatten tanzen frech auf seinem Kopf, grübelnd ist er über eine Tasse Tee gebeugt, jetzt mittags möchte er noch nichts Alkoholisches trinken, sagt er lachend, als er uns entdeckt, wir umarmen uns, wir haben uns lange nicht gesehen. Vor Jahren hat er uns einen kleinen Bereich in einem seiner beiden Weinkeller zugedacht, aber wir sind nie mehr heraufgekommen ins Pulkautal, das in den Romanen Wiesbachtal heißt, haben immer nur am Telefon davon gesprochen. So viele Versäumnisse, sagt W., schade, und er blickt mich aufmunternd an, und wir fassen gute Vorsätze für die Zukunft.

Alfred Komarek kommt aus dem Salzkammergut, wuchs in Altaussee auf, ging nach Wien zum Studium und machte sich schnell einen Namen in der Journalistenszene und für das damals progressive Rundfunkprogramm Ö3. Irgendwann floh er die Großstadt, irgendwohin, wo es nicht so laut und wo es einsamer war und fuhr herum und verirrte sich in die Dörfer nahe der Grenze zur ČSSR, damals gab es noch den Eisernen Vorhang.

Es war keine Landschaft mit Hügeln, die Hügel waren die Landschaft: weich gerundete, großzügig geschwungene Erhebungen, träge Wogen, ein sich Heben und Senken, Bewegung, die offenbar nur für den Augenblick innehielt. Da war ich also zwischen Horizont und Horizont, unter einem hochmütigen Himmel, und ich war in der Fremde. Kaum noch denkbar, dass es Wien überhaupt gab, geschweige denn in erreichbarer Nähe. Die langgezogenen Straßendörfer waren mir fremd, ihre verschlossenen Fassaden weigerten sich, von den Menschen zu erzählen, die dahinter wohnten, ließen aber Vermutungen zu, und die Kellergassen, die Dörfer neben dem Dorf, gaben mir erst recht Rätsel auf. Wohnten dort die ganz armen Leute? Ausgestoßene, Ausgegrenzte?[2]

Inzwischen kommt Alfred Komarek bereits vierzig Jahre in das Weinviertel, die Fremde ist einer tiefen Vertrautheit gewichen. Seit sechsunddreißig Jahren besitzt er ein eigenes Presshaus samt Weinkeller, später kam ein zweites dazu, vollgeräumt mit altem Gerät, das viele für Gerümpel halten, ihm aber Geschichten von früher erzählt. Die rätselhafte und über die Jahrzehnte anhaltende, sogar noch gewachsene Faszination des Weinviertels liegt für ihn in der Unbestimmtheit und Offenheit dieser Landschaft, man kann überallhin navigieren, Schilder führen in alle Richtungen. Das ist ein Riesenunterschied zum Salzkammergut, das eindeutig und pittoresk ist, sagt er im Schatten des Kastaniengartens, auch die Mentalität der Menschen ist dort anders, plakativer, es gab nie Änderungen, immer bestimmte Salz das Leben. Hier ist seit zweitausend Jahren nichts anderes als Veränderung, es ist Grenzland, immer umkämpft.

Man kann einen Lebensraum nur aus der Geschichte verstehen, sagt Alfred und bleibt standhaft bei einem Glas Wasser. W. hat er zuvor zum weithin berühmten Beuschel mit Semmelknödel das bodenständige Bier aus dem Hubertus Bräu empfohlen und mir den Grünen Veltliner vom Himmelbauern, der in den Büchern Höllenbauer heißt und dessen Familienname Krautwurm ist. Es gibt viele verlassene Dörfer hier, sagt Alfred, Wüstungen, man erkennt sie nur auf Flugaufnahmen, im Lehmboden verlieren sich schnell die Spuren. Erkennen kann man sie vielleicht noch an den Alleen, die enden, wo nichts ist. Dünn besiedelt ist das Land, oft sieht man zwanzig Kilometer kein Haus. Wege und Straßen sind gesäumt von Kleindenkmälern und Sühnekreuzen – die Pest war hier nicht das große Problem, wohl aber der Dreißigjährige Krieg, Schwedenkreuze erinnern daran. Viele Marterln verweisen auf einen Mord, einen Unfall oder eine Rettung, die Bauern pflegen diese steinernen Zeugen meist mit Bedacht.

Über Land. Nicht wie Simon Polt mit seinem alten Steyr-Waffenrad, sondern mit dem Auto. Durch Dörfer, Kellergassen, an den dicht gedrängten Presshäusern mit den steilen Dächern vorbei Richtung Norden, zur tschechischen Grenze hin. Lehm und Löss, Hohlwege, Weinstöcke über und über, in Reih und Glied ziehen sie sich die Hänge hinauf, der Sonne hingegeben, gerippte, gerillte, gezeilte Landschaft. Auf dem Höhenrücken bleiben wir stehen, gehen ihn entlang, kommen zu einer verwitterten, barocken Mariensäule. Maria nimmt weinend von ihrem Sohn Abschied, Jesus scheint die Mutter zu trösten. Abschiedskreuz oder Heimkehrerkreuz, auch Urlauberkreuz genannt – hier versammelten sich die Dörfler zur Wallfahrt. Wohin sind die Pilger gezogen, wenn sie von hier aufbrachen und mussten sie, die Leibeigenen und Robot-Pflichtigen, „Urlaub" nehmen bei der Herrschaft?

Das Gehen und Kommen durch die Jahrhunderte, die Schattierungen der Geschichte, das ist Alfred Komareks Welt. Diesen Ort hier auf dem höchsten Punkt des Hügelrückens liebt er besonders. Ein guter Ort zum Spintisieren, hier entwirft er viele seiner Geschichten. Berichte von Menschen, die viel erlebt und geschuftet haben, die sich durchschlagen in ihren alten Bauernhäusern oder neuen Dorfrandsiedlungen, die zwischen Archaik und Internet leben und die ihre Weinkeller tief unter die Erde gegraben haben, um ihrer Arbeit Sinn, Dauer und Profit zu geben.

Profanes steht gleich neben dem Heiligen Paar: Ein eiserner Wachturm, der aus der Zeit der „Todesgrenze" zu Tschechien stammt. Ein Güterweg führt schräg bergab Richtung Znojmo, Znaim, ein Schild warnt mit der Aufschrift: „Achtung, Staatsgrenze in der Wegmitte!" Einmal stand Komarek, in Gedanken versunken, vor dem Lauf einer Maschinenpistole ... Zu unserer Rechten den Abhang hinunter sieht man unter Apfelbäumen und Gewirr die Reste einer Ansiedlung:

Die halbverfallenen Wohnhäuser und Stadel standen als Rest eines Dorfes da, dessen sudetendeutsche Einwohner nach dem Krieg vertrieben worden waren. Der Großteil der Ansiedlung lag dereinst auf tschechischem Gebiet und hatte einem breiten Grenzsicherungsstreifen weichen müssen. Auf österreichischer Seite hatte sich nie jemand um die Häuser gekümmert und so waren sie allmählich ins Grün der Felder ringsum gesunken.[3]

„Schafsutten" hieß das verschwundene Dorf. Auf der tschechischen Seite jenseits des Tales ist immer noch kahles Niemandsland. Womit der Boden wohl kontaminiert ist? Hier, wo wir gehen, ist Üppigkeit. In den Wäldern Hainbuchen, niedere Eichen und Linden, sogar auf den „Gstetten" blüht und wuchert es, Wegwarte, Wiesensalbei, Johanniskraut, Kugeldisteln, Steinklee, Taubnesseln, weiße, kleine Wicken ... Für Jahrzehnte war die Verbindung zwischen den beiden Ländern dramatisch unterbrochen, sagt Alfred, abgeschnitten alle verwandtschaftlichen und wirtschaftlichen Verbindungen, die es in der Monarchie gegeben hatte. Es war Kahlschlag, das hatte eine verheerende Wirkung für die Dörfer auf beiden Seiten der Grenze. Seit der Öffnung ist es anders. Prag überholt uns mit links, die Tschechen sind so geschwind im Kopf.

Zurück auf der Anhöhe, die nächste Seltsamkeit, Treibsand der Geschichte: Ein israelischer Künstler hatte einst für die Sammlung Essl in Wien ein Kunstwerk entworfen – jetzt steht es verlassen, aber frei in der Landschaft und dient als Bank.

Der Himmelbauer hat es an diesen schönen Ort gebracht. Sommerhitze, Fliegen tanzen wie betrunken im Kreis, ein Rebhuhn läuft aufgescheucht über den Weg. Um uns Unendlichkeit. Himmel und Land wie Himmel und Meer. Leichter Wind. Zitronengelbe Robinienbüsche wuchern in die Wiesen hinein. Ein Falke stößt nieder. Die schmalen Ackerstreifen haben sich viele Farben zugelegt, dunkles und helles Braun, Ocker, Grünbraun, grelles Gelb dazwischen, stumpfes Grün, samtig. Die Weingärten, fast ausschließlich in Hochstamm gezogen, laufen auf sie zu, von ihnen weg, parallel oder sich in die Senken duckend. Güterwege dazwischen – es gibt keine Sackgassen hier, sagt Alfred, aber grenzenlose Entdeckungen. Kein Dorf zu sehen, an klaren Tagen reicht die Sicht jedoch bis Rax und Schneeberg. Im Winter gibt es starke Schneeverwehungen, dann bist du hier der einsamste Mensch. Das ist das Land, das sich in Alfred Komareks Herz und Hand gesenkt hat, darüber schreibt er, hier lebt er, viele Tage und Nächte des Jahres.

In wenigen Tagen wird hier großer Betrieb sein: Der neue „Polt-Radwanderweg" wird eröffnet. Lehrtafeln sind aufgestellt, Fernsehen, Hörfunk, Printmedien – alle sind verständigt und alle werden kommen und Hunderte von Besuchern. Feuerwehr, Musik, Würstelstand und Holladrio. Alfred hat dieses Projekt aus wirtschaftlichen Erwägungen mitinitiiert und gefördert, um einem Land, das von massiver Abwanderung und aussterbenden Dörfern, wie Friederike Mayröckers Kindheitsort Deinzendorf, bedroht ist, neue Impulse zu geben.

Simon Polt freute sich schon darauf. Fast alle Wiesbachtaler
würden mitmachen, auch sehr junge und ganz alte. An die
dreißig Kilometer waren zu bewältigen, zwischen Weingärten
und durch Kellergassen. Zahlreiche Labestellen erquickten die
Sportler so erfolgreich mit Grünem Veltliner und Blauem Por-
tugieser, daß die anfangs dynamische Art der Fortbewegung
mehr und mehr in geruhsames Gleiten überging, das auch voll-
ends zum Stillstand kommen konnte, wenn eine Preßhaustür
gar zu einladend offenstand. Und dann erst die Tombola, launig
moderiert vom Präsidenten des Radsportvereins, der sich so
nebenbei auch als Schulwart und Totengräber bewährte.[4]

Ich fahre die Strecke mit meinem alten Waffenrad, sagt Alfred.
Simon Polt und sein Autor – mitunter sind sie eins. In der Zeitschrift *Autorevue* hat er dem Steyr-Waffenrad eine detailreiche
Apologie geschrieben (nebst einer satirischen Vernichtung zeit-
genössischer Rad-Moden): Im Band *Spätlese* ist sie, zusammen
mit weiteren Komarek-Texten aus seiner reichen journalistischen
Zeit nachzulesen, in der er für in- und ausländische Zeitschriften
und für das damals neue Radioprogramm von Ö3 für die Sende-
reihen „Entre nous" und „Melodie exklusiv" Glossen und poetische Kurztexte schrieb.

Wo Vertrautheit und Vertrauen walten, ist Flatterhaftigkeit
nicht am Platz. So ist die Beziehung zum Waffenrad keine spie-
lerische, rasch entflammte, sie hat schon eher mit erprobter
Freundschaft zu tun [...] Wer sich mit diesem Gefährt verbin-
det, tut das mit Ernst und dem festen Willen, treu zu bleiben,
dem Rad wie sich selbst.[5]

Und ich erzähle Alfred, dass ich – wir wohnten damals in Steyr –
als Neunjährige ebenfalls ein Steyr-Waffenrad bekam und dass es
immer noch unverdrossen und locker dahinrollt, dass ich neben
mir W. oder eines unserer Kinder oder Enkelkinder schalten höre,
in den dritten oder neunten Gang, und ich einfach dahinradle, aufrecht in die Landschaft schauend und mich nicht demütig über

eine flache Lenkstange krümmen muss, ich dann zwar irgendwann zurückbleibe, aber frohen Mutes bin, und wir lachen und W. nimmt mich um die Schulter, er hat bei der Lotterie des Roten Kreuzes ein E-Bike gewonnen.

Der Güterweg bergab Richtung Kellergasse von „Burgheim" verengt sich in einen für die hiesige Topografie relativ steilen Hohlweg. Auf der rechten Seite liegt die „Riede todter Hengst". Alfred wendet sich ebenfalls nach rechts und deutet auf eine Lösswand, ockerfarben leuchtet sie in der Sonne, von Buschwerk durchsetzt, Vögel haben ihre Wohnungen hineingebaut, und auf der Stelle steht uns die Szene aus dem zweiten Polt-Roman vor Augen, *Blumen für Polt*:

> *An der rechten Wegseite ragte eine nahezu senkrechte Löß-wand gut vier Meter hoch. Oben war ein Stück Wiese zu sehen, und dahinter standen Rebstöcke. In der Wiese saß regungslos ein Mann. Polt legte das Fahrrad ins Gras. Mit langsamen Schritten stieg er auf einem schmalen Fußweg nach oben. Der Mann saß ein wenig verloren zwischen wuchernden Halmen und Stauden, schaute ins Leere und summte eine Melodie. Simon Polt war in einiger Entfernung stehengeblieben, um ihn nicht zu erschrecken. Die Melodie war ihm vertraut und sie erinnerte ihn fatal an Karel Gotts Ölsardinenbelcanto. Den Mann in der Wiese kannte er noch besser. Er hieß Willi, niemand wußte seinen Familiennamen. Es war schwer zu sagen, wie alt er war, wohl weit über fünfzig. Willi gehörte zum Leben im Dorf, ohne dabei irgendeine Rolle zu spielen. Die Unkrautwiese über dem Tal war sein Lieblingsplatz.*[6]

Kurze Zeit später wird Willi tot am Fuß der Lösswand aufgefunden. Alle glauben an einen Unfall, der Dorftrottel wird wohl selbst schuld sein. Polt glaubt das nicht. Er liebte den Willi, dieses Findelkind aus dem Jahr 1945, das willkommene Beute für die Gaudi von Kindern und die Aggression von Erwachsenen war. Polt muss „simlieren", ein altes Wort für nachdenken. „Es ist Unrecht geschehen, und ich muß herausbekommen, wer dahintersteckt, ob mir das paßt oder nicht." Seine Recherchen trennen ihn oft von der Dorfgemeinschaft, stellen ihn an den Rand, bringen ihn in ein Dilemma von Neigung und Pflichtgefühl. Aber in stiller Konsequenz betreibt er sein Handwerk, unsystematisch, aber einfühlsam, er hört zu, lebt und leidet mit, schwankt zwischen lähmendem Entsetzen und Vernunft. Auf dem Papier steht viel, sagt er, das Leben schaut anders aus. Stets war er bereit, bei Schulungen Neues zu lernen –

Allerdings konnte ihn keine noch so eindrucksvolle Theorie von der Überzeugung abbringen, dass Straftaten immer nur das sichtbare Ende eines langen Weges waren, der im Dunklen lag. Und eben dieser Weg war ihm wichtig. Hier lag die Erklärung, konnte sich alles verbergen, was Kälte zwischen die Menschen bringt. Ja, und solche Hintergründe, die es möglich machten, zu verstehen und manchmal sogar künftiges Übel zu verhindern, verdammt, die waren nun einmal nur tastend und mit kleinen Schritten zu finden.[7]

Gleich für seinen ersten Polt-Krimi erhielt Alfred Komarek den Friedrich-Glauser-Preis. Glauser war ein ebenso versponnener Autor und sein Wachtmeister Studer ebenso unzeitgemäß und menschlich wie Polt. Mit welch großer Wärme entwerfen beide ihre Protagonisten, mit welcher Hintergründigkeit schabt Komarek an der Oberfläche der Dorfidylle, zeigt er die Abgründe, die Gewalt gegen Frauen und Kinder, die Prügeleien, die Gleichgültigkeit, das Schweigen, die Lieblosigkeiten und Lebenslügen. „Wegschauen, wenn's Probleme gibt, wegrennen, wenn's weh tut, und saufen, wenn die Verzweiflung kommt", sagt die alte Frau Stirbl von den Männern der Gegend.

Die Brutalen sind nicht immer die Mörder, die Opfer mitunter selbst ein Abschaum an Niedertracht, und nicht immer ist nur ein Einzelner der Mörder, oft ist es ein Netzwerk, das im Hintergrund steht und schuldig wird. Komarek nimmt seine Leserschaft an der Hand, führt sie behutsam in die Dörfer, in die offen dahinköchelnden und die zugedeckelten Konflikte, entwirft fluoreszierende Panoramen von Menschlich-Möglichem. Schreibt die Alltäglichkeiten von Montag bis Sonntag. Geht weit zurück in die

Vergangenheit, in Krieg, Nachkrieg und immer neu entstehende Ideologien, verknüpft Zeitgeschichte mit den gehüteten Privatheiten. Naturgemäß steht er auf der Seite der Geschundenen und Außenseiter, der vom Schicksal Niedergetretenen, aber ebenso versucht er, die Biografien jener zu verstehen, die ganz unauffällig und ohne große Katastrophen ins Abseits geschlittert und die aus Faulheit, Dummheit, Übermut oder enttäuschtem Ehrgeiz ins Elend gekommen sind. Starke Frauen zeigt uns Komarek: die maulgewandte und kämpferische Krämerin Aloisia Habesam, Grete Hahn, die Missbrauchte, die zu einer neuen Freiheit findet, die junge Höllenbäuerin, die die Fäden des Familiengeschehens in der Hand hat und natürlich Karin Walter, die engagierte Volksschullehrerin und die Liebe von Polt, selbstbewusst, tatkräftig, heiter, lebensklug. Sie hat manche Ähnlichkeit mit Sabine Kremser aus Alfred Komareks *Daniel Käfer*-Trilogie, die im Salzkammergut spielt. Auch Daniel Käfer, der Intellektuelle, ist – wenngleich Komarek das entschieden verneint – in anderer Kostümierung ein entfernter Verwandter des Autors: in der Angst vor zu viel Nähe.

Komarek ist ein exzellenter Beobachter, ein Psychologe der Extraklasse. Neben den Hauptakteuren des Dorflebens richtet er seine Aufmerksamkeit auf die Vielfalt der Gesellschaftsschichten: den bunten Haufen von Eigenbrötlern und schrägen Vögeln, die jungen Wilden mit ihrer Maschin', die Gruftis und die Internetfreaks, die sich Gewaltvideos „reinziehen" und dann auch danach handeln, die alten Nazis, die Schieber, Geldwäscher und Prostitutionsgewinnler des Landes an der Grenze. Die Angeber und Besserwisser aus der Großstadt und die Gestrandeten, die Zuflucht und ein neues Leben in der Abgeschiedenheit suchen. Die Neureichen, die sich ein Presshaus oder einen alten Herrensitz kaufen und mit den Dörflern nichts zu tun haben wollen. Mit scharfem Messer, wie die Weinbauern es für den Winterschnitt verwenden, schneidet er solche Charaktere, spart nicht mit Kritik, wirft die Oberg'scheiten und Rücksichtslosen in die Pfanne.

Ich sitze gerne im Wirtshaus und hör einfach zu, sagt Alfred, als wir an der schattigen Hauswand seines zweiten Presshauses in Hadres lehnen, das eine bäuerliche Schatz- und Wunderkammer

beherbergt. Ich merke mir Sätze, Meinungen, Fälle, Nuancen der Sprachmelodie, die vieles verraten. Ich beobachte, welche Seilschaften es in der dörflichen Gemeinschaft gibt, welche Art von Humor, und hemmungslos werde ich, wenn Menschen tot sind, dann kann ich freier darüber schreiben. Bei einzelnen Sätzen bin ich ein lebendiges Gedächtnis, ich schreibe mir nichts auf, ich merke mir alles, auch die Gespräche am Stammtisch.

Spät nachts dann jene, die nicht aufhören wollten oder nicht aufhören konnten. Einer, der den anderen die Welt erklärte, einer, der sich mit den Weibern auskannte, aber wie, und einer, der wusste, wer schuld war: die Juden, die Tschechen, die Europäische Union, oder alle gemeinsam, längst auch schon verbündet mit den Kommunisten, den Freimaurern und den übrigen sattsam bekannten Weltverschwörern. Jedes Mal dieselbe Wichtigtuerei, die uralten Witze, der besoffene Tiefsinn.[8]

Das war im fünften *Polt,* in dem Komarek den Gendarmen in Pension schickt. Aber, sagt Alfred, nach fünf Jahren hat er sich von selbst zurückgemeldet, sich wieder eingenistet in meinem Kopf, hat gesagt: Hey, ich bin noch da, ich bin alt, was ist jetzt mir mir?, und ich hab ihm nachgegeben und weitergeschrieben, aber jetzt, nach dem sechsten Buch, nach *Alt, aber Polt,* soll Schluss sein, denn das Leben hat sich drastisch verändert, und der ganze Schwung, etwas verändern zu wollen, endet mit der Erfahrung der eigenen Ohnmacht. Das geht wohl vielen so. – Holunderzweige schützen uns an der Hauswand des Presshauses, das Holz riecht stark in der Sommerwärme, die Beeren reifen in ihr Schwarz. Ich hab diesen Polt fast ein ganzes Leben hindurch begleitet, wie die anderen Hauptfiguren auch, sagt Alfred. Bei mir ist das so: Ich hab eine Idee, aber ich bin chaotisch und lasse den Menschen ihr Eigenleben, hab dann oft Mühe, sie wieder so hinzukriegen, wie ich will – also dieser Polt hat sich entwickelt, hat Selbstbewusstsein gewonnen, er hat nichts mehr zu verlieren. Aber jetzt ist er siebzig, ist auf den Begräbnissen vieler Freunde hinter dem Sarg gegangen, die Dörfer verändern sich, einst waren sie eine eigene Welt, jetzt ist die Welt zum Dorf geworden, global und unpersönlich. Auch ich bin jetzt siebzig, da soll nichts weiter folgen, obwohl ich ein erotisches Verhältnis zu meiner Schreibmaschine habe. Das Schreiben zehrt aus, ich möchte mich jetzt einmal nicht mehr der Öffentlichkeit aussetzen. Ich bin ein störrischer Mensch, ich kann ziemlich radikal sein.

Du wirst nach Simon Polt und Daniel Käfer eine dritte Hauptperson erfinden, sage ich. Das glaub ich nicht, entgegnet Alfred, aber mal sehen. Ganz wichtig ist mir dennoch, dass meine *Polt*-Bücher authentisch sind und bleiben, dass sie das Wesentliche zeigen an den Menschen, der Landschaft und dem Geschehen hier. Ich möchte selbst begreifen, wo ich gelandet bin, wo ich hingerutscht bin, ohne dass es mir gehört. Es fehlen die klassischen Spannungselemente eines Kriminalromans, aber es muss eine Anteilnahme geben an jenen, über die und von denen ich erzähle. Es sind keine Figuren, es sind Menschen. Ein Hamburger Ehepaar hat sich ein Haus hier im Weinviertel gekauft, in dieser Landschaft und unter solchen Menschen würden sie gerne leben, haben sie gesagt. Und nach einer Lesung im Pulkautal hat ein Bauer gesagt: Ja, so ist das bei uns, aber was ist der Roman?

Der Rhythmus des Weinlandes ist ein langsamer, die Geigen seiner Landschaftsmelodie spielen einen behutsamen Schubert, ziehen weithin, treffen ins Herz. Und ich denke, wie Alfred so neben uns hergeht, schweigsam jetzt, versunken und aufmerksam zugleich: Man muss stark sein, um dieses Land zu ertragen. Er ist ein Liebender. Liebt diese Menschen hier, die urzeitlich flachgeschliffenen Hügel, die Sonne, die aufgeht und sinkt, die Tage und Nächte, die ihm geschenkt sind. Wie Theodor Kramer, den Komarek in alle seine Romane einflicht, der unvergleichliche Lyriker dieses unscheinbaren Teils der Welt, der ins Exil getrieben wurde, in England aus Sehnsucht sein Werk neu schuf und spät nur heimkam, um zu sterben.

> ... *Hüglig wird das Lehmland und verhalten*
> *Bieg ich in den alten Hohlweg ein;*
> *Und wir sitzen vor der Kellerschenke*
> *Nieder, blankgewetzt sind Tisch und Bänke,*
> *und Akazien regnet's in den Wein*[9]

In der Kellergasse von Untermarkersdorf kaufen wir beim Himmel/ Höllenbauer einige Kartons Wein: „Grüner Veltliner. Alte Haide" und vom Roten einen „Merlot 2011. Riede Steinberg", beide selbstverständlich handgelesen. Edi Himmelbauer ist Komareks bester Freund und Kritiker, liest die Manuskripte, ist der Fachmann für die Weindetails. Weinbauer sein ist nicht schwer, sagt er, nur die ersten hundert Jahre. Jetzt mediterranisiert das Weinviertel, es ist zu trocken. Und die Bürokratie nimmt zu, mühsam. Der Himmelbauer ist einer jener Weinbauern, die bereits mit Stahltanks arbeiten. Meine Frau Elisabeth ist die Expertin, sagt er lachend, sie entscheidet, was geschieht. 2500 Liter Wein sind in jedem Tank, davon gibt es 20, viele mit Sorgsamkeit ausgebaute Spezialisierungen sind dabei. Man kann davon leben. Wir haben drei Töchter, alles ist offen, Gott sei Dank. Auf dem Etikett ist ein Engel gezeichnet, der einen Stern zu fangen sucht.

Kellergassen, Presshäuser und Weinkeller: Für die Touristen eine Attraktion, die allerdings mitunter einer Erklärung bedarf.

Die Kellergasse ist ein Dorf neben dem Dorf, in dem aber nur der Wein zu Hause ist. Die dicht gereihten, schlichten Preßhäuser, meist weiß gekalkt, haben ihren Namen von der Weinpresse. Unter jedem Preßhaus gibt es einen Weinkeller. Diese ausgedehnten Lagerräume grenzen dicht aneinander und sind zuweilen in zwei, drei Ebenen angeordnet: eine Unterwelt von beachtlichen – und verwirrenden Ausmaßen,[10]

erklärt Alfred Komarek in einem der Gespräche mit Georg Hasibeder, die den Taschenbuchausgaben der ersten vier *Polt*-Romane angefügt sind. Er erklärt darin die historische Entwicklung seit Maria Theresia und die Entstehung aus der Not heraus, das kostbare Produkt Wein nahe des Ursprungs schnell bearbeiten und fachgerecht lagern zu können. „An den Terrassenkanten, an Abhängen, in Rinnen und Hohlwegen war es möglich, schon nach wenigen Metern tief unter die Oberfläche zu graben, die Kellergasse wurde zum gemeinsamen Bauprojekt eines Dorfes, stetig vorangetrieben in den stillen Wintermonaten." Oft stehen Hunderte Presshäuser dicht an dicht beisammen. Die Menschen, durch Kriege und Grenznähe immer gefährdet, waren aufeinander angewiesen, um bestehen zu können, sagt Alfred. Ein „Erfolgsmodell", das es in dieser Dichte nur hier im Weinviertel gibt. Eine unterirdische Welt, die beispielsweise von Retz bis in das tschechische Znaim hinüberreicht und die W. und mich vor Jahren schon erstaunte, als wir bei Peter Turrini waren, der in einer weinseligen Nacht einen Hof samt Presshaus und Weinkeller kaufte und nun schon seit Jahren in Unterretzbach lebt.

Kein Mord geschieht in den *Polt*-Krimis ohne Kellergasse und Presshäuser. Die Keller sind ausschließlich Männerwelt, hier, tief unter der Erde, ist man den Toten und einander nahe, unverstellt, ehrlich und respektvoll. Mit Hingabe und größter Freude streift Simon Polt – und Alfred Komarek – durch die Presshäuser und Weinkeller der ganzen Umgebung, ist gern gesehener Gast vor allem in den Kellern seiner Freunde Friedrich Kurzbacher und Edi Höllenbauer oder ihrer realen Vorbilder.

Eine steile, aus Ziegelmauern geformte Treppe führte nach unten. Polt wußte, daß sie aus 42 Stufen bestand, und jede davon war anders geformt, mit runden Kanten, Buckeln und Gruben, entstanden im vertrauten Dialog mit den Schritten der Kellermänner. Viele Generationen von Höllenbauern waren diesen Stufen kellerwärts gefolgt und hatten sich eine geraume Zeit später von ihnen nach oben helfen lassen. Polt ärgerte sich jedes Mal darüber, wenn irgendwelche Fremde diese alten Stufen gedankenlos unter die Füße nahmen, ohne zu spüren, was sie zu erzählen hatten.[11]

Alfred Komarek kennt den eigentümlichen Geruch der Presshäuser, weiß die Einschlüsse von Mineralien und ihre Oxidationen zu deuten und kennt das schwarze Geflecht, das im Frühling, wenn die Pflanzen ihre Wurzeln in das Erdreich treiben, von den Decken hängt. Die Struktur der meisten Keller ist ihm vertraut, die Haupt- und Nebengänge, die Dunstlöcher, durch die das gefährliche Gärgas entweichen kann und die Ausnehmungen für einen Tisch und ein paar Sessel, jene verschworenen Plätze, wo ein besonderer Moralkodex herrscht, alte Rituale und beispiellose Gastfreundschaft und Großzügigkeit gepflegt werden, man selbst ungeliebten Menschen mit Respekt begegnet und einem „die ganze Scheißwelt egal" wird. Die Männer kosten und trinken aus kleinen Gläsern, die zuvor mit kaltem Wasser ausgespült werden: einen Weißburgunder, der lange auf der Mutter lag, immer wieder aufgerührt, um die Säure zu harmonisieren; einen Riesling, Jungfernlese und einen blauen Portugieser, fruchtig, samtig, 13 Volumprozent Alkohol; einen Cabernet Sauvignon 98, hohe Reife der Trauben bei der Ernte, fängt an, sich zu runden; einen 95er Traminer, würzig, reife Auslese mit feiner Restsüße; einen 68er Zweigelt, tiefes Granatrot! Das ist eine Farbe!

Längst sind wir zu Alfreds erstem Presshaus in Obritz gewandert, das er vor rund vierzig Jahren gekauft hat. Es stammt aus dem Jahr 1779, da regierte noch Kaiserin Maria Theresia, sagt Alfred, und in Paris war noch nicht einmal die Französische Revolution ausgebrochen. Das weiße, geduckte Gebäude liegt in einer kleinen, seltsam isolierten Kellergasse, verträumt mitten in die Weinhügel gestreut, ein Kleinod, von dem man sofort versteht, warum der Mann aus der Großstadt hier Stunden des Glücks erlebt. Lautlos liegt das Land vor uns. „Orgel aus Staub", nannte es Theodor Kramer. Himmel im Auge, harte Erde unter dem Fuß. Der Nussbaum vor der hölzernen Tür ist im vergangenen Jahr gestorben, ein schwerer Verlust, sagt Alfred. Jetzt steht ein neu gesetzter da, aber er sieht müde aus. Alfred hat derzeit mit der Eröffnung des Polt-Radwanderweges und einer Flut von Lesungen zu viel zu tun, er kommt zu selten hierher, um das Bäumchen zu wässern. Fast neidisch könnte man zum Nachbarpresshaus blicken, wo ein riesiger, voll mit grünen Früchten behangener Nussbaum der Bank darunter Schatten spendet.

Alfred sperrt die Türe auf. Kühle dringt heraus, im Inneren fällt schräges Licht auf Tisch, Bänke, allerlei Gerät und unebenen Lehmboden. Der Raum, erklärt uns Alfred, ist nur zum Schutz des Presssteines da, der ungefähr 500 Kilogramm wiegt, mein Pressarm hat nur sieben bis acht Meter Länge, es gibt doppelt so große. Das Gewinde und das Gegengewinde sind mit Hand eingeschnitzt. Im Löss findet man Eingravierungen, zum Beispiel von tschechischen Weinlesearbeitern. Früher hat es viele gegeben, aber jetzt ist das Preisniveau drüben fast ebenso hoch wie hier, jetzt kommen sie von weit her. 1980 haben sie „auf gemeinsames Gebet" gehofft, was immer damit gemeint war, und neun Jahre später ist

jedenfalls der Eiserne Vorhang gefallen. – Ich hab das Presshaus von Kathi Strobl gekauft, sie war damals schon 85, war eine der ersten Emanzen des Weinviertels, hatte in der Zwischenkriegszeit ein Café in Haugsdorf, machte den Führerschein und fuhr nach 1945 mit einem Revolver nach Oberösterreich, um Pferde zu rekrutieren. „I vergiss scho olles", sagte sie zu Alfred, „aber Ihna net." Im Frühjahr 2015 ist Alfred Komarek von den Bauern zum „Kellermann des Jahres" gewählt worden. Lachend, aber doch ein wenig stolz darauf, zeigt er uns das holzgeschnitzte Konterfei seiner selbst, das er zu diesem Anlass geschenkt bekommen hat. Ich glaube, die meisten mögen mich. Schreiben ist für sie zwar keine richtige Arbeit, aber sie sehen, dass ich mich damit durchbringen kann, und das erkennen sie an.

Eine hochverdiente Auszeichnung: Er hat dieser Landschaft, den Menschen und ihren Tätigkeiten ein vielstimmiges, kenntnisreiches und liebevolles Denkmal gesetzt, hat Bewusstsein für den Reichtum und die Schönheit dieses Fleckens Erde geweckt und Unwiederbringliches bewahrt. Komarek ist detailversessen, von unbändiger Neugier, jeder Einzelheit auf den Grund zu gehen,

Geräten und Arbeitsvorgängen ebenso wie Worten und Sätzen. Nur mehr wenige Bauern haben Fässer in den Kellern, sagt Alfred. Auch hier im Weinviertel haben die Stahltanks Einzug gehalten, gerade die fortschrittlichen Weinbauern können und wollen sich den neuen Erkenntnissen moderner Produktionsweisen nicht verschließen. Sie sitzen in den Hallen am Computer, überprüfen alle wissenschaftlichen Details, die sie kennen müssen, um ihren Weinen die optimale Qualität zu sichern, und selbst in den letzten Stadien der Ernte oder des Reifungsprozesses können sie in der Weinbaufachschule in Krems um Rat fragen. Früher waren die Weinviertler Produkte Massenware, heute sind die meisten Spitzenweine. Aber die Bauern sind sich sehr wohl bewusst, dass selbst die präzisesten Computerdaten das Wissen von Jahrhunderten nicht ersetzen können und vor allem nicht die Leidenschaft für das, was sie tun, jahraus, jahrein, mit wechselnder Fortune und für die nächsten Generationen. Der Markt wird schneller, lauter, schriller, die Bauern müssen darauf reagieren. Die Kellergassen, sagt Alfred und zündet eine Kerze an, verkommen immer mehr, es ist kaum mehr Leben in ihnen. Sie waren einmal Kommunikationszentren, das ist vorbei. Die Keller waren heilig – es gibt genug Selbstmörder in der Gegend, aber man hängt sich lieber im Wald auf, als sich im Keller mit Gärgas umzubringen. Man weiß nicht, in welcher Form die Kellergassen überleben werden, wahrscheinlich nur touristisch. Ich bin ein altmodischer Mensch und bin froh, dass ich das Alte noch erlebt hab.

Ist dir das schon aufgefallen? So ein Keller ist doch immer der gleiche. Doch mit der Stimmung, die du herunterbringst, ändert er sich. Einmal nimmt er dich freundlich auf, ein anderes Mal verführt er dich, oder will nichts von dir wissen und läßt dich allein.[12]

Wir steigen die ausgetretene Kellertreppe hinunter, Alfred leuchtet uns voran. Spärlich gibt es elektrisches Licht. Gehen einen langen, leicht abschüssigen Gang entlang. Seitenhöhlungen, Kavernen im Dunkeln. An einer Abzweigung steht ein kleiner Tisch, zwei Sessel daneben. So weit reicht meine Gastlichkeit noch, sagt Alfred. Zwei Sessel – mehr sollen es nicht sein. Er öffnet eine Flasche „Weites Land. Gemischter Satz" vom Himmelbauern und schenkt in die kleinen, mitgebrachten Gläser ein. Prost. Für mich ist das wie ein Sanatorium, sagt er, es hat etwas ungemein Beruhigendes. Sorgen sind mir dann so was von Nullkommajosef ... Wien, die Porzellangasse, das ist ein anderer Planet. Wenn mir alles über den Kopf wächst, dann fahr ich heraus, wenigstens einen Nachmittag oder einen Abend. Das ist wie Urlaub. Ich verstehe und achte die Ordnung aus fast 300 Jahren, ich höre zu, welche Antworten sie mir gibt. Ich sitze oft eine Stunde da oder länger und gehe mit mir selbst spazieren.

Ich würde ihm gerne einen großen Nussbaum schenken.

Alfred füllt nach. Wir trinken, reden, schweigen. Als wir vor Jahren hier waren, war es Neugier, und ich habe Heiterkeit in Erinnerung. Jetzt ist es anders. Wir dürfen teilhaben am Geheimnis eines Menschen. Sind fast beschämt. Trinken, hören den Rudimenten der Zeit zu. Eine seltsame, in dieser Intensität kaum je erlebte Stunde. Beruhigend, beängstigend? Eingeschlossen unter der Erde, im dunklen Ocker des Lehms. Im roh behauenen Gewölbe des Lebens. Kein Laut von draußen. Hier ist ein Mann in seiner Einsamkeit. Gewollt, gesucht, geliebt. In der Höhle seines Ichs.

Brigitte Kronauer
Von der Freiheit und Frechheit der Poesie
Die Niederelbe bei Hamburg

Bin verrückt danach, Juniwiesen, hohe Gräser, kein Halm geschnitten, wie sie blühen und zittern und tun und machen und geschoben werden wie Wassermassen und plötzlich auch kreiseln, Inselchen, rundumgeschwenkt, im Spaß, im Wind [...][1]

Gibt es das noch, blühende Wiesen? Hohe Gräser, die im Wind zittern? Geboren wurde sie, die das schrieb, in Deutschland mitten im Krieg. Die ersten Kindheitsjahre verbrachte sie im österreichischen Strobl am Wolfgangsee, wo sie fast ertrunken wäre, als sie Wasserkringel fangen wollte. Mit viereinhalb, als der Krieg zu Ende war, kam sie zurück an die Ruhr, Bochum lag in Schutt und Asche, abends stand der rote Schein der Hochöfen über der Stadt, in den Ritzen und Narben lag der Kohlenstaub. Mit der Straßenbahn fuhr der Vater, ein Spätheimkehrer, am Wochenende mit den beiden Kindern hinaus auf die Ruhrwiesen, die Seligkeit der Stille; die Mutter war eine geniale Konstrukteurin von Alltagsgeschichten. So formt sich später aus Erinnerung und Erzählung ein junges Leben. Brigitte Kronauer wird alles bewahren, alles verändern in den folgenden Jahrzehnten, sie wird Welt ergreifen in ihrer Ambivalenz und, wie ihr die Kritik attestiert, zu einer der gebildetsten und sprachmächtigsten Schriftstellerinnen der Gegenwart werden, ausgezeichnet mit allen großen Literaturpreisen, auch jenem, der Georg Büchners Namen trägt. Nie, sagt sie selbst, stehe ihre Literatur auf der Seite der Eliten, immer auf jener des *einzelnen* Menschen:

Hier ist Literatur moralisch zuständig, solche Art von Humanität kann man von ihr erwarten: Die Feier der einzigartigen, einmaligen, zerbrechlichen Ausformung einer Gestalt, mit sanf-

ter Miene durchaus kämpferisch eingesetzt gegen Pauscha-
lierung, Begriff, Ideologie. Der Modus des unwiederholbaren
Einzelwesens gegenüber der alles niederwalzenden und täg-
lich zunehmenden Quantität. Die es ja aber unvermeidlich
mitbildet.[2]

Die Literatur und das Leben – die Literatur und die Natur: Dies
sind die beiden Motivfelder, die Brigitte Kronauer fesseln, voran-
treiben und die sie mit entflammter Zuwendung und Aufmerksamkeit in ihren Büchern und Poetikvorlesungen variiert.

Sie sind die beweglichen und bewegenden Zeit- und Raum-
horizonte, über die sie ihr farbenprächtig gewobenes Tuch wirft,
mit lässiger Hand, mit erotisierender Sprachmelodie. Geht und beobachtet und notiert und schreibt unter dem hohen steilen Dach
eines rostroten Katenhauses. Seit Beginn der 1970er-Jahre lebt
sie in Hamburg. Wasser war, seit sie die Sonne im Glitzern des
berggesäumten Sees spielen sah, ihre große Sehnsucht. In Bochum
war kein See, kein Strom, kein Meer. Auch nicht in Aachen, wo
sie ins Gymnasium ging, nicht in Göttingen, wo sie nach dem Studium lebte, die Kunst entdeckte, den Aufbruch in die Moderne und
die Liebe fand. Aber Hamburg, warum nicht Hamburg mit den
Binnenseen der Alster, dem Strom der Elbe und dem Meer, dessen Gezeiten bis in den Hafen der Stadt zu sehen und zu spüren
sind?

In Hamburg blieb sie. Gemeinsam mit ihrem Mann, dem Kunstkritiker Armin Schreiber, und dem Maler Dieter Asmus kaufte sie
ein Haus in Nienstedten, einem ehemaligen Fischerdorf an der Niederelbe und längst mit der Metropole Hamburg verwachsen und
eingemeindet. Verwandte und Freunde halfen, borgten Geld, um
die Basis für die Hypothek zu schaffen, auch damals war Hamburg
schon teuer. Ist es ein Haus, ein Häuschen? Letzteres vielleicht im
Vergleich zu den prächtigen weißen Villen der reichen Kaufleute
und Reeder ringsum, geschmückt mit Säulen, Erkern, Stuck und
Balkonen, in den Vorgärten taumeln Bienen über Rhododendren
und Hortensien, Rosen und Rittersporne, die Hecken sind akku-
rat ausgerichtet, der Buchs zu Pyramide und Kugel geschnitten.
Für den normalen Blick ist es ein zauberhaftes Haus. Es liegt ver-

borgen unter hohen Bäumen in einer stillen Straße, und als uns
Armin Schreiber, der W. und mich in der Elb Lounge, einer kleinen,
sehr privat geführten Frühstückspension in der Nähe, abgeholt
hat und uns um das Haus herum in den Garten führt, ist man in
einem ländlich-leuchtenden Paradies. Vielerlei Gemüse wird gezogen, kleine rote Äpfel hängen an den Ästen alter Bäume, der
Kirschbaum hat bereits gelbe Blätter, unter der blütenüberwu-
cherten Pergola warten Tisch, Tee und kleine Köstlichkeiten, im
Inneren des Hauses Dämmerung, leise Musik, Asmus-Bilder sind
zu erahnen – ein Labyrinth, das Zuhause zu sein scheint für das
Zusammenleben von drei Menschen, die sich lieben.

W. kannte Hamburg nur von flüchtigen Besuchen aus den 1950er-
Jahren, ich noch peripherer vom Flugplatz her und einer Taxifahrt an die Grenze zur damaligen DDR, als ich mit Kurt Liewehr
bei Günter Grass den Film über Doppelbegabungen drehte. Auch
diesmal werden wir nicht das gepriesene Hamburg mit seinen
zahllosen attraktiven Touristenzielen besuchen, vor allem nicht
suchen. Aber wir werden ein anderes, hinreißendes Hamburg entdecken, die Landschaft und die Vororte am rechten Elbufer abwärts

bis Blankenese und weiter bis an den Fährmannssand – Brigitte Kronauers Reich, in das sie uns führen wird.

> *Wer von den St. Pauli-Landungsbrücken immer längs der Elbe Richtung Neumühlenkai, Hans-Leip-Ufer, Teufelsbrück, Elbuferweg, Strandweg, Falkensteiner Ufer, wo die Leute im Sommer in Strandkörben wie auf den Nordseeinseln sitzen, elbabwärts wandert, womöglich noch über Wedel hinaus zur pathetischen Horizont-Deichlinie am Fährmannssand mit seinen Lerchen, Lämmern, Austernfischern und vorgelagerter, malerischer, das heißt bloß: unregulierter Uferzone, bewegt sich auf seinem Fußmarsch, der viele Stunden dauern wird, nicht nur zunächst an einem großen Teil der Hafenanlagen entlang und, ohne es zu bemerken, bei Övelgönne über den Elbtunnel hinweg. Er marschiert geradewegs auf einen im Juni endlosen Sonnenuntergang zu mit festlich entrolltem Nachhall in einem riesigen Himmel und Wasserspiegel. Er bricht auf in das Bild der Ferne schlechthin, und die Schiffe fahren ihm im Gegenlicht als deren ehrwürdige Wahrzeichen voran. [...] Denn er geht ja in Wirklichkeit aufs Meer zu, und es wird ihm die ganze Zeit bewußt sein. Wenn er noch nie in Hamburg war, glaubt er vielleicht sogar – es gibt berühmte Beispiele, etwa Stanisław Lem, Julien Green –, er sei dort schon angelangt.*[3]

Bis ans Meer, bis Cuxhaven, werden wir nicht kommen, sie sind noch 70 Kilometer weit weg. Noch trinken wir Tee in einem verträumten Inselgarten in Nienstedten zwischen Teufelsbrück und Blankenese. Die Gastgeberin war mir bisher nur vertraut von ihren Büchern, einer Lesung bei den Rauriser Literaturtagen und von vielen Fotografien, die alle diese besondere Erscheinung zeigen, blond und glatt das Haar, lachend oder nachdenklich Augen und Gesicht, elegant gekleidet, lang und dünn die Zigarette. Magie der Ausstrahlung, doppeldeutig wie die Literatur, die sie schreibt und von der sie sagt, dass das befreiende Angebot ihrer Bilder und Gestalten zugleich ein täuschendes Beschwören der Wirklichkeit ist.

Das Spiel der Schatten unter den alten Apfelbäumen gibt Kronauers Kunst des Fragmentierens wieder, einer Minimal Art, in der sie im goldgrundierten Mosaik ihrer Romane und Erzählungen, von *Frau Mühlenbeck im Gehäus* bis zu *Gewäsch und Gewimmel*, dennoch eine ganze Welt, ein ganzes Lebensschicksal in seiner Zerbrechlichkeit vor uns ausbreitet. Vielstimmig hat sie ihre Leserschaft die Vorsicht gelehrt, von einem Gegenüber, einem Wort und selbst von einer Fotografie etwas Eindeutiges sagen oder erwarten zu können.

Für mich treten die Augenblicke grundsätzlich als Schnappschüsse von guten und schlechten Ereignissen auf. Immer stecken in Wirklichkeit mindestens fünf andere Momente hinter dem einen, aber sie haben alle in dieser Sekunde das eine Bild, die eine Geste zu ihrem Wappen gewählt. Erst wenn sich die Ereignisse bewegen in der Zeit, nehmen sie eine Richtung ein. Dann schlängeln die Bedeutungen auseinander. Unter uns: der Schnappschuß enthüllt nicht die Wahrheit, sondern sperrt sie ein! Es scheint aber für die meisten Leute umgekehrt zu sein.[4]

Eine frühherbstliche Sonne scheint auf den Tisch, von der Nordsee her weht eine kühle Brise, und Kronauer sagt, dass das Meer immer eine Art Fluchtpunkt für sie war: Von Aachen aus waren sie oft nach Ostende ans Meer gefahren – es wird der Schauplatz u. a. ihres Romans *Verlangen nach Musik und Gebirge* von 2004 sein –, und einmal wurde sie, da sie dünn und viel krank war, in ein Kinderheim auf die Insel Wangeroode zur Erholung geschickt, und zum ersten Mal sah sie aus erhöhter Position von den Dünen das Wattenmeer der Nordsee, wohin fließt all das Wasser, ins Land?

Erst jetzt fiel mir auf, daß ich in meiner Kindheit oft Vorstellungen vom Meer hatte, Träume um eine einzige Erinnerung herum, und im Erwachsenenalter wahrscheinlich möglichst oft am Meer sitzen wollte, damit ein Gleichgewicht in der Wirklichkeit entstünde, oder saß ich nur am Meer, um mich wieder in die glänzenden Kindheitsaugenblicke zu versenken? Das Meer aber hat sich, daran zweifle ich nicht länger, erwiesen als Endpunkt, Hafen, Fluchtpunkt aller denkbaren Landschaften, ich weiß nicht, was da noch gehofft werden soll, daß

es mein Leben einmal lückenlos ausfüllt, mich ganz durch-
flutet, mit pfeifend heranrasenden, hinter dem Horizont ent-
springenden Wellen?[5]

Das war 1993 geschrieben – später ist ihr dennoch eine weitere
Landschaft zum Fluchtpunkt geworden, in der es anderes zu hoffen gibt: Die Gebirge um Arosa und Nietzsches Engadin, diese Welt
des Schroffen und Abweisenden, der sie in einer Mischung aus Begeisterung und Grauen begegnet und die sie so packend und transparent in den Romanen seit der Jahrtausendwende zu beschreiben weiß. Aber es ist keine Zeit, diesem Gedanken nachzuspüren,
denn zwischen Backsteinhaus und Wuchergarten erzählt Brigitte
Kronauer, wie nach der Wende viele ihrer gemeinsamen Freunde
aus der Literatur- und Kunstszene nach Berlin gingen, wir drei
jedoch, sagt sie, brauchen das Wasser, Strom und Meer: Armin ist
in der Lausitz mit vielen Bächen und Gerinnen aufgewachsen, und
Dieter hat immer schon in Hamburg gelebt, so blieben und bleiben wir. Hamburg hat etwas Weltweites, schon als Kind habe sie
gehört, dass es das „Tor zur Welt" sei, Hamburg war immer der

Traum. Schon damals im zerstörten Bochumer Ruhrpott mit seinen wiederbelebten Zechen und Hochöfen, in Trümmern und Rauch – aber die Bergleute bleiben die Helden, der Kumpel, der aus der Tiefe kam: Diesen Stolz hat sie noch immer in sich, sagt sie, der Kohlestaub ist mir heilig.

Über uns schlingen sich quer über die Pergola die Ranken des seltenen Purpurglockenweins mit seinen frivolen Blüten. Kronauer hat die Samen von einem Freund aus dem nahe gelegenen Botanischen Garten in Groß Flottbek bekommen und ist stolz darauf, dass die Pflanze so gut gedeiht. Der Botanische Garten und der berühmte Hagenbeck'sche Zoo weiter nördlich in Lockstedt zählen zu ihren Lieblingsorten und sind wiederholt Gegenstand ihres Schreibens. In allen Formen sucht sie nach ökologischen, wissenschaftlichen und poetischen Verbindungslinien.

Bevor wir das gastliche Haus verlassen, gehe ich noch durch den Garten und notiere, was hier alles durcheinanderwächst und -blüht, an diesem frühen Herbsttag auf den sanften Höhenrücken der Niederelbe, in Nienstedten an der Elbchaussee, die Detlev von Liliencron „die schönste Straße der Welt" nannte, hier, im ehemaligen Fischerdorf und jüngsten Luxusviertel, das sich sein gutbürgerliches Ambiente zwischen den superreichen Nachbarstadtteilen noch einigermaßen erhalten konnte: Löwenmaul, Goldruten, Cosmea und Spinnenblumen, Zinnien, Wicken und Kresse, Indianerfeder, Fuchsien, Oktober-Sonnenhut und Schönäugige Susanne …

Wenn man von Blankenese den Mühlenbergerweg Richtung Elbe hinunterblickt, gibt es einen Punkt, an dem die großen Schiffe vollkommen die Aussicht versperren. Hamburg boomt, ist zum weltweit vernetzten Logistikzentrum zwischen Meeren und kontinentalem Festland und in den letzten Jahren neben Amsterdam/Rotterdam zum wichtigsten internationalen Containerhafen geworden. Die Chinesen, sagt Armin Schreiber, wollen eine weitere Vertiefung der Fahrtrinne, um den Strom mit noch größeren Schiffen befahrbar zu machen. Noch gigantischer, fast möchte man sagen gigantomanischer, sind die Luxusliner für Kreuzfahrten. Auch dafür hat sich Hamburg zum Hotspot von Europa entwickelt.

Hamburg baut und baut aus und baut auf und reißt nieder: Der aus dem Mittelalter stammende, hochgotische Mariendom zum Beispiel wurde schon 1804 geschliffen – heute ist ein Parkplatz dort –, und für den Wahnwitz des nach Toulouse zweitgrößten europäischen Luftfahrtzentrums wurde in unmittelbarer Nähe zur Stadtmitte auf der Insel Finkenwerder ein kompletter alter Stadtteil abgerissen sowie für Erweiterungsbauten von Hallen und Rollbahnen das Naturschutzgebiet des Mühlenberger Lochs zu mehr als 20 Prozent brutal zubetoniert, weitere 20 Prozent drohen zu verlanden. „Zukunftsfroh und ohne zu fackeln fortschrittlich", sagt Kronauer sarkastisch, wurde dieses größte europäische Süßwasserwatt, der biologisch produktivste Teil der Tideelbe, teilweise unwiederbringlich zerstört: Dies alles, um eines der derzeit größten Passagierflugzeuge der Welt, den Airbus A380, zu bauen. Es ist der Geruch der Macht, der in Hamburg so spürbar ist, sagt Kronauer. Es ist, global gesehen – und sie verfolge das mit wachsender Wut –, das irreparabel ruinierte Biokapital und die vermutlich letale Unfähigkeit der Menschheit, ihre Lebensinteressen zu erkennen und danach zu handeln.

Wir stehen auf dem Teufelsbrücker Landungssteg, von dem aus man nach Finkenwerder, in den Kohlfleethafen oder weiter ins Alte Land übersetzen kann. „Teufelsbrück" ist auch der Titel eines von Kronauers großen Romanen, der in diesem Abschnitt diesund jenseits des Stromes spielt und in der Villa der steinreichen und exaltierten Zara Johanna Zuern seinen Handlungsmittelpunkt hat, am Rand des Alten Landes, Norddeutschlands größtem geschlossenen Obstanbaugebiet. Ein irrlichternder Roman, erotisches Vexierspiel, Drift der Sehnsüchte zwischen Luxus und Einkaufszentrum, Gesellschaftsbild der Hamburger High Society und der „kleinen" Leute in der Ich-Erzählerin Maria Fraulob, Intrige, Melodramatik und Romantik zwischen Himmel und Hölle und dem lachenden Teufel von Teufelsbrück. Ich habe versäumt, auf der Stelle nach einem eventuellen Denkmal oder einer Bildtafel dieses Teufels zu fragen, habe auch am nächsten Tag, allein mit W. am Elbuferweg, nichts gefunden. Es ist gut so, denn so bleibt er im Gedächtnis als einprägsame Metapher der Gegenwart des Magischen, die Kronauer in allen ihren Büchern neben präzise Wahrnehmung der Wirklichkeit setzt und uns dadurch in ihr kunstvolles Pendeln zwischen Legende und Rationalität verwickelt.

Die Gegend scheint überhaupt inspirierend für Literatur zu sein: schon Jean-Paul Sartre hatte 1959 in seinem Theaterstück *Les séquestrés d'Altona* (*Die Eingeschlossenen von Altona*) zwei Menschen mit einem Porsche über die alte Elbbrücke in den Tod rasen lassen: einen despotischen Großreeder und dessen Sohn, der nicht über seine eigenen Verbrechen während der Nazizeit als Schinder von Smolensk hinwegkommt. Heute fließt der Verkehr von Hamburg nach Schleswig-Holstein und Skandinavien durch den vierröhrigen Elbtunnel, dessen Präsenz man nicht spürt, wenn man am Ufer zwischen dem Altonaer Fischmarkt, dem futuristischen Dockland-Parallelogramm, dem Museumshafen und der Ringelnatztreppe von Övelgönne entlangwandert. Gegenüber ragen die Kräne des Containerhafens in den Himmel, hängt das Tuten der monströsen Schiffe in der Luft, leuchten nachts die Lichter des Airbus-Areals verführerisch wie eine Fata Morgana.

Aber hier, an diesem hellen Tag mit Brigitte Kronauer und Armin Schreiber am rechtsseitigen Elbufer, scheint dort, wo nicht Bagger und scharfe Hunde die Anwesen charakterisieren, noch eine lebenswerte Welt zu sein. Noch viel 19. Jahrhundert zwischen breitem Strom und Menschenwerk: herrschaftliche, ausschließlich in Weiß gehaltene Gründerzeitvillen mit prachtvollen Gärten, zu Kulturzentren umgebaute alte Industriegebäude, weitläufige Parks, die steil oder sanft von den Geestrücken zu den Ufern abfallen. Hier gibt es Strandpromenaden und berühmte Cafés und Restaurants, die Strandperle und das Hotel Jacob, das Max Liebermann malte, das Café Engel auf dem Ponton von Teufelsbrück, wo sich die Kap-Kapitäne trafen, die das Kap der Guten Hoffnung umsegelt hatten. Immer der freie Blick auf das Vorüberziehen des Lebens und die Bestrebungen des Menschen, ihm durch rastlose Tätigkeit Sinn zu geben: auf die Geschäftigkeit der Fährschiffe nach Finkenwerder, ins Alte Land oder nach Cranz, auf Lastkähne, Container- und Kreuzfahrtschiffe, auf Bojen, Stege, Segelclubs, kleine Werften und Fährmannshäuser, auf die Kette der Elbinseln und den scheinbar stoisch alles in sich aufnehmenden Strom, der aus dem fernen

Riesengebirge kommt und so viel Geschichte von Krieg, Verwüstung und Wiederaufbau mit sich trägt, so viele Geschichten aus der Böhmischen Pforte und aus Dresden, aus Meißen und Magdeburg und aus den frühen Zeiten der Freyen und Hansestadt Hamburg.

Hier am Elbuferweg sind Ferien im Nahen, sagt Armin Schreiber, hier kann man spazieren und flanieren, joggen, radeln und speisen, im Sand spielen und im Sommer an den weißgelben Stränden baden. Das Licht über dem Wasser ist so hell, als hätte man „einen ständig leuchtenden Splitter verschluckt", schreibt Kronauer in der Erzählung *Die gemusterte Nacht*. Elbabwärts in der windgeschützten Bucht des Falkensteiner Ufers stehen zur Hochsaison Strandkörbe zwischen den Weiden, Illusion von Meer, der Alltag ist fern, nahe ist die Glückseligkeit. Jetzt tollen Hunde im Kreis, Kinder werfen sich Bälle zu, die Blätter der Weidenbüsche vergilben bereits. Segelboote kreuzen zwischen den Schiffsmonstern. Ein Segelboot zu haben, war ihr Kindheitstraum. Hat er sich erfüllt? Nein, sagt Kronauer, segeln ist in Hamburg eine Frage des sozialen Status. Wir waren beschäftigt, Haus und Garten abzuzahlen, das war genug für drei freischaffende Künstler. Und außerdem ist gehen so schön, es ist meditativ, die Füße bewegen sich, aber sonst ist man ruhig. Ein wenig bin ich dem Wasser untreu geworden. Die Berge bekommen immer mehr Gewicht.

Erstaunlich undomestiziert wirkt der Strom elbabwärts, und die Flussmarschen sind ein Wunderland der Natur. Sie beherbergen europäische Raritäten, erklärt uns Kronauer, die Liebhaberin, ja, fast Wissenschaftlerin der Pflanzen- und Tierwelt: Weltweit nur hier wächst zum Beispiel der Schierlings-Wasserfenchel, verstreut auch die seltene Schachbrettblume, Ästiger Igelkolben oder Krückenkegelmoos ... ; hier lebt oder rastet die Hälfte aller europäischen Vogelarten, es gibt Zwergschwäne, Goldregenpfeifer und Kampfläufer. Die Ufer ändern sich, Hochwasser und Gezeiten hinterlassen ihre Spuren, sind unberechenbar und bleiben ein Risikofaktor, es kann ein Ertrunkener dabei sein oder Unrat im Spülsaum des Stroms, der auch zufrieren kann, es gibt Phasen starker Brandung, und es kommt vor, dass Sand- und Geröllformationen aus der Eiszeit einstürzen und Häuser und Höfe die steilen Klippen

zur Elbe hinunter mitreißen. Im Sammelband *Natur und Poesie,*
der zusammen mit dem Pendant *Poesie und Natur* in einem Schu-
ber Ende 2015 zu Brigitte Kronauers 75. Geburtstag erschien und
der den ganzen Reichtum ihrer Essayistik und das empfindliche
Wirkungsgewebe zwischen beiden Titelthemen beschwört, lesen
sich selbst einzelne Sätze wie kleine visuelle Offenbarungen:

> *Hier, an der Elbe, ist es die schiere Andacht gegenüber der,*
> *zahllosen Varianten des Lichteinfalls entsprechend, franzö-*
> *sischblauen, nebelgrauen, manchmal fast lackschwarzen,*
> *manchmal silbrigweißen und gleißenden, waagrecht lagern-*
> *den Majestät.*[6]

Auch eine Majestät kann die Geduld verlieren. Im Februar 1962
kam eine Sturmflut von der Nordsee her den Strom aufwärts, über-
raschte die Bewohner im Schlaf, begrub Landstriche, Marschen,
Stadtteile, Häuser, Menschen unter sich. Im Sommer 2002 kam
nach sintflutartigen Regenfällen im Oberlauf der Elbe das nächste
katastrophale Hochwasser mit Pegelständen von bis zu neun Metern. Viele Anwohner des Elbuferweges mussten evakuiert werden,

erzählt Brigitte Kronauer, auch der Schriftsteller Peter Rühmkorf, dessen Haus in Övelgönne unter Wasser stand und dessen Grab – er starb 2008 – auf dem Prominentenfriedhof von Altona liegt. Sucht man nach den letzten Ruhestätten von Dichtern und Denkern, ist die niederelbische Region ein lohnendes Ziel. An der Südseite der Christianskirche von Ottensen etwa fand Friedrich Gottlieb Klopstock seine letzte Ruhe – 25.000 Menschen sollen damals unter dem Geläut aller Hamburger Hauptkirchen den Kondukt vom Stadtzentrum heraus begleitet haben, um dem Schöpfer des *Messias,* die letzte Ehre zu geben.

Still und immerdunkelgrün ist auch der Friedhof von Nienstedten, durch den wir jetzt wandern, wir wollen die Gräber von Hans Henny Jahnn und Hubert Fichte suchen, dessen synkretistisch-magische Romane für Kronauer bedeutsam sind. Das Kirchlein von Nienstedten hat das wohl älteste Kirchspiel im Westen Hamburgs, sagt sie, und führt uns auf den „Nienstedtener Balkon", von dem aus der Blick übers Wasser hinweg auf den jenseitigen Geestrücken, die blau-grünen Harburger Berge geht. Georg Philipp Telemanns Festkantate „Zerschmettert die Götzen", die er 1751 eigens zur Einweihung der Dorfkirche komponierte – bereits 1529 war das Hamburger Gebiet vorwiegend protestantisch geworden –, wurde erst 1986 in Berlin wiederentdeckt. Welch kunsthistorisch, musikalisch und literarisch reiche Landschaft, durch die wir geführt werden, da und dort verweilen, fragen und viele Antworten bekommen.

Die Parks ziehen sich einer nach dem anderen die Uferhänge hinauf, alle mit zeittypischer Geschichte und mitunter Zeugnis revolutionärer Bestrebungen. Etwa der Jenischpark in der Nähe des Kronauer'schen Hauses, der ursprünglich zum Besitz des Barons Caspar von Voght gehörte, der auf dem Areal bereits um 1800 mit seiner „Ornamented Farm" ein landwirtschaftliches Mustergut errichtete und eigene Häuser mit kleinem Vorgarten für seine Vertragsarbeiter bauen ließ. Das ganze Viertel war Wohnstatt oder Schauplatz von Kunst und Literatur: In der Elbchaussee wohnte Heinrich Heine im Gartenhaus des Besitzes seines Onkels Salomon, der als Mäzen das Israelitische Krankenhauses auf St. Pauli stiftete; hier lässt auch Hans Leip, der als Textdichter des

Liedes von „Lili Marleen" weltbekannt wurde, seine Liebesgeschichte zwischen einer reichen Reederstochter von „da oben" und dem armen Bootsjungen Jan Limp, der im Fischerdorf von Övelgönne „da unten" zu Hause ist, spielen; im Witthüs des Hirschparks lebte der ob seiner tabufreien Sexual- und Gewaltszenen umstrittene Schriftsteller, Orgelbauer und streitbare Atom- und Wiederbewaffnungsgegner Hans Henny Jahnn bis zu seinem Tod 1959; wir werden ihm bei Walter und Adolf Muschg wieder begegnen.

Geprägt von geistvollen Traditionen ist dieses Land und vielleicht, sagt Brigitte Kronauer lachend, kommt mein Interesse dafür wirklich schon aus der Kindheit: von den künstlerisch gestalteten Bilderbüchern ihrer ersten Lebensjahre in Strobl, später von den Kunstpostkarten, die der Vater den Kindern mitbrachte und sie darauf Details entdecken ließ sowie von der Mutter, die eine perfekte Erzählerin war und ihren fantasievollen Geschichten der kleinen, alltäglichen Ereignisse dennoch eine strenge Struktur und Spannung gab. War dies schon Kronauers erste Schule gegen Pauschalierung und Subsumierung, eine Thematik, die sie in ihrer Wiener Ernst-Jandl-Vorlesung zur Poetik in den Mittelpunkt stellte?

Seine, des Schriftstellers Moral besteht zuallererst in dem Versuch, unser Leben und wie wir uns per Sprache darüber verständigen, von den überall und jederzeit waltenden Klischees zu retten, vor den schrecklichen Simplifizierern, vor Verstümmelung, Verarmung, Verschleiß von Wörtern und Weltbildern [...], das heißt, keine allgemein verbindliche Oberfläche zu bieten, stattdessen rigoros subjektiv, persönlich, originär zu sein. Das jedoch ist etwas, was einem nicht in den Schoß fällt, nur den Kindern und Irren, da sie keine Wahl haben. Erwachsene müssen es wieder lernen und trainieren, immer neu.[7]

Spätabends kommen W. und ich müde und erfüllt von diesem Tag zurück in die stille Elb Lounge in der Manteuffelstraße, in unser orangefarben eingerichtetes Zimmer. Wir reden über das „sich Verlaufen" in einer von Sehenswürdigkeiten berstenden Stadt, über das schöne sich Verlaufen, wie es Schnurrer, der Held der Kürzestgeschichten in Brigitte Kronauers gleichnamigem Buch

mit dem mehrdeutig-lachenden Titelbild von Dieter Asmus propagiert. Auf einer unserer Fahrten zwischen Nienstedten und Teufelsbrück hatte uns Kronauer auf das Atelier von Dieter Asmus aufmerksam gemacht. Eine reiche Hamburger Dame hat es dem Künstler in ihrer strahlend weißen Villa zur Verfügung gestellt, im zweiten Stock, mit kleinem Balkon und Blick in üppig gestaltetes Grün. Die Grafiken und Ölgemälde von Dieter Asmus, die dem Neuen Realismus zugerechnet werden, hängen in namhaften Museen Europas. Trotz der Karrieren aller drei Beteiligten hat die Wohn- und Lebensgemeinschaft zwischen dem Kleeblatt Kronauer-Schreiber-Asmus gehalten, mehr als vierzig Jahre, Rätsel, Irritation und Geheimnis für Außenstehende ... Und die vielen Bilder und Mutmaßungen des Tages verlieren ihre Konturen wie die Seifenstücke in Tiergestalt in der Schlussszene aus dem vielstimmigen Kronauer-Roman *Das Taschentuch.*

Wie merkwürdig sie später aussahen, die Schwäne, Pferde, Nashörner, als sie wegschmolzen zwischen den Händen und einander von Mal zu Mal ähnlicher wurden, schließlich nur noch Stenogramme ihrer ehemaligen Erscheinung, wie die Spaziergänger am Strand [...], die, nachdem sie, schwärzlich im Gegenlicht und rätselhaft nähergekommen und in allen Einzelheiten sichtbar geworden, sich wieder zu Kürzeln entfernten und wegschwanden in den Horizont.[8]

Fährmannssand – horizontweit und hellblau der Himmel, getupft mit weißen Wölkchen, giftgrün die Weiden auf den Deichen, Schafe wie das Spiegelbild der Wölkchen auf der Erde, grau-blau-grün die

Elbe hin zum Meer. Silberseen auf dem Wasser. Spektakulär, man könnte sich verlieren wollen. Hineingehen in ein Tableau des Ungefähren, das alles oder nichts ist. Möwen schreien. Falbe Kühe weiden, es riecht nach Wasser, schon nach Meer. Wind. Vogelschutzgebiete und Brutstätten unter riesigem Firmament. Manchmal, sagt Kronauer, kommen wir heraus und beobachten die Vögel mit dem Zeiss-Glas. Am jenseitigen Ufer, kaum noch auszunehmen durch die große Entfernung, verstreute Zeichen von Industrie, Schlote, Starkstrommasten, die Umrisse eines Atomkraftwerks. Hier, am rechten Elbufer, reihen sich ausgedehnte Marschlandschaften aneinander. Die Haseldorfer Marsch, erzählt Armin Schreiber, wurde bei der Sturmflut von 1962 komplett überschwemmt. Es gibt nur noch Relikte bäuerlichen Lebens, ein paar Rudimente, viele Menschen sind ertrunken. Helmut Schmidt, der spätere Kanzler, war damals Innensenator, er hat ein gutes Katastrophenmanagment gemacht. Und erzählt weiter vom Deutsch-Dänischen Krieg von 1864, in dem Dänemark Schleswig-Holstein an Preußen und das verbündete Österreich verlor. Viele Gedenksteine rundum bei den Städtchen Rissen und Wedel, durch die wir jetzt fahren und die bereits in Schleswig-Holstein liegen. Fährmannssand ist Weite, Ausgesetztheit, es ist gewaltig, aber es ist nicht *ihre* Landschaft, sagt Brigitte Kronauer. Die ist nur ein kleines Stück weit weg, zwischen Pinneberg und Rissen: Klövensteen. Ein 500 Hektar großes Naturschutzgebiet aus Wald, Heide und Moor,

... in dem es in unverkennbarer Komposition nach Nadelhölzern, Sand, Erika, Waldmoder und Tümpeln riecht, wo man in kleinen Mulden schlafen, an Baumstümpfen diskret

picknicken kann und wo auf den dazwischen gestreuten Kop-
peln gefleckte Pferde trotzig näherkommen, wo man Maronen
und Birkenpilze sammelt, ganze Sommernachmittage an
Tümpeln mit blauen Lupinen und Blick auf kleine Wollgras-
meere verdöst, gestürzten Bäumen im Dunkel beim Verwit-
tern zusieht ...[9]

Klövensteen ist unser letztes Ziel. Eine ursprüngliche Landschaft, unersetzlich für mich, sagt Kronauer, zum Durchatmen und zum Sich-heimisch-Fühlen. Stundenlang ist sie hier mit Armin unterwegs, seit rund dreißig Jahren zwischen Moor, Molchen und Fröschen, Bruchwald und Besenheide, Geißblatt und Ginster.

Wie tief eine bestimmte Landschaft in einen Menschen einwachsen kann! Welche Landschaft warum in welchen Menschen? Es ist staunenswert, sagt Kronauer, wie mitunter ein Wunder der Gegenwärtigkeit geschieht, wie wir es in der Kindheit als persönlichen Weltbeginn erlebt haben. Orte, Gegenden, Blicke, die für den einen tot und nichtssagend sind, können für den anderen jedoch Hort eines nicht endenden Gesprächs werden, einer stillen Übereinkunft, die ein Geheimnis bleibt, an das nicht zu rühren ist. Ich kenne das, sage ich zu Brigitte Kronauer, für mich ist es ein Bergtal, unweit von ihrer Kindheitslandschaft am Wolfgangsee. Das Plätschern eines Hofbrunnens, Bauernwiesen, Heuduft, Mischwälder hoch hinauf, leuchtendweißes Kalkgebirge rundum, rot schimmerte im Dezember der Himmel über dem Salzsteig, dort buken Engel die Weihnachtskekse für meinen Bruder und mich. Die Engel sind weggeflogen, die Kekse backe ich selbst, der Brunnen ist zubetoniert. Aber die Bauernwiesen gibt es noch immer, den Heuduft, den Farn unter den Fichten und die Wände und Schrunden des Gebirges, rosenfarben im Morgenrot, herrisch in greller Sonne, ferngerückt im Gegenlicht des Abends.

Im Roman *Berittener Bogenschütze* hat Kronauer 1986 die Moorlandschaft von Klövensteen einer gewissen Gisela als deren Kindheitsumgebung zugedacht, und im zweiten Teil des Romans *Gewäsch und Gewimmel* von 2013 lässt sie eine alte Frau, Luise Wäns, davon mit Wehmut erzählen.

Wie heute auf den Tag schimmerten damals zwischen dreizehn und fünfzehn Uhr draußen alle Wasserflächen. Winzige Tropfen an den kleinsten Gewächsen. Das alte Gras, was war's? Segge, Binsen, Simsen, Schilfröhricht, Riedgras, Reitgras? Es loderte regelrecht zwischen Pferdeäpfeln und verdorrter Heide. [10]

Am schönsten, sagt Brigitte Kronauer, war es im südlichsten Teil, dem Schnaakenmoor. Aber seit einigen Jahren ist ein großes Renaturierungsprojekt im Gange, das eine urtümliche, historische, früher viel ausgedehntere Moor-, Dünen- und Heidelandschaft in Ansätzen wiederherzustellen versucht. Einzelbäume und ganze Kiefernwäldchen wurden gerodet, Birkenschösslinge ausgerissen, weite Flächen überschwemmt, sumpfig und unbetretbar gemacht und die meisten der Wege gesperrt. Wohlmeinende Tafeln verweisen auf die Gründe. Es blieben nur noch einige „verteufelt sture Achsen", von denen man aus die Veränderungen überblicken kann. Luise Wäns' Wehmut ist die ihrer Autorin. Ich muss erst lernen, mich mit dieser Radikalität abzufinden, sagt Brigitte Kronauer, muss erst alles in Kopf und Herz umgraben, um nicht der entschwundenen Wildnis, dem variationsreichen, mit rötlichem und goldenem Gras möblierten Reich nachzutrauern. Aber wir bemühen uns, umzudenken, sagt Armin Schreiber, wir arbeiten daran, die Notwendigkeit einzusehen. Vielleicht ist auch unser prinzipielles Gegnerschaftspotenzial kleiner geworden, bei mir zumindest ist es so. Vielleicht liebe ich deswegen jüngst Grau als meine Farbe, sagt der Kunstkritiker Schreiber, dessen Spezialgebiete die zeitgenössische Malerei und literarische Comics sind. Aber hier, im Moor, fügt er an, gibt es immer noch Momente, die haben etwas von Transzendenz.

Schönheit, sagt Kronauer, ist zwar flüchtig, amoralisch und trügerisch, jedoch eine Himmelsmacht, ohne die wir höchstens ein rechtschaffener Erdklumpen sind. Das Schnaakenmoor ist europäisches Naturschutzgebiet. Das galt auch fürs Mühlenberger Loch. So? Und half ihm das, als es ernst wurde und Airbus drüberfuhr?

Schreiben *oder* Handeln? Nein, sagt Kronauer. Poetisches Schreiben *ist* Handeln! Darum ist sie eine eminent politische

Autorin. Sie hat Essays, Romane und Erzählungen über unsere Gegenwart geschrieben sowie streitbare Poetikvorlesungen darüber gehalten. Ist brillante Literaturtheoretikerin und flirrende Poetin, intime Kennerin der Kunstgeschichte, Pflanzen- und Tierkundlerin und versiert im dunklen Land menschlicher Gefühle und Verwirrungen. Unvergleichlich, wie sie über die Opfer des munteren Lebens schreibt, über das Zwielicht des Daseins und über Liebe, Tod und Teufel, zeitprall, analytisch, erkenntnishungrig und figurenreich, passioniert und mit reicher Sprachmelodie von Erotik und Verlust erzählend. Immer wieder stellt sie sich die Frage, ob man im Schreiben absolut modern sein müsse.

Ja, man muss. Man muss, um auswählen zu können, gerade deshalb für und vor sich selbst modern sein. Die Frage ist nicht: Was ist das öffentlich Erwartete, Notwendige, Relevante? Sie lautet allein: Was regt mich am meisten auf? Und zwar nicht nach Diktat medialer Informationsquellen, auch nicht intellektuell, sondern bis ins Mark.[11]

Es ist Abend geworden. Es riecht nach Moor und Moder. Rufe von Rohrdommeln. Sand auf den Reitwegen. Wolken spiegeln sich in Tümpeln. Birkenstämme glimmen im schwindenden Licht. Brigitte Kronauers blondes Haar sprüht letzte Funken. „Die Tricks der Diva" heißt eine ihrer Erzählungen. Ein mehrdeutiger Titel: Die Autorin meint die Natur, aber unmittelbar denkt man an sie selbst, an ihre Persönlichkeit, ihre Ausstrahlung und ebenso an die Raffinesse ihres Schreibens. Denkt an ihren leidenschaftlichen Glauben, dass wir zum „wirklichen Leben die Literatur brauchen", die neben animierender Fremdheit eine Weltbeleuchtung anzündet, deren Bildern, Nerven, Logik man sich anvertrauen kann und die fähig ist, das Gold, die Dramatik, ja die Unendlichkeit des bereits Geschehenen zutage zu fördern und ebenso die des noch Möglichen, gerade erst Denkbaren.

Jetzt, als ich diese Erzählung schreibe, ist Winter. Es liegt Schnee, aber er ist am Schmelzen. Nebel hat dem Untersberg seine Existenz genommen. Brigitte Kronauer wandert zur selben Stunde vielleicht gerade den Elbuferweg von Hamburg oder den

Morteratschgletscher im Engadin entlang. Auf unserer Terrasse schneidet W. einen Klumpen von Dahlienknollen, die ursprünglich aus meinem Tal in den Bergen stammen, in zwei Teile. Einen davon werden wir an Brigitte Kronauer schicken. Vielleicht werden die Knollen in der Frühjahrserde des Zaubergartens von Nienstedten austreiben, wachsen und blutrote Blüten entfalten. Dann wird sie wissen, dass wir an sie denken.

Robert Menasse
Uns in unserer Zeitgenossenschaft beschreiben
Brüssel

Ich habe versucht, eine Figur zu erschaffen, die nicht mehr nickt. Ich habe versucht, dieser Figur ein Gesicht zu geben. Ich will diese Figur immer wieder aufs neue auf den Weg schicken. Ausgestattet mit Ihren Hoffnungen, Ihren Gefühlen, Ihren Erfahrungen.[1]

Mit diesen Worten forderte Robert Menasse in seiner Frankfurter Poetikvorlesung die jungen Menschen auf, nicht mehr nur zu nicken und Ja zu sagen zur vorgefundenen Welt, sondern aufmerksam, differenziert und schöpferisch in die Zukunft zu gehen. Er sagt es auch uns, die wir ihn lesen, ihm zuhören oder mit ihm reden, in Gedanken oder in einem der vielen Kaffeehäuser, die er liebt, in Wien, São Paulo oder in Brüssel. Immer schon wollte er die Welt auf den Kopf stellen und uns mitnehmen bei seinen leidenschaftlichen Versuchen, sie zu verändern, zu verbessern und humaner zu machen. Uns mit Literatur zur Selbsterfindung zu ermuntern. Menasse ist einer der großen Träumer des Lebens. Hierzulande gilt er als Provokateur, als Kritiker, der sich streitbar in die Tagespolitik einmischt, als Aufklärer, der methodisch ein Verfechter der Dialektik ist und Hegel und Kant in die Gegenwart holt, um sie damit sinnvoller zu gestalten. Aber dahinter steht die Wut über die Versäumnisse der Politik und die nickenden und verführbaren Massen, dahinter lodert der immer wieder neu enttäuschte und neu sich formende Traum von einem Weg zum Helleren hin.

Unsere Zeit. Unser Leben. Unsere Lebenszeit. Darüber will ich reden und so meinen literarischen Anspruch vielleicht erklären können. Ich werde über Gott und die Welt reden, mehr über die Welt als über Gott [...][2]

Das ist die Literatur von Robert Menasse: zeitnah, scharfzüngig und global. „Brillant" ist das Adjektiv, das ihm am meisten beigegeben wird. Er liebt die Analyse und hasst die Gedankenlosigkeit. In allen seinen Romanen, Erzählungen und Essays bleibt er in der Gegenwart, und selbst dort, wo er in die Vergangenheit ausholt, ist sie Exempel für das Heute, nah an den Menschen, nah bei sich selbst und im Schreiben die Koordinaten errichtend, die Halt geben könnten gegen Unverstand, Banalität und die Ungeheuerlichkeiten der Welt.

Viele Orte und Landschaften wären für unsere Begegnung möglich gewesen: Wien, wo er 1954 geboren wurde und studierte, oder das nördliche Waldviertel, wo sein Rückzugsort für die ungestörte Arbeit liegt: ein Anwesen an einem kleinen See, das ihm seine Großmutter vererbte. Das eine der beiden kleinen Häuser bewohnt er selbst, das andere hat er Robert Schindel überlassen – eine der außergewöhnlichsten Freundschaften in der österreichischen Literaturszene. Es hätte, wenn es nicht zu weit und zu teuer gewesen wäre, auch São Paulo für unser Treffen gepasst, wo er zwischen 1981 und 1988 lebte, als Lektor und Gastdozent an der Universität lehrte und seinen ersten Roman, *Sinnliche Gewißheit*, schrieb, eine Stadt, der er sich bis heute verbunden fühlt. Oder Amsterdam, das er zeitweise zu seiner Heimat erkor. Oder Brüssel. – Es wurde, aus gutem Grund, Brüssel. Denn diese Stadt und das hier angesiedelte Zentrum der Europäischen Union sind seit 2010 Mittelpunkt seines Lebens und Schreibens.

Ich hatte die Idee, einen Roman zu schreiben, der in Brüssel spielt, und dessen Hauptfigur ein Beamter der Europäischen Kommission ist. Wenn es noch möglich ist, einen realistischen Roman zu schreiben, der in den Erscheinungsformen der Realität das Wesen einer Epoche zeigt, dann, so war mein Gedanke, müsste ich mich wohl am besten an den Ort begeben, wo die Realität produziert wird, und das ist heute zweifellos Brüssel.[3]

Menasse kam als Skeptiker und Kritiker und wollte ein paar Wochen, vielleicht Monate bleiben. Es wurden Jahre daraus, führte zu einer über die Maßen dichten Recherche und ergab eine Überfülle an Stoff für den Roman, an dem er seither arbeitet, getragen von der Hoffnung, dass er gelingen, der Panik, dass er damit scheitern könnte. Und: Er hat sich in Brüssel verliebt. Ist gerne hier, als Anonymus in einer Weltmetropole, die dennoch relativ klein geblieben und deren lebendige, lässige und multikulturelle Atmosphäre ihm extrem angenehm ist.

Unser Treffen stand unter einem guten Stern. Es war bereits Abend. W. und ich schlenderten über die Place Ste. Catherine, und plötzlich schien die Welt auf uns zuzubranden, es war laut und fröhlich, junge Menschen unterschiedlicher Hautfarben und Sprachen waren da, spielten Fußball, saßen auf steinernen Stufen, rauchten, redeten und lachten. Wir suchten uns ein Bistro, aßen eine Kleinigkeit und tranken Leffe-Bier, und als wir das Lokal verließen, hörten wir von einem Tisch im Freien eine Stimme, die uns bekannt vorkam: Es war Robert, im Gespräch mit einer jungen Dame, einer EU-Beauftragten, wie sich herausstellte. Wir hatten dieses Treffen nicht vereinbart und deuteten es als glücklichen Zufall. Morgen, ja, morgen werde er uns *sein* Brüssel zeigen.

Das Viertel um die Place Ste. Catherine liegt herrlich zentrumsnah, viele der geschichtsträchtigen Orte sind zu Fuß erreichbar. W. und ich querten den Boulevard Anspach, gingen an der Börse entlang, vor deren Toren zwei geflügelte Figuren das Gute und das Böse symbolisieren, gingen weiter durch die Rue au Beurre mit den verführerischen Auslagen der Zuckerbäckereien und Schokoladen. Bereits die Namen der Gassen und alten Märkte verweisen auf jene Handelsgüter, die die Brüsseler lieben und die sie seit dem Mittelalter reich gemacht haben: Butter, Fisch und Fleisch, Käse und Kakao, Spitzen, Tuch, Fliesen und Kunstwerke. Und dann, auf einmal, aus der Enge heraus ein sich Öffnen: der Grote Markt oder die Grand Place. Wenn man diesen Platz zum ersten Mal sieht, verschlägt es einem den Atem: Gold, Pracht und Macht, Licht und Harmonie, gestaltetes Ebenmaß und himmelstrebende Schönheit. Auf dem Turm des spätgotischen Rathauses wehen die belgische Flagge und der Sternenkranz der Europäischen Union, darunter gehen, stehen, fotografieren und staunen Menschen aus aller Welt, die barocken Zunfthäuser schwelgen in üppigen Ver-

zierungen und Details, davor üppiger Blumenschmuck. Nicht das Königsschloss auf dem Coudenberg ist der Mittelpunkt der Stadt, nicht eine glanzvolle Kirche, sondern dieser große Platz als Zeugnis jener Menschen, die den Reichtum erarbeitet und erwirtschaftet haben: die Bauern, Handwerker und Handelsherren und die vielen „kleinen" Leute, denen Pieter Bruegel der Ältere, der viele Jahre im Quartier des Marolles lebte, in seinen fantastischen Genreszenen aus dem Alltag etwas wie Unsterblichkeit verlieh. Ein Ort bürgerlichen Selbstbewusstseins und stolzer Gleichberechtigung. Schulter an Schulter stehen die Gebäude der Zünfte und Gilden: der Schreiner, Bäcker und Bogenschützen, der Brauer, Fleischer, Kurzwarenhändler und Flussschiffer, der Schneider, Fettmacher und Gerber und viele mehr. Was diese strenge Ordnung für den Einzelnen bedeutete, insbesondere für jene, die davon ausgeschlossen waren, ist vielfach in ihren positiven sowie in den dunklen Seiten festgehalten.

Am nächsten Morgen holt uns Robert vom Hotel ab. Immer, wenn er in Brüssel ist, mietet er eine kleine Wohnung, um ungestört bis tief in die Nacht hinein arbeiten zu können. Es gibt sogenannte

Night Shops, sagt er, die haben 24 Stunden offen, wenn ihm um zwei Uhr nachts Zigaretten, ein Bier oder etwas Käse fehlen, geht er hinunter, kauft, was er braucht, redet mit den Typen, die um die Shops stehen, Schwarze, Türken, Araber, und schreibt weiter. Er liebt das Völkergemisch, auch die afrikanischen Viertel. In den letzten Jahren hat er zusammenrechnet mindestens zwei Jahre in Brüssel gelebt, Berge von Material gesammelt und Freundschaften geschlossen. Meist nimmt er hier in der Gegend von Ste. Catherine Quartier. Brüssel ist viel kleiner als Wien, aber es hat mehr von einer Metropole, sagt Robert, es ist offener und lebendiger. Es gibt Cafés, die servieren nur Getränke, aber man kann sich sein Essen selbst mitnehmen und seine Brioche essen. Oft stellen Leute einfach ihre Sesseln aus dem Haus in die Gasse, unterhalten sich und tischen auf, in Wien ist alles offiziell möbliert. Und ich bin immer wieder erstaunt, wie entspannt es ist, wenn Menschen verschiedenster Muttersprachen vorübergehen, die hier tatsächlich auch wohnen und arbeiten. In all dem Gemisch hat Brüssel immer noch etwas Dörfliches. Ste. Catherine zum Beispiel kommt mir vor wie aus einem Kinderbuch. Schaut euch um, so viele kleine Geschäfte, da ein Bäcker, dort ein Gemüsehändler, seht euch nur diese Pilze da an und das Arrangement der Käse, *das* ist Kultur, es ist teuer, aber man kauft nur ein, was man wirklich braucht und hat dafür gute Qualität; oder die Fische hier ..., leider ist der Fluss der Stadt, die Senne, zugedeckt wie die Poltwa in Lemberg, der alte Hafen ist weg, und der große, alte Fischmarkt, der ursprünglich auf einer Insel zwischen den Flussarmen war, ist nur mehr ein leerer Platz mit zwei kleinen Alibibecken in der Mitte. Auf alten Bildern sieht man noch die Sandbänke, die Fischer und die Schiffe, die vom Atlantik bis hierher kamen. Jetzt sind ringsum Cafés und Restaurants, aber die meisten davon sind für Touristen, da geh ich nicht hin, sagt Robert. Er wohnt ein Stück dahinter, dort, wo der schicke Teil des Quartier du Centre in den ärmeren übergeht und die Migrantenszene beginnt, wo Afrikaner und Vietnamesen leben, und er geht schnell weiter, erzählt schnell und raucht schnell und zeigt uns die Eigenheiten des Viertels. Das dichte Netz von Gassen und Boulevards, wo sich Mittelalter und Jugendstil mischen, die Frittenbuden am Rand, auch die öffentlichen Pinkelstationen an Kirchen und großen Gebäuden, die den lockeren Umgang mit diesem Bedürfnis spiegeln und den kleinen Manneken Pis zum Wahrzeichen der Stadt gemacht hat. Zeigt uns den alten Getreidemarkt und den Vlaamse Steenweg, den einzigen erhaltenen mittelalterlichen, steingepflasterten Weg von Brügge bis Köln, Verbindung der beiden Bistümer und Weg des Austauschs von Gütern und Gedanken.

Zu Hause in Salzburg werden W. und ich die Bücher und Landkarten auf meinem großen Arbeitstisch ausbreiten, die von der glorreichen Zeit der Städte Brügge, Gent, Antwerpen und Brüssel erzählen, dieser kleinen Region, die zwischen den Meeren, England und dem europäischen Festland zur Drehscheibe für den Welthandel und zu einem Zentrum von Finanztransaktionen für Kaiser, Fürsten, Päpste und das aufstrebende Bürgertum wurde. Und durch den immensen Reichtum von Brabant und Flandern auch zum Objekt der Begierde aller Herrschenden, von den Habsburgern der österreichischen und der spanischen Linie bis zu Franzosen und Niederländern, in sich selbst gespalten durch die unterschiedlichen Sprachen – das Flämische, das Französische und das Deutsche – und Konfessionen, die zu brutalen Kriegen führten.

Es hat zu nieseln begonnen. Robert hat immer eine Schirmmütze in der Tasche, er ist für das feuchte Brüsseler Wetter gerüstet. Nebel zieht vom Meer heran, das Leben scheint geräuschloser zu werden. Wir überqueren die Rue Antoine Dansaert, die Schauplatz einer eigenen Comicserie ist und deren Figuren überlebensgroß an Hauswänden aufgemalt sind – Brüssel ist ein Zentrum der Comicbranche – und wärmen uns an der Place Saint-Géry in einer der schönen Markthallen der 1890er-Jahre mit heißem Kaffee. Die Halle ist leer und unbelebt zu dieser späten Vormittagsstunde, nur ein paar Kapuzenpullover-Jugendliche spielen am Tresen mit ihren Mobiltelefonen, und Robert sagt: Warum hat die Markthalle nicht funktioniert, wenn der Lidl gegenüber funktioniert?

Brüssel ist ein administratives Kuriosum: Es besteht aus neunzehn Gemeinden mit neunzehn Bürgermeistern. Die Baustellen sind eine Katastrophe. Bis sich die einzelnen Gemeinden einigen, vergehen Jahre, und an den U-Bahn-Stationen gibt es oft einen Eingang für jedes „Dorf". Dieses politische Konstrukt führt selbstverständlich zu Spannungen, ist zugleich aber auch eine Schule für Diplomatie und die Notwendigkeit, miteinander auskommen zu müssen. Der große belgische Romancier Hugo Claus, der den Zeitpunkt seines Todes selbst bestimmte, als ihm die Diagnose Alzheimer gestellt wurde, hat diese Problematik in seinem wichtigsten Roman verarbeitet: *Der Kummer Belgiens.* Eine ganze Auslage ist diesem Buch im internationalen Literaturhaus Passa Porta gewidmet, das zugleich eine Buchhandlung ist, Lesungen veranstaltet und mit einem flämischen Literaturverein verbunden ist. Über ihn erhielt Robert 2010 seine erste Einladung nach Brüssel. Als er damals aus seiner Wohnung über die Straße ging, wurde im Passa Porta Thomas Bernhards *Jagdgesellschaft* gespielt. Seither ist er beheimatet in diesem vielsprachigen Haus der Bücher und anregenden Gespräche.

Mein entstehender Roman wird in diesem Viertel hier spielen, erzählt Robert lebhaft und rauchend. Die Hauptfigur wohnt in einem schmalen Haus Oude Graanmarkt 28. Es grenzt an das Hotel Atlas, in dem mit Vorliebe Lobbyisten absteigen, hier sind sie etwas entfernt von den EU-Zentralen, aber mitten im quirligen Quartier Ste. Catherine, das Théâtre de la Monnaie ist nahe, und intensiv ist das Nachtleben in den Restaurants und Bars. Hier ist ein guter Ort für Sondierungen und Abmachungen, für Projekte und Geheimnisse. Im zweiten Stock des Hauses Nr. 28 steht Menasses Hauptfigur am Fenster und beobachtet das Treiben unter ihm und gegenüber in einem Abbruchhaus. Hier lebt eine Frau, die ebenfalls Stunden am Fenster verbringt, etwas verloren, als ob sie die Welt hinter sich gelassen hätte; ein Mann packt eben seine letzten Sachen ein; ein anderer hat ein Zimmer im Hotel Atlas genommen; zwei Menschen speisen gerade in der griechischen Taverne, als die Krise zwischen ihnen ausbricht, und am Platz vor der Kirche von Ste. Catherine wartet jemand, auf wen? Alle Figuren sind schon da. Sie leben auf engstem Raum nebeneinander, wissen jedoch nichts voneinander, und die Geschichten gehen sternförmig auseinander ... Würdest du mir einen kleinen Ausschnitt für die *Dichterlandschaften* geben wollen?, frage ich Robert. Aber noch ist er vorsichtig, er möchte nichts aus der Hand geben, was nicht zu Ende gedacht und geschrieben ist.

Robert Menasse ist kein leichtfertiger Schriftsteller. Gibt histori-schen Recherchen, philosophischen und sprachkritischen Über-legungen breiten Raum, errichtet weitgespannte Netzwerke, grü-belt, verwirft, schreibt neu, feilt, wachsam und warnend, immer in Bewegung. Das zeichnet auch seine rasanten Essays aus, die ihm Ruhm und heftige Gegenwehr eingebracht haben, gesammelt etwa in den Essaybänden *Das Land ohne Eigenschaften*, *Phäno-menologie der Entgeisterung*, *Dummheit ist machbar* oder *Erklär mir Österreich*, die Liste wäre fortsetzbar. Seit Jahrzehnten setzt er sich unerschrocken in Reden und politischen Kolumnen der Tagespolitik aus, kontrovers und provozierend und nicht vom Kal-kül geleitet, sich keine Feindschaften zu machen. Er verkörpere, sagt Daniela Strigl in ihrer Laudatio auf Menasse anlässlich der Verleihung des Goldenen Wiener Verdienstzeichens 2010, „längst die umfassende Zuständigkeit für nationale Belange", sei „unser aller Menasse" geworden, wirke jedoch in seiner geistigen Gelen-kigkeit europaweit.

Von seinen Romanen fordert er selbst eine tiefgreifende Sym-biose des Ganzen: Darstellung der Gegenwart, starke Charaktere, die stark im Grunde nur in ihrem Zweifel sind, große Liebesgeschichten, spannende Handlung, dialektische Durchdringung. Das ist viel auf einmal. Das braucht Zeit, Geduld, langen Atem. Jahre. Medien gieren jedoch nach Tagesaktualität – ein Autor, ein Werk sind schnell vergessen. Menasse ist ein gebildeter Wissenschaftler, der solche Tunnelzeiten aus der Literaturgeschichte kennt. Ob ihm das ein Trost ist, ist schwer zu sagen. Er hat es jedenfalls immer verstanden, erzählt er uns im Greenwich Café, dem beliebten Treffpunkt der Schachspieler, in dem bereits René Magritte Stammkunde war, seine Enttäuschungen zu karikieren und zu kaschieren, hat es schon als Kind getan, das, weil es unsportlich war, nie bei den Spielen der anderen mitmachen durfte und sich stattdessen eine Karl-May-Ordnung aufbaute, mit der er beeindrucken wollte. Im dritten Teil der *Trilogie der Entgeisterung*, im Roman *Schubumkehr*, der zur Zeit des Mauerfalls spielt und in dem der Held namens Roman nach längerem Auslandsaufenthalt nach Österreich zurückkehrt und seine großstädtische Mutter groteskerweise als Waldviertel Bäuerin wiederfindet, ist eine der vielen Variationen möglicher Selbstdeutung zu lesen:

Zu schaffen macht mir in Wahrheit nicht die äußere, sondern die innere, die private Rätselhaftigkeit meines Lebens. Ich befinde mich hier im Haus meiner Mutter in einem kleinen geschlossenen Wahnsystem, das natürlich den steten Impuls bei mir bewirkt, so schnell wie möglich zu flüchten. Ich ertappe mich seltsamerweise immer wieder bei einem glotzenden, bewegungsunfähigen, auf den hier herrschenden Wahnsinn fixierten Staunen, so daß ich mich schön langsam frage, ob ich nicht süchtig nach dem bin, wovor ich flüchten will.[4]

Brüssel. Ist er hier ein anderer als in Wien, Salzburg, Rauris? Von wo ich ihn in vielen Rollen kenne, als Melancholiker, sprühenden Entertainer unter Freunden und hinreißenden Interpreten seiner Erzählungen und Romane. Ist er hier freier, offener, begeisterter? Er ist weltmännisches Terrain gewohnt, hat in Messina studiert, in Brasilien, Holland und Belgien gelebt. Wir kommen am Café Lava vorüber, die Außentische sind nicht besetzt, es nieselt, Nebel hängt über den Dächern. Es ist Roberts Lieblingscafé, es ist ganz unprätentiös, sagt er, man kann hier stundenlang bleiben und schreiben und reden, nachts werden die Sessel draußen nicht mit einer Kette zusammengehängt, das zeugt von Vertrauen und es liegt im Herzen von Brüssel:

> *Mich haben Städte immer fasziniert. Lange Zeit konnte ich nicht einschlafen, weil ich mich mit offenen Augen in andere Städte träumte. Mein Leben war mir zu klein, zu eng, zu reglementiert, zu wenig urban. [...] Sind die eigentlichen Hauptfiguren der großen Romane nicht oftmals die Städte – Paris, London, New York, St. Petersburg, ja sogar (das alte) Wien, und sind nicht die Städte die wahren Maschinisten der Figuren, von deren Elend und Glück? Ich wollte diese Metropolen nicht besuchen, ich wollte, sobald es eine Möglichkeit gab, in ihnen leben, mein Glück machen.*[5]

Alle diese Städte, von denen er träumte, fährt Robert fort, haben ihre Zeit gehabt, sie sind zu Museen und Erlebnisparks ihrer Klischees geworden. Nicht so Brüssel, das ihm als Zukunftsmodell für eine zeitgemäße europäische Metropole gilt. Das hat viele Gründe, sagt er, Belgien ist erst spät, 1831, eine Nation geworden und auch dann keine richtige, denn es gibt drei Amtssprachen, große kulturelle und religiöse Unterschiede und keine Gemeinsamkeiten außer einem nominellen König und dem Tisch, an dem die Verteilung des Staatsbudgets verhandelt wird. Ein kontroversieller, jedoch lehrreicher Boden für die konkrete Vision eines *nach*nationalen Europa. Dafür setzt er seine ganze Leidenschaft ein, trotz großer und größter Probleme, trotz der Flüchtlingsströme, der verweigerten Solidarität vieler Mitgliedstaaten und den traumatischen Erfahrungen der Terroranschläge, die gerade Brüssel zum Zentrum eines radikalen Islam gemacht haben, der sich die Nöte in den armen Migrantenvierteln für seine Interessen zunutze macht. Schon in Menasses epochalem Roman *Die Vertreibung aus der Hölle*, der die NS-Verbrechen und die grausamen Verfolgungen durch die Inquisition des 17. Jahrhunderts thematisiert, heißt es sofort im ersten Satz: „Sie werden das Haus anzünden. Wir werden verbrennen. Wenn wir hinauslaufen, werden sie uns erschlagen."[6]

Schreibend arbeitet Robert Menasse seit Jahrzehnten daran, damit dies „nie wieder" geschehe – wohl wissend, dass es zum verlogenen Leitspruch vieler Politiker wurde, die in ihren Handlungen nichts tun, um es zu verhindern. Weiß es, steht nachts mit Migranten vor dem Night Shop, raucht, redet, geht zurück in seine temporär gemietete Wohnung und schreibt, bis der erste Schimmer des Morgens im Schwarz erkennbar wird.

> *Und worauf richtet sich der Zorn der Verarmenden? Auf die Ärmsten. Der Hass der Betrogenen? Auf die am meisten Bedrohten. Die Wut der Entfremdeten? Auf die Fremden. Die Ressentiments der Realitätsflüchter? Auf Flüchtlinge. Was ist das Ventil eines unter Hochdruck stehenden Minderwertigkeitsgefühls? Die Verfolgung von Minderheiten.*[7]

Am nächsten Tag – noch immer kalt und regnerisch – fahren wir vom Fischmarkt aus mit der U-Bahn in das EU-Viertel. Als wir aussteigen, liegt eine riesige Baustelle vor uns. Hier wird immer um- und neu gebaut, sagt Robert, wie prinzipiell in Europa. Rechts von uns steht das riesige Gebäude des Europäischen Rates, der alte

Teil ist eine feste Wagenburg und der neue in der Verkastelung der Fenster mutet wie ein Gefängnis an – die gut gemeinte Idee, als Zeichen der Vielfalt alle Fensterformen der europäischen Mitgliedsstaaten einzubauen, hat sich optisch ins Gegenteil verkehrt: klaustrophobisch und engstirnig. Gegenüber liegt das sternförmige Gebäude Berlaymont, in dem die Europäische Kommission untergebracht ist, hell, klar. Hinter dem im Sommer heiter belebten Parc du Cinquantenaire liegen das Europäische Parlament und das Parlamentarium, das öffentlich zugänglich ist und für Einzelne und Gruppen, vor allem Schüler, alle Aktivitäten der EU digital aufbereitet und in interaktiven Spielen transparent gemacht hat.

Wenn man auf einer Europakarte alle politischen Grenzen, die es im Lauf der geschriebenen Geschichte je gegeben hat, mit einem schwarzen Stift einzeichnet, dann liegt am Ende über diesem Kontinent ein so engmaschiges schwarzes Netz, dass es fast einer geschlossenen schwarzen Fläche gleichkommt [...] Wenn man dann auf dieser Karte für jeden Krieg, der in Europa je stattgefunden hat, mit einem roten Stift eine Linie zwischen den kriegführenden Parteien zieht, Schlachtfelder und Frontverläufe markiert, dann verschwindet das Netz der Grenzen völlig unter einem rotgefärbten Feld [...] Bevor man mit der Kritik an der EU beginnt (und es gibt genug, das in höchstem Maße frag- und kritikwürdig ist), sollte man sich die oben skizzierte Karte Europas vor Augen führen, diese blutrote Fläche, unter der Reiche und Staaten und Städte immer wieder verschwunden sind. Und man sollte sich daran erinnern, was der historische Vernunftgrund dafür war, das Projekt, das vorläufig zur heutigen EU geführt hat, ins Werk zu setzen [...][8]

Mit diesem Bild, das an die Eingangsszene von Ilse Aichingers Antikriegsroman *Die größere Hoffnung* erinnert, beginnt Robert Menasses aufrüttelnder Essay *Der Europäische Landbote. Die Wut der Bürger und der Friede Europas.* Der Titel ist in Anlehnung an den genialen, früh verstorbenen Dichter Georg Büchner gewählt, der 1834 aus dem Kleinstaat Hessen fliehen musste, als er seine Streitschrift „Der Hessische Landbote", der mit den Worten „Friede den

Hütten! Krieg den Palästen!" beginnt, veröffentlichte. Menasses Plädoyer erschien 2012 und hat ähnliche Motive der Entstehung: Zorn und Verbesserungsbegehren. Er hat keine Sanktionen zu befürchten, wurde im Dezember 2015 sogar für dieses Buch mit dem Prix du Livre Européen geehrt, ein großer Preis mehr in der langen Reihe seiner Auszeichnungen. Dennoch steht der Autor im Kreuzfeuer der Kritik, manche finden seine Apologie übertrieben. Die meisten meiner Kritiker, sagt Robert, haben sich nie wirklich mit der EU auseinandergesetzt, weder mit ihrer Organisation noch mit ihren Strukturen und Problemen. Auch ich bin als Skeptiker gekommen, das wisst ihr ja, aber welche Überraschungen habe ich erlebt! Ich bin bereit, eigene Vorurteile aufzugeben, wenn ich sie als falsch erkenne.

Kälte und Feuchtigkeit kriechen unter die schützenden Kleider, schon wieder suchen wir Wärme, diesmal im Pub Le Franklin gegenüber dem Berlaymont-Gebäude, Robert geht vor die Tür, raucht und unterhält sich mit einem tschechischen und einem griechischen EU-Abgeordneten. Er kommt wieder, trinkt Leffe-Bier und sagt: Sehr interessant, was man da alles erfahren kann... Und klärt uns, die wir möglicherweise zu den Unwissenden zählen, über das prinzipielle dreigeteilte System der Europäischen Union auf: Parlament – Kommission – Rat. Die Abgeordneten des Parlaments sind zwar oft eine Versorgungsmöglichkeit für ungeliebte Politiker im eigenen Land, können sich jedoch auf einen wissenschaftlichen Dienst von Fachleuten stützen, der innerhalb von drei, vier Tagen ein Dossier mit Pro und Kontra ausarbeitet, sogar die Lobbyisten beißen sich daran die Zähne aus. Die Beamten der Kommission sind unabhängig, übernational und hervorragend geschult: Jährlich bewerben sich Tausende, nur ganz wenige werden genommen. Hat nicht die Stadt Wien mehr Beamte als die gesamte EU-Kommission? Wissen das die Leute, die permanent das Klischee vom „Moloch Brüssel" im Mund führen? Hier wird optimal gearbeitet, auch an der Ergänzung der Menschenrechte wie etwa dem auf Wasser, das ist sensationell, um nur ein Beispiel zu nennen. Das Drama der EU entsteht durch den Rat: Er gehört weg, denn er agiert nationalistisch und blockiert, was die Kommission

ausarbeitet. „Märtyrer-Papiere" nennt man diese Vorschläge dann. Der Nationalismus ist das Gift, das hätte uns die Geschichte lehren müssen.

Was da von hochqualifizierten, aufgeklärten, rational denkenden Menschen ausgearbeitet wird, wird danach von den provinziellen Rückzugs-Verteidigern des Nationalstaates wieder zerstört – denn diese denken nur daran, was sie ihren Wählern als Erfolg verkaufen können: das, was sie an Vorteil „für sie ganz allein" gegen die EU, auf Kosten anderer, „herausgeholt" haben. Weil die nationalstaatlichen Demokratien nicht anders können, wandern die wichtigsten Themen – Sozialpolitik, Steuern, Asyl, Migration, Mindestlöhne – nicht auf EU-Ebene, sondern werden zur Verhandlungsmasse in einem Gegeneinander der Nationalstaaten. Da kann aber „die EU" nichts dafür: die Beamten der Kommission ständen bereit für eine einheitliche Steuer-, Sozial- und Migrationspolitik. Es sind die nationalen Provinzpolitiker, die sie nicht lassen, weil sie diese Themen als Pfand gegen ihren Machtverlust an die EU und auch weil sie demagogisch-populistische Scheinlösungen

als Droge für ihre Wähler behalten wollen [...] Das Problem
der EU ist, dass sie im Hinblick auf supranationale Lösungen
zu wenig Kompetenzen hat, nicht zu viele, und schuld sind die,
die wir wählen dürfen: die nationalen Regierungen.[9]

Ich habe Tage und Wochen mit Journalisten und Vertretern aller
Lager diskutiert, sagt Robert, viel Insiderwissen bekommen und
Freunde gefunden. Ich glaube an die Doktrin von Jean Monet: Es
geht von Krise zu Krise, aber dennoch in kleinen Schritten vor-
wärts. Ich bin kein Widerstandskämpfer, ich beobachte, schaue,
denke nach, sage, was ich meine, schreibe es. In den letzten Jahren bin ich sanfter und geduldiger geworden. Es braucht jetzt oft
fünf Minuten, bis ich alles in die Luft sprengen will. Aber immer
möchte ich verstehen, was Zeitgenossenschaft bedeutet. „[...] wann
werden wir diesen Anspruch zu unserem machen: nach den Sternen zu greifen, wissend: Die Erde ist nicht die beste aller Welten,
sie ist der fernste Stern. Und wir wollen ihn mit Menschen besie-
deln. Noch einmal. Wieder von vorn."[10]

Seine jahrelangen Erfahrungen über die Zentrale der Europäischen Gemeinschaft hat Menasse in seinem grimmigen Essay
des „Landboten" niedergelegt und in analytischer Brillanz seine
grundsätzliche Befürwortung der Institution detailreich begrün-
det. Sein Resümee: Die EU ist „die coolste aller Höllen auf Erden".
„Ich widerspreche mich? Ich denke nur nach. – Ich werde geradezu euphorisch? Ach, das gleicht sich dann wieder mit meinen Ängs-
ten und Befürchtungen aus."

Entweder wird Europa einmal mehr, aber diesmal friedlich,
die Avantgarde der Welt, oder Europa wird definitiv vor der
Welt beweisen, dass bleibende Lehren aus der Geschichte nicht
gezogen werden können, und dass es keinen menschengerech-
ten Weg gibt, um schöne Utopien ins Recht der Wirklichkeit
zu setzen. Und wenn, in diesem Fall, die politischen Unter-
gangster wieder vor rauchenden Trümmern stehen und be-
troffen stammeln: „Dies soll nie wieder geschehen können!",
dann wird Hohngelächter aus den langen dunklen Korridoren
der Geschichte dröhnen.[11]

Wie sich dieses Szenario in die Schicksale einzelner Menschen einnistet, wird der figurenreiche Roman zeigen, der im Haus Nr. 28 neben dem Hotel Atlas beginnt, der wohl mit den Veränderungen der Union mitgeschrieben werden muss und der für Menasse die derzeitige Fußfessel für andere Arten von Freiheit ist. Zum Fischmarkt zurückgekehrt, hat Robert den nächsten Termin, das nächste Gespräch. Wir blicken ihm nach, wie er schnell und rauchend unter seiner Schirmmütze im Nieselregen der Van Arteveldestraat zustrebt. Vielleicht sollten wir ihm nachgehen, ihn bei den Schultern nehmen und sagen: Mach weiter, kämpfe, rede, schreibe, träume weiter von der Utopie der herstellbaren Vernunft, wir – ich meine alle Zweifler und Zögerer – brauchen das, wir brauchen diese Stimme! Er würde die emotionale Bürde solcher Aussage ablehnen, würde den ironischen Dialektiker spielen, der die kurze Lebenszeit, die uns gegeben ist, nicht dramatisieren will. Vielleicht würde er ein kleines Lächeln verbergen. Und sagen: Hoffnung ist kein Vorabendprogramm.

Das Atlantiktief war abgezogen. Der nächste Morgen schenkte der Stadt ein makelloses Blau. Die Sonne ließ das Gold und den

Zierrat der Grand Place erstrahlen. Auf einer Seite des Platzes liegt das Musée de la Ville de Bruxelles, wir sehen die Schriftstücke, Bilder, Skulpturen und Wandteppiche, die von Aufschwung und Niedergang erzählen, von Demut und Hybris, von Hochzeitszügen und Hinrichtungen und immer wieder von Brand und Krieg. Wir flüchten von der lustvollen Darstellung des Grauens auf den Mont des Arts, den Kunstberg, dessen größtes Einzelmuseum René Magritte gewidmet ist, flüchten in die Abstraktion und Surrealität des Seins. Als wir das Museum verlassen, dämmert es bereits. Auf der Treppenanlage Richtung Zentrum ist ein Graffito auf den Beton gesprüht: „We all bleed the same colour." Die letzten Sonnenstrahlen liegen auf der Kuppel des monströsen Justizpalastes. Sein Name ist ein Hohn. Der Palast wurde vom belgischen König Leopold II. errichtet, der, von Machtgier besessen, in Belgisch-Kongo zweieinhalb Millionen Schwarze töten, verstümmeln und vertreiben ließ, weitere Hunderttausende zu Sklaven machte und aus der neuen Kolonie umgerechnet cirka 225 Millionen Euro als Privatvermögen herauspresste. Als diese Wahnsinnstaten bekannt wurden, erhob sich eine weltweite Protestaktion – Mark Twain, der Autor von *Tom Sawyer* und *Huckleberry Finn,* war übrigens einer ihrer Vorreiter. Jetzt, hatte Robert im Pub des EU-Viertels gesagt, kehrt die Gewalt dorthin zurück, von wo sie ausgegangen ist – nichts bleibt in der Geschichte ohne Folgen.

Unter den Kastanienbäumen auf dem Weg zurück zur Grand Place liegen glänzende Früchte im Laub. In der Kirche von Notre-Dame du Sablon, die die herrlichsten gotischen Glasfenster Belgiens beherbergt, segnet ein schwarzer Priester die Gäubigen zum Ende der Abendmesse. Junge Leute drängen sich in den Bistros und Cafés. Viele Exchange-Stellen, die es sonst kaum noch gibt, fallen uns auf – aber einer aus Burundi braucht den Geldwechsler, sagt Robert, den wir vor unserem Rückflug noch einmal im Café Lava treffen. Er hat sich gestern auf einem Flohmarkt einen „Europa-Wecker" um fünf Euro gekauft – wäre schön, sagt er, wenn man Europa so billig aufwecken könnte. Vor den Fenstern das Defilee der Menschen, das Kommen und Gehen durch die Zeit. Den Roman über die Nachwirkungen der 1968er-Jahre während seiner wilden Studentenzeit hat Robert *Don Juan de la Mancha* genannt.

Von beiden wird er wohl manches haben, vom zupackenden Eroberer und waghalsigen Spieler der Oper Mozarts und da Pontes sowie von Cervantes' unbeirrbarem Kämpfer gegen Windmühlen. Aber es sind Metaphern. Er ist er selbst, der alle Anstrengung und alle Euphorie dareinsetzt, die Gegenwart zu analysieren und für ihre Verirrungen Alternativen zu suchen, sie zu kritisieren, weil er sie liebt. Wie heißt es in Menasses bravourösem Roman *Die Vertreibung aus der Hölle?* „Der Tod, schrieb er, sei der Tod von allen Ansprüchen und Sehnsüchten, die bereits zu Lebzeiten starben."[12] Also von vorn. Von einer Krise zur nächsten, jedoch Schritt für Schritt weiter ...

W. und ich haben nur einen ersten, kurzen Blick auf Europas Hauptstadt geworfen und haben sie durch die Augen eines Dichters gesehen. Es ist ein Anfang. So wie er selbst, Robert Menasse, bereit ist, immer wieder einen Anfang zu wagen.

Ich müsste neu beginnen. Ich tat es. Wie viel Glas es auf einem Flughafen gibt! Das entdeckte ich erst, als ich abreiste, um neu anzufangen. Auf dem Weg zum Gate ging ich ununterbrochen auf Glaswände, auf Glastüren zu, in denen ich mich spiegelte. Jetzt, da ich wegging, traf ich endlich auf mich selbst.[13]

Adolf Muschg
Eines Tages zog einer aus, um einer zu werden
Japan am Zürichsee

Wer bist du? Wer sind wir? Suchende, Scheiternde, Fassaden-
künstler? Was ist Liebe? Verlangt sie zu viel? Und das Leben? Ein
Tun, ein Hinter-sich-Bringen, ein Schwimmen gegen den Strom?
Kommen wir voran? Wem entgegen? Einer Zukunft? Unserer Ich-
Form? Haben wir eine? Machen *wir* sie oder werden wir zu ihr
geschliffen? Ist sie eine grundlose Tiefe, um bei den Redensarten
zu bleiben, oder ist sie etwas, in der nichts gleichgültig, aber alles
gleich gültig ist? Und was wäre Zeit? Zeigt sie uns in jedem Bild
nur unsere Vergänglichkeit, wie die Steine, die ihr Aussehen wechseln, wenn sie aus dem Wasser genommen werden und in der Luft
trocknen? Und was ist Glück? Deines. Meines. Und überhaupt.

Da sind wir mittendrin in Adolf Muschgs Werk und Welt. Einer
Welt der Fragen, die auch unsere sind, lodernde Fragen, denen
Muschg einen Kosmos von Antworten entwirft, die jedoch immer
nur Möglichkeiten sind und zu weiteren Fragen führen. „Labyrinth" ist ein Wort, das in diesem Werk oft auftaucht. Leben als
Labyrinth von Suchen, Finden und Verlieren, von Weg und Irrweg,
aber dennoch müssen wir diese Wege gehen, denn wir haben nur
dieses eine Leben, nur diese eine einzige Welt.

Äußerlich und geografisch ist sie klein für den großen Welt-
entwerfer. So wird unsere Reise keine durch weite Landschaften
sein, sondern eher eine durch Stationen eines Lebens und durch
innere, imaginäre Räume, ein Erzählen auch von einem kleinen Ort
am Zürichsee hin zu den Bildern eines Kinderbuches, das Japan
zur zweiten Heimat machte, zur Tiefenpsychologie und zu allem,
was Menschsein ausmacht, zu Schuld und Sühne.

W. und ich fahren den Zürichsee entlang. Wir sind gestern über
den Arlberg nach Chur und heute morgens über den Walensee
und Rapperswil an das nordöstliche Ufer dieses Sees gekommen,

der still und noch bootlos in der Augustsonne liegt. Auf den Mo-
ränenhügeln die Autobahnen, die ihn in die Zange nehmen und
deren Gelenk Zürich ist. Von Zürich kommt alles her, nach Zürich
zieht alles hin, an Zürich hängt alles wie Fausts Gretchen am Gold.
Links der Uferstraße liegen Wiesen bis zum Seerand und rechts
über den Steinmäuerchen kleine, eingefriedete Weingärten. Über
die Steilstufe hinauf können wir von der Straße aus nicht sehen,
aber es wird wohl auch dort Wein angebaut an diesen südlichen,
seenahen und föhnbegünstigten Hängen, denn der Ort Stäfa,
den wir passieren, ist die größte Weinbaugemeinde im Kanton
Zürich. Und dann: Männedorf. Hier wohnt Adolf Muschg mit
seiner Frau Atsuko.

Männedorf. Alles adrett, picobello, herrliche Gärten, Gründerzeitvillen, modische Glaspaläste, riesige Baugruben. Der Ortsname
leitet sich angeblich nicht von einem „Männerdorf" her, sondern
vom alemannischen Adeligen Manno. Schon bei früheren Besuchen haben wir lange nach Muschgs Haus gesucht. Männedorf
hat teilweise immer noch etwas von einem Dorf mit alten Besie-
delungsstrukturen, ist eher an den Rändern ausgewuchert in die
Wohnstätten der Reichen, die ab der nächsten Ortschaft Richtung
Zürich, Uetikon am See, in immer größerer Dichte und Protzigkeit
das Uferbild beherrschen. Dennoch trägt man die Vorstellung von
etwas Großem in sich, wenn man an eine Adresse an der sogenann-
ten Goldküste, einem der teuersten Wohngebiete Europas, und an
den Namen Adolf Muschg denkt: An den international hochdeko-
rierten Schriftsteller, renommierten Literaturwissenschaftler an
der ETH Zürich, den Philosophen, Gesellschaftskritiker, Europa-
Apologeten, den, gemeinsam mit Heinz Schafroth, Gründer des
interdisziplinären Collegium Helveticum (der erste Gast war übrigens Brigitte Kronauer), den Präsidenten der Berliner Akademie
der Künste von 2003 bis 2006 und die Celebrity seines Heimatlandes. Vor Jahren schon waren wir die leicht ansteigende Hasen-
ackerstraße, die an den ländlichen Ursprung erinnert, auf- und
abgefahren, offensichtlich mehrmals an einem geduckten Häuschen vorüber, das sich kaum als etwas Eigenständiges bemerk-
bar macht. „Bescheiden" würde vielleicht negativ klingen und der
Realität nicht entsprechen, denn sie hat große Kraft.

Adolf Muschg: Diese Herzlichkeit vom ersten Augenblick an!
Immer wieder entwaffnend und scheinbar diesem Mann genuin,
der ganzen Welt zugedacht dieses Lachen, die Umarmung und
das Willkommenheißen, das zugleich Offenheit und Scheu birgt.
Freudig erzählt uns Atsuko, Japanerin, Pianistin, perfekte Gastgeberin und zart omnipräsent in Rede und gedanklicher Kombinati-
onsfreude, dass sie das angrenzende größere Haus geräumt haben
und nur mehr im erst jüngst fertiggestellten Umbau des kleinen
Hauses leben, das 1994 ein befreundeter Architekt nüchtern und
funktionell entworfen hatte: Atsukos Bereich mit dem Konzertflügel und der schmalen Lese- und Studierempore ist unverändert
geblieben, Adolfs ehemaliges Arbeitszimmer mit Tausenden Büchern ist zu einem eleganten Wohn- und Essraum umfunktioniert
worden, mit einem gestylten Küchenblock zum kleinen Garten hin.
Nur der spindelförmige Bücherturm erinnert an früher, darin die
olivfarbene Goethe-Gesamtausgabe, die im jüngsten Roman *Die
japanische Tasche* eine Rolle spielt. Berge von Büchern gingen an
Antiquariate und Flohmärkte.

Und wo schreibst du jetzt?, frage ich, und wir gehen eine schmale,
steile Treppe in den Keller hinunter, wo links der Atomschutz-
bunker eingerichtet ist, beängstigend eng und luftdicht. Horror
auch ohne Katastrophe, aber eidgenössische Vorschrift. Rechts ein
kurzer dunkler Gang mit Bücherregalen, ein Sofa an die Wand gepresst, dann eine Erweiterung in einen helleren Winkel: Da stehen
Schreibtisch, Computer, Bücher, liegen Manuskripte, Stifte, Pfeifen.
Denkhöhle, Schreibisolation. Auf der Stelle kommt mir Ilse Aichingers Erzählung „Wo ich wohne" in den Sinn: „Ich wohne seit gestern einen Stock tiefer. Ich will es nicht laut sagen, aber ich wohne
tiefer [...]" – in der Folge geht es unerklärlich Stock um Stock tiefer,
bis das erzählende Ich im Keller landet und sich selbst damit ab-
findet: „Seit ich im Keller bin, bin ich ganz beruhigt und gehe um
Wein, sobald ich danach Lust habe. Es wäre sinnlos, die Dämpfe
im Kanal zu fürchten, denn dann müßte ich ja ebenso das Feuer
im Innern der Erde zu fürchten beginnen – es gibt zu vieles, wovor
ich Furcht haben müßte."[1]
Es gibt Menschen, die sich mit der unerträglichen Fatalität
des Seins abfinden und die Kraft haben, sie nicht nur zu ertragen,

sondern sie als Teil einer größeren Lebenskunst aufzufassen, die gelernt, entfaltet und erprobt werden will. Wie schon erwähnt, wir haben unser größeres Haus, das hier gleich am Garten anschließt, aufgeben müssen, sagt Adolf, als er unser Erstaunen bemerkt. Es war Zeit, sich zu verkleinern. Warum? Ich bin jetzt über achtzig, die Begrenztheit wird deutlicher. Und wenn du mich nach meiner Landschaft fragst, muss ich sagen: Ich brauche keine Landschaft. Oder wenig davon. Ich brauche nur einen Ort zum Arbeiten. – Durch eine Art Bullauge des Schreibkellers blickt man in die Andeutung des höherliegenden Bambus-Gartengrüns. Unmittelbar hinter den Scheiben des zweiten Fensters ist der äußere Stiegenabgang zu sehen, dessen Begrenzungsmäuerchen vollgestellt ist mit Erinnerungsstücken aus einem ganzen Leben: Steine, Figurinen, Torsi, ein modellierter Kopf, Ast- und Wurzelwerk ...

Tja – warum verkleinern?, wiederholt Adolf. Da spielt manches zusammen, es hat viel mit Japan und seiner Entsagungsphilosophie zu tun, die im Kleinen das Ganze sieht und die Kunst lehrt, sich auf das Wesentliche zu beschränken. Und er nimmt seinen Roman *Eikan, du bist spät* vom Regal und liest uns jene Szene vor, in der die Hauptfigur namens Andreas Leuchter mit der jungen Japanerin Susumu den „Philosophenweg" zu einem berühmten Kloster hinaufgeht:

> *Susumu erzählte von dem alten Abt Eikan, der sich jeden Morgen früh – sehr früh – im Garten des Klosters erging, um zu meditieren. Als er eines Tages verschlafen hatte, sah er zu seiner Bestürzung, daß schon einer da war, der unter Kirschbäumen wandelte, und sich, als er Schritte hörte, gelassen umdrehte. Eikan, du bist spät, sagte er über die Schulter, und in diesem Augenblick wurde der Abt erleuchtet. Dann war er wieder allein. Aber er hatte den Buddha gesehen.*[2]

Der begnadete Cellist Andreas Leuchter ist einer, der immer einen Schritt zu spät ist, er versäumt seine große Karriere und seine große Liebe. Kann man, trotz Saumseligkeit und Fehlerhaftigkeit, der Erleuchtung zuteil werden? Ist das *Faust*? Muschg würde sich hüten, darauf klar zu antworten. Alle seine Romanfiguren bleiben

im Ungefähren, Albisser und Zerutt, Parzivâl und Sutter, Acher-
mann, Löwenstern und Beat Schneider, diese fast Tschechow'sche
Figur, sie leben im Menetekel, sind auf dem mühsamen Weg zu
dem, was man Lebenskunst nennen könnte. Lebensflut, Lebens-
glück, Lebenshauch, Lebenspein usw.: Im Bändchen *Von einem,
der auszog, leben zu lernen* sucht Muschg alle Begriffe Goethes zu
diesem Herzenswort, das für beide gilt. Schreiben kann ich überall, sagt Adolf lachend, die Stoffe gehen mir nicht aus. Vielleicht
tut die Enge gut, ich bin sogar überzeugt davon. Wenn ich da unten
etwas höre, ist es nur der Regen ...

Wir können kaum nebeneinander stehen. W. ist schon in das japanische Gärtlein hinaufgegangen, vielleicht kann man dort me-
ditieren lernen. Weißt du, sagt Adolf, der Verkauf des Hauses und
diese Verkleinerung hat auch mit meiner privaten Biografie zu tun.
Mit meiner Herkunft, in der ich immer noch stecke wie in einem
Korsett, und mit dem Fortgang meines komplizierten Lebens und
den vielen ungelösten Fragen. Der Mensch ist offenbar nicht gemacht, um erlöst zu werden. Ich weiß nicht, ob sich Irrwege je
zu Heimwegen wandeln könnten. Der kleine Bungalow hier war

ursprünglich nur als Klavierzimmer für Atsuko und als Schreib-
häuschen für mich gedacht – komm, ich zeig euch das größere
Haus, es ist gerade noch leer, bald werden die neuen Mieter ein-
ziehen, eine junge Familie mit Kindern.

Adolf führt uns über die Terrasse in jenes Haus, das er 1989, im
Jahr der politischen Revolutionen, kaufte, als er Atsuko heiratete.
Es war Muschgs dritte Ehe.

Er hatte Atsuko in Kyoto kennengelernt, er war im Goethe-
Institut eingeladen, und sie waren schnell in Streit geraten über
seinen ersten Erfolgsroman *Im Sommer des Hasen,* der in Japan
spielt. Beide waren damals verheiratet, die Scheidungen waren
schmerzlich und sind es in ihren Auswirkungen bis heute. Ich bin
kein Held, hatte Adolf noch in seiner Schreib-Eremitage gesagt,
du weißt es ja. – Wir kennen uns schon viele Jahre von vielen gemeinsamen Sendungen, Projekten, Lesungen, Diskussionen und
privaten Begegnungen. Und auf der dunklen Treppe aus dem Keller wieder hinauf in etwas Befreienderes, dachte ich an den *Roten
Ritter,* jenen Muschg-Roman, der Weltliteratur wurde, der den
„tumben Tor" Parzivâl zum Helden hat und von dem Klinschor
(der nach Wolfram von Eschenbach zum Bösen, bei Novalis zum
Dichter und bei Richard Wagner zum Zauberer wurde) zu Par-
zivâls Mutter Herzeleid sagt:

*Frau Herzeleid! Wißt Ihr, was Euch gelingt? Ihr werdet ihn
nicht daran hindern, ein Held zu werden. Aber so viel werdet
Ihr schaffen, daß er ein elender Held wird, ein miserabler, ein
gebeutelter und gebrochener, einer, der den Ehrgeiz seiner
Mutter verfluchen wird, und sie damit, und sich am meisten!*[3]

Es ist ein schmales, mehrstöckiges Haus, durch das uns Adolf Muschg
jetzt führt. Es stammt aus dem Jahr 1670 und war ein Kleinbau-
ernhaus, ein „Flarz", mitten im Ort. Die Räume sind niedrig, die
Fußbodenbohlen breit und abgetreten, die Fenster auf die Dorfstraße hinaus klein, ein riesiger grüner Kachelofen steht in der
Stube, die nur über zwei Stufen zu erreichen ist. Wollte er nie in
der Stadt wohnen? Nein, ich bin ein Landbub. Ich bin in Zollikon
aufgewachsen, das war damals ein Dorf, den Duft vom Holunder

rieche ich noch heute. Jetzt steht das hässlichste Gebäude weit und breit auf dem ehemaligen Grundstück unseres Gartens, rundum das große Geld, ich will dort nicht mehr hin. Was man zählen kann, zählt nicht, sagt er, der fernöstliche Reduktion und westlich-politisches Engagement zu vereinen weiß und es auch lebt. Als junger Dozent an amerikanischen Universitäten war er durch die Anti-Vietnam- und Hippiebewegung politisiert worden, setzte sich später streitbar für die Sozialdemokratische Partei der Schweiz ein, für die er sogar kandidierte, und wurde mit den Jahren eine der pronončiertesten europäischen Stimmen zu politischen und sozialen Fragen und zu einem immer heftigeren Kritiker der Auswüchse des Kapitalismus.

Der Zürichsee mit seiner Hybris der Finanzwelt ist überhaupt nicht meine Gegend, sagt Adolf im Herumwandern in diesem leeren Haus. Atsuko wollte nach Berlin, wo wir heute noch eine schöne Wohnung haben, aber die ETH machte eine Petition, so blieb ich in Zürich und kaufte dieses bäuerliche Inselchen inmitten einer explodierenden Wohlstandsgesellschaft. Hab viel geschrieben hier. Bin gern da gewesen, sagt er und wendet sich ab, geht voraus. – Merkst du, wie schwer es Adolf fällt, dieses Haus zu verlassen, sage ich leise zu W., als wir die eisernen Gitterstiegen in den zweiten Stock und dann in das Dachgeschoß hinaufsteigen, und W. nickt.

Dieses Haus ist ein Stück von mir, sagt Adolf, der schon unter dem Giebeldach auf uns wartet. Ich habe es selbst umgebaut, wir haben es belebt. Er öffnet das Dachfenster zum Garten hin: Da ist noch der hölzerne Galgen zu sehen, an dem die Spule für den Strick angebracht ist. Das war fürs Heu und fürs Getreide, damals.

Es sind viele Zimmer, hinauf, hinunter, hinüber, labyrinthartig. Gibt es, fragt W., ein japanisches Wort für Labyrinth? Nein, wahrscheinlich nicht, antwortet Adolf, das ist ein typisch kretisch-europäisches Wort für den Lebensweg. Meiner ist verworren genug. Bin wohl viel geflüchtet. Schon als Kind: Ich bin im Grunde in Japan, in einem Haus in Kyoto, virtuell aufgewachsen – das klingt jetzt seltsam, aber es war jener Ort, an dem das wichtigste Buch meiner Kindheit, *Hansi und Ume*, spielt, das meine Halbschwester geschrieben hat. Meine Familiengeschichte ist ein eigener Roman, ich klebe an der Vergangenheit, ich habe sie immer noch nicht zu

Ende geschrieben, und Adolf schließt das Fenster. Und ich denke, dass sein Schreiben eine lebenslange Suche nach Netzen und Fallschirmen ist, um nicht abzustürzen, ein Fliehen in „lebensrettende Phantasie", in diesen herrlichen Irrgarten aller Subsumierungen und Paradoxien, er weiß es, ist er doch ein perfekter Analytiker seiner selbst, hat sich gefragt, ob seine Poetik nicht die Ausrede eines Narziss sei, Fassadenkunst und verräterisches Spiel der Täuschung – „die Wahrheit über sich selbst ist die Wahrheit der Widersprüche" –, hat alles in luziden Passagen niedergeschrieben und erdichtet, von *Literatur als Therapie* von 1981 bis zu den „Thesen, Spekulationen und Herzensergießungen" des Bandes *Im Erlebensfall* von 2014 sowie in den Figuren seiner Romane und Erzählungen aus fünf Jahrzehnten, allesamt desaströse Grenzgänger, und wir gehen über die Eisentreppen wieder hinunter in die leer geräumte Stube und setzen uns auf die hölzernen Stufen, und Adolf erzählt ein Leben, das verwandelt zum Nährboden seiner Dichtung wurde.

Lange Wege sind fällig in der Welt dieser Fabel. Denn der Abstand von einem Menschen zum nächsten erfordert oft eine Tagesreise, und fast immer geht er durch die Wüste.[4]

Als Adolf Muschg 1934 geboren wurde, war sein Vater nach damaligen Begriffen bereits ein älterer Herr, ein Lehrer kurz vor der Pensionierung, der sich schämte, mit seiner zweiten, um 26 Jahre jüngeren Frau, noch einmal ein Kind gezeugt zu haben. Sie wohnten in Zollikon bei Zürich, das ein Weinbauerndorf gewesen war und zum Villenvorort mutierte, in dem der einst angesehene, nun am Rand stehende Lehrer seinen verletzten Stolz mit immer stärkerer Frömmigkeit kompensierte und Geschichten über Gut und Böse und die Erwählung der Schwachen durch Gott schrieb. Der Bub bekommt den Vornamen des Vaters: Adolf. Eine Hypothek, privat und historisch. Einige der Romanfiguren werden darum Anders, Andreas heißen, anders jedenfalls. Die Mutter war Krankenschwester. Sie wollte einen Helden als Sohn, einen „Engel, der sie über die Welt erhob". Still ging es zu in den ärmlichen Verhältnissen inmitten reicher Leute, schweigen, verschweigen, beschönigen und verheimlichen. Die Mutter war eine schöne Frau, von atemlosem Veredelungshunger getrieben und entwich, als sie an der Realität scheiterte, 1947 nach einem Nervenzusammenbruch in eine Anstalt für Epileptiker. Eine Tante und später dann Hans Pallmann, der eben zum Rektor der ETH Zürich berufen worden war, nahmen sich des Dreizehnjährigen an, er kommt in ein Internat, hasst es, darf zurück ans Zürcher Gymnasium ... Adolf erzählt. Vor den Stubenfenstern des alten Bauernhauses von Männedorf fährt von Zeit zu Zeit ein Auto oder ein Traktor vorüber, hört man das Lachen von Kindern, die aus der Schule kommen. Als er selbst noch das Zollikoner Kind war, war das Klappern der Schreibmaschine des Vaters seine Einschlafmusik gewesen.

Atsuko ruft zum Abendessen, Adolf ersucht um Aufschub, er will uns noch schnell die Familiengeschichte zu Ende erzählen, die, so sagt er lachend, eine „Göttliche Komödie" ist, die zugleich die Verwerfungen eines ganzen Jahrhunderts widerspiegelt. Er hatte vier Stiefgeschwister, alle mehr als eine Generation, 30, 35 Jahre älter: Walter Muschg, der einer der bedeutendsten Literaturwissenschaftler wurde und unter anderem früh die verfemten Dichter des Expressionismus verteidigte; eine besondere Freundschaft verband ihn mit dem Autor und Orgelbauer Hanns Henny Jahnn aus Hamburg, dem er ein Gut in Dänemark für eine Stutenzucht kaufte und dessen Domizil an der Niederelbe uns Brigitte Kronauer gezeigt hatte. Der jüngere Stiefbruder war Hans, er galt als untüchtig, heiratete reich und wurde Bildhauer und Anthroposoph – verwandelt ist er in Adolf Muschgs jüngstem Roman *Die japanische Tasche* wiederzufinden. Ich lebe bis heute in den Geschwistergeschichten, sagt er und erzählt weiter: Beide Halbschwestern waren Lehrerinnen – Hedwig hatte eine Liebesgeschichte mit dem deutschen abstrakten Künstler Otto Freundlich, den sie, selbst als die Beziehung wegen einer anderen Frau in die Brüche ging, finanziell unterstützte; Freundlichs Werk „Der neue Mensch" wurde von Joseph Goebbels 1937 auf das Titelblatt des Katalogs zur Ausstellung über „Entartete Kunst" gesetzt, der Künstler wurde verfemt, flüchtete, wurde verraten und schließlich im KZ Majdanek ermordet. Als Dank hatte Otto Freundlich Hedwig einige seiner Bilder geschenkt, die nach 1945 ein Vermögen wert wurden und ihr einen guten Lebensabend sicherten. – Jetzt fehlt nur noch Elsa, die jüngere der Stiefschwestern, sagt Adolf, aber auch sie mehr als dreißig Jahre älter als ich. Sie ist vielleicht die Bedeutsamste für mich. Denn, so kommt es mir vor, meine Liebe zu Japan ist pränatal. Elsa war Hauslehrerin in einer schweizerisch-japanischen Familie und begleitete sie nach Kyoto. Zehn Jahre später schrieb sie die *Ume*-Kinderbücher, beide wurden Bestseller, fast wie Johanna Spyris *Heidi*. Für mich waren sie alles: Dieses Japan war das Gegenbild zu meinem freudlosen Kinderdasein, es wurde meine Heimat, eine unstillbare Sehnsucht, eine Fremde, die mich anzog und Vertrautes werden musste, wollte ich zu mir selbst kommen. Und so wurde es ja auch, sagt er und steht auf. Die Wirklichkeit hat gehalten, was die Kinderträume versprochen haben, wenn auch auf andere Weise – denn das gefundene Glück ist nicht mehr das gesuchte … Und er führt uns zu einem Gartenfenster, aus dem man über Dächer sieht: Ich habe kein Haus mit Seeblick gebraucht. Ich brauche nur etwas, das Maß und Sinn hat.

Der Sommer strömt warm durch das offene Fenster in die kühlen Räume. W. schließt die Türe des leer geräumten Hauses hinter uns. Elsa und ihre Lebenspartnerin Miriam Forster waren übrigens – ein Skandal für den Vater – ein stadtbekanntes lesbisches Paar, fügt Adolf noch heiter hinzu, als wir die paar Schritte durch den kleinen Garten zum Bungalow zurückgehen, und – das nun wirklich als Schlusspunkt meiner „recherche du temps perdu" – Atsuko kannte das Haus in Kyoto, das Elsa in *Hansi und Ume* beschrieben hatte, von ihrem täglichen Schulweg her, und als wir es vor Jahren besuchten, war es unverändert, ich blickte also geradewegs in die Welt meines Kinderbuches. Kann das Zufall sein?

Zufall, Schicksal, Selbstentwurf? Was ist das Leben? Viele Antworten auf diese Fragen hat Adolf Muschg in seinen Büchern von universaler Vielfalt entworfen, Werke eines tollkühnen Erzählers zwischen Schuld und Sühne, Hölle und Halleluja, Erotik, Entzauberung und Gewalt, Erzählungen eines Poeten, der Georg Büchners Riss durch die Welt fortdichtet, uns in den plötzlichen Wechsel von allem zu gar nichts schleudert und Kunst als Rettung aus unseren Finsternissen deutet. Entziffern bis zum Ende lässt sich jedoch nichts, nicht bei den Quarks der Physik und nicht einmal im Märchen. Das Zusammenführen ist Muschg eingeschrieben, da er die Gegensätze so virulent in sich trägt: Faust und Mephistopheles, Parzivâl und Lähelin, Sutter und Emil Gygax und all die unergründlich unglücklichen Liebespaare. Nichts hat feste Kontur. Auch die Natur ist nicht gesetzmäßig, sie bastelt, klebt, probiert, aber „jede Einzelheit des Lebens sei in jedem Augenblick *atemberaubend* sinnreich".

In Wirklichkeit sei die ganze Natur nur für jedes einzelne ihrer Geschöpfe geschaffen. Und in jedem erreiche sie ihr Ziel denn sie habe gar kein anderes, als in jeder Einzelheit wieder ein Ganzes zu sein. Nichts auf der Welt sei zur Weiterverwendung bestimmt, jedes nur zum Dasein. [...] Solange in der Welt überhaupt etwas ist, und nicht vielmehr nichts, kann dieses Etwas gar nicht anders als vollkommen sein. Und alles, was wir zu denken wagen müssen, ist: es gibt nie ein Ende der Vollkommenheit, und es gibt sie in einer unendlichen Fülle der Gestalt![5]

Die katholische Kirche von Männedorf ist prominent auf eine Hügelterrasse gesetzt. Man überblickt das Dorf mit den tiefer liegenden Häusern und Weingärten, den See und die dichte Verbauung am gegenüberliegenden Ufer zwischen Wädenswil und Horgen. Es hat geregnet über Nacht, ein warmer Sommerregen. Ein einsames Segelboot zieht durch die Nebelfetzen über das Grau des Wassers. „Was ist Gott? Er hat Glück, daß es ihn nicht gibt. Sonst müsste man ihm mit seiner Welt das Maul stopfen, bis er daran erstickt", lässt Muschg Parzivâl im Roman *Der Rote Ritter* sagen, fügt jedoch die erschrockene Reaktion von Gâwân an: „Er rette Eure Seele." Im Roman *Sax* soll Gott beim Europäischen Gerichtshof angeklagt werden, da er Krieg und Grauen zulässt. Aber natürlich sind es wir, wir!, jeder Einzelne von uns, die dafür verantwortlich sind, das wissen wir ja alle, sagt Adolf, sich auf das Mäuerchen des Kirchplatzes stützend, denn welcher Gott wäre es? Der katholische, der evangelische, calvinistische oder der pietistische Gott meines Vaters, der die ganze Familie unter das Joch seiner Schwarz-Weiß-Gut-Böse-Ideologie presste? Mohammed, Buddha oder die Götter Griechenlands?

Zur Konfirmation bekam ich ein Schau- und Lesebuch geschenkt, fügt er hinzu, *Ewiges Griechenland,* herausgegeben von
Martin Hürlimann, beigelegt eine Karte mit dem Wunsch meines
Paten, dass meine künftige Welt wachsen möge in Freiheit. Das
zündet bis heute nach: Griechenland, ja, *das* ist nach Japan mein
zweiter realer und imaginärer Ort. Ist es jetzt wieder geworden. Im
Gymnasium hatte ich einen alten Lehrer, der sagte: Jeder von euch
muss einen Gesang der Odyssee auswendig lernen, denn einmal
wird das Buch verloren sein, und dann wird diese Klasse Homer
weitertragen. Als ich aus dem Internat nach Zürich zurückkam,
hinkte ich dem Lehrstoff weit hinterher, und als wir als Hausauf-
gabe eine schwierige Xenophon-Übersetzung machen sollten, gab
ich am nächsten Tag stattdessen ein eigenes Gedicht ab. Die Reaktion des Lehrers? Er setzte sich zu mir in die letzte Bank, ließ die
Klasse das Gedicht ins Griechische übersetzen und machte still
mit mir die Xenophon-Übersetzung ... Ich war später oft in Griechenland, sehe alles vor mir, was sich eingeprägt hat: der Blick
in die Tiefe von Delphi auf Olivenhaine und Meer, die Glanzfel-
sen des Helikon im Rücken; die Akropolis von Athen, der Tempel
des Dionysos im Norden, die Agora im Süden, der glanzvolle Rausch

der Fantasie und des Wortes hier, dort der Markt, die Politik, die Zahl – das Wort hat verloren gegen die Zahl, denn der Computer ist ein Rechner. Athene als oberste Mitbürgerin ist für mich die Stifterin der Integration als mythisches Modell; und die Reden des Perikles, die Dramen des Euripides: Wie diese Kultur mit Konflikten umgeht, das ist mein ewiger Ideenbrunnen. Bis heute ist meine Scheu vor diesem Land und diesen Göttern tief, aber ich denke, mein nächstes Projekt wird Euripides sein. Und plötzlich beginnt Adolf Friedrich Hölderlins Gedicht „Der Archipelagus" zu rezitieren.

Kehren die Kraniche wieder zu dir? und suchen zu deinen
Ufern wieder die Schiffe den Lauf? umatmen erwünschte
Lüfte dir die beruhigte Flut? und sonnet der Delphin,
Aus der Tiefe gelockt, am neuen Lichte den Rücken?
Blüht Ionien? Ist es die Zeit?

Über uns hängen Paragleiter im Himmel, und die Turmuhr schlägt elf. Adolf bricht lachend ab und sagt, aber ich hab auch Las Vegas gern, oder, wenn ich euch von meinen realen Landschaften erzählen soll – die literarischen sind mir wichtiger –, ich mag auch das Indiana County von Pennsylvania, wo die Nachkommen meines Halbbruders Hans leben, und er packt W. und mich an den Armen und führt uns zielstrebig durch das Dorfzentrum von Männedorf. Hier ist noch deutlich eine Gemeinde zu spüren, sagt er, die an der übrigen Goldküste verloren gegangen ist. Und leitet uns schnellen Schrittes an einem kaskadenartigen Bach entlang, hinunter in eine überraschend düstere kleine Schlucht. Bald stehen wir vor einem ausladenden Gebäude, einer Mühle aus dem 17. Jahrhundert, die jetzt ein Kulturzentrum ist. Adolf geht schnell und leicht vornübergebeugt, will alles in Windeseile ergreifen und begreifen wie die ganze menschliche Existenz, geht vor uns her, gekleidet in einen Samue, einen japanischen dunkelblauen Arbeitsanzug, dessen Band ihm Atsuko noch festgegürtet hat, und eine Frau kommt uns entgegen, ruft hey, Adolf, als ob er einer der Ihren wäre, und wir gehen die Schrebergärten entlang, und gleich weiß Muschg, der Unerschöpfliche, eine neue Geschichte zu erzählen: Hier stehen noch einige der Häuser der Zeller'schen Anstalt, einer frömmigkeitsbestimmten Psychiatrie, die die charismatische Dorothea Trudel gegründet hat, sie soll die Kranken durch Gebet und Handauflegen geheilt haben. Auch die Schwester unseres Dichters Conrad Ferdinand Meyer, Betsy Meyer, hat hier zeitweise geholfen, Conrad litt ja unter schweren Depressionen und …, und mir schmerzen die Finger, ich komme nicht mehr nach mit dem Notieren und sage halt, halt, es tut mir zwar leid, die sprudelnde Kosmogonie zwischen Gott und Mühlrad zu unterbrechen, und so fließen die Geschichten den Bach hinunter, fließende Werkstatt unserer selbst, in der wir geschliffen, gehöhlt und gebildet werden, wie Muschg es im Roman *Sutters Glück* so einleuchtend beschreibt.[6] Es kümmert dieses Fließen nicht, ob wir es „Zeit" nennen, aber es kommt darauf an, welche Erkenntnis wir daraus ziehen, ob wir den Lauf unseres Lebensstromes selbst bestimmen oder er uns.

> *Die Zeit bringt keine Entwicklung ins Leben, sie ist seine Krankheit zum Tode. Mensch, wag doch mal, dich im Jenseits der Zeit anzusiedeln, wie man vor der Pest auf eine Insel flüchtet! Jeder Augenblick, in dem wir der Zeit spotten, ist eine Insel! […] Der Mut ist das Netz, das Wagnis ist die Rettung –*[7]

Wie hat Gottfried Keller gesagt? „Ein Tag kann eine Perle sein, und ein Jahrhundert nichts." Wir haben den Begriff „Augenblick" durch unsere Zeitmessungen deformiert, führt Adolf den Gedanken weiter, wir müssen wieder lernen, den griechischen Gott der Gegenwärtigkeit, Kairos, zu empfangen und nicht zu sagen: Ach, ich bin am Telefon. Dichtung ist dazu da, diese Readymades auszutreiben.

Dem Mainstream spottet jedenfalls Muschgs kleiner Garten im Männedorfer Zuhause, auf dessen Terrasse wir jetzt Mangosaft trinken. Er liegt vor uns mit seinen Miniwegen, der Trauerzeder, den verstreuten Steinen und den wuchernden exotischen Pflanzen. Die meisten halten dieses Stückchen Land für einen Zen-Garten, sagt Adolf, es war auch die ursprünglich etwas ketzerische Idee, in dieser Umgebung mit den riesigen Gärten, zyklopischen Mauern und den Überwachungskameras ein Gegenstück des Kleinen und Meditativen anzulegen. Im Lauf der Jahre jedoch hat sich's mit dem Bodensatz des Lebens gefüllt, es ist viel zu viel da, drei Steine würden genügen. Der Ginkgobaum müsste gefällt werden, er ist ein Vergangenheitsflüsterer wie ich selbst. Wenn es ein Zen-Garten wäre, müsste ich jeden Morgen gerecht werden, aber ich bin eine Mischung aus Sehnsucht und Schlamperei, widersprüchlich genug. Die einzig wirklich japanischen Elemente sind die kleine Brücke, wie auf dem Titelbild des *Ume*-Buches meiner Kindheit, und der Brunnen mit den zwei Monden. Das soll der Grabstein werden.

Steine. Aus allen Weltgegenden hat Muschg sie gesammelt. Sie liegen auch verstreut in seinem circa drei oder vier Quadratmeter großen Schreibwinkel im Keller, in den er Erdball, Mensch und Sterne hereinholt und ihnen seine glänzende Bühne aufbaut. Und sich immer wieder fragt, ob Schreiben Erinnerung sei, wie er den Seefahrer und Japansucher Löwenstern im gleichnamigen Roman von 2012 grübeln lässt oder ob die Erinnerung nur jene Erlebnisse bewahre, von denen er geschrieben habe?[8] Andererseits, so schreibt er anderswo: „Das Schreiben hat mein Leben nicht entlastet. Es hat nur den Riß verdeutlicht, der durch meine Geschichte geht [...] Die Erinnerung läßt sich nicht bannen, daß Schreiben eine Fortsetzung jenes kindlichen Alleinseins ist, in dem ich die Buchstaben lernte, weil ich anders nicht auf mich aufmerksam machen konnte."[9]

Aber machen wir nicht so große Worte, sagt Adolf, der Heros der ironischen Selbstbescheidung, ich bin ja auch ein Spieler, ich weiß ums Spielen und Verspielen und was auf dem Spiel steht. Wir müssen begreifen, dass die Lebensschulden eines Menschen irgendwann auch sein Kapital werden können und wir nicht immer nur um Ablass und Amnestie bitten können bei Mutter, Frau oder Psychoanalyse, der Gesellschaft oder einem Gott, den wir nicht kennen.

Wir brechen auf, verabschieden uns von Atsuko und fahren mit Adolf auf den Pfannenstiel, den Lieblings-Wanderrücken der Erholung Suchenden der Zürcher Umgebung. Wir sind am Haus mit den hellblauen Fensterläden vorübergefahren, in dem Max Frisch kurze Zeit während der Liebesbeziehung zu Ingeborg Bachmann wohnte, sind weiter Richtung Oetwil am See gekommen,

das keineswegs am See, sondern schon weit oben in den Wiesen des Pfannenstiels liegt, der bewegter Schauplatz voll rätselhafter Geschehnisse im jüngsten Roman *Die japanische Tasche* ist.

> *Als er in den Sonnenaufgang trat, blendete dieser die Einzelheiten der Landschaft aus und ließ nur ihren Zusammenhang bestehen. Er hatte in der Waldestiefe zugleich an Höhe gewonnen und überblickte das Land, wie es die Gletscher gebildet hatten, in großen Zügen, über denen ein Hauch der Vorzeit schwebte, von einer Geländekammer zur nächsten, bis zum Rand der Erde, den die Alpenzähne in einen glashellen Himmel zeichneten. Immer mehr entzündeten sich auch die Siedlungen im Morgenlicht, wie glitzernder Schorf, mit dem das Land flächendeckend besetzt war und in ihrer verwirrten Geometrie glaubte der Wanderer zukünftige Ruinenfelder zu erkennen.*[10]

Die Schweiz liegt uns zu Füßen, die Adolf Muschg immer wieder geflohen und in die er immer wieder zurückgekehrt ist. Die er liebt und die er massiv mit seiner durch stichhaltige Argumente gestützten Kritik bedenkt, in Reden, Feuilletons und in seinen Büchern. Am schärfsten in jüngster Zeit im Roman *Sax,* in dem er die Galionsfigur der Rechten, Schieß, an den Pranger stellt: Schieß, der ursprünglich als kleine Nummer galt, hat mittlerweile jedoch „genug Nullen hinter sich, um auch politisch wie ein Milliardär aufzutreten". Von seinen Parteigängern wird er vor allem aus folgendem Grund vergöttert: „Er machte den *Heimatboden* auch für Leute heilig, die nicht einmal davon träumen durften, darauf zu bauen. Denn wer nie im Leben Seeblick haben wird, kann immer noch die Aussicht wählen, die er seinen Enkeln wünscht. Wer keine Chance hat, wählt nicht die Chancenlosen, sondern diejenigen, die sie gepackt haben."[11]

Die Schweiz als Paradigma europäischer Entwicklungen: Immer geht es Muschg um das Prinzipielle, um Zivilisationskritik, Populismus und Kapitalismus, Cyberspace, Fremdarbeiterghettos, Flucht und Krieg, um apokalyptische Zukunftsszenarien und den Menschen, der sich für das katastrophal einschränkende binäre System von Ja und Nein entschieden hat und in seiner Hybris und Gier die Grundlagen vernunftgesteuerten Zusammenlebens zerstört. Wisst ihr, wohin die Zivilisation sich bewegen wird?, fragt Adolf unvermittelt. Ich weiß es nicht. Ich weiß nur, dass die Hochrechnung von Merkmalen der Gegenwart die am wenigsten realistische Lesart der Zukunft ist. Und ich sage euch eines, trotz allem: Es wird immer etwas neu, ja, es *wird* immer etwas, wie bei Ovid – und in der Veränderung als solcher liegt die ganze Hoffnung, die sich der Mensch auf sich selbst machen kann: als veränderbarer.[12]

Jetzt weiden Braunvieh und Schafe auf den Wiesen des Pfannenstiels, Karrenwege führen an den Waldrändern entlang. Das war der Schulweg meines Vaters, sagt Adolf, er war ein Bauernbub und musste jeden Tag eine Stunde zur Schule nach Männedorf den Berg hinuntergehen und wieder zurück. Die Straßen, die wir entlangfahren, sind eng und gewunden, viele Kreuzungen zu jedem Gehöft. Auf manchen Wiesen wird gedüngt. Krähen fliegen von den abgeernteten Maisfeldern auf. Auf den Gipfeln der Gebirge blinkt erster Schnee. Am Rand des Höhenrückens finden wir eine Bank. Der See liegt tief unter uns, eine blaue, leicht gewundene Schlange zwischen Rapperswil und Zürich. Hier, vor unseren Augen ausgebreitet, liegt auch die geografisch begrenzte Landschaft, die für Muschg prägend war und ist: Zollikon, wo er aufwuchs, Kilchberg – durch Thomas Mann berühmt geworden –, wo er viele Jahre mit seiner zweiten Frau, der Schriftstellerin Hanna Johansen, und den Söhnen lebte, und Männedorf, wohin er mit Atsuko ans andere Ufer übersiedelte. Von hier aus, dem kleinen Dreieck von drei Orten, wurde er zum Transgressor zwischen den Kulturen und Weltbildern, von hier aus durchstreifte er den Jahrmarkt der Ironie, die „Moore der Melancholie" und die Areale aller Irrtümer und Unwägbarkeiten der Existenz. Ein Glückssucher, der die Gottverlassenheit kennt. Nichts, was Leben ausmacht, scheint ihm fremd. Wie Hölderlins Fahnen aus „Hälfte des Lebens" klirren seine Worte im Sommerwind, um gegen das Vergehen der Zeit und der Liebe Zeugnis abzulegen und das Lebendige zu feiern gegen den Tod.

Das Anwesen der Muschg-Vorfahren bei Oetwil ist in einem Weiler angesiedelt, dessen Name wie Literatur klingt: Willikon-Hombrechtikon. Adolf geht uns in Richtung seines Großvaterhauses voraus, schnell und zielgerichtet. Seine Pfeife, die er auf der Bank entzündet hatte, ist erloschen, aber er hält sie im Voranstürmen mit der ausschwingenden Bewegung seines linken Armes wie ein Zeichen gegen den Wind. Vorsichtiger geht er um das Haus herum, wir warten in etwas Abstand. Er läutet an der Tür, klopft an einem Fenster, umrundet noch einmal das Haus. Niemand öffnet, oder vielleicht ist niemand zu Hause. Mir schien jedoch, ich hätte an einem Fenster eine Bewegung gesehen. Ich weiß nicht, sage ich zu ihm, als er zurückkommt, ob ich öffnen würde, wenn draußen so ein Mann mit wirrem weißem Haar stünde, diesem Adlerblick und einer japanischen Kleidung, die so gar nichts gemein hat mit den Misthaufen hier und den Leitern an den Obstbäumen. Wir lachen, und Adolf sagt, da hast du vielleicht recht. Vom alten Bauernhaus ist nach vielen Renovierungen fast nichts übrig geblieben, erklärt Adolf noch, der Bruder meines Vaters hat sich mit einer Ladung Sprengsatz, wie man ihn zur Sprengung von Wurzelstöcken verwendet, umgebracht.

Geschichten. Lebensgeschichten. Nicht alle sind so düster. Welch schöne, bewegende Liebesgeschichten hat uns Adolf Muschg geschrieben, über die gewesene, die verlorene, gelebte und erdachte Liebe. Einer im Himmel des andern. Mit Hoffen allein kommen wir unseren Tagen des Glücks nicht näher, sagt er. Adolf geht noch einmal zur Tür des Hofes, klopft, kommt schnellen Schrittes wieder, wir umarmen uns, steigen ein und fahren zurück Richtung Männedorf. Und weiter, dorthin, wo alles beginnt.

Ja, Erzählen von der Kindheit, das ist beides, Glücksfall und Verlustanzeige. Und wenn wir von ihr erzählen, erzählen wir etwas Wahres, wie sehr auch die Erinnerung täuschen mag. Wir erzählen nicht nur von uns, wenn wir von uns erzählen. Beim Reden von der Kindheit erzählen uns die Wörter, die wir brauchen, auf einmal ihre eigene Geschichte. Und dabei hören sie auf, Zeugen oder gar Anstifter der Glücksferne zu sein. Sie geben sich zu erkennen als Gefährten, Mitgeschöpfe unserer Verstoßung aus dem Paradies. Ja, auf einmal können sie aussehen wie Engel, welche die bloßen hauenden Schwerter, mit denen sie uns vertrieben haben, sinken lassen. Dann deutet ihre Spitze wörtlich auf den Punkt, wo wir, die Sterblichen wie die Unsterblichen, die Gefabelten wie die Erfahrenen, die Wissenden wie die Ahnungslosen, – wo wir lebendig sind.[13]

Martin Pollack
Keine Tragödie darf verschwiegen werden
Das südliche Burgenland

Die unvoreingenommene Beschäftigung mit der Geschichte, der eigenen, aber auch der der Anderen, ist die wichtigste Voraussetzung, um uns selber zu begreifen, um unsere eigene Identität zu finden – und um dem Anderen, dem Nachbarn zu begegnen, auf Augenhöhe. Ohne Geschichte geht das nicht. Dabei dürfen wir nie der Versuchung erliegen, die jeweiligen nationalen Narrative einfach über Bord zu werfen, sie aus dem Gedächtnis zu tilgen, aus Angst, sie könnten sich bei der Begegnung als störend erweisen, als Hindernis. Alles muss gesagt, ausgesprochen, niedergeschrieben werden, auch, wenn es noch so schmerzlich sein mag. Alle Geschichten müssen erzählt, keine Tragödie darf verschwiegen werden. Doch dabei müssen wir immer das Ziel im Auge behalten: den Anderen zu verstehen, ihn so zu akzeptieren, wie er ist, mit der ganzen Last seiner Geschichte.[1]

Dieses Plädoyer für die Geschichte, die Erinnerung und das darüber Reden stammt aus Martin Pollacks Rede 2011 in der Baltischen Philharmonie in Danzig. Er stellt es auch als Memento an das Ende seines derzeit jüngsten Buches, des Sammelbandes *Topografie der Erinnerung*, und verstärkt dadurch den Appellcharakter. Sofort versteht man, dass in Danzig, diesem historisch hochsensiblen Ort, mit „dem Anderen", „dem Nachbarn" nicht nur die Leute über dem Gartenzaun oder an der nächsten Wohnungstür gemeint sind, sondern sehr viel mehr: Es geht um das Verständnis für Volksgruppen, Völker, Ethnien, Nationen und Erinnerungsräume. Trotz dieses Großmuts wurde Pollack, einer der bedeutendsten Übersetzer und Vermittler osteuropäischer, insbesondere polnischer Literatur, im Sommer 2016 von der polnischen Regierung auf den

Index gesetzt und zur „persona non grata" erklärt. Martin Pollack ist einer jener österreichischen Essayisten, die sich internationales Ansehen erworben haben; er wurde mit dem Leipziger Buchpreis zur Europäischen Verständigung ausgezeichnet, erhielt zahlreiche andere Ehrungen und bleibt auch in seinen dokumentarischen Romanen fundierter Historiker und polemischer Autor. Seit er schreibt, und das ist fast ein halbes Jahrhundert, schreibt er gegen das Vergessen, Verschweigen und für eine friedliche Koexistenz. Er ist ein Kämpfer mit hohem Ethos, einer, der genau recherchiert, ein Aufdecker und Fragensteller, spannend und unbequem, jemand von großer Aufrichtigkeit, selbst wenn Privates betroffen ist, das schmerzt. Ihn zu lesen, ist ein Ereignis, ihm zu folgen, wäre eine Weltverbesserung.

Ich bin auf dem Weg zu Martin Pollack und seiner Frau Ingrid, von allen Gridi genannt, in das südliche Burgenland. Es gibt auch eine Wohnung in Wien, aber Bocksdorf ist der Ort und die Landschaft des Herzens. W. hat noch in Wien zu tun, ich fahre auf Gridis Empfehlung mit dem Bus eines privaten Verkehrsunternehmens voraus, eine ideale Verbindung ohne Umsteigen in die abgelegenen Dörfer Mittel- und Südburgenlands bis Güssing. Die Wiener Innenstadt wirkt am frühen Morgen wie verzaubert, gerade am Erwachen. Die Habsburgergasse und der Michaelerplatz noch leer, der Innenhof der Burg ebenso, hallende Schritte, herrische Denkmäler. Auf dem Bundeskanzleramt weht ein Transparent mit der Aufschrift "Europa neu denken".

Der Bus fährt an der Schmalseite der Wiener Universität ab. Hier habe ich studiert. Wir hätten uns damals schon begegnen können, Martin und ich, er hat nur zwei Jahre nach mir, wenn auch mit anderen Fächern, sein Studium begonnen: Slawistik und Osteuropäische Geschichte. Der Bus ist ein Doppeldecker, der Platz ganz vorne oben ist noch frei. Einen so schönen Blick auf die Stadt hatte ich noch nie. Zu meiner Linken steigt eben der orangefarbene Sonnenball über die Spitze des Stephansdoms auf, vor mir glimmt die grüne Kuppel der Karlskirche, kurze Zeit später das goldene Blattwerk der Sezession, alles ist in ein transparentes Licht getaucht. Am Naschmarkt herrscht schon reger Betrieb. Der Bus fährt die Zentagasse aufwärts – ich schicke Friederike

Mayröcker Morgengrüße hinauf in ihre Wohnung im sechsten Stock, sie steht früh auf, sie wird schon an ihrem Schreibtisch sitzen und ihre Träume in die Hermes Baby tippen. Südautobahn. Ein Stück nach Baden taucht der tatsächlich schon schneebedeckte Schneeberg wie eine Fata Morgana aus dem Nebel auf, riesige Vogelschwärme ballen sich zusammen, stieben wieder auseinander, dann die Kurven über den Wechsel hinauf und wieder hinunter – „Willkommen im Burgenland". Pinkafeld, Bad Tatzmannsdorf, Oberwart, Kemeten. Stegersbach. Hier erwartet mich Martin Pollack. Nur ein paar Minuten sind es mit dem Auto bis Bocksdorf, in sein und Gridis kleines Paradies Am Heaberg. Heu? Hoch? Häher? Vielleicht alles zusammen.

> *„Landschaft". Dieser Begriff weckt in uns zumeist positive Empfindungen und angenehme Gefühle, vor allem, wenn wir dabei, völlig unkritisch, an das freie, nicht verbaute und zersiedelte Land denken, das wir auf unseren Wanderungen und Fahrten erkunden. Wir stellen uns dabei Wiesen und Wälder, mäandernde Flüsse und Bäche, wilde Schluchten und grüne Bergrücken vor, noch nicht rücksichtslos beschädigt oder gar unwiederbringlich zerstört durch menschliche Einflüsse. [...] Wenn ich ganz unreflektiert, unbelastet von theoretischen Erwägungen, den Begriff „Landschaft" höre, sehe ich zunächst einmal meine Streuobstwiesen im Südburgenland vor mir, die alten Zwetschken- und Apfelbäume, dahinter die Felder, je nach Jahreszeit und Frucht verschieden gefärbt, Schlehenhecken und einzelne Bäume, eine Esche, Birken, dann wieder Felder und schließlich den Wald, Mischwald, der den Horizont bildet. Wenn ich in meiner Bibliothek sitze und übers Land schaue, fällt mein Blick auf kein anderes Haus.*[2]

Vor vierzig Jahren hat Martin Pollack dieses Haus von einer Kärntner Slowenin gekauft.

1910 ist es erbaut worden, damals lag es noch im ungarischen Teil der k. u. k. Monarchie. Es war der Hof eines Kleinbauern. Die Erde ist karg hier, gepflügt wurde mit einem Ochsen oder einer Kuh. Die meisten waren schon damals Nebenerwerbsbauern, er-

zählt Martin, die Männer als „Telegraphler" beim Bau der Elektro-
leitungen quer durch die Monarchie bis Galizien beschäftigt. Im
Hof war, als er hier einzuziehen versuchte, noch der Misthaufen, wo jetzt das Bad ist, war die Futterkammer für zwei Kühe,
ein oder zwei Schweine und ein paar Hühner, der ehemalige Stall
wurde das erste Arbeitszimmer. Es war alles mehr als primitiv.
Inzwischen haben Gridi und er das Anwesen mit Geduld und viel
eigener Arbeit renoviert und etwas ausgebaut, es ist ein Stück Heimat geworden, ein Schmuckkästchen. Jetzt rankt sich Wein mit
dunkelblauen Trauben über dem Eingangstor, alles ist blendend
weiß gekalkt, das Dach neu gedeckt, die Scheune wetterfest, und
dort, wo ursprünglich der baufällige Stall zerbröckelte, steht seit
fünf, sechs Jahren Martins futuristische Bibliothek, die ihm sein
Architektenfreund Luigi Blau erbaut hat. Noch bevor es so wohn-
lich wurde, hat sich Christoph Ransmayr gerne hierher zurückgezogen, einen Teil seines in mehr als dreißig Sprachen übersetz-
ten Romans *Die letzte Welt* hat er hier geschrieben. Vor ein paar
Jahren sind wir einmal gemeinsam durch die Beskiden in den
Ostkarpaten gewandert, sagt Martin, um das Buch über den *Wolfsjäger* zu schreiben.[3]

An der Hausmauer im Innenhof stehen Pelargonien und Oleander, im Vorgarten blühen Rosen. Es gibt zwei Gemüsegärten, in denen alles wächst, was man sich wünschen kann: Bohnen, Paradeiser, Paprika, Pfefferoni, Zucchini, Auberginen, Erbsen, Knoblauch; Kräuter über und über und alle Sorten von Salat. Wir sind fast Selbstversorger, sagt Martin und schneidet fachgerecht eine Mischung frischer Salate. Rings um das Haus wachsen uralte Obstbäume, knorrig, die Rinde rissig, üppig im Reichtum der Früchte. Jetzt ist Apfelernte, vorwiegend mit alten Sorten, die es zum Teil nicht mehr gibt. Zwei slowenische Freunde helfen, alleine geht das nicht mehr. Hier gibt es viele Arbeitslose, sagt Martin, aber Obst klauben will keiner von ihnen. Die Grenze ist ja nicht weit, und ich kenne die Familie des Älteren schon lange, er hat mir viel geholfen, wir verstehen uns gut, können uns auch in seiner Sprache unterhalten, auch Gridi. Ihre Mutter kam aus Ljubljana, und Gridi war oft in den Sommerferien bei der Großmutter, beim Spielen mit den Nachbarskindern hat sie die Sprache erlernt. Wenige Tage nach unserem Besuch wird mir Martin mailen: „Habe ich Dir schon gesagt, wieviel Kilogramm Äpfel wir in diesem Jahr geklaubt haben? Mindestens 1500 Kilo! So haben wir insgesamt 840 Liter Saft pressen lassen können. 600 gingen direkt nach Tirol, an den Sohn eines Schulfreundes, der oberhalb von Schwaz ein schönes Bio-Hotel führt. 60 Liter hat meine Nichte bekommen, die drei Kinder, dafür aber wenig Geld hat. Wenn ich mich daran erinnere, dass ich vor zwei Jahren die ganze Arbeit allein gemacht habe, das Klauben, Einfüllen in Säcke, den Transport der Säcke zur Presse usw., dann das Abholen der Flaschen, wird mir traurig zumute. Das kann ich jetzt nicht mehr." Er hat eben die zweite Chemotherapie hinter sich.

Wir sind überzeugt, dass eine Landschaft, in der auf den ersten Blick nichts unser Auge beleidigt, eine beruhigende und erholsame Wirkung ausüben und uns seelischen Frieden und Ausgeglichenheit verschaffen kann. Die Landschaft gilt im Gegensatz zum urbanen Raum als wunderbarer Tröster und Heiler. Als ein Ort des Rückzugs, aus dem wir neue Kräfte schöpfen. Doch so einfach ist es nicht.[4]

Nichts ist einfach bei Martin Pollack. Er lässt sich nicht täuschen und ist unhinterfragten Eindrücken abgeneigt. Landschaften, von denen er spricht, sind immer von Menschen geformt oder verunstaltet, vor allem aber, sagt er, hat unser Verständnis von Landschaft viel mit Empfindungen, Imagination und nicht zuletzt mit Erinnerung zu tun. Jedoch auch sie ist trügerisch. Drei Landschaften hat es in Pollacks frühem Leben gegeben, die ihn geprägt haben. Die erste war Mitterberg am Grimming im Ennstal. Die Mutter war nach Kriegsende mit den drei Kindern auf einem Einschichthof evakuiert, die Bäuerin hatte ein großes Herz, selbst fünf Kinder, noch eine andere Familie war einquartiert, es war ein großes Spielen, Tiere, Heuduft, Berge. Die zweite war das Mostviertel zwischen Amstetten und Seitenstetten, damals in der Russischen Zone des besetzten Österreich gelegen. Gehen über Land an der Hand des Großvaters, blühende Birnbäume, kleiner Rucksack, Hamsterstreifzüge. Ich kenne das aus meiner Kindheit, sage ich zu Martin: Einer meiner Großväter war Tierarzt, mit ihm bin ich oft über die Demarkationslinie bei Steyr gefahren, bis hinüber nach Seitenstetten, wenn er zu schwer kalbenden Kühen gerufen wurde, oder Saubären zu kastrieren waren. Martins Großvater war ein guter Erzähler, das Kind hing an seiner Hand und seinen Lippen. Die Bauern mochten ihn, er war ein stattlicher Mann und konnte gut unterhalten, kam mit Schätzen nach Hause. Speck und Brot und Hirschbirnen, den Geschmack liebt Martin noch heute. Der erste Mostrausch. Erst als Erwachsener erfuhr Martin Pollack, welche Abgründe hinter dem schönen Schein standen. Es war die Zeit nach dem Krieg, es gab Hunger, Angst. Über allem stand die Verschwiegenheit einer überaus verworrenen Familiensituation, von der das Kind nichts wusste, nicht einmal ahnte: Der leibliche Vater, von dem er noch nie gehört hatte, wurde als Kriegsverbrecher gesucht, in Mitterberg erfuhr die Mutter 1947 von dessen Tod. Der Großvater war ebenfalls als aktiver Nationalsozialist angeklagt und inhaftiert. Die Mutter wurde vom Bauernhof weg von Amerikanern verhaftet und für einige Tage nach Graz gebracht.

Insgesamt erinnere ich mich jedoch an eine unbeschwerte, behütete, glückliche Kindheit. Erst viele Jahre später begann mir langsam zu dämmern, wie trügerisch diese Idylle gewesen war. In Wahrheit stand meine Kindheit unter einem dunklen Stern. Die Erwachsenenwelt um mich herum, die mir Geborgenheit vermitteln sollte, war schwer traumatisiert und nur unter Aufbietung aller psychischen Kräfte in der Lage, vor uns Kindern den Anschein der Normalität zu wahren.[5]

Die dritte prägende Landschaft war das Felbertal bei Mittersill im Salzburgerland. Eine Zeit, die den Grundstein für den weiteren Lebensweg legte: 1954 kam Martin Pollack als Zehnjähriger in das Internat des Werkschulheimes Felbertal. Die Schule – sie existiert noch heute in Ebenau bei Salzburg – ist eine Kombination von Realgymnasium und Handwerksausbildung. Martin lernte Tischler und schloss mit Gesellenprüfung und Matura ab. Die Schule war bitterarm und im Grunde nicht geeignet für Kinder. Über 1000 Meter hoch gelegen, extrem schneereiche Winter, kein Holz zum Heizen, es hieß: Geht's in den Wald und sucht's euch eines. Sie wussten nicht einmal, wie man einheizen soll. Die Zehen sind einem fast abgefroren, erzählt Martin, der spätere Schriftsteller Klaus Hoffer sei dort fast umgekommen. Die Spinde kamen von den Amerikanern, der Weltkirchenrat schickte manchmal Geld. Neun Jahre war Martin dort, „out in the nowhere", sieben Kilometer waren es bis Mittersill. Die Schule war von einem Russen gegründet worden, Alexej Stachovič. Die Schüler kamen von überall her, waren oft Kinder von Displaced Persons, die es auf der Flucht hierher verschlagen hatte, auch Überlebende des Holocaust, die meisten warteten auf eine Weiterreise. Alle, Jugoslawen, Bulgaren, Polen, Ungarn, auch die Sudetendeutschen, die Banater Schwaben und die Siebenbürger Sachsen, wurden von den österreichischen Schülern Russen genannt. Für Martin war es die erste Begegnung mit Slawen, seine besten Freunde waren drei Russen, die alle „Alexander" hießen. Er gründete einen Literaturclub, begann mit T. S. Eliot und Christine Lavant. Die Lehrer waren jung und engagiert, es wurden russische Lieder gesungen, es gab keine nationalen Diskriminierungen, die Schüler konnten mitentscheiden, ob Lehrer bleiben durften – es war ein basisdemokratischer Versuch, der vielleicht in dieser Form nur damals möglich war, sagt Martin.

Das hat ihn geprägt, mehr als die Skitouren in die Berge, die er heute noch gerne macht. Es war der Beginn seiner Entfremdung von den Großeltern, zunächst gefühlsmäßig, später als deutliche Distanzierung zu deren unvermindert nationalsozialistischer Einstellung. Um diese Zeit hatte ihm die Mutter auch eröffnet, dass sein Stiefvater nicht sein leiblicher Vater war. Welch düstere NS-Biografie dieser unbekannte Vater hatte, entdeckte Martin Pollack erst später – in *Der Tote im Bunker. Bericht über meinen Vater* hat er seine bittere Recherche festgehalten, wir werden am nächsten Tag in unseren mäandernden Gesprächen im Bauernhaus Am Heaberg noch darauf zurückkommen. Die Erfahrungen in Felbertal waren jedenfalls wesentliche Weichensteller: Martin begann aus Opposition und spontanem Entschluss Slawistik und Osteuropäische Geschichte zu studieren, war zwei Jahre mit einem Stipendium in Warschau und wurde schließlich zu einem der gefragtesten Osteuropaexperten.

Sein Erwachsenenleben wird von jener Landschaft gerahmt, in der wir zu Besuch sind: Bocksdorf. Wien natürlich auch, aber der kleine Hof im Südburgenland ist zum Refugium geworden. Ein solches braucht er auch, denn was er im Zuge seiner Nachforschungen ans Licht bringt, ist oft genug von Schrecken und Erschrecken grundiert. Zum Beispiel „Kontaminierte Landschaften". Seine gleichnamige Vorlesung bei den Minoriten in Graz ist auch als Buch erschienen. Es sind Landschaften gemeint, unter denen Massengräber liegen. Europa ist bedeckt mit Schlachtfeldern, sagt Martin, und Abertausende Massengräber sind noch unentdeckt, unerforscht und ungesühnt. Eines dieser Massengräber, an dem der Vater als Täter beteiligt war, wurde aufgrund von Martins Spurensuche erst vor Kurzem aufgefunden und die Leichen geborgen. „Alles muss gesagt, ausgesprochen, niedergeschrieben werden, auch wenn es noch so schmerzlich sein mag [...]"

Überall auf der Welt gibt es diese Schandmale, sagt er, aber ich spreche von Europa, und führt ein zunächst harmlos scheinendes Detail an: Eines Tages habe er beim Umgraben im Gemüsegarten eine Gabel gefunden. Als er sie reinigte, zeigte sich, dass sie aus rostfreiem Stahl war, und auf der Rückseite entdeckte er einen Stempel der Waffen-SS.

Es mag morbid klingen, aber manchmal, wenn ich auf meine Streuobstwiesen und den dahinterliegenden Wald schaue, überlege ich, was sie wohl verbergen mögen? Was kommt zutage, wenn ich auf dieser Blumenwiese zu graben beginne? Im Eichenwald am Csaterberg? Am Ufer des Teiches? Stoße ich dann auf Knochen, auf verrosteten Stacheldraht, auf Telefondraht, mit dem Hände zusammengebunden wurden, auf Geschoßhülsen, auf zerfallene Reste von Schuhen und Kleidern? Oder sind das nur Albträume, Produkte einer überspannten Fantasie?[6]

Martin Pollack hat zu viel gesehen. Zu viel gelesen und zu viel gesammelt, als dass er noch über einen unschuldigen Blick verfügte. Er ist durch einsame Landschaften im slowenischen Karst, auf dem Balkan, in Polen und der Ukraine gewandert, hat die Spuren des Grauens gesucht und zum Teil gefunden, hat jahrzehntelang als politischer Korrespondent – auch für den *Spiegel,* dessen Wiener und später Warschauer Büro er leitete – recherchiert und in aufsehenerregenden Artikeln sowie großen Reportagen über das Verschweigen geschrieben und hat eine fast beispiellose Sammlung von Dokumenten: ein Mosaik, aus dem sich die Topografie von Massakern zusammensetzt, die mit Massengräbern die Landschaften bis in die jüngste Gegenwart kontaminieren.

Das Bibliothekshaus, das den Hof abschließt, ist lichtduchflutet. Luigi Blau weiß offensichtlich, wie ein Raum gebaut sein muss, um sich vom ersten Augenblick an darin wohlzufühlen. Und alles, was Martin daraus gemacht hat, erweckt den Wunsch, bleiben zu können. Er zeigt mir zunächst sein „naturwissenschaftliches Kabinett". Das Skelett eines Siebenschläfers, der in einem seiner Stiefel gewohnt hat, amphorenartige Nester von Schlupfwespen, Knöchelchen, einen Schildkrötenkopf. Eine riesige Vor-Euro-Münzensammlung. Ich bin ein professioneller Finder, sagt Martin, für mich sind Fundstücke wichtig, ich überlege mir Zusammenhänge und mache Geschichten daraus. Die Bibliothek ist ein Raum für ganze Wissensareale, unbegrenzt, sie wuchern auf dem Boden weiter. Für jede Thematik gibt es eine oder mehrere Reihen in den Stellagen aus gebeizter Fichte: Bücher, Zeitungsausschnitte, Kopien

aus Archiven, Handschriften, Notizen, Querverweise, Berichte von
Zeitzeugen und vieles mehr; ergänzt durch eine Fülle von alten An-
sichtskarten, Portraits, Gruppenfotos, Straßen, Orten, Landschaften, er hat viele Schachteln davon, genau nach Themen geordnet,
selbst österreichische, polnische oder ukrainische Archive wenden
sich an ihn. Es wäre zudem ein Vergnügen, sich in die hellen Seiten
seiner Literatur – denn die gibt es auch! – zu vertiefen, in jene Landschaften, die er so farbenfroh beschreibt und lebendig zu machen
versteht: Die Beskiden im südöstlichen Polen zum Beispiel, durch
die er mit seinem dort lebenden Dichterfreund Andrzej Stasiuk
wandert sowie die wasserdurchzogene ukrainische Tiefebene;
Städte vor allem, Krakau, Warschau, Lemberg, Iwano Frankiwsk –
auch mit Juri Andruchowytsch ist er, der große Netzwerker, befreundet. Niemand, der sich für diese Länder, für deren Geschichte,
Kultur, Sprache und Gegenwart interessiert, wird an Martin Pollack
vorbeikommen. Seine Galizien-Bücher (das erste schrieb er mit
Karl-Markus Gauß) sind Evergreens. Pollacks Europa dehnt sich
weit in den Osten, bezieht vor allem die Ukraine mit ein und wirbt
in vielen aktuellen Polemiken um ein tieferes Verständnis für deren
Ringen um Demokratie und Akzeptanz des Westens.

Recherchieren ist für mich eine lustvolle Tätigkeit, sagt Martin, ich gehe den Dingen auf den Grund, bis ich, im Idealfall, Licht in die vergessenen oder absichtlich unterdrückten oder verfälschten Sachverhalte bringen kann. Es gibt einen Berg von Geschichten, die ich wieder weglege. Oder die ich als Nächstes plane, zum Beispiel die Lebensgeschichte meiner Tante Pauline, die 1945 als im Land gebliebene Deutsche aus purer Rache von jugoslawischen Partisanen aus ihrem Haus in der slowenischen Gottschee gezerrt wurde und elend in einem Lager zugrunde ging. Es gibt auch Geschichten, die lange liegen bleiben, oft zehn, zwanzig Jahre, bis ich sie wieder aufgreife und sie gestalten kann. Der „Fall Philipp Halsmann" zum Beispiel entstand aus zehn Zeilen, da war ich noch beim *Spiegel,* hatte aber nicht Zeit dafür. Ein über 300 Seiten dickes Buch ist daraus entstanden: *Anklage Vatermord.* Es ist die unglaubliche Geschichte des später berühmt gewordenen *LIFE*- und *Vogue*-Fotografen Philipp Halsmann, der 1928 angeklagt wurde, auf einer Bergtour im Zillertal seinen abgestürzten Vater ermordet zu haben.

Über den Beginn der Bergtour ins Tiroler Zillertal wurde im nachhinein kaum mehr gesprochen. Immer nur und immer wieder über die späteren Ereignisse. Wer was gesagt hatte. Wann das gewesen war. Wer wo gesehen wurde. In welchem Aufzug. In welcher Gemütsverfassung. Was er wohl gedacht haben mochte. Erinnerungsfragmente und Spekulationen wurden zu immer neuen Szenen zusammengefügt, die doch nie ein überzeugendes Gesamtbild ergaben oder die ganze Wahrheit enthüllten. Stets blieben Zweifel und Fragen zurück.[7]

Aus all diesen, vor allem aber aus den ungestellten Fragen zum sozialpolitischen Umfeld der jüdischen Familie aus Riga entwarf Pollack seinen spannenden dokumentarischen Roman, der in viele Sprachen übersetzt wurde. – Martin nimmt sein Okular zur Hand und beobachtet eine Meise auf einem seiner Apfelbäume. Ich liebe Tiere, vor allem Vögel, sagt er. Ich kann sie lange und geduldig beobachten. Ich glaube, ich weiß viel über sie. Überall hat er Bruthäuschen angebracht, alte Bäume und selbst Strünke lässt er stehen als Wohnung für vielerlei Getier. An der Grenze zur Talsenke haben Gridi und er eine Hecke angelegt, die aus altem Astwerk und Gartenmist besteht, damit Käfer, auch der seltene Hirschkäfer, Hasen und Igel Unterschlupf finden. Irgendwann wächst eine junge Hecke daraus. Rund um das Anwesen hat Martin zweieinhalb Hektar Grund gekauft, um ihn vor Verbauung zu schützen – er ist an einen Biobauern verpachtet. Ich bin übrigens selbst zertifizierter Biobauer, sagt er lachend, hast du das gewusst? Du siehst, ich habe also auch noch ein schönes Verhältnis zur Landschaft und zur Natur.

W. ist von Wien angekommen. Da Gridi und Martin sich nicht beim Vorbereiten des Abendessens helfen lassen wollen, gehen wir noch kurz spazieren. Kühler Wind ist aufgekommen. Die Eschen stehen schon ohne Blätter, auch manche Obstbäume, Laub raschelt unter unseren Füßen. In den Schlehenhecken leuchten glänzend rot die Früchte wilder Rosen. In den längst abgemähten Wiesen blühen noch vereinzelt Flockenblumen, Skabiosen und Schafgarben. Wir wandern den sanften Höhenrücken oberhalb des Obstgartens entlang. Wochenendhäuser, zaunhohe Herbstastern, Nussbäume. Zur Rechten liegen Bocksdorf und Stegersbach im Tal, zur Linken fließt die Strem in der Senke, von riesigen Eichenbäumen gesäumt. Es ist kein spektakuläres Land. Es entspricht auch keineswegs den gängigen Assoziationen zum Burgenland mit Weingärten, dem Neusiedler See und den beginnenden Steppen der Puszta. Hier ist grünes, buckliges Zwischenland, das erst weiter im Süden wieder in milderes Klima und in das ausgedehnte Weingebiet übergeht, das sich in die Steiermark und das ehemalige Krain hinüberzieht, das bereits in Slowenien liegt. Durch viele Landschaften sind W. und ich schon gewandert. Sie sind immer schön, wenn man sie mit Menschen verbinden kann, die hier leben und glücklich sind.

Als wir zum Haus zurückkehren, kommt Martin eben mit einer Flasche Weißwein aus dem Kellerstöckl – vielleicht war früher sogar einmal eine kleine Ausschank mit Uhudler hier, sagt er. Letztes Sonnenlicht fällt in Tenne und Küche und taucht alles in milde Farben, die Äpfel auf dem Tisch, den gekachelten Herd, mit dem auch das Wohnzimmer beheizbar ist, den geflochtenen großen Korb, in dem internationale Zeitungen liegen. Der frisch geschnittene Salat hat den Geschmack des Sommers und die Bitternis des Herbstes. Die gebratenen Steinpilze, die Gridi bei einem ungarischen Stand in Kemeten gekauft hat, sind die besten unseres Lebens.

Am nächsten Morgen sind wir früh unterwegs. Unser Hotel liegt in Pöllau in der Steiermark, etwas entfernt von Bocksdorf und westlich der Thermenregion. Wir hatten uns viel angesehen, die Wallfahrtskirche Maria Pöllauberg sowie das Augustiner-Chorherren-Stift und die barocke Stiftskirche im Ort selbst. An einer Mauer im Arkadengang entdeckten wir eine Gedenktafel für Victor Franz Hess: 1936 hatte er für die Entdeckung der Kosmischen Strahlung den Nobelpreis für Physik erhalten – einer der großen Vergessenen unter den Nobelpreisträgern Österreichs. Es gibt keine Biografie über ihn. Über das Internet ist zu erfahren, dass er als Kosmopolit und bekennender Katholik von den Nazis 1938 fristlos und ohne Pensionsanspruch als Grazer Universitätsprofessor entlassen wurde, sein Nobelpreisgeld in deutsche „Reichsschatzscheine" umtauschen musste, in die USA emigrierte und in New York starb.

Martin empfängt uns in seinem Bücherreich, wir berichten ihm von unserer Entdeckung, und er erzählt von seinen Bemühungen, in den burgenländischen Dörfern wenigstens eine Gedenktafel für die Tausenden vom Hitler-Terror ermordeten Roma, landläufig immer noch „Zigeuner" genannt, zu erwirken. Das Ergebnis seiner Gespräche in Kemeten, Goberling oder Stegersbach war überall ein ähnliches: Ablehnung oder „lieber keine schlafenden Hunde wecken". Nicht im Hinblick auf Roma und nicht auf Juden: Rechnitz liegt in unmittelbarer Nähe, wo in einer Nacht im März 1945 an die zweihundert jüdisch-ungarische Zwangsarbeiter von Mitgliedern der SS und ihren Helfern ermordet und verscharrt wurden – ein Massengrab, das bis heute nicht gefunden wurde. Elfriede Jelinek sowie das Autorenduo Peter Turrini und Silke Hassler haben in ihren Theaterstücken ebenfalls versucht, die Aufmerksamkeit darauf zu lenken.

Es ist besser, manche Dinge ruhen zu lassen, den Mantel des Schweigens über die Ereignisse zu breiten, irgendwann muss

man einen Schlussstrich ziehen, man darf nicht ewig in alten Wunden stochern. Vergessen, Verschweigen, Verdrängen lautet die Devise, die sich bis heute landauf, landab großer Beliebtheit erfreut.[8]

Martin Pollack ist ein Rastloser, der nicht nur unbedingte und umfassende Aufklärung, sondern auch Mitgefühl zu wecken sucht. Wenigstens ein Gedenken, sagt er, wenigstens das. Er weiß, dass er sich damit keine Freunde schafft, aber: Wir sind es den Opfern schuldig. Ich möchte mein Wissen weitergeben, damit wir die Gegenwart besser bestehen. Manchmal begleitet ihn Gridi bei seinen monate-, mitunter jahrelangen Recherchen. Das betraf vor allem das Buch *Der Tote im Bunker*. Denn dieser Tote war sein eigener Vater. Am Ende des Buches schreibt Martin Pollack: „Meine Frau hat das Projekt von Anfang an begleitet, sie war auf vielen Reisen mit und hat mich ständig ermutigt; ein Schreiben ohne sie könnte ich mir nicht mehr vorstellen." Diese Nachforschungen durchzustehen, ging an die Grenze. Er wusste es im Voraus, hat die Arbeit mehrmals abgebrochen, wieder aufgenommen. Er musste es tun, um sich selbst zu begreifen und zu verstehen, wer er war.

Im Frühsommer 2003 fuhr ich mit meiner Frau nach Südtirol,
zum Brenner, um den Bunker zu suchen, in dem vor 56 Jahren
mein Vater tot aufgefunden worden war. Er war erschossen
worden. Ich wollte mehr über die Umstände seines Todes und
die Beweggründe in Erfahrung bringen, die ihn nach Südtirol
geführt hatten. Die Nachforschungen hatte ich jahrelang hi-
nausgezögert, vielleicht aus einem unbewußten Gefühl der
Angst, ich könnte bei der Spurensuche auf Dinge stoßen, die
meine ohnehin schlimmen Erwartungen übertreffen würden.
Eines glaubte ich von Anfang an zu wissen: Sein gewaltsamer
Tod war der Abschluß eines Lebens, in dem Gewalt eine wich-
tige Rolle gespielt hatte.[9]

Mit Akribie geht Martin Pollack den Spuren dieser Gewalt nach,
die kein Einzelfall, sondern paradigmatisch für das Entstehen und
Wuchern nationalsozialistischen Gedankengutes ist. Die Wurzeln
führen in die Gottschee, eine deutschsprachige Enklave im heutigen Slowenien und zur deutschnationalen Gesinnung als Kampf
gegen das „minderwertige" Slawentum. In diesem Klima wächst
Gerhard Bast, so der Name von Martin Pollacks leiblichem Vater,
auf, geht an die Universität Graz, die für ihre nationale Gesinnung
bekannt ist, tritt in die schlagende Verbindung Germania ein und
wird schon 1931 illegales Mitglied der NSDAP. Die Karriere des
jungen Dr. Bast geht steil nach oben: unterschiedliche Posten in
der Gestapo, im Sicherheitsdienst und in der SS. Kurz bevor er Ge-
stapochef von Linz wird, lernt er Martins Mutter kennen, die bereits mit dem Kunstmaler Hans Pollack verheiratet war und zwei
Kinder hatte. Sie begannen eine Affäre, vielleicht war es die große
Liebe, Martin kam 1944 zur Welt. Als der Bub etwas größer war,
wurde er in allen Ferien zu den Großeltern nach Amstetten geschickt, wohin diese von der Gottschee aus übersiedelt waren, so
hatte er mehrere Zuhause:

Das erste war in Linz, die Mutter, der Vater, der in Wahr-
heit mein Stiefvater war, der Bruder, die Schwester, eigentlich
Halbgeschwister, doch darüber wurde nicht gesprochen, das

war bedeutungslos. Der Stiefvater war Kunstmaler von Beruf und Gärtner aus Passion, eine Leidenschaft, die ich von ihm geerbt habe. Er gab mir nie zu spüren, daß ich das Kind eines anderen war, dessen Familie in Amstetten lebte und ebenfalls Anspruch auf mich erhob.[10]

Ich stieg sozusagen in Linz als Pollack in den Zug und in Amstetten als Bast aus, sagt Martin, ohne dass ich das Geringste davon wusste. Mein Vater hat sich angeblich gewünscht, dass ich einmal seinen Namen tragen möge, ich habe es mir auch überlegt, mich aber dagegen entschieden. Im Roman *Der Tote im Bunker* erzählt Martin Pollack unsentimental die wahnwitzige Geschichte dieses Vaters, in der *Topografie der Erinnerung* zieht er Resümee.

> *Der Unbekannte, mein Vater.*
>
> *Was bedeutet es für mich, dass der Vater, den ich nie wirklich kennengelernt habe, mit dem ich nie spazieren ging, nie Gespräche führte, der mich nie rügte, dass dieser Vater bei der SS, beim SD und bei der Gestapo war, dass er ein Sonderkommando der gefürchteten Einsatzgruppen leitete, zuerst in Polen, dann in der Slowakei, dass er in der Nähe von Warschau die Erschießung polnischer Geiseln befahl und in den slowakischen Bergen mit seinen Leuten Jagd auf Juden und Partisanen machte? Dass mein Vater ein Mörder war oder jedenfalls, kraft seines Amtes und Ranges, Morde befahl?*
>
> *Ohne Zweifel hat die Vergangenheit meines Vaters auch mich geprägt, mein ganzes Leben. Ich weiß sehr wohl, dass ich keine singuläre Erfahrung gemacht habe, dass ich keine Ausnahme darstelle: Viele Angehörige meiner Generation wurden irgendwann, die einen früher, die anderen später, mit der Erkenntnis konfrontiert, dass der Vater oder der Großvater ein Täter war, mit der Waffe in der Hand, möglicherweise auch am Schreibtisch. Der geliebte Vater, das Vorbild, dem wir in kindlicher Liebe nacheifern wollten, um einmal so zu werden, wie er. In meinem Fall war das eine beklemmende Vorstellung, die mir eine Zeit lang regelrechte Alpträume verursachte.*[11]

Es ist längst Abend geworden. Martin schaltet die Lampe an seinem Schreibtisch und die Lichter über den Bücherregalen der Bibliothek ein. Vor den Fenstern stehen die Obstbäume als bizarre Gerippe in der anbrechenden Nacht. Von Zeit zu Zeit sieht man die Scheinwerfer eines Autos über die Hügel streifen. Martin erzählt die Geschichte zu Ende, sie lässt sich mit allen Unwägbarkeiten im Roman nachlesen. Im März 1945 hatte sich die Mutter noch scheiden lassen und im April, wenige Tage vor Kriegsende, Gerhard Bast geheiratet. Dieser wurde kurz darauf als Kriegsverbrecher angeklagt, steckbrieflich gesucht, er tauchte unter, irrte fast zwei Jahre im Untergrund als Holz- und Bauernknecht durch Österreich und Südtirol und wurde beim versuchten illegalen Grenzübertritt am Brenner im März 1947 von seinem jungen Schlepper erschossen, ausgeraubt und in einen nahen Bunker gezerrt, wo er Tage später zufällig gefunden wurde. Der Täter wurde gefasst. Nach Basts Tod heiratete die Mutter abermals Hans Pollack. Er war ein Gentleman. Martin war noch keine drei Jahre alt.

Als wir um Mitternacht zu unserem Hotel in Pöllau fahren, sage ich zu W., wie doppelt schmerzlich mich dieses Buch und Martins Erzählungen treffen. Auch mein Vater war Nationalsozialist, illegales Parteimitglied, baute in Steyr die NS-Organisation in der Hoffnung auf, der überwältigenden Arbeitslosigkeit der Industriestadt durch Hitler ein Ende bereiten zu können, wurde HJ-Führer von Niederdonau, in den Russlandfeldzug eingezogen und fiel an der oberen Wolga, als Martins Vater auf dem Vormarsch in den Kaukasus in der gefürchteten SS-Sondereinheit D die Gegend „säubern" sollte. Auch ich habe meinen Vater nicht gekannt, habe mich Jahrzehnte später auf die Suche nach ihm gemacht und sie im Roman *Im Bernstein* verfremdet niedergeschrieben. „Die Väter", sagt Martin Pollack, „geben uns nicht frei, so sehr wir uns das auch manchmal wünschen."

Am nächsten Morgen fahren wir durch golden und rot leuchtende Wälder über Stubenberg zurück in das Südburgenland, eine uns bisher vollkommen unbekannte Landschaft. Schmal und gewunden ist die Straße, bergauf, bergab, kleine Bauernhöfe, Leitern lehnen an den Apfelbäumen, ein Traktor, schon übervoll mit roten Äpfeln, tuckert die Straße bergab, in der Ebene liegen ausgedehnte Apfelplantagen. Fern steht die Burg Güssing auf ihrem Vulkankegel.

Gridi und Martin sind heftig am Arbeiten. Nüsse klauben, jäten, aufräumen, einwintern. Wir wollen nur mehr Adieu sagen, sind schon auf dem Weg zu Friederike Mayröcker nach Wien in das Café Sperl. Wir trinken noch einen Abschiedsschluck am großen Tisch in der Tenne. Martin spielt mit einem Apfel, sagt noch: Ich bin ein Einzelgänger. Auch in Wien kein Cliquenmensch. Hier in Bocksdorf verbrüdere ich mich nicht so schnell wie manche Wochenend-Zugereisten, die jeden nur möglichen Kontakt im Ort suchen. Beim Feuerwehrfest stehe ich nicht in der ersten Reihe. Mein bester Freund hier ist ein achtzigjähriger Mann, der Straßenbahnfahrer der Linie 5 in Wien war, er liest mit Ausdauer die *Neue Zürcher Zeitung,* die ich ihm bringe, mit ihm rede ich gerne. Aber ich kann auch gut allein sein, zwei, drei Wochen, Gridi hat nicht immer Zeit. Stehe oft um vier oder fünf auf. Man sieht den Briefträger und den Wechsel der Jahreszeiten, ich lausche dem Schnee, wenn er schmilzt, es kommt schon vor, dass ich im Winter Schneeketten anlegen muss. Beobachte die Vögel. Spüre die Sehnsucht nach dem Frühling. Ich wandere wenig herum, brauche nur das Haus, den Hof, die Streuwiesen und die Gemüsegärten. Hier kann ich arbeiten. Hier kann ich schreiben.

Als wir, schon im Auto, uns noch einmal umwenden, stehen die beiden umschlungen unter dem Hoftor. Gridi hat den Kopf an Martins Schulter gelegt. Das war kein Bild für eine Kamera. Es war ein Bild, das wir verschlossen in uns bewahren werden, damit es nicht vergilbt.

Ilma Rakusa
Unterwegs oder nicht,
Obdach gewährst du dir selbst
Zwischen Engadin und Italien –
Im Bergell

Bondo? Klingt das dunkel? Oder musikalisch-tänzerisch wie Rondo? Bondo im Bergell. Und wo genau soll das sein? Hört sich Bergell wie Gebell an oder wie helle Glocken? Ich weiß nur, dass es in der Schweiz liegt und abenteuerlich schön sein soll und dass Ilma Rakusa diesen Ort liebt und am Telefon sagte: Ja, das ist *mein* Ort, *meine* Landschaft, die würde ich euch gerne zeigen und wir dennoch zögerten, denn wir wollten sie in Venasque treffen, in der Provence, wo sie mitten im Dorfgefüge ein schmales Häuschen erbte und gerne ihre Sommer verbringt, in diesem unzerstörten mittelalterlichen Ensemble auf dem Felsen, der über der Ebene von Carpentras aufragt, im weißen Glast des Mittags, Kräuter wachsen überall, „das Weinlaub ist sattgrün, Feigen- und Olivenbäume in tiefroter Erde, und kleine Steineichen. Im Tal ein Pinienwald, am Friedhofseingang Zypressen. Es duftet. Es duftet am Tag und in der Nacht, man möchte den Duft verschlingen. Möchte alles: Sträuße abwesender Blumen binden, blinzelnde Sterne fangen, mit den Schwalben über den Dächern kreisen. Auch zikadisch schreien, im Hochsommer."[1] Land der römischen Städte von Aix und Avignon, der mächtigen romanischen Klöster, der kraftvollen Farben des Paul Cézanne, der Wege von Petrarcas Mont Ventoux und Peter Handkes *Die Lehre der Sainte-Victoire,* dieses Land der vielen Stimmen ließe sich wunderbar beschreiben –, aber als wir dann über den Malojapass tief hinunter in das Tal des Bergell kamen, im Italienischen Val Bregaglia genannt, da war alles anders, da machte es W. und mich sprachlos und reumütig ob unseres Vorurteils, da war es ein Zauber und eine Offenbarung ...

Kein Dunst in der Bregaglia, sondern dieses klare Herbstlicht, das segantinisch jede Kontur nachzeichnet. Bergspitzen, Baumwipfel, Granitdächer zum Fassen nah, der Himmel meerblau, die Wiesen sattgrün, nur da und dort ein Fleckchen Gelb. Und tiefe Schatten. Den Talriegel von Nossa Donna auf der alten Strasse umfahren, am Steinbruch vorbei, dann durch das enge Promontogno und links abgezweigt nach Bondo. Auf der Hangseite hohe Steinhäuser, 17. Jahrhundert, der Abendsonne zugewandt. [...] Das Licht fast mediterran, an Steintischen sitzen ein paar Einheimische. Ich setze mich zu ihnen, bestelle bei Donato einen Tee.

Auf dem hellen Sand der Bocciabahn schrumpelige Kastanienblätter, ein Hauch Verwahrlosung. Wer jetzt kein Haus hat ... Und über die zugige Brücke, unter der das Gletscherwasser der Bondasca talwärts schäumt, nach Bondo, heim. Bun di, guten Tag! Wieder stolpere ich über das grobe Kopfsteinpflaster. Wieder macht mich das Rauschen der Brunnen wie betäubt. Zum wievielten Mal.[2]

Als ob es für unser Ankommen geschrieben wäre: der Himmel meerblau, die Bergspitzen klar, die Brunnen ein Rauschen ... Vom ersten Augenblick an eine eigene, berückende Welt, aus der Zeit gefallen. Nur ein paar hundert Meter entfernt verläuft die Hauptstraße vom gerühmten Engadin Richtung Italien und Comer See. Das Bergell ist ein Durchgangstal, nur wenige bleiben hier stehen und gehen auf Entdeckungsreise durch eine Landschaft vieler Kulturen, Traditionen und Lebensarten, in der sich Norden und Süden in schönster Harmonie mischen, wo herrliche Kastanienwälder wachsen, alte Dörfer liegen, große Künstler geboren wurden oder herkamen, um zu vergessen. Und wo uns eine schwarzhaarige Dichterin, die mit den Zungen vieler fremder Sprachen spricht, als Ouvertüre in das Bergellertal gleich am ersten Nachmittag auf einem Harmonium Johann Sebastian Bach improvisierte, in der leeren Kirche von San Giorgio in Borgonovo, vor deren Toren auf dem stillen Friedhof die Gräber der Familie Giacometti liegen.

Wir hatten Ilma in ihrem Haus in Zürich abgeholt. Es liegt an einem Hang über der Stadt, eingebettet in Grün und inspiriert vom Bauhausstil. Viel Schwarz im Inneren, edel, elegant und behutsam wie die Hausherrin selbst. Im Wohnzimmer ein schwarzer Le Corbusier-Tisch, in allen Räumen kostbare Fundstücke, Erinnerungen an die vielen Reisen nach Japan, China, Marokko, ein Prager Triptychon, Gebetssteine, ein Goldfaden, ein Amulett, Muscheln, ein besonderes Bild, alles drapiert zum Kunstwerk. Farben und Materialien sind aufeinander abgestimmt. Ich bin eine Sucherin, sagt Ilma, ich möchte, dass alles wie eine zweite Haut ist, ich habe eine genaue Vorstellung davon, wie ich alles haben möchte, es dauert lange, bis es so weit ist. In ihrem Band *Mehr Meer,* das als Erinnerungsbuch unerwartet zum Bestseller wurde, schrieb sie dem Sammeln ein eigenes Kapitel – eine geduldige Leidenschaft, die an Ilija Trojanow erinnert und an die spontanere von Adolf Muschg. Bevor sie sich für ihr Sprachstudium entschied, wollte sie Klaviervirtuosin werden, dann kam die Idee, Ethnologie zu studieren – Eurasien wäre ihr Gebiet gewesen, sagt Ilma, dort, wo Buddhistisches und Hellenistisches aufeinandertrafen, wo Mischkulturen sind, Orient und Okzident. Und selbstverständlich überall in diesem klaren Haus: Legionen von Büchern über alle nur denkbaren Wissensgebiete, auch Entlegenes, Unbekanntes, sie ist eine Entdeckerin. Darüber werden wir noch viel sprechen auf unserer Fahrt über Chur, an der Viamala-Schlucht vorüber, den Julierpass hinauf und hinunter in Nietzsches Sils Maria im Engadin, in Giovanni Segantinis *en pleine air* gemalte Landschaft, und über den Malojapass abermals talwärts in das Bergell, nach Bondo.

Unsere kleinen Koffer rattern über das Kopfsteinpflaster. Die Gassen des Ortes sind zu eng für Autos und dadurch geschützt als alte architektonische Einheit. Das Haus, das noch Ilmas Vater erworben hat, gehört jetzt ihrem Bruder Martin, der in Lugano als Arzt lebt. Er und seine Frau haben es auch W. und mir gastfreundlich geöffnet, wir dürfen einige Tage hier zu Gast und wie zu Hause sein. Es ist ein Steinhaus aus dem 16. Jahrhundert mit kunstvoll ornamentalen Sgraffiti an den Außenfassaden, fast meterdicke Mauern, kleine Fenster, zwei holzvertäfelte Bergeller Stuben, Tische, Sessel und Geräte in der bäuerlichen Tradition des Tales, Küche und Bäder modern und reduziert, Bücher, Lichter, draußen stehen die Berge. Ein kleines, geschütztes Paradies. Das Bergell ist ein geschichtsträchtiges Tal. Sein Name verrät den römischen Einfluss: *prae Gallia,* das Tal, das vor Gallien liegt – im Italienischen ist es noch deutlich zu hören: Bregaglia. Bis zu dreitausend Meter hohe Gebirge rahmen es an beiden Seiten ein, Gneis, schwarzer Granit, die senkrechten Wände des Piz Badile sind furchterregend. Die Bewohner des Tales errangen früh ein hohes Maß an Eigenständigkeit, da sie den wichtigen Durchgangsweg über die Pässe Maloja, Muretto und Septimer beherrschten; viele wanderten aus, manche kamen später wieder zurück, brachten Reichtum und neues Gedankengut mit. Das Bergell ist das einzige italienischsprachige Tal, das sich zur Gänze der Reformation anschloss und bis heute dem katholisch-lombardischen Einfluss und jenem des Bistums Chur widersteht. Das Tal öffnet sich gegen Süden hin, sodass das Italienische Kirchen-, Schul- und Amtssprache wurde. Deutsch steht am Rand, die verbreitete rätoromanisch-lombardische Mundart ist das Bargaiot.[3]

Schon seit Jahrzehnten kommt Ilma nach Bondo. Alle Ferien hat die Familie hier verbracht, auf einem Steintisch neben der Bocciabahn, wo die Grotti liegen und sie in der Ausschank von Donato gerne etwas trinkt, hat sie Mathematik fürs Abitur gelernt, in der Kirche von San Martino in Bondo hat sie geheiratet und später mit ihrem kleinen Sohn Simon die Wälder entdeckt und Papierschiffchen die Wiesenbäche entlangtrudeln lassen. Das ist meine Welt, sagt Ilma. Ich kenne die Menschen, habe ihre Kinder großwerden und die Alten sterben gesehen, und ich kenne ihre Berufe – Schreiner, Elektriker, Steinmetz, Lehrer, Pfarrer – und die Orte, wo sie sich treffen, im Wirtshaus und im Kramerladen auf dem Kirchplatz. Ich kenne ihre Sorgen, und sie merken, dass ich gerne hier bin, die Städterin, die Bondo liebt und von Zeit zu Zeit bei einem Gottesdienst für sie Orgel spielt, vielleicht auch einmal an einem der dunkel-warmen Holzwände eines Stadels lehnt und ein Gedicht schreibt. Ich beobachte gerne die Menschen, sagt Ilma, wie sie mähen, in den Kastanienwäldern Früchte sammeln, ihre Gärten pflegen. Bauern, die noch Rinder haben, gibt es nur mehr zwei, wahrscheinlich weiden die Tiere in Isola am Silsersee, die Sommerweiden liegen alle hoch oben, früher hat es sogar weithin nomadisierende Weidewirtschaft gegeben. Ich bin auch gerne im provenzalischen Venasque, aber dort sind wir ein Dorf von Zugeflogenen, vom Zufall Zusammengewürfelten, sie kommen aus Russland, Laos, Connecticut oder Polen, Emigranten, Künstler, Sehnsüchtige, Gestrandete. Aber hier in Bondo, inmitten dieser dörflichen Menschen mit ihren genauen Tagesabläufen – hier bin ich überall zu Hause, hier komme ich nach Hause.

Diese Sehnsucht nach dem Verorteten, Geborgenen hat eine lange Vorgeschichte. Ilma Rakusa wurde 1946 in Rimaszombat, heute Rimavská Sobota, geboren, das innerhalb eines Jahrhunderts sechsmal seine Zugehörigkeit wechseln musste: von der österreich-ungarischen Monarchie zu Ungarn, zur Tschechoslowakei, wieder Ungarn, wieder ČSSR und schließlich zur Slowakei, die seit 2004 Mitglied der EU ist. Die Mutter war Ungarin, der Vater Slowene, die ersten fünf Jahre ihrer Kindheit war sie, als Teil der europäischen Flüchtlings- und Migrationsströme, ein „Unterwegskind" und wuchs in Budapest, Ljubljana und Triest sowie mühelos in drei Sprachen auf. 1951 zog die Familie weiter, mit Martin, dem neugeborenen Bruder, und mit Hab und Gut in einem Oldsmobile mit Sommerreifen über den verschneiten St.-Gotthard-Pass nach Zürich, wo die Familie nicht nur von Winterkälte, sondern auch von einem abweisenden Klima empfangen wurde. Sie waren bereits auf dem Sprung nach London – der Vater war Chemieingenieur und gut ausgebildet –, als sich über einen Beamten der Fremdenpolizei, der sich für sie einsetzte, doch ein Bleiben eröffnete. Zwölf Jahre jedoch blieben sie staatenlos, bis sie einen Pass erhielten. Und nun Deutsch: die vierte Sprache.

> *Schon vor der Einschulung war ich hungrig nach Lektüre. Mutter hatte mir lang genug vorgelesen, jetzt war ich dran. In einer neuen Sprache: Deutsch. Ich lernte sie gierig, durch die Bücher, übersprang, was ich nicht auf Anhieb verstand, ganz im Sog der Geschichten. [...] Dialekt sprach ich auch, doch aus Zweckmäßigkeit. Er drang nicht in mich ein. Selbstgespräche führte ich auf Hochdeutsch, in der Sprache der Bücher. – Das bedeutete Abgrenzung. Von Zuhause, wo das Ungarische die Familiensprache blieb, von der Umgebung, die Dialekt sprach. Mein Innenleben hatte einen anderen Zungenschlag. Diesen hegte und pflegte ich wie etwas kostbares Eigenes. Nach drei Sprachen, die ich zuvor erlernt hatte, war diese vierte Fluchtpunkt und Refugium. Hier wollte ich mich niederlassen, hier baute ich mir mein Haus.*[4]

Hier wurde Ilma Rakusa zur Schriftstellerin. Ihre ziselierte deutsche Sprache ist verlockend in allen ihren Büchern, den Erzählungen, Gedichten und Essays. In Hunderten Rezensionen und journalistischen Arbeiten preist sie in dieser Sprache die Schönheit und Faszination von Multikulturalität. Nach dem Abitur studierte sie Romanistik und Slawistik in Zürich mit längeren Studienaufenthalten in Paris und St. Petersburg, das damals noch Leningrad hieß – eine Zeit, die sie als glückhaft erlebte und immer wieder beschrieben hat. Seither arbeitet sie unermüdlich und unersetzlich als Vermittlerin, nie hat sie Diversität als Belastung empfunden, immer als inneres, bereicherndes Koordinatensystem. Sie übersetzt aus dem Französischen, Ungarischen, Serbokroatischen, Slowenischen und Russischen, und Englisch ist ihr vertraut und ganz selbstverständlich. Sie hat, um nur einige wenige zu nennen, maßgebliche Werke von Marina Zwetajewa, Danilo Kiš, Imre Kertész und Marguerite Duras übersetzt und viele unbekannte Autorinnen und Autoren aus den osteuropäischen Sprachen für den Westen interessant gemacht, unter anderem in ihrem Essayband *Von Ketzern und Klassikern. Streifzüge durch die russische Literatur.*

Es ist Abend geworden über den Bergkämmen des Bergell und über unseren Gesprächen, die von der Kindheit in die Gegenwart hin- und hergehen. Wir haben dieses Rakusa-Buch und jenes aufschlagen, ich habe sie fast alle mitgenommen, meine Bücher mit Eselsohren, Anstreichungen und Anmerkungen, malträtiert und geliebt als Zeugnisse einer jahrzehntelangen Zwiesprache. Wir haben Spaghetti gekocht mit Kräuterpesto aus dem Garten von Bondo, haben schweren roten Wein aus dem Keller des Bruders getrunken, auch ihn hat er uns freigebig zur Verfügung gestellt. Die letzten Sonnenstrahlen streiften die Rückseite des Hauses, wo der Kellereingang mit der granitgefassten uralten Türe liegt, im Sgraffito darüber springt ein Steinbock forsch ins Unbekannte, etwas beschwert durch ein Wappen, das er an einem seiner Hufe mit sich schleppt. Rund um uns die Gärten der Nachbarn hinter hellen Steinmauern, Apfel- und Birnbäume, Weinstöcke, Ringlotten, Rosen und blaue Hortensien.

Ilma und ich machen noch einen Abendspaziergang durch das Dorf. W. bleibt in diesen stummen und zugleich sprechenden Räumen, er möchte das historisch fundierte Bergell-Buch und das großartige *Du*-Heft über Alberto Giacometti lesen. Es ist sehr still in den engen, leicht gewundenen Gassen. Wir gehen durch ein Dorf, das zum Großteil in den Jahren nach 1600 erbaut wurde, zuvor hatte ein großer Brand fast alle Häuser und hölzernen Scheunen eingeäschert. Die Häuser zeigen die schöne Mischkultur von graubündnerisch-lombardischem Einfluss, sie stehen da, als ob es keine Flüchtigkeit gäbe, sind geschmückt und verziert mit der hohen Kunst der Sgraffito-Technik in fantastischer Vielfalt an Motiven,

auf den Plätzen rauscht das Gletscherwasser in große, steinernen Tröge, das Rauschen leitet uns weiter von einem Brunnen zum nächsten, nur ein paar Schritte sind es noch zum Platz vor der Kirche mit der Trattoria und der Alimentaria – wenn sie geschlossen ist, kann man in der Trattoria seine Bestellung für den nächsten Morgen aufgeben oder das noch einkaufen, was man unbedingt braucht. Der romanische Campanile der Kirche von San Martino ragt in die Nacht, es ist zehn Uhr vorbei, und über der Turmspitze stehen die Sterne. Ilma öffnet das Friedhofstor, dann die Kirchentür, sucht den Schalter und macht Licht. Alles ist offen, nichts versperrt. Uns gegenüber leuchtet ein lang gestrecktes Fresko mit dem Abendmahl auf, eine spätere Säule wurde brutal in die Mitte gebaut, aber Christus und die Jünger tafeln mediterran Fische und Krebse, der Künstler kam wohl aus dem Süden. Und noch ein Christus: In einer Mandorla grüßt er aus der Apsis scheu die Gläubigen, man fühlt sich umfangen und zugehörig, nicht ausgeschlossen, kein Rächer, kein Pantokrator, die Farben in Terrakotta und verblassendem Ultramarin. Sonst ist die Kirche reformiert leer, aber der katholische Bildkanon hat überlebt. Nur wir zwei sind da, Ilma und ich, man spürt, dass sie hier zu Hause ist, wir könnten die ganze

Nacht bleiben und lesen und beten und niemand, sagt Ilma, würde uns verscheuchen. Hier hat sie geheiratet und sich selbst auf der Orgel begleitet – wie das gegangen sein soll, weiß ich nicht –, hier, sagt sie, gibt es keine Reichenghettos, nichts ist eingegittert, hier bleibt alles offen. In den Häusern brennt da und dort noch Licht, kaum ein Vorhang ist zugezogen, golderleuchtete Vertrautheit. Über die Steinmauern ragen rote Malven, die alten Ställe und Scheunen in sonnengegerbtem Dunkelbraun sind schmal und hoch und luftig gebaut. Nur unsere Schritte sind auf dem Kopfsteinpflaster zu hören und die Melodie der Brunnen, leichter Sommerregen geht nieder. Ist das Glück?

Strahlend wieder der nächste Morgen. Wir fahren nach Soglio, das hoch oben am Südhang des Tales liegt. Die Kurven führen durch Edelkastanienwälder, die sich bis Castasegna hinüberziehen, eine hinreißende, lichte Landschaft mit uralten Bäumen zwischen großen Granitblöcken und kleinen Hütten, den Cascina, für die gesammelten Früchte und deren komplizierte Verarbeitung und Röstung. Ziegen weiden dazwischen, ihre Glöckchen sind ein schneller Tanz. Auf der Piazza von Soglio beherrscht der Palazzo Salis das Bild. Die Salis waren ein reiches Adelsgeschlecht, das nördlich und südlich des Alpenhauptkamms seit dem 12. Jahrhundert ein weit gespanntes Netz von Beziehungen aufgebaut hatte und als Ministerialen, Offiziere, Domherrn und Handelsleute großen Einfluss gewannen. Auch in Bondo steht hinter hohen Mauern einer der Salis-Paläste mit vielen bizarren Schornsteinen, die ein belebtes Innenleben vermuten lassen. Über dem Eingangstor steht der Wahlspruch, den W. und ich über unsere Türe in Salzburg-Leopoldskron schreiben werden: *Janua patet, cor magis* – „Weit offen die Tür, noch weiter das Herz." Wir kennen keinen schöneren.

Im Palazzo Salis von Soglio hat Rainer Maria Rilke nach den Schreckensjahren des Ersten Weltkrieges Zuflucht gesucht. Er hat sie nicht an der Front erlebt, immer aus sicherer Distanz. Dennoch war er verstört, suchte den revolutionären Wirren Nachkriegsdeutschlands zu entgehen, im Abgelegenen Ruhe zu finden und die 1914 unterbrochene Arbeit an den „Duineser Elegien" fortzusetzen. Er kam im Juli 1919, reiste jedoch schon am 21. September wieder ab, etwas enttäuscht über den „eingeübten Regen" und die hohen Berge, die ihm den Blick nach Italien verstellten. Das „Rilkezimmer" ist heute Attraktion für Besucher und Hotelgäste – hier hatte Ilma ihr Hochzeitsmahl, immer sucht sie besondere Orte für besondere Gelegenheiten. Das holzvertäfelte Zimmer mutet etwas ausgeräumt an, der riesige Kachelofen ist türkis und türkis sind die Deckenzwickel, aus einer Vignette blickt Kaiser Joseph II. auf die Touristen. Der parkähnliche, südländische Garten hinter dem Gebäude, den Ilma liebt, birgt botanische Seltenheiten und Buchsbaumlabyrinthe, Beete mit weißem und lila Phlox, Hortensienbüsche in allen Farben, vielleicht auch Rilkes „Blaue Hortensie":

> [...] *Doch plötzlich scheint das Blau sich zu verneuen*
> *in einer von den Dolden, und man sieht*
> *ein rührend Blaues sich vor Grünem freuen.*[5]

Auch in Soglio sind die alten Häuser mit Gneis- oder Granitplatten gedeckt, sie müssen, wie überall im Bergell, so erhalten oder restauriert werden. Ein steiler Serpentinenweg bergauf zweigt hier ab, die berühmte Via Panoramica, ein Wanderweg, der nordöstlich bis Casaccia am Fuß des Malojapasses parallel zum Bergeller Tal entlangführt. Wir hingegen folgen nur einem Pfad durch die Wiesen und Weiden zum Rand der Geländeterrasse von Soglio. Glänzende Mittagslandschaft. Der Blick wird vom Val Bondasca auf der gegenüberliegenden Talseite angezogen, der Bach stürzt wild von den Gipfeln des Badile und Cengalo nach Bondo herab, das mitunter von verheerenden Überschwemmungen und Felsstürzen heimgesucht wird. Es sind dramatische Blicke, die Felsen schwarz, die Wälder schwarzgrün, weiß gleißen die Gletscher, Nebel hängt in den Karen. Ab 15. August ist Herbst, sagt Ilma. Das wusste auch Alberto Giacometti, er hat es in seinen Traumtexten niedergeschrieben.

Tief unter uns liegt das Tal. Bondo ist ein Spielzeugdorf, flussaufwärts schließen Stampa und Vicosoprano an, der ehemalige Hauptort des Bergell. Aus wirtschaftlicher Not und aufgrund

religiöser Repression wanderten viele Dörfler aus, sie kamen weitum, von Hamburg bis Lissabon, von Liverpool bis Palermo und Odessa, verdingten sich als Handwerker und Zulieferer, wurden reiche Kaufleute, eröffneten Hotels und Kaffeehäuser, zum Beispiel das Café Wolf und Béranger in St. Petersburg, erzählt Ilma, das zum Treffpunkt der Dichter wurde, in welchem sich Puschkin, Lermontow und Gogol trafen. Viele starben in der Fremde an Tuberkulose und Lungenentzündung, allzu oft waren die Quartiere feuchte Elendslöcher.

Langsam gehen wir über die Wiesenwege. Ich leiste mir die Langsamkeit, sagt Ilma, das retardierende Moment. In ihrem Büchlein *Langsamer!* schreibt sie „den Zumutungen von Akzeleration und Simulation" ihr dezidiertes Nein entgegen, und in den Prosaminiaturen *Stille. Zeit* fragt sie: „Sind Kunst und Liebe darum so verschwistert, weil sie in ihrer Intensität die Zeit vergessen machen, ja transzendieren?"[6] Vielleicht ist diese Sehnsucht nach der Langsamkeit und dem Innehalten schon in jener Urszene beschrieben, in der Ilma selbst den Beginn ihrer späteren dichterischen Anfänge sieht – in vielen Variationen, von einer der ersten Erzählungen, „Arsenal" aus dem Band *Miramar,* bis zu den Erinnerungspassagen in *Mehr Meer* und den Kontemplationen in *Langsamer!* hat sie diese Szene variiert: das Siestazimmer von Barcola bei Triest, im ochsenblutroten Haus über dem Meer, als sie noch ein Kind war.

> [...] *Aber die wandelbare Unwandelbarkeit des Meers, grundiert mit Mutters Stimme, gab mir ein Gefühl von Weite und Sicherheit. Meer – Märchen – Musik. Und die melancholische Muße träger Siesta-Stunden. Wenn die Welt hinter den heruntergelassenen Jalousien verebbte und meine Phantasie aus Lichthasen ihre eigene schuf. Ich war auf besondere Weise Aug und Ohr, reglos-still, aber auf kleinste Zeichen erpicht. Schwarz-weißer Rhythmus der Fliesen, irgendwo gedämpfte Schritte, und flüssige Helligkeit in den Jalousienritzen. Das reichte für meine Kopfreisen. In der behüteten Camera obscura habe ich zu dichten begonnen.*[7]

Es liegt alles nahe beisammen im Bergell, diesem gerade dreißig Kilometer langen Tal, das eine kleine Welt für sich ist. Gerade haben wir noch von den Wiesenterrassen von Soglio auf Stampa heruntergeblickt – jetzt stehen wir schon im Talmuseum des Ortes, der Ciäsa Granda. Es ist ein über fünfhundert Jahre altes Haus, in dem eine gute Sammlung über Geschichte und Leben der Region untergebracht ist. Aber nicht deswegen würde man wohl nach Stampa reisen, denn es ist eines jener Dörfer, die unbekannt geblieben wären, hätten nicht Künstler sie aus der Bedeutungslosigkeit geholt. Denn Stampa ist Giacometti. Lebens- und Geburtsort einer herausragenden Künstlerfamilie: Giovanni, der atemberaubend farbige Gemälde seiner Heimat schuf und internationale Bedeutung erlangte – er war der Vater des berühmtesten von allen, Alberto, dessen erster Lehrer und Förderer, eine seltene und schöne Vater-Sohn-Beziehung. Der dritte Giacometti ist Augusto, ein Cousin zweiten Grades, der ebenfalls weitreichenden Einfluss gewann sowie in vielen Kirchen des Tales die Apsidenfresken schuf, auch in Borgonovo, wo wir zum ersten Mal Bergeller Boden betraten, willkommen geheissen durch Ilmas Spiel auf dem Harmonium und wo sich unter großen Laubbäumen die Gräber der Giacomettis befinden. Wir bedauern, dass es keine umfassende Biografie dieser Künstlerfamilie gibt, die die wesentlichen Strömungen der damaligen zeitgenössischen Kunst durchlaufen hat: vom Symbolismus über Expressionismus, Jugendstil und Dada bis zu Alberto Giacomettis revolutionären Skulpturen, die neue Maßstäbe setzten. Ohne die schroffe, aufgetürmte grauschwarze Landschaft des Bergell ist seine Kunst schwer vorstellbar. Immer wieder kam er von Paris aus hierher zurück, in das Haus der Kindheit, zu den Träumen und Albträumen, die er in seinem 1933 publizierten surrealistischen Text „Hier, sables mouvants" (Gestern Flugsand) festhielt. W. und ich kaufen uns einen Stapel Bücher – selbst Ilma ist überrascht, dass hier Jean Genets Gespräche aus der Pariser Zeit aufliegen, die zum Aufschlussreichsten gehören, was über Alberto Giacometti geschrieben wurde.

An der Schönheit ist nur die Wunde ursprünglich, die jeder Mensch in sich hütet, einzigartig, für jeden verschieden, sichtbar oder versteckt – die er wahrt und zu der er sich zurückzieht, wenn er die Welt für eine vorübergehende, aber tiefe Einsamkeit verlassen will. [...] Giacomettis Kunst scheint mir diese geheime Wunde jedes Wesens und selbst jedes Dinges aufdecken zu wollen, damit sie erleuchte.[8]

Das Bergell: Welch ungeahnte Dichte von Orten, Geschichten, Absonderlichkeiten ... Gegenüber von Stampa, am jenseitigen Ufer der Maira, liegt das Dorf Coltura. Hier steht das seltsame Schlösschen des Barons Giovanni von Castelmur, der in Marseille als Kaufmann und Bankier reich wurde, den es im Alter zurück in die Heimat zog und der sich hier einen verworrenen neugotisch-maurischen Traum verwirklichte. Nur ein paar Minuten von Castelmur entfernt ragt auf einem Felsen das weiße Kirchlein von San Pietro auf, umgeben von moosüberwachsenen Steinblöcken. Eine schmale Straße führt hinauf, oben verbreitert für einen Wendeplatz für Kutschen, die Hochzeiter und Tote hierherbringen. Ilma schiebt den schweren Eisenriegel an der Kirchentüre zurück. Augusto Giacomettis Fresko im Jugendstil empfängt uns, Stille und kein Mensch und dann – Ilma klappt den Deckel zum bescheidenen Harmonium mit Tretpedal auf und beginnt wieder zu spielen, improvisiert im

Bach- und Frescobaldi-Stil, ihr Spiel erfüllt den hohen, weiß-leeren Raum, sie ist ganz Konzentration und wird selbst zur Vielstimmigkeit, nahe den Engeln der Verkündigung.

Johann Sebastian Bach, schreibt Ilma Rakusa in *Mehr Meer*, gehöre zu ihrem Lebenspuls. Von Anfang an war sie ein „Ohrenkind". Das Meer, immer wieder das Meer von Barcola im Siesta-Zimmer, an den Strandfelsen, im Traum; sie sang gerne, lernte Klavier, lernte und lernt und versteht auch Sprachen über das Gehör. „Was heißt musikalisch?", fragt sie, aber sie konnte sich Töne merken, sie lösten körperliche Empfindungen aus, wie die Rhythmen. Das hat im Kindesalter begonnen, in Ungarn.

Und als wir Budapest verließen, wußte ich, was Rosen sind und wehmütige Melodien. Diese Melodien – gesungen, von Zigeunergeigen gestrichen, von Klarinetten geblasen – haben mich nie mehr verlassen. Mein Ohr gehört dem Tiefland. Der Steppenpentatonik. Dem Csárdás und jenen ungeraden Rhythmen, die dich gezielt aus dem Tritt bringen. Du stolperst ein wenig, dann bist du verschoben angekommen.[9]

Allein Ilmas Sprache ist schon Musik, in ihrer Dichtung ebenso wie in der Modulation ihres Redens mit dem rollenden „r". „Eine Archäologin des Lichts, eine Seiltänzerin über den Abgründen des Inneren, eine Erlauscherin der Musik der Wortsphären" nennt Aleš Šteger Ilma Rakusa im Nachwort zu derem jüngsten Gedichtband *Impressum: Langsames Licht.*[10]

Jetzt spielt uns der Wind die Frühabendmusik. Wir sind nach Bondo zurückgefahren und wandern im Abendlicht über die Wiesen südlich des Ortes. Am Rand fließt die durch die Mündung der Bondasca stärker gewordene Maira vorüber, ab Castasegna heißt sie italienisch Mera. Das Dorf eine Dächerlandschaft aus Granit, verkeilt und verschachtelt, glänzend. Die Bergspitzen glühen rot, rosa, verglimmen. Heustadeln aus sonnenverzehrtem dunklem Holz stehen verstreut da, Wiesenbäche gurgeln, die ersten gelben Blätter sind in den mächtigen Laubbäumen am Hang zu sehen. Ein Waschhäuschen, Steinbänke an alten Kellern. Aufgerissen noch der Himmel wie auf barocken Gemälden, hohe Wolkentürme. Hier komme ich zu mir selbst, sagt Ilma. Ich lebe viel in Großstädten, ich tue das gern, brauche es auch, aber die Aktualitäten und schnellen Veränderungen der Welt ängstigen mich zuweilen, sie jagen mich. Ich bin irritiert durch die Aufregungen. Aber hier ist es anders, hier fühle ich mich im Windschatten der Ereignisse. Früher habe ich hier Lesefelsen gehabt, Lesestrünke, Lesebaumstämme, habe Käfer und Ameisen beobachtet, Moos und Flechten gerochen, Blumen gesammelt. Hier ist nur Himmel und Gras und gesintertes Licht, das durch die Kronen der Kastanien fällt. Hier kommen meine Seele und mein Körper zur Ruhe.

Sie wird es brauchen, sage ich abends zu W., Bondo ist ein Wiegenlied für sie. Wir haben es uns in der kleineren der Stuben gemütlich gemacht, Ilma hat sich schon zurückgezogen. Wie schön ist es in diesem Haus zu reden. Es schafft so etwas wie eine Aura für Gespräche, als ob Stein und Holz etwas erzählt bekommen wollten, um das Alter nicht zu spüren und den kalten Atem der Zeit zu wärmen. Wir reden über Ilmas Erzählbände *Miramar, Steppe, Durch Schnee* und *Einsamkeit mit rollendem „r"*. Die Hauptfiguren sind Rastlose, Getriebene, sie fahren ziellos über Land, irren durch Schilf, durch Dorset, Friaul oder die Erinnerung an das ungarische Tiefland, sind Emigranten und Heimatlose, auch wenn sie wo anders ihr Glück gemacht haben, sind Verlassene und Enttäuschte, Suchende und Einsame alle, malen Berge, bis alle Farben aufgebraucht sind. Treiben in ihre zurückliegende Zukunft, schlittern in ihre eigene Zweideutigkeit. Sätze stehen da wie: „Jeder hat seine Steppe."– „Die Lücke macht dich aus." – „Verzweiflung hat lange Beine." Ilmas Erzählweise arbeitet mit Andeutungen und Versuchsanordnungen wie auf dem Theater, mit filmtechnischen Schnitten und Fragmenten. „Weil du nicht mich, sondern mein Bild, sondern die Liebe. Sondern dich", heißt es im Band *Love after love*, ein wilder, leidenschaftlicher Abgesang an eine große Liebe, „[...] so spült das Wasser / jeden Himmel weg". Wir reden über ihre Poetikvorlesungen, die ihr umfassendes Wissen und das Raffinement der „Inszenierung des Autobiographischen" zeigen, die nicht mit unbedingter Faktentreue arbeitet, sondern mit der „Kombination von Finden und Erfinden, von Spontaneität und Konstruktion, von Mystifizierung und Entmystifizierung, von

Reflexion und Suggestion". Über ihre Reisen quer durch die Welt, ihre Reden und Diskussionen, ihr Leben in vielen Sprachen, vielen Sehnsüchten, auch jene nach dem Osten, nach dem Land, wo sie herkommt, wo sie in rasender Folge Rinder und Schafe und Hirten und Stiere sah, die Tiere der Puszta und Wiegen und Tanzreviere. „Ich hörte, während ich sah, und sah, während ich hörte. Und verspürte einen Kraftschub, der sich mit sanfter Melancholie verband." Und denken: Ja, da mag es wohl gut sein, einen Ort zu haben, an dem Seele und Körper zur Ruhe kommen. Bondo.

Ein neuer Tag, ein neues Abenteuer. Diesmal geht es Richtung Italien, wo das Bergell zum Val Bregaglia wird. Auf der Fahrt bergab wird es immer südlicher, denn die Felsbarriere nahe Bondo schafft dem Tal eine deutliche Klimagrenze, teilt es in Sopra Porta und Sotto Porta. „Dort alles hart, blank, metallisch klar und kühl, hier alles warm, weicher, abgetönter, samtener", beschrieb schon 1905 Hermann Hesse seine Wanderung talab, „als flögen Kulissen an mir vorüber, rapid in eine immer reichere Vegetation hinein."[11] Man spürt das Tessin, ahnt den Comer See und den Lago Maggiore. Die Häuser sehen aus wie in vielen lombardischen Dörfern, flache Dächer, dunkle Läden, terrakottafarben die Fassaden, schon steigen Weingärten an den sanfteren Hängen empor, sieht man Palmen. Castasegna war die Grenzstation mit eidgenössischem Zollhaus. Heute geht eine Umfahrungsstraße unterhalb des Ortes vorüber, sodass das lang gezogene Dorf seinen Charme ungestört zeigen kann. Hier steht die Villa Garbald – wieder eine überraschende Geschichte humanistischer Lebensart, sagt Ilma und erzählt: Agostino Garbald war Zolleinnehmer. Klug und mutig, ließ er sich 1864 vom berühmten Architekten Gottfried Semper, der an der ETH Zürich lehrte und schon das Gesicht von Berlin und Dresden mitgeformt hatte, eine luftige Villa bauen. Seine Frau Johanna stammte aus dem Engadin, sie wurde unter dem Pseudonym Silvia Andrea zu einer angesehenen Schriftstellerin, die Tal und Leben der Menschen beschrieb und damit vielfach sonst Verlorenes rettete. Das Ehepaar schuf eine Bibliothek von enzyklopädischem Ausmaß. Der älteste Sohn Andrea wurde Fotograf, seine Schwarz-Weiß-Negative auf Glasplatte wurden erst spät auf dem Dachboden entdeckt, eine dokumentarische Sensation. Die ganze Familie Gabald, sagt Ilma, liegt mir am Herzen, so viel Geist und mutige Individualität will beschrieben sein.

Und dann: der Palazzo Vertemate Franchi in Piuro. In diesem Tal zwischen Nord und Süd scheint es nur Orte zu geben, die in einer Dichterin etwas zum Klingen bringen. Auf Deutsch hieß der Ort einst Plurs. Er war, wie uns Ilma aufklärt, der reichste Ort im Tal, die Bewohner waren vermögend geworden durch Handel mit Seide und Speckstein, bauten luxuriöse Paläste und schwärmten bis Wien, Prag und Danzig aus. Im September 1618 brach der Berg Conto, dessen Gestein man sorglos geplündert hatte, nach sintflutartigen Regenfällen ab und begrub mit Donner und Getöse die Stadt unter sich. Als eines der wenigen Gebäude blieb der Palazzo Vertemate, der erhöht auf dem Gegenhang liegt, verschont. Ein Kleinod an Stil und Ästhetik, der die Zierde jedes toskanischen Kunstführers sein könnte. Außen wirkt der Palazzo bescheiden, innen schmücken zarte, anmutige Fresken, Holzschnitzereien und Intarsien die Räume. Durch die Fenster leuchtet die Landschaft herein, auf der Nordseite Schluchten, Wasserfälle und lichtdurchflutete Kastanienhaine und an der Südseite ziehen sich in einem großen, eingefriedeten Becken Weinreben Richtung Tal, Richtung Sonne. Ein befreiender Ort, der jeden Pomp vermeidet, jedoch von geselliger, kultivierter Lebensart spricht, deren Zeuge ich gerne gewesen wäre, sagt Ilma und tritt ans Fenster wie eine eben angekommene Contessa.

Nur zwei Kilometer talwärts ist es bis Chiavenna, das will uns Ilma noch zeigen. Es ist das größte Städtchen im oberen Teil der lombardischen Provinz Sondrio, nicht mehr weit wäre es bis Como, Bergamo und Mailand. Chiavenna ist nur zwanzig Minuten von Bondo entfernt, aber es ist ganz Italien mit allem, was die Nordländer lieben, steinerne Plätze, Flair der Renaissance, schnelle Sprache, lautes Lachen, tief unter der alten Brücke rauscht die Mera. In der Kirche von San Lorenzo pilgert auf dem Taufbecken aus dem 11. Jahrhundert, das aus einem einzigen Speckstein gefertigt ist, ein langer Zug von kleinen, demütigen Menschen zum heiligen Sakrament. Das Mittagläuten vom Glockenturm ist ein fröhliches Durcheinander.

Der letzte Tag in Bondo. Es ist früher Morgen, noch still im Haus. In einer der beiden Bergeller Stuben schreibe ich auf dem alten Holztisch, rieche das Arvenholz der Vertäfelung und der Einbaukästchen. Wie viele Jahre, vielleicht sogar Jahrhunderte ist es wohl her, dass die Bäume gefällt wurden, aber immer noch haben sie Leben in sich. Die ersten Sonnenstrahlen streifen über die Almen und Maiensässen der Durbegia, die Gipfel gewinnen Kontur. Ich trinke heißen Tee, es ist noch morgendlich kühl in diesem gastfreundlichen Haus, in Ilmas Erinnerungshaus der Geborgenheit. Draußen sind die Bäume schwer von Äpfeln, Birnen und Ringlotten, die vierzehn oder mehr steingedeckten Schornsteine des Palazzo Salis stehen im frühen Licht, und ich habe mich vertieft in Ilmas Erzählung über Bondo aus dem Band *Einsamkeit mit rollendem „r"*, in dem sie das langsame Sterben des Dorfes beklagt: „Geschlossen die Jugendherberge. Geschlossen die Schule, sie wurde zum administrativen Sitz der Talschaft umgewandelt. Die Bocciabahn dämmert vor sich hin. Gottesdienste finden nur alle vierzehn Tage statt."[12]

Aber sie hat andere Zeiten erlebt. Auch Schlachtfeste und Boccia-turniere, einige hatte noch ihr Vater gesponsert. Es wurde getanzt und gesungen, drei Italiener spielten auf, „rassig, con cuore". Über-all ist sie hier zu Hause. Beständig, durch die Jahrzehnte hindurch, als Schülerin, als junge Mutter, als heimkehrende große Schrift-stellerin. „Genug ist nie genug." Sie hat es uns gezeigt, ihr Bondo, ihr Bergell. Sie hat es in unser Herz gelegt. Wir werden wieder-kommen. Und dann gehe ich in die Küche, wo Ilma und W. schon ein üppiges Abschiedsfrühstück vorbereiten, mit Ilmas Worten im Kopf:

Als die Spitze des Duan schon rötlich glimmt, wird es Zeit, die Koffer zu packen und aufzubrechen. Über Berg und Tal nach Hause. Nach Hause? Ist es nicht am besten hier, in Bondo?[13]

Jaroslav Rudiš
Jeder hat eine Lebenslinie
Prag – Jičín – Liberec

Wenn mich jemand fragt, woher ich komme, sage ich nie: aus Tschechien. Ich sage immer: Ich komme aus Prag. Prag öffnet die Herzen und Assoziationen, sagt Jaroslav Rudiš im gedämpften Licht des Café Louvre in der Národní třída von Prag, der Nationalstraße an der Grenze von Alt- und Neustadt. Im Billardraum nebenan hängen Schwarz-Weiß-Fotografien von Kaiser Franz Joseph, hoch zu Ross und mit milder Miene, und der Prospekt unter uns ist das Symbol der tschechischen Nationalbewegung und Befreiung von der österreichisch-ungarischen Monarchie, zugleich Ort der „Samtenen Revolution" von 1989, mit der der Aufstand gegen das kommunistische Regime begann und der jüngst auch Schauplatz von Rudiš' 2016 auf Deutsch erschienenen Roman *Nationalstraße* ist. Ein Ort der Traditionen und Widersprüche. Es ist der perfekte Ort für unser Treffen mit Jaro, wie er kurz genannt wird, für den „alles mit allem zusammenhängt", der in seinem Werk die Zeiten, Geschehnisse und Schicksale scheinbar leicht ineinanderfließen lässt und sie durchlässig macht: Königgrätz und Eiserner Vorhang, ein Rockkonzert und die Vertreibung der Sudetendeutschen, Punk und Weltkrieg, Flucht und Hoffnung, Karl Kraus und Kafka, Altvater-Dörfer, eine vergammelte Bar namens Helsinki oder die Tramlinie 22 in Prag, die mit großer Geschwindigkeit unter uns vorüberfährt über die Národní třída, die Moldau, den Kleinseitner Platz, auf den Hradschin und bis zur Endstation am Weißen Berg, wo 1620 eine der entscheidenden Schlachten des Dreißigjährigen Krieges stattfand.

Das Flugzeug fliegt über Prag. Hana blickt auf das, was die Scharen von Touristen in die Stadt lockt. Den Hradschin. Die Karlsbrücke. Den Wenzelsplatz. Den jüdischen Friedhof. Dazwischen den Altstädterring mit astronomischer Uhr und

Marktständen mit Bier und riesigen Marionetten von Schwejk und Kafka. Die Innenstadt verschwindet, nun liegen die Plattenbauten unter ihnen, die wie ein Armreif um die Stadt liegen. Hana würde dort nie leben wollen, aber sie mag sie trotzdem lieber als die Sehenswürdigkeiten aus dem Reiseführer. In den Plattenbauten wird wenigstens noch gelebt.[1]

So ist es in Rudiš' Roman *Die Stille in Prag* zu lesen. W. und ich haben von früher eine andere, die goldene Stadt in Erinnerung, wir lieben sie, gehören zu den Prag-Sehnsüchtigen. Es tut mir leid, sagt Jaro, aber Prag ist ein riesiges, schmuddeliges und muffig riechendes Museum geworden, leblos und ausgelaugt. Darum wird er uns ein anderes Prag zeigen, jenes seines Lebens und seiner Bücher. Anschließend werden wir nach Jičín fahren, in das frühere Gitschin, das Wallenstein zum Zentrum seines Reiches machte und wo Karl Kraus geboren wurde und schließlich weiter nach Liberec/Reichenberg, dem ehemaligen Hauptort der Sudetendeutschen, durch die Landschaft des gepriesenen Böhmischen Paradieses, wo Rudiš aufgewachsen ist.

Jaro telefoniert und isst hastig sein spätes Frühstück, er war gestern beim Fest seines Verlages, sagt er, dem Labyrint Verlag, es hat lange gedauert, und heute hatte er schon einige Termine, und wieder läutet das Telefon, und er sprudelt seine Antworten hervor und trinkt Tee und dann Bier, überall, wo er ist, trinkt er eine bestimmte Marke, natürlich liebt er Bier. Jaro schreibt schnell eine SMS, begrüßt lachend einige der Vorübergehenden, ist der große Netzwerker, rastlos Reisende, Berlin-Liebhaber und Jičín-Liberec-Träumer, Apologet des Mobilen in Zügen und Straßenbahnen, Autor von Romanen, Hörspielen, Theaterstücken, Drehbüchern und Graphic Novels, ist Organisator, Musiker, Frontman der Kafka Band und immer noch der junge Wilde, obwohl über vierzig, immer noch ein wenig der Punk-Typ der 1980er-Jahre, in denen das unbändige Verlangen nach Freiheit alles war. Schlaflos, schnell, lebenshungrig. Es war zu lange zu viel verboten gewesen.

W. und ich sind mit der Straßenbahn Nr. 9 hierher in das Café Louvre gekommen. Ein Ticket kostet ein paar Cents, man kann es an der Rezeption kaufen. Unser Hotel liegt im Stadtteil Žižkov, der mit dem hässlichen Fernsehturm gekrönt ist und jenseits der Gleisanlagen liegt, die zum Hauptbahnhof führen. Die Straßen sind steil und eng, in jüngster Zeit hat sich die Mietshausgegend aus dem 19. Jahrhundert zu einem belebten Künstlerviertel entwickelt, das stadtnah und noch relativ preisgünstig ist. Die Straßenbahnen fahren in sehr kurzen Abständen, fahren schnell, halten kurz und sind das perfekte Transportmittel. Die Seifertova hinunter, unter dem Viadukt durch, vorbei am schwarzen Heinrichsturm, dem höchsten freistehenden Glockenturm Prags aus dem 15. Jahrhundert, durch die Jindřišská, die Heinrichstraße, wo Rainer Maria Rilke geboren und in der Kirche St. Heinrich und Kunigunde getauft wurde, und steigen am Wenzelsplatz aus. Hat vielleicht fünf oder sieben Minuten gedauert.

Prag ist, man kann es nicht anders sagen, ein Wahnsinn: Jede Straße ein Dichter, ein Musiker, ein Denkmal, ein Kunstschatz, jeder Platz ein historisches Ereignis durch die Jahrhunderte. Die Bücher darüber füllen Archive und Bibliotheken. Und Bilder aus jüngster Zeit, die sich eingebrannt haben: 1968 – die Panzer des Warschauer Paktes auf dem Platz des Heiligen Wenzel und die brennenden Körper von Jan Palach und Jan Zajíc als Protest dagegen; die flammenden Reden von Václav Havel auf dem Balkon der Samtenen Revolution von 1989 ... Unweit des Wenzelsplatzes gehen wir durch die Jugendstil-Passage Světozor und den stillen Franziskanergarten zur Kirche St. Maria Schnee, so friedlich ihr Name, so kriegerisch ihre Geschichte: Kaiser Karl IV. wollte sie größer erbauen lassen als den Veitsdom, die Hussitenaufstände vereitelten jedoch das Vorhaben, sodass nur das überdimensionale Presbyterium vollendet wurde. Christus hängt verloren hoch oben unter dem gotischen Kreuzrippengewölbe in einem herrlichen Sternenhimmel. Der Altar ist der höchste in der Überfülle der Prager Kirchen – in dieser Stadt ist immer etwas am Schönsten, Höchsten, Ältesten, Reichsten, Goldensten.

Am Ende des Kirchplatzes und kurz vor dem Café Louvre steht das Denkmal von Josef Jungmann. Noch nie von ihm gehört. Aber Jaro kann ihn uns erklären, beim Kaffee, den der Ober, der perfekt Deutsch spricht, mit Topfenstrudel serviert: Jungmann, geboren 1773, in jenem Jahr, als Goethe seinen *Götz von Berlichingen* schrieb, war ein Zeitgenosse der Gebrüder Grimm und Humboldt. Er wurde Begründer der tschechischen Schriftsprache, die vor ihm, wie das Ukrainische, lediglich als Bauern- und Volkssprache gegolten hatte, da die Amtssprache hier wie dort Deutsch war. Er schuf mit seinem fünfbändigen tschechisch-deutschen Wörterbuch sowie durch raffinierte Entlehnungen aus anderen slawischen Sprachen die Grundlage für das moderne Tschechisch. Wurde hoch geehrt und brachte es 2003 sogar zur Bezeichnung eines Asteroiden und, und ... Jaro ist ein weit ausholender Erzähler. Aus dem Nebenraum ist das Geräusch aneinanderstoßender Billardkugeln zu hören. Ich finde die Opposition, die in unserem Land dem Deutschen und Österreichischen entgegengebracht wird, schlecht, sagt Jaro, ich bedauere es, es ist eine Verarmung. Die ethnisch-politischen Grenzen von 1945 sind immer noch in den Köpfen. In meiner Familie gibt es deutsche Wurzeln, und einer meiner Urgroßväter hat für Österreich-Ungarn an der Isonzofront gekämpft, ein anderer war in Wien als Zimmermann. Ich lebe zum Teil in Berlin und schreibe viele meiner Texte bereits auf Deutsch. Ich liebe diese Sprache. Ich bin ihr verfallen.

Das Café Louvre, das im ersten Stock liegt und in dem Franz Kafka zu Gast war – wo allerdings war er es nicht in diesem Prag? –, wurde 1902 eröffnet. Es war die letzte Blütezeit der k. u. k. Monarchie, bevor der Nationalismus alles veränderte. Ich bin Antinationalist, sagt Jaro, ein Europäer, der Angst um dieses Europa hat.

> *Ich spüre, wie unser Europa wackelt.*
> *Ich spüre die Übermüdung.*
> *Es schmilzt wie Gletscher.*
> *Es brennt wie der Regenwald.*
> *Es stellt die Stacheln auf.*
> *Rüstet zu neuen Schlachten.*
> *Ein Krisenszenario ist nichts anderes als ein Schlachtplan.*[2]

Der Dachlackierer Vandam redet das vor sich hin, die Hauptfigur des Romans *Nationalstraße.* 1989 war er an vorderster Front mit dabei gewesen, als die Revolution losbrach – auf welcher Seite er stand, bleibt unklar, er ist versoffen, ein Schlägertyp, wütend, desorientiert, ein geschlagener Held mit verschüttetem guten Kern, Stammgast in der Kneipe einer Plattenbausiedlung, an deren Waldrändern die Wölfe lauern, schließlich wird er selbst brutal zusammengeschlagen. Falls es je die Utopie von Freiheit gegeben haben sollte, endet sie in Gewalt und am Horizont in der brennenden Stadt, die Europa meinen könnte. Feuer ist uns vertraut, sagt Jaro, Jan Hus hat gebrannt, Bücher haben gebrannt, tschechische Städte und sudetendeutsche Dörfer haben gebrannt, und junge Menschen haben sich mit Benzin übergossen, um für die Freiheit zu sterben. Europa ist auf Schlachtfeldern aufgebaut. „Frieden ist eine Illusion, wir befinden uns im permanenten Krieg. – Im Warten auf einen Krieg. – In einer Pause zwischen zwei Kriegen." Und was tun wir jetzt?

Jetzt – und das meint den gesamten Zeitraum, seit er 2002 die literarische Bühne betrat – lässt Jaroslav Rudiš die verlorenen Typen auftreten, diese armseligen, einsamen Figuren im Arsenal der Charaktere seiner Bücher. Solche, die Glassplitter in sich kreisen haben, sodass alte Wunden nicht heilen können, solche, die viel erlebt und erlitten haben in den Wirren der letzten siebzig, hundert Jahre und die schließlich in Resignation verfallen, trinken, sandeln und sich Tabletten gegen den Tod einwerfen. Oft sind sie noch jung und wissen nicht, warum und wie alles gekommen ist, sie wissen nur aus Erzählungen, dass es einmal eine große Hoffnung gab, die vertan wurde. Es könnte ihnen gut gehen im wirtschaftlichen Überfluss, sie sind jedoch davon ausgeschlossen oder finden ihn öd und bekämpfen ihn. Menschen aus dem realen Leben ziehen mich an, sagt Jaro an unserem Kaffeehaustisch, die besten Geschichten passieren um uns herum: Das habe ich bei Jaroslav Hašek und Bohumil Hrabal gelernt, das waren die Helden meiner Jugend, fantastisch, wie sie aus Nebenfiguren alles machen und vor uns hinzaubern. Liebevoll und detailgenau lässt Rudiš von seinem ersten Roman *Himmel unter Berlin* bis zur Prager *Nationalstraße* die vom Leben Gebeutelten aufmarschieren, die im Schacht von Erinnerung, politischen Machenschaften, Orientierungslosigkeit, Zukunftsangst und verschmähter Liebe gefangen sind. Vanda zum Beispiel aus dem Roman *Die Stille in Prag,* ein junges Mädchen, Sängerin der Band Kill the Little Barbie.

Sie rannte durch die nächtlichen Straßen, durch den Park, erst an dem Riesenpendel auf der Letná-Höhe hielt sie an. Sie blieb dort lange stehen, mindestens eine Stunde lang. Während über ihr das Pendel leise hin und her schaukelte, starrte sie auf die leuchtenden Augen der Autos und Straßenbahnen unter ihr. Sie zog ihren kleinen Spiegel hervor, schüttelte den Inhalt des Briefchens darauf und sog Carlos' Stoff mit einem Strohhalm auf. Die Welt wurde schneller. Unter ihr und über ihr raste alles. Die Stadt. Das Pendel. Die Wolken. Die Flugzeuge. Sie hielt die Augen eine Weile geschlossen. Damit alles auf die ursprüngliche Geschwindigkeit zurückschrumpfte. Aber es wurde nicht besser. [...] Eine Weile schaut sie das Schaufenster voller Schuhe an. Neben den schwarzen Converse sind gelbe aufgestellt, daneben blaue. Alle mit kleinen goldenen Nieten geschmückt, die wie merkwürdig rautenhaft geformte Sterne aussehen. Am Prager Himmel sind nie Sterne zu sehen. Vielleicht sehen sie eben so aus. Wie kleine goldene Rauten. New line by Converse. Auf einmal erblickt Vanda ihr Spiegelbild [...] Sie zupft an ihren Haaren. Checkt ihr Abbild im Schaufenster. Dann bemerkt sie, dass sie sich auch in den kleinen Spiegeln im Ladeninneren widerspiegelt. Passanten, die hinter ihr die Straße entlanggehen, verwandeln sich in bunte, rasch entworfene Pinselstriche. Vanda steht vor dem Schaufenster und sieht eine, fünf, zehn Vandas vor sich. Sie wird breiter und verschwindet gleichzeitig. Sie kommt sich durchsichtig vor. Nackt. Einsam. So könnte es sich anfühlen, wenn man tot ist.[3]

Noch sind wir auf der Národní třída, der Nationalstraße. Sie ist zu einem teuren Einkaufskorso geworden. Mondäne Geschäfte und Banken. Am Ende der Straße linker Hand steht groß und wienerisch das Tschechische Nationaltheater. Auch dieses Gebäude hat eine gebrochene Geschichte, sagt Jaro: Das Theater, das ein Symbol des Selbstbewusstseins des tschechischen Volkes sein sollte, wurde unmittelbar nach der Eröffnung durch einen verheerender Brand zerstört und musste 1883 noch einmal eingeweiht werden: Bedřich Smetana dirigierte abermals seine eigens für diesen Anlass komponierten Oper *Libuše*. Franz Grillparzers Theaterstück

Libussa war offensichtlich nicht opportun. Smetana war später Stammgast im Theatercafé Slavia gleich gegenüber, das sich zum Treffpunkt berühmter Dichter entwickelte, von Kafka, Werfel, Jaroslav Seifert über Rilke, Guillaume Apollinaire, Egon Erwin Kisch bis zu Reiner Kunze, der ein Kapitel seiner *Wunderbaren Jahre* nach dem Café benannte und Ota Filip, der ihm einen ganzen Roman schrieb. Wenn ich euch von allen Kaffeehäusern erzähle, wer sich wo mit wem getroffen hat, brauchen wir Stunden, sagt Jaro lachend, aber soll ich euch lieber verraten, wohin meine erste Auslandsfahrt nach der Wende gegangen ist – im Dezember 1989, als wir endlich ausreisen, nicht nur im Kursbuch die Europa-Linien studieren und bloß in die DDR oder Ungarn fahren durften? Nach Wien! Ich war siebzehn. Wir hatten kaum Geld, 30 Schilling, ein uraltes Auto, ein paar Freunde. Es war das Überding. Alles so bunt, kein schwarzer Kohlenstaub, so lebendig! Später fuhr ich mit dem Karosa-Bus, um drei Uhr nachts fuhr man los, in der nächsten Nacht kam man zurück. Ich liebe Ernst Jandl und Thomas Bernhard und das Café Prückel. Ich sage heute noch, wenn ich nach Wien fahre: Ich fahre in die Hauptstadt. Und wenn ich *wir* sage, meine ich uns: die Tschechen und die Österreicher und die Deutschen auch.

Wir sind inzwischen in die Linie 22 eingestiegen. Fahren über die Brücke der Schützeninsel, breit und ruhig fließt die Moldau dahin, als ob sie die Stadt liebkosen und mit ihr Geheimnisse tauschen würde. Grau ist der Strom, grau der Himmel, fast schwarz spiegeln sich die Silhouetten der Laubbäume vom Ufer der Kleinseite im Wasser. Der Veitsdom eine ferne Zackenkrone auf dem Hradschin, das Schloss nicht enden wollend in seinen Dimensionen. Das hatte Kafka jeden Tag vor sich, sagt Jaro, einfach zu groß. Wir rattern durch die Straßen der Kleinseite, fahren durch die Karmeliterstraße, die Kirche Maria vom Siege fliegt an uns vorüber, am herrlichen Kleinseitnerplatz ist großes Aus- und Einsteigen, welche Gesichter haben die Menschen, welche Geschichten? Weiter am Wallensteinpalais und den Palastgärten unter der Prager Burg entlang und den Hradschin hinauf – die Linie 22 ist die gefährlichste der Stadt, steile, enge Kurven, schwierige Weichen-

stellungen und extrem verkehrsreiche Streckenführung. Die Altstadttürme gegenüber liegen längst hinter uns. Dann die flache Anhöhe des Letná-Parks mit seinen herrlichen Platanenalleen, den Sportplätzen und dem weiten Blick über Prag. Jaro ist reine Heiterkeit, erklärt, zeigt und wechselt die Seiten, das ist sein Reich: die Mobilität, die Tram, die Kulisse der Stadt, die Menschen, die in ihr leben und die er in seinem großen Prag-Roman *Die Stille in Prag* – bitterernst und ein wenig Komödie, sagt er – auftreten lässt: Vanda, das Barbie-Girl; Petr, der sein Studium abgebrochen hat, Straßenbahnfahrer auf der Linie 22 geworden ist und mit Vanda eine Liaison beginnt; Wayne, ein Amerikaner aus Delaware, der in Prag lukrative Geschäfte macht und der kurz nach der Wende kam, als alle dachten, die Revolution würde nie zu Ende gehen und wäre eine riesige Rockparty; Hana, seine Geliebte, die für ein Prager Ministerium von einer ergebnislosen EU-Konferenz zur anderen jettet; schließlich Vladimir, der bei der Philharmonie gekündigt wurde, das absolute Gehör hat und den grauenhaften Lärm der Millionenstadt und millionenfach besuchten Stadt nicht mehr erträgt, den „Lärm, hinter dem sich die Menschen verschanzen, weil sie Angst voreinander haben".

Auf der Letná-Höhe steigen wir aus. Der Name bedeutet: Sommerberg. Jaro liebt dieses vollkommen untouristische Viertel. Hier lebt sein Freund, der sich hinter dem Decknamen Jaromir 99 verbirgt, den er uns unbedingt vorstellen möchte und der der begnadete Zeichner für die gemeinsame Trilogie der Graphic Novel *Alois Nebel* ist sowie der Fortsetzung in *Alois Nebel. Leben nach Fahrplan.* Alois Nebel, der Fahrdienstleiter der kleinen Bahnstation Bílý Potok, hat ein Millionenpublikum erreicht. Wurde zu einer Theaterfassung umgearbeitet und von Tomáš Luňák verfilmt, auf fast allen Filmfestivals von Toronto bis Venedig gezeigt und 2012 mit dem Europäischen Filmpreis in der Kategorie Bester Animationsfilm ausgezeichnet. Es ist die Geschichte eines einfachen Mannes, jedoch grundiert mit den Schatten der Vergangenheit eines stets umkämpften Landes.

WÄHREND DES KRIEGES MACHTE MAN OPA ZUM WEICHENSTELLER UND MÜLLER ZUM FAHRDIENSTLEITER. NACH DEM KRIEG TAUSCHTEN SIE WIEDER. DIE GESCHICHTE IST VOLL VON SOLCHEN TAUSCHGESCHÄFTEN. UND VOM HERUMRANGIEREN. UND

*VOR UND NACH DEM KRIEG WURDEN DIE MEN-
SCHEN SO SEHR HERUMRANGIERT WIE NIE ZUVOR.*[4]

Jaroslav Rudiš hatte Jaromir 99 zu Beginn des neuen Jahrtausends
in der Kneipe Zum ausgeschossenen Auge in Žižkov kennengelernt
und ihm von seinem Großvater erzählt, der Eisenbahner gewesen
war, vom Wunsch, selbst Eisenbahner zu werden und vom kleinen Bahnhof, von dem aus die Nazis die jüdische Bevölkerung ab-
transportiert hatten. Sie dachten gemeinsam die Geschichte weiter, versetzten sie ins Altvatergebirge, wo zu Ende des Krieges die
Sudetendeutschen von den Tschechen vertrieben wurden und noch
später die sowjetische Besatzung kam und „säuberte" – die Bar
war damals voll Rauch und Nebel, und die Story von Alois Nebel
aus Bílý Potok war geboren. Er ist einer von jenen, die nicht vergessen können.

Jaromirs Atelier liegt in der Nähe des Bistro 8 in der Ververkova,
wo wir uns treffen. Als Künstler ist er Autodidakt. Er ist Sänger,
Komponist, Texter und Zeichner von atemberaubender Schnelligkeit, Präzision und Genialität im Einfangen von realen und ir-
realen Situationen. Er ist ein exzeptioneller Beobachter und ein
innovativer Vertreter des magischen Realismus. Als wir um den
Tisch in diesem kleinen Bistro versammelt sind – junge Frauen
mit Kinderwägen kommen herein, alle scheinen sich zu kennen
und den Tag mit Freude zu betrachten –, ist kaum vorstellbar, dass
Jaromirs Hände je ruhig bleiben, in wenigen Strichen skizziert er
Alois Nebels Konterfei in unsere Bücher, er zeichnet und lächelt,
und der Bahnhofsvorstand wird uns in den weißen Strichen auf
schwarzem Grund zu Hause in Salzburg immer wieder ansehen
und die beladene Geschichte Mitteleuropas mit sich tragen. Und
wir heute? Trinken grünen Tee und reden über die Kollision von
Wirklichkeiten. Jaro und Jaromir 99 erzählen von ihrem jüngsten
Projekt, das sie vollkommen gefangen nimmt: der Kafka Band, die
mit ihrem Debütalbum den Soundtrack zum Schicksal des Land-
vermessers K. aus Franz Kafkas unvollendetem Roman *Das Schloss*
erarbeitete und zu einem Musiktheater mit Originaltexten und
suggestiven Bildern ausbaute. Die Band hat sich dabei von der
amerikanischen Comicadaption des Romans inspirieren lassen,

die Premiere fand im September 2015 in Bremen statt, seither ist
das Stück auf Tour. Alles hängt mit allem zusammen: der Land-
vermesser K., der Fremde, der fremd bleiben wird. Im Roman
Nationalstraße heißt es: „Neger raus. Zigos raus. Sozialschmarot-
zer raus. Schwuchteln raus. Böhmen den Tschechen." Gestern,
sagt Jaro erschüttert, habe er im Fernsehen einen Bericht gesehen, in dem Angela Merkel von Gegnern ihrer Flüchtlingspolitik
an den Galgen kam.

    Nacht auf der Karlsbrücke. Nein, kein Golem. Aber alles Mög-
liche schwirrt mir durch den Kopf, Mozarts *Don Giovanni,* Leo
Perutz und Johannes Urzidil, Franz Werfel, Paul Kornfeld, Mi-
lena Jesenská und Libuše Moníková …, und die Moldau spült alles
an, die Moldau nimmt alles mit auf ihrem Lauf hin zur Elbe, auch
das Grölen von den Ausflugsschiffen, das Klicken der Fotoappa-
rate – unseres eingeschlossen –, Menschen schweigen, lachen,
umarmen sich, beugen sich über die Brüstungen. Die mittelalterlichen Türme wachen an beiden Seiten, geschichtsträchtig jeder
Schritt, Prozessionen von Kaisern, Königen und Erzbischöfen zogen
über das Pflaster, Handwerker und Kaufleute kamen und gingen,
das Schloss ist entrückt über den Köpfen der Gaffer und Stauner,

der Sorglosen und Demütigen, Einssein von Einst und Immerdar, Schönheit ohnegleichen.

Mein Mobiltelefon läutet. Es ist die Nachricht vom Tod eines meiner mir liebsten Menschen aus dem Dorf meiner Kindheit und meines Lebens. Und plötzlich ist auf der Brücke der vielen Symbole nichts als der Tod gegenwärtig. Und W. und ich denken in diesem Moment an Milos, den Freund, der aus Prag vor den Kommunisten quer durch Europa geflohen war und in den USA ein bedeutender Forscher im Bereich der Medizin wurde, nach dem Fall des Eisernen Vorhangs in seiner Heimatstadt eine große pharmazeutische Firma gründete, sich eine verzaubernde Dachwohnung unter dem Hradschin schuf und in der Stadt, die den Namen der Engel trägt, Los Angeles, vor wenigen Jahren starb. Was ist Zeit? Was Erinnerung? Wer erlebt und überlebt, was ihm wiederfuhr, Systeme, Gewalt, Freiheit, die eigenen Hoffnungen?

Die Ausfahrten von Prag sind die Hölle. Staus, Baustellen, Umleitungen. Wir sind auf der Autobahn Richtung Osten unterwegs, dann auf Nebenstraßen nördlich nach Jičín im Herzen des Böhmischen Paradieses. Gitschin, wie es bis zum Ende des Ersten Weltkrieges hieß, war einst ein Juwel, das 1625 bis 1634 von Wallenstein zur Residenzstadt des Herzogtums Friedland ausgebaut wurde, heute ist es eine Kleinstadt. Ein schönes, sanft gewelltes Hügelland umgibt das Städtchen, riesige Felder, die noch auf Kolchosenwirtschaft schließen lassen. Jetzt ist das Getreide abgeerntet, nur Zuckerrüben stecken noch in der schwarzbraunen, fruchtbaren Erde. Gut vorstellbar, dass Wallenstein immensen Reichtum aus diesem Land, das er mit Verkehrswegen und Infrastruktur für Landwirtschaft, Militär und Macht ausgebaut hatte, pressen konnte. Nach seiner Ermordung wurden seine Güter unter den Mördern und Gegnern verteilt, vielleicht war auch eines der verstreuten Dörfer dabei, durch die wir fahren.

Jičín ist ein Lieblingsort von Jaroslav Rudiš. Ganz in der Nähe, in Turnov, wurde er 1972 geboren, dort wuchs er auf, in einem Elternhaus mit vielen Büchern, der Vater war Elektrotechniker, die Mutter Kindergärtnerin. Er kommt oft nach Hause, die Tschechen hängen sehr an den Orten ihrer Herkunft, hatte er uns erzählt. Für

Jičín empfahl er uns das Hotel Praha, das nach der sowjetischen Demolierung mit den ursprünglichen Jugendstilelementen liebevoll restauriert wurde und dessen Kellerstüberl seine Lieblingskneipe ist. Grün steht es an der Einfahrtsstraße des Ortes, der sich in einen großen, quadratischen Stadtplatz öffnet. An drei Seiten ist er von Arkaden umgeben, ein Anblick von Großzügigkeit und Gleichmaß. Wallensteins Palais fügt sich überraschend unauffällig in das Bild, es ist prunklos im Vergleich zu vielen Adelsschlössern Böhmens. Im Innenhof steht der bronzene Feldherr auf seinem Podest, es ist dunkel und feucht um ihn und niemand scheint ihn zu beachten.

In den Vitrinen des Restaurants U Dělové koule, dessen Fleisch und Knödel Jaro liebt, sind Parade- und Felduniformen aus dem Preußisch-Österreichischen Krieg ausgestellt, Säbel, Gewehre und Fahnen. Nur wenige Kilometer entfernt liegt Königgrätz, wo 1866 die blutige Entscheidungsschlacht zwischen den beiden Mächten stattfand und Preußen den Sieg errang. Alles erinnert an diese Schlacht, sagt Jaro, Anfang Juni kommen Leute aus ganz Mitteleuropa in Uniformen und stellen die Schlacht nach, aber in den Wäldern liegen noch die Toten, es gibt Massengräber und vergessene Kreuze.

Nur acht Jahre nach der Schlacht von Königgrätz wurde Karl Kraus in Gitschin/Jičín geboren. Krieg wurde das Thema seines Lebens. Er war das neunte Kind seiner Eltern, die zu Ansehen und Wohlstand gekommen waren, bevor auch sie, wie viele Bürger aus den Kronländern, in der Kaiserstadt Wien ihr Glück suchten. Jakob Kraus hatte eine höchst simple, jedoch bahnbrechende Erfindung gemacht: geklebte Papiersäcke, die er bald in die gesamte Monarchie und darüber hinaus exportierte. Der kleine Karl war noch keine vier Jahre alt, als sie wegzogen. Das Haus, in dem heute eine Buchhandlung und ein Friseursalon untergebracht sind, liegt nur einen Steinwurf vom Stadtplatz entfernt, eine kleine Gedenktafel ist an der Fassade angebracht.

Und wiederum nur wenige Schritte sind es bis zur ehemaligen Judengasse und zur jüdischen Schule, in der vor Kurzem Tomáš Pěkný ein Gedenkhaus eingerichtet hat. Es ist nur in den Sommermonaten geöffnet, aber ich muss es euch zeigen, sagt Jaro, er ist stolz auf dieses Minimuseum. Karl Kraus war in Jičín vergessen, niemand wusste mehr, wer er war, aber hier bekam er ein Zimmer, wo seine Bücher, Schriften und die Bilder seines Lebens ausgestellt sind. Hier gibt es auch eine beispielhafte Sammlung verfolgter jüdisch-deutscher Autorinnen und Autoren aus der Prager Literaturszene; das Netz der Verbindungen ist weit gespannt, auch an Heinrich Mann wird erinnert, der 1936 die tschechoslowakische Staatsbürgerschaft annahm und dessen erste Frau Maria Kanová Pragerin war und 1947 an den Folgen einer fünfjährigen Haft im Konzentrationslager Theresienstadt starb – so ein Museum, sagt Jaro, gibt es nicht einmal in Prag!

Er fährt zu seinen Eltern nach Turnov. W. und ich schlendern über den stillen Stadtplatz durch die hübsch gestaltete Fußgängerzone zurück zum Hotel Praha. Es ist dunkel geworden, es regnet, Nebel zieht über das Land. Wir sind müde, sind viel herumgelaufen in den letzten Tagen, vielleicht kommen wir im Sommer wieder in dieses Städtchen der reichen Traditionen, vielleicht zum Wandern durch das Böhmische Paradies. Unser Eckzimmer ist wohlig warm, die schweren Brokatvorhänge haben goldene Arabesken. Fern und leise sind von Zeit zu Zeit Autos zu hören, vor den Fenstern steht die Nacht, und im Einschlafen ziehen die Bilder der letzten Tage vorüber, Karl Kraus' „sausender Webstuhl der Zeit".

Am nächsten Morgen reisen wir weiter durch dieses historiengesättigte Land nach Liberec/Reichenberg, am Fuß des Iser- und unweit des Riesengebirges an der Grenze zu Polen gelegen. Bis zum Zweiten Weltkrieg war es das Zentrum der Sudentendeutschen, reich geworden durch Textil-, Glas- und Holzindustrie – Franz Kafka wird eine ausführliche Abhandlung zur Vermeidung von Unfällen mit einer neuartigen Hobelmaschine zugeschrieben, die er auf einer seiner Reichenberger Inspektionsfahrten für die Prager Arbeiter-Unfall-Versicherungs-Anstalt unternahm. Mein Bezug zu dieser Landschaft ist die Schmuckindustrie. Nur siebzehn Kilometer entfernt und mit einer Straßenbahn verbunden liegt Gablonz. Von hier kam mein Stiefvater. Angeblich war die Gablonzer Familie reich, sehr reich; 1945 wurden sie vertrieben, kamen nach Oberösterreich und bauten in einer Baracke eine neue Schmuck-

fabrik auf. Ich habe heute noch den Geruch des geteerten Bretter-
bodens und der beißenden Chemikalien in der Nase, höre das
schnelle Stampfen der Maschinen, sehe Frauen mit Kopflupe über
winzige Teile gebeugt. Reich wollte mein Stiefvater auch am neuen
Ort leben, die Firma ging in Konkurs, und nach dem frühen Tod
meiner Mutter verließ er uns Kinder und machte sich mit seiner
Sekretärin aus dem Staub, wir sahen ihn nie wieder.

In Liberec spielt Rudiš' Roman *Grandhotel*, den er in Österreich schrieb, der von David Ondríček verfilmt wurde und dessen
Hauptfigur namens Fleischmann sinniert:

> *Ich weiß auch noch, dass unsere Stadt Liberec heißt. Vorher*
> *hieß sie Reichenberg, Reichmberg, Rychinberch. Und in der*
> *Zeit dazwischen Rychberk, Lychberk, Libercum, Liberk, viel-*
> *leicht auch ganz anders, aber das hat sich keiner gemerkt [...]* [5]

Namen spielen für Rudiš eine große Rolle. An ihnen zeigt er die
Veränderungen der Geschichte und die Absurdität von Festlegun-
gen. Liberec/Reichenberg war für ihn immer eine geheimnisvolle
Stadt – in der Schule hatten sie gelernt, dass die Deutschen erst
mit den Nazis ins Land gekommen waren, hier erlebte er, dass
ihre Geschichte über 700 Jahre zurückreicht. In Liberec hat er
in den Jahren nach 1989 studiert, als die Zeit explodierte und das
Leben Punk war: Freiheit, Sex, Rockmusik und Grenzenlosigkeit.
2006, als der Roman in Prag erschien, war die Euphorie verflogen.
Fleischmann ist eine gebrochene Figur, man weiß nicht, ob er
selbst oder die Welt verrückt ist. Er macht jede Drecksarbeit im
avantgardistischen Berghotel auf dem Gipfel des 1012 Meter hohen
Ještěd, dem Hausberg von Liberec. Das Hotel ist zugleich Fernsehturm und Aussichtsplatz, Fleischmanns Passion ist das Beobachten der Wolken.

> *Hier also lebe ich und arbeite. In einer kreisförmigen, 90 Meter*
> *hohen Rakete, die nach oben spitz zuläuft [...] Ich arbeite in*
> *einem Hotel, in dem es keine Ecken gibt, wo man sich aber auch*
> *so den Kopf stoßen und den Verstand verlieren kann. In einem*
> *Hotel, in dem alles rund ist und wo man sich genauso leicht*

verläuft wie im Nebel, in einer Großstadt oder in sich selbst
[...] In einem Hotel, das wie ein Steuerruder mein Leben lenkt
und den Himmel durchbohrt wie eine scharfe Nadel. Manch-
mal scheint direkt über uns der Himmel zu bluten. Aber viel-
leicht kommt das vom Sonnenuntergang. Hier also lebe ich
und arbeite. Verloren am schönsten Ort der Welt, wo die Erde
aufhört und der Himmel anfängt.[6]

Manchmal, sagt Fleischmann, bleiben die Wolken wochen- oder
monatelang hängen, aber das Wetter und die Wolken sind „seit
Anbeginn aller Dinge, aller Gespräche und aller Geschichten da
gewesen, und sie werden noch da sein, wenn alles längst zu Ende
ist". So ist es auch an unserem Tag in Liberec: Ještěd, Hotel und
Fernsehturm stecken in den Wolken. Ich bin froh, dass ihr dieses
Wetter erlebt, es ist immer so, die Nordseetiefs bleiben hier hängen,
sagt Jaro, als wir uns in der Stadt im Grandhotel Zum Goldenen
Löwen treffen. Das Hotel entspricht seinem Namen, repräsenta-
tiv steht es da als Zeichen des Reichtums um 1900, in der Biblio-
thek des Salons stehen Schlossers *Weltgeschichte für das deutsche*
Volk, Goethe, Boccaccio, Casanova und Cervantes, im Gästebuch
ist die Entourage der Kaiser von Deutschland, Russland und Österreich eingetragen sowie Hitler und Goebbels, Masaryk, Beneš und
Gagarin. Neben uns werden große Geschäfte gemacht, Tabellen,
Listen und PC-Ausdrucke gehen von Hand zu Hand. In diesem
Hotel hat Jaro 1993/94 als Nachtportier gearbeitet und viele seiner
Erfahrungen in den Roman eingebaut, Menschen aus der postkom-
munistischen Zeit, Nutten, Bonzen, Kollegen, Freunde. Alle haben
sie ihre Lebenslinien, auch Ilija, die Fleischmann heimlich liebt:

[...] Und fragte mich, ob ich da gerade ihre Lebenslinie ent-
deckt hätte, diese Linie, die bei jedem irgendwo anders ver-
läuft. Meine ist in den Wetterdiagrammen verborgen, die von
Franz in seinen toten Freunden. Zuzanna hat ihre Lebensli-
nie in den Tests, Jégr seine im Museum des Ostblocks und
Patka in den Flaschen mit Happy Life. Jeder hat eine Lebens-
linie, auch wenn er es nicht wissen oder nicht daran glauben
sollte.[7]

Mit den Worten „Ich habe es geschafft" beginnt der Roman *Grand-hotel*. Gemeint ist die Flucht. Fleischmann ist eine jener vielen Figuren von Jaroslav Rudiš, die fliehen wollen. Aus ihrem Leben, ihrem Land. Dem Lärm der Stadt, der Bodenlosigkeit des immer Gleichen, aus den Wolkenwäldern, in denen Rübezahl wohnt, Gnome hausen und sich die Vergangenheit einnistet im Schienenschotter der kleinen Bahnstation von Alois Nebel. Weg will auch das Punkgirl Nancy im Roman *Vom Ende des Punks in Helsinki*. Sie kommt aus dem nordtschechischen Grenzgebiet, wo es nur mehr Geisterdörfer gibt, wo es immer schneit, die Menschen zu saufen beginnen, „weil es hier sonst nichts zu tun gibt, hier ist ‚no future', Tschernobyl, Sudeten, Altvatergebirge, Endstation für jede Buslinie und jeden Zug der Republik". Der Roman spielt noch vor der Wende. Nancy fährt mit Ole, einem jungen Deutschen aus dem damaligen Osten, zum ersten, als „Friedenskonzert" plakatierten Auftritt der Toten Hosen hinter dem Eisernen Vorhang, danach wollen sie fliehen, Nancy kommt zu Tode, Ole bleibt davon gezeichnet:

Plötzlich bricht alles aus ihm heraus. Seine ganze Punkge-schichte in Kurzfassung. Die Tschechoslowakei. Die Toten

Hosen. Pilsen. Das Mädchen. Bier. Die Zugfahrt damals. Die Scheune an der Grenze. Die Grenzsoldaten und der Holzlaster. Ihre Augen. Verhöre. Die U-Haft. Der Rausschmiss aus der Schule. Verhöre. Die Brauerei. Automat. Rauschpilze. Verhöre. Bier, das in der Sonne explodiert. Untergrund. Malcolm. Connie. Ihre zwei Platten. Die kurze Ruhmphase. Die Fähre nach Turku. Seine Tochter. Seine Bemühungen. Die Scheidung. Helsinki.[8]

Helsinki ist nur der Name einer Bar für Gestrandete. Gewalt und Flucht: Das sind die beiden großen Themen von Jaroslav Rudiš. Fleischmann im *Grandhotel* hatte sich aus Fetzen einen Ballon gebastelt, um fortzukommen. Ein Autor hat es leichter: Er schreibt seine Fluchtbewegungen – die, die er beobachtet und jene, von denen er träumt – dem Schicksal seiner Figuren ein. Er kann sie ansiedeln, wo er will. In Prag, Dresden, Bílý Potok oder auch hier in Liberec, wo der Mittelpunkt Europas liegen soll. Schon einmal ist W. und mir ein Mittelpunkt begegnet: In Juri Andruchowytschs galizischer Landschaft südlich von Iwano Frankiwsk haben Geologen um 1900 den Mittelpunkt der Habsburger Monarchie errechnet. Die Punkte gibt es noch, die Reiche sind untergegangen.

Meine Bücher spielen jetzt, sagt Jaro, die Geschichte hat uns jedoch im Griff, auch wenn wir oft nur die Kulissen sehen, die hin- und hergeschoben werden im Rondell des Alltags. Jaro geht vor uns auf und ab in der Lounge des Hotels Zum Goldenen Löwen in Liberec, er muss telefonieren, SMS schreiben, dort diesen und da jene treffen, er lebt an vielen Orten, in Turnov, Prag und Berlin, flitzt durch sein Leben und die Zeit – als Autor ist man ein Lkw-Fahrer, sagt er lachend. In seinem ersten Roman *Der Himmel unter Berlin,* der Peter Handkes und Wim Wenders' Film des Himmels *über* Berlin variiert und der in den Untergrundbahnhöfen der Metropole spielt, singt eine Band den „Spree-Blues, Made in Goethe-Europa", „[...] ein Lied darüber, wie das Wasser rückwärts fließt und wir den Boden unter den Füßen verlieren, weil das Wasser die Zeit symbolisiert".[9] Die Hoffnung, dass sich die Welt nach 1989 grundlegend ändern würde, ist den Bach hinuntergegangen, sagt Jaro, fünfundzwanzig Jahre waren leider nicht genug, um Demokratie schätzen zu lernen. Tschechien geht fatalerweise zurück zum Nationalismus – aber trotz allem leben wir in einem glücklichen Moment der Geschichte. Das will ich zeigen. Wie bei Hašeks bravem Schwejk: lachen und zittern zugleich.

Wir brechen auf. W. und ich wären gerne noch geblieben, aber wir müssen zurück zum Begräbnis in das Dorf meiner Kindheit. So bleibt es ein kurzer Besuch in dieser Stadt der historischen Verwerfungen im Dreiländereck zwischen Tschechien, Deutschland und Polen, das einst Teil eines Vielvölkerstaates war, das manche als verlorene Vorform eines geeinten Europa sehen. Es schüttet in Strömen. Der Ještěd verbirgt sich in grauschwarzen Wolken. Nach Gablonz sind wir nicht gekommen. Und nicht in das unweit gelegene Neustadt an der Mettau/Nové Město nad Metují, das zu den schönsten Renaissancestädten Tschechiens zählt, unter Denkmalschutz steht und 1634 als Dank für die Ermordung Wallensteins dem kaiserlichen Feldmarschall Walter Leslie geschenkt wurde. Wer soll das verstehen. Neustadt an der Mettau liegt unmittelbar an der polnischen Grenze, wo mein Urgroßvater als Bahnhofsvorstand stationiert war und mein Großvater geboren wurde. Ich habe versäumt, ihn nach seinen Erinnerungen zu fragen, als er noch lebte. Über allem der Nebel der Geschichte.

Ilija Trojanow
Keine Heimat, die nicht Fremde, keine Fremde, die nicht Heimat werden kann
Von Sofia durch die Welt nach Wien

Es war Sommer unter den Weinhängen des Kahlenbergs. Ein paar Freunde sind beim Heurigen versammelt, die Stimmung ist ausgelassen, rundum klingen die Gläser, und einer aus der Runde liest zwischendurch die Wohnungsannoncen in einer Zeitung. Er war jahrzehntelang unterwegs gewesen, die Flucht- und Lebensstationen über Europa, Afrika und Indien verteilt. Er hat gerade seine Poetikvorlesung in der Alten Schmiede in Wien abgeschlossen, war einige Wochen hier zu Gast, hat sich, so scheint es, in diese Stadt verliebt, blickt zwischen Spaß und Ernst in die Zeitung und fragt die Freunde: Kennt ihr das Servitenviertel? Da steht ein Angebot, das mir gefällt. Und die Freunde sind begeistert, ist ein Superviertel, sagen sie, ist alt, hat sich groß herausgemacht in den letzten Jahren, ist zentrumsnah, und einer der Freunde nimmt sein Handy und ruft die angegebene Nummer einfach an.

Seither wohnt Ilija Trojanow in Wien. Acht Jahre schon, länger als an jedem anderen Ort. Hier hat er sich seine weltumspannende Bibliothek bauen lassen und eingerichtet, hier, wenn er nicht gerade wieder auf Reisen ist, schrieb und schreibt er seither den Großteil seiner Werke, hier webt er am Netz von Indra, der Vorstellung, dass jedes empfindungsfähige Wesen ein Knoten in einem weitgespannten System sei.

Wenn wir schreiben, vernetzen wir. Wort mit Wort, Ort mit Ort. Wir reihen Buchstaben aneinander, wir versammeln Wörter, mal zu festen Paragraphen, mal zu vorbeifließenden Strophen. Das Niedergeschriebene vernetzt sich weiter, mit dem Leser, den Leserinnen. Erst die Ohren, sagt ein afrikani-

sches Sprichwort, geben der Zunge Leben. Der Leser knüpft
seine eigenen Verbindungen, er wirft sein kleines persönliches
Netz aus, eines von unzähligen kleinen ausgeworfenen Net-
zen, mit denen er sich in die Welt hineinsüchtelt. – In diesen
Netzen des Geschriebenen, Gedruckten, Gelesenen, Bedachten
und Weitergetragenen reisen wir von Ort zu Ort und weiter
zu vielen anderen Orten, aus dem Vertrauten heraus, hinein
in das Unbekannte.[1]

Im dritten Stock eines restaurierten Jugendstilhauses im Wiener Servitenviertel sind wir beisammen, Susann, Ilija, W. und ich, Susann hat den Wohnraum durch Handgriffe, die sich nicht auf den ersten Blick entschlüsseln, zu einer schimmernden Szenerie gemacht, durch die offene Flügeltüre werfen uns von der Bibliothek her die beiden großen hölzernen Köpfe aus Zentralafrika starre Blicke zu. Ilija ist eben von einer Lesereise durch Japan zurückgekehrt, erzählt mit Begeisterung von diesem Land und diesen Menschen, ist geradezu beglückt, dieses ritualisierte Leben sei ihm ungemein sympathisch. Und er spricht von der zivilisatorischen Tiefe, die er in Kyoto und vor wenigen Monaten auch im Iran, vor allem in Isfahan, kennengelernt hat – diese allesumfassende Tiefe kann man nicht simulieren, sagt er, sie entsteht über Jahrtausende, man muss sie verstehen lernen: Erst kommt die Wertschätzung, dann erst die kritische Ebene.

Es ist noch keine Stunde vergangen, und hier ist auf kleinstem Raum bereits das Trojanow'sche Universum ausgespannt, sein Bewohner gierig nach Neuem, hingebungsvoll dem Anderen zugetan, das er spontan und stürmisch zum Eigenen zu verwandeln sucht. Ilija hat indisch gekocht, Dal mit Crevetten und allerlei Köstlichkeiten, dazu bulgarischen Wein, später gehen wir in die Bibliothek, lassen Motive seiner Bücher im Gespräch Revue passieren und bleiben zunächst an der Fluchtgeschichte hängen, jenem Erlebnis, das sein späteres Weltbild entscheidend mitformte.

Geboren bin ich in Bulgarien. Aber schon mit sechs lernte
ich die Fremde kennen. Seit jenem Tag, als ich mit Vater und
Mutter in ein Lager kam, in dem in vielen unverständlichen

*Zungen gesprochen wurde, kann ich meiner Erinnerung ver-
trauen. Mit sechs wurde ich ins Unverständliche geworfen.
Seither versuche ich mir einen Reim darauf zu machen. Kaum
war ich verheimatet, wurde ich wieder herausgerissen, einer
weiteren Fremde ausgesetzt – einem Auffanglager in Deutschland zunächst, dann einem Internat in Kenia.*[2]

Aus dieser existenziellen Geworfenheit in die Fremde, die konkret mit einer Flucht über den Eisernen Vorhang begann, hat Ilija
Trojanow im Lauf des Lebens seine Philosophie des Zusammen-
fließens gemacht und sich ein Werk erschrieben, das in leidenschaftlicher Überzeugungskraft und argumentativ gestützter Analyse dafür eintritt, dass Flucht oder Fremde auch ein „Exit in die
Vielfalt" und „Unvoreingenommenheit ein gesegneter Begleiter"
sein kann. „Der Aufbruch ins Exil war für mich eine Explosion in
die Pluralität. Von da an hatte ich die vorübergehende Natur aller
Dogmen und Gewissheiten verinnerlicht und konnte das Homo-
gene, Monokulturelle, Einsprachige nur als Aberration betrachten.[3]
    Abenteuerlich verfremdet hat Ilija Trojanow die Fluchtge-
schichte in seinem ersten Roman mit jenem Titel, der geradezu

das lebenslange Programm seines Autors ist: *Die Welt ist groß und Rettung lauert überall*, erschienen 1996. In ihm gibt der König der Backgammon-Spieler aus den Wäldern Bulgariens, Bai Dan, dem ehemaligen Flüchtlingskind Alex, der als Erwachsener in Deutschland keinen Boden unter den Füßen findet, neuen Mut, indem er ihn aus der Depression holt und mit ihm auf einem Tandem durch die schillernde, verführerische Welt fährt. Das vorletzte Kapitel des Romans schließt so:

> [...] *hinein in die Rucksäcke schlüpft der Wind und bläst fröhlich vor sich hin, nicht zu stark, natürlich, er will nicht, daß sie abheben, und die Reifen rollen, zum nächsten demnächst, karamba, hey hoo hey hoo ... Alex klimpert auf der Klingel, das weiß der Wind als Morsezeichen zu deuten, zu übersetzen ... wir kämpfen und geben nicht auf und träumen und spielen und verlieren und gewinnen und werden, erneut, auf ein weiteres und immer wieder, frei.*[4]

Frei werden – das war der Traum meines Vaters, sagt Ilija, frei vom kommunistischen Regime, von Repression, Parteibuch, Überwachung, Denunziation und geografischem Gefängnis. Der Vater hatte die renommierte Technische Hochschule in Sofia absolviert, es herrschte jedoch nicht die Elite des Wissens, sondern die der Nomenklatura, Moskau bestimmte Politik und Wirtschaft, und die Partei bestimmte die Zukunft jedes Einzelnen, sie waren Schachfiguren. 1968 musste der Vater Spitzel auf dem Weltjugendkongress sein – es war der letzte Stein im Mosaik eines lange gereiften Entschlusses: Flucht in den Westen. Im Roman wird der Vater Vasko genannt.

> *Die Flucht in die Flucht, der Drang weg weg weg, über die Jahre faßte er in Vasko Wurzeln, wie eine exotische Pflanze im Marmeladenglas auf dem Fenstersims. Im Humus seiner Unzufriedenheit, der kleinen, täglichen Frustrationen, gedieh sie bestens, bewässert und gedüngt von Ahnungen und Sehnsüchten.*[5]

Im Sommer hatte uns Ilija seine Eltern, Tanja und Marin Trojanow, vorgestellt, wir saßen im Kaminzimmer eines Schlosses, wo Ilijas und Susanns glanzvolle Hochzeit gefeiert wurde. Wir wollten mehr wissen über diese Flucht, als Ilija ein Kind war: August 1971, alles war bereit, erzählt Marin Trojanow, zwei Koffer, nur das Nötigste konnte mit. Endlich ein Familienpass, Papiere für Jugoslawien und Ungarn genehmigt. Verwandten und Freunden gegenüber die Vortäuschung: Wir fahren ans Schwarze Meer auf Ferien, den ganzen Sommer. Nicht einmal die Großmutter ist eingeweiht. Dollars sind gesammelt und in den hohlen Eckstangen des längst unnütz gewordenen Laufstalls versteckt, um ins „Gelobte" zu kommen, ins gelobte Land des Westens.

Diese Zweifel, dieser Schmerz, alles zurücklassen zu müssen, sagt Tanja Trojanow, die Anglistik studiert hatte, wenn ich heute daran denke, kommt mir diese Flucht total verrückt vor. Was für ein leichtsinniges Abenteuer mit einem Kind von knapp sechs Jahren, was wäre gewesen, wenn man uns erwischt hätte! Alles wäre verloren gewesen! Aber ich konnte nicht Nein sagen. Ich wusste, dass es gehen wird, ich glaubte fest daran, sagt Marin Trojanow, ein Mann von Überzeugungskraft auch heute noch. Es war ein logistisches Unternehmen: Man zahlt für den richtigen Weg. Tanja hatte eine Cousine, die in Zagreb lebte und an der Philharmonie Musikerin war, sie besorgte das Fluchtauto. In der Nacht zum 3. September sind wir losgefahren: Zagreb, Ljubljana, Nova Gorica – das war damals noch ein Dorf. Der Fluchthelfer beschrieb uns genau die Route. Natürlich hatten wir Angst vor dem letzten Schritt. Ilija hat unsere Nervosität gespürt, aber er war großartig, ging ohne zu jammern. Zwischen Miren und Rupa waren Apfelplantagen, sie lagen etwas erhöht, man sah hinunter auf die Grenze, sie war nicht bewacht. Ohne Schuhe gingen wir durch den Bach – wir waren in Italien! Kein Mensch zu sehen, noch ein paar hundert Meter bis zur Landstraße SS 55, eine Busstation, wir warten auf den Fluchthelfer mit den Koffern ... Er kam nicht, die beiden großen Koffer waren verloren, dieses letzte Hab und Gut, erzählt Tanja ohne Bitterkeit, es ist alles zu lange her. Und es ging ja alles gut ... Wie es weiterging? Die Freundlichkeit der Carabinieri, das Ansuchen um

Asyl in Triest, das Flüchtlingslager in Padriciano, die irren Typen im Lager, die Angst, das verzweifelte Warten: Wohin weiter? Es wird heute nicht anders sein, sagt Tanja, wahrscheinlich schlimmer, wir waren nicht so viele damals ...

Für mich war das Lager ein Abenteuer, sagt Ilija inmitten seines geschützten Bücherreichs im Servitenviertel. Er verständigte sich „spielend". Die vielen Sprachen, die Menschen und Lebensmuster prägten sich ihm ein. Eines Tages fuhren sie mit dem Bus nach Triest: In einer Auslage sah das Kind seinen Traum stehen – das Miniatur-Ebenbild jenes roten Maserati Iso Grifo, der sie auf der SS 55 überholt hatte. Bogdan, der Dolmetscher des Lagers, sagte ihm, dass es ein Matchboxauto ist. Bis heute ist dieses Spielzeugauto für mich das Symbol für Aufbruch und Freiheit geblieben, sagt Ilija.

Diese emotional aufgeladene Szenerie von Flucht, Grenze und Ankommen wollten W. und ich auch in der Wirklichkeit sehen und fuhren kurze Zeit nach unseren Gesprächen mit Ilijas Eltern und im Gepäck den Roman *Die Welt ist groß und Rettung lauert überall* Richtung Süden. Die Landschaft um die beiden Grenzorte Miren in Slowenien und, nur einen Steinwurf entfernt, Rupa in Italien, wie sie erinnert und beschrieben ist, haben wir nicht gefunden. Das nahe gelegene Nova Gorica explodiert, wuchert an den südlichen Rändern in Autobahnen, Autobahnzubringern in Richtung Gorizia und Ljubljana und in Vorortesiedlungen aus, wächst zusammen mit den ursprünglichen Dörfern. Der Ortskern von Miren ist allerdings so, wie er früher wohl gewesen sein mag, die Kirche, der runde Dorfbrunnen, das Gasthaus. Unter einer Geländestufe fließt die Vipava zwischen dichtem Baumbestand dahin. Auch Rupa hat eine ähnliche Lage, auch hier steht noch der Brunnen, sind die Gassen eng, nur für Ochsen- oder Pferdekarren gedacht, kein Mensch ist zu sehen. Der Wind raschelt in den schon welken Nussbaumblättern, in einem Garten schreien aufmerksam ein paar Gänse, melden unsere Gegenwart, ein weißes Zicklein ist unter ihnen, kleiner als sie. Zwischen den beiden Dörfern steppenartiges Grasland, sumpfige Wiesen, stark befahrene Verbindungsstraßen, Siedlungen, Kleinindustrie. Keine Apfel-

plantagen. Ein paar Pfirsichbäume stehen müde in den Gärten. War es die Vipava, über die Vater, Mutter und Kind in das „Gelobte" kamen? Sie scheint uns zwischen Miren und Rupa schon zu groß – einen „Bach" in der Nähe haben wir nicht gesehen. Vielleicht ist er längst zugebaut, trockengelegt oder umgeleitet für neue Wohnanlagen.

Die SS 55, wo die Trojanows vor mehr als vier Jahrzehnten auf ihren Fluchthelfer warteten, ist eine alte Handelsstraße von Nord nach Süd, tiefdunkelgrüne Zypressen säumen ihre Ränder, fruchtbares Schwemmland des riesigen Isonzo. Es ist Freitagnachmittag, starker Pendlerverkehr von Triest und Monfalcone zurück in die Dörfer Friauls. Wir fahren durch Rilkes Duino, heftiger Wind bläst, an der Strada Costiera wird er zum Sturm, die Bora fällt von den Karstklippen ins Meer, kräuselt es auf, gibt ihm alle Farben von Blau und Grau, jagt die Wellen hinaus an den orangefarbenen Horizont, die Muschelbänke tanzen. Die Sonne geht unter. An der Piazza dell'Unità d'Italia, wo unser Hotel liegt, herrscht Harmonie, Triest ist die Königin der Lichtgestaltung, taucht seine Plätze in die Mystik der Zeitlosigkeit.

In Triest sind wir Ilija Trojanows Spuren gefolgt, die er selbst wiederum auf der Suche nach den Orten seines bedeutendsten Romanhelden gegangen ist: dem britischen Offizier Richard Francis Burton, dem Sprachgenie und rastlosen Erforscher fremder Kulturen in Indien, Arabien und Afrika, dem er in seinem Roman *Der Weltensammler* einen vielstimmigen Hymnus schrieb, ein Bestseller bis heute, in mehr als dreißig Sprachen übersetzt. Burton, der von manchen als Alter Ego des Autors gedeutet wird, hat die letzten zwei Jahrzehnte seines Lebens in Triest verbracht. Er hat es als Exil empfunden, war vom Foreign Office dorthin versetzt worden, da man ihn, den Unangepassten, aus dem Weg haben wollte. Im ebenso faszinierenden Begleitbuch zum *Weltensammler,* dem durch zahlreiche Originaltexte und -dokumente angereicherten Band *Nomade auf vier Kontinenten* schreibt Trojanow:

Triest im Frühling war sanft. Kein gewalttätiger Wind blies vom Karst herab, weder die Bora noch der Schirokko. An einem sonnigen Tag wanderte ich von dem einstigen britischen Konsulat, von dessen Balkon aus Burton auf den Hafen blicken konnte, entlang einer dicht befahrenen Landstraße zu dem oberhalb der Stadt gelegenen Opicina (Opicine). Burton hat seine Pension in dem Bergdorf so genau beschrieben, daß ich, als ich nach einer weiteren Serpentine auf die „Albergo Daneus" blickte, sofort sein einstiges Domizil erblickte. Der Gasthof war verlassen [...] Es war ein schöner Ort, der mich aber mit seiner Atmosphäre unverblümter Vergänglichkeit traurig stimmte. Hinter dem Gasthaus führte ein Pfad in den Karst. Wohin ich blickte, sah ich zwischen den spindeldürren Stämmen weiße Steine, die mich an Grabsteine erinnerten. Die Todesstimmung wurde verstärkt durch die dominante Farbe der blühenden, wilden Pfingstrosen. In Weiß gekleidet bezeugt man die Verbrennung eines Nächsten; in den weißen Gewändern des ihram wird der eigene Leichnam eines Tages verscharrt.[6]

Die Atmosphäre der Vergänglichkeit liegt auch über Padriciano, unweit von Opicina. Der Ort des ersten Flüchtlingslagers der

Familie Trojanow liegt auf der Hochfläche des Karsts ausgebreitet, auf einer Seite begrenzt durch die Autobahn, an den anderen Rändern jedoch unvermittelt in karges Bauernland mündend, still, trocken, ein paar Kilometer weiter ist bereits die Grenze zu Slowenien. Am Tag zuvor hatten wir Veit Heinichen getroffen, den Autor der sozialkritisch-historisch fundierten Kriminalromane um Kommissar Laurenti, der seit rund drei Jahrzehnten in der Nähe von Triest in seinem Haus hoch über dem Golf lebt, mit diesem atemberaubenden Blick in das Blau. Wir trafen uns im Ristorante Tenda Rossa an der Strada Costiera, das Meer lag unter uns, die Bora trieb die Wellen vor sich her, immer schneller, bis sie als Gischt in einem weißen Schleier aufstiegen. Veit hatte sich erkundigt und erzählte uns, dass es auf dem Karst drei Lager gegeben hatte, die separat gehalten wurden. Zwei in Padriciano: eines für die Flüchtlinge aus Jugoslawien, die aus dem Tito-Kommunismus geflohen waren und dessen Reste man heute als Museum noch besuchen kann; das zweite Lager, ein Stück entfernt, war für die „anderen" Systemflüchtlinge, Bulgaren, Rumänen, Polen, Ungarn et cetera, kalte, zugige Holzbaracken, die sich mehrere Familien teilen mussten, oft nur durch Decken getrennt. Von diesem Lager gibt es heute keine Spuren mehr, da es auf dem Gebiet der „Area di ricerca" lag, dem heutigen Wissenschaftspark und dem Areal des Teilchenbeschleunigers. In Opicina war das dritte Lager, die Villa Stella, in der alleinstehende Mädchen aufgenommen wurden.

Was war. Was ist. Wer teilt wem welches Schicksal zu? Im Tenda Rossa waren wir einigermaßen geschützt vor der Bora, wir redeten in die Stunden des Nachmittags hinein, Schwärme von Zugvögeln zogen über das Meer, die Gischt zeichnete einen weißen Weg über die Wellen. Vergangenheit und Gegenwart, Leid und Glück des Augenblicks. Und als wir Susann und Ilija all das erzählen, in der Wiener Bibliothek des Weltensammlers, sagt Ilija spontan: Da fahren wir hin, zu viert, ja, das machen wir nächstes Jahr, irgendwann, wenn einmal ein Spalt Zeit ist ... Und wir drei bekräftigen begeistert den Gedanken und machen Pläne, wir werden Veit Heinichen treffen und gemeinsam hinauffahren in dieses Padriciano, wo ein Kind die Vielfalt der Welt erfuhr.

Die Kerzen, die Susann arrangiert hatte, sind heruntergebrannt, der bulgarische Rotwein ist ausgetrunken. Bevor wir zu Bett gehen, kehrt Ilija in Stichworten zur Fluchtgeschichte von 1971 zurück – sie wäre, belebt durch die Erinnerungen der Eltern, ein eigener spannender Roman, den ich gerne in großer Ausführlichkeit erzählen würde, bewegend, wie nur das Leben sein kann. Es wäre eine Geschichte von abermaliger, abenteuerlicher Flucht weiter nach Deutschland, von Zufall, Glück und Beherztheit sowie vom Großmut der Helfenden; eine Erzählung vom zweiten Flüchtlingslager bei Nürnberg, von Können, Wissen und einem Land im Wirtschaftswunder, das humane Asylgesetze hatte und schnell eine Arbeitserlaubnis erteilte. Ein Umstand, der dazu führte, dass Marin Trojanow innerhalb kurzer Zeit von einer deutschen Firma, dessen Besitzer Flüchtling aus Ostpreußen gewesen war, nach Kenia geschickt wurde, um das Großprojekt des Flughafens von Mombasa zu betreuen. Ilija kam in die Deutsche Schule in Nairobi, die multikulturell war, viele Nationen Afrikas, Europas und Amerikas trafen hier aufeinander, Nairobi duftete nach Jacarandabäumen, Tennis, Swimmingpool, Disco, Schulband, VW-Busse vor der Tür für Ausflüge, vom Elend des Landes bekamen sie in der abgeschlossenen Gesellschaft, in der sie lebten, kaum etwas mit. Im Band *Der entfesselte Globus* hat Ilija Trojanow diese Jahre seiner Gymnasialzeit detailgenau beschrieben: „Szenen aus der Savanne der Jugend". Als sie zurückmussten nach „Kaltland" Deutschland, weinten sie.

Wir leiden eine Weile, dann finden wir uns zurecht. Wir sind gewappnet für die globale Welt, denn was von der Schulzeit bleibt, ist gelebte Vielfalt. Das Aufwachsen in mehreren Sprachen. Die selbstverständliche Existenz des Anderen. Der umgekehrte Blick auf vermeintliche Wahrheiten. Die Erfahrung, daß man mehrere Heimate (‚Plural selten', sagt Brockhaus Wahrig) und eine dynamische Identität besitzen kann.[7]

Am nächsten Morgen – es ist der erste Adventsonntag – läuten die Glocken der Servitenkirche über die Dächer, die Roßauer Kaserne und den nahen Donaukanal. Ilija und W. holen frische Semmeln beim Bäcker an der Ecke zur Grünentorgasse, der auch an Feiertagen bis zwölf Uhr geöffnet hat. Ich gehe inzwischen die Servitengasse entlang, ich kenne sie von früher, sie war eine graue Durchgangsstraße. Ich habe hier mein erstes Wiener Jahr in einem katholischen Studentenheim verbracht, gerügt von der Heimleiterin, als sie W. und mich umschlungen in der Berggasse vor Sigmund Freuds Haus erspähte. Jetzt ist die Gasse von der großen Kreuzung der Berg-, Porzellan- und Schlickgasse an bis zum Kirchplatz ein kleines wunderliches Reich und zur baumbestandenen Fußgängerzone umfunktioniert. Zum ersten Mal erlebe ich Nachbarschaft, hatte Ilija gesagt, ich kenne jedes Geschäft, kenne die Besitzer und Verkäufer beiderlei Geschlechts, mit einigen bin ich befreundet, bei vielen zu Gast. Hier ist die Pasteria von Xerxes, dort der Servitenwirt, ein Geschäft mit Gewürzen und Delikatessen, eines mit Blumen, eine Xocolat-Manufaktur, der Braumüller Verlag, eine Speciality Coffee Bar und so weiter. Auf dem gelben Postkasten steht allerdings geschrieben: „Refugees not welcome. Fuck refugees." Bis spätnachts soll es hier belebt sein. José F. A. Oliver, der Schriftsteller, Trojanow-Freund und Trauzeuge aus dem Schwarzwald mit spanischen Wurzeln, hat dem Ambiente der Gasse das Gedicht „morgenmantel Wien, Servitengasse" geschrieben:

> [...] mantelgeborgen 1 glockenläuten / lauterer
> morgengruß 1 kind wie 1 kind 1 vogelkind
> sprach die nacht zu mir, traumlos
> [...]
> „Das ist mein Park", sagt Ilija.
> „geschichtenpark wörterpark ansätze"
> *La Servita* – als kinder fürchteten wir dies schwarz
> aus dem kerzenschein kerzenflackern
> 1 licht / schwarz lichter
> : 1 sich ergießendes schwarz
> auf der straße schattenwachs 1 trauerdocht
> „Das ist mein Dorf", sagt Ilija. „Mitten in Wien."[8]

Nur wenige Minuten sind es von der Servitengasse zur Strudelhofstiege, zu Heimito von Doderers Schauplatz seines großen, gleichnamigen Romans, einem Lieblingsbuch von W., das auch Ilija schätzt. Ich kann die beiden, die von der Bäckerei zurückkommen, überreden, schnellen Schrittes noch den Umweg zu den Treppen und Rampen der schönen Stiege zu machen, um Doderers zu gedenken, den Ilija auch in seinem allerjüngsten *Olympiade*-Buch im Kapitel „Bogenschießen" gewürdigt hat. Das Morgenlicht ist fahl, der Dezembertag kalt, es riecht nach Schnee. Junge Eltern mit kleinen Kindern an der Hand kommen uns auf der Stiege entgegen, sie tragen kleine Blumensträuße, vielleicht gibt es eine Kindermesse in der Servitenkirche. Und ich habe Franz Schuberts Melodien im Ohr, die er als Organist in der unweit gelegenen Lichtentaler Pfarrkirche zu den heiligen vierzehn Nothelfern gespielt hat – welch literarisch-musikalische Bühne ist diese Gegend, die sich „Alsergrund" nennt!

Beim üppigen balkanisch-österreichisch-arabischen Frühstück kommen wir in unseren Gesprächen wieder vom „lichten Tal" zurück in die Welt: Nach Bombay, wo Ilija zwischen 1998 und 2003 und nach Kapstadt, wo er anschließend bis 2007 gelebt hat, nach Mekka, wo er die Hadsch miterlebte, auf die er sich ein Jahr lang vorbereitet, Sanskrit und Arabisch gelernt und den Islam studiert hatte: alles Stationen auf seiner wilden und riskanten Spurensuche nach den Expeditions- und Lebenswegen von Richard Francis Burton, in dessen Wissensdrang er sich selbst wiederfand. Fast zehn Jahre seines Lebens hat Trojanow diesem Monumentalwerk und dem wunderschön gestalteten Begleitband gewidmet. Wurde, wie Burton, Abenteurer, Anthropologe, Agnostiker, Satiriker, Häretiker, Provokateur und Aufklärer, lernte fremde Dialekte, prägte sich Verhaltensweisen ein, reiste in die entlegensten Landschaften im Nordwesten Indiens und zu den Quellen des Weißen Nil im zentralafrikanischen Dschungel. Es war kosmopolitische Neugier, Entdeckerpassion, Sehnsucht.

Aus diesen Motiven ist ursprünglich auch Susanns und Ilijas Wunsch entstanden, die Badlands von South Dakota zu sehen. Es ist jene Landschaft im Mittleren Westen der USA, die Ilija seit Kindertagen als Sehnsuchtsort in sich trug, als ihm sein Vater, der den Sohn weltoffen zu erziehen trachtete, davon Bilder gezeigt hatte. Und Susann, die später zur gesuchten Übersetzerin aus dem

Anglo-Amerikanischen mit reicher Sprachmelodie werden sollte, hatte schon als Sechzehnjährige das Idiom der Lakota-Indianer erlernt. Sie tat es aus Solidarität für dieses Volk, das in der Weite der goldenen Prärien einst zu Hause und ungezügelt frei gewesen war und das in das armseligste Reservat von Pine Ridge zusammengepfercht wurde, zu Flüchtlingen gemacht für ein hoffnungsloses Leben auf ein paar dürren, unfruchtbaren Quadratkilometern. Wir gehen zu Ilijas PC auf seinem Schreibtisch in der Bibliothek, auf dem die Fotografien gespeichert sind, die W. von unserer Reise zu viert gemacht hatte, und wir schauen und lachen, wie wir alle mit Starbucks-Coffee-Bechern vor unseren beiden ausladenden Wohnmobilen stehen, abends im kalten, stürmischen Wind der Great Plains zweifingerdicke Steaks am Grill braten, auf den mit kniehohem giftgrünem Gras gesäumten Wegen wandern und wie Ilija am Fuß der vollkommen vegetationslosen Berge zurückläuft, um das Auto zu holen, die blassrosa Gerippe der ausgewaschenen Felsformationen als geisterhafte, fast überirdische Kulisse hinter sich.

Ilijas Bibliothek ist ein harmonischer Raum, hoch, wie es in den Gründerzeithäusern üblich war. Durch das hohe Fenster blickt man in einen großen Innenhof, nachts sieht man die Lichter der gegenüberliegenden Wohnungen, schemenhaft zieht da und dort das Leben der anderen vorüber. Als ich vor Jahren den ersten Blick in diese Wohnung getan habe, sagt Ilija, hab ich mir hier sofort mein Bücherreich vorgestellt, das war von Anfang an klar – vielleicht hab ich die Wohnung nur genommen, weil ich augenblicklich dachte: Hier müsste es schön sein zu arbeiten. – Bibliotheken sind immer Universen, und wir haben sie in allen Dichterwohnungen auf unterschiedliche Weise gefunden. Diese hier ist eine bewusst gestaltete Studierstube von Büchern und Kunstobjekten, die einen Lebensweg begleiteten und auch dem Irrationalen Raum geben. Lange hat sich Trojanow mit dem Kunsttischler Christian Hirschhofer beraten und die Wände schließlich bis zur Decke mit Ahornholz verbauen lassen, mit Unterbrechungen für Vitrinen und Freiplätze – eine geschlossene Bücherwand würde mich erdrücken, sagt Ilija. Links und rechts eines zentralen Bereichs, der mit grünlichem Mattglas abgedeckt ist, stehen Figuren und Köpfe aus Afrika, ihre Haltung ist aggressiv, sie wirken jedoch verloren, wenn man näher tritt, wie ergeben in ihr Schicksal. Auf der Glaswand hängt eine Papierbahn mit japanischen Schriftzeichen und Wörtern. Meine Neugier, sagt Ilija, ist überambitioniert, wenn ich etwas kennenlerne, will ich es auch lernen. Japanisch zum Beispiel, auch Chinesisch oder Persisch. Er kauft sich Bücher, legt sie auf seinem Schreibtisch auf und lernt jeden Tag ein paar Zeichen, ein paar Worte, hängt diese auf die Glaswand, und immer, wenn er vorbeigeht, prägt er sie sich ein und repetiert sie untertags. Im Arabischen zum Beispiel weiß er passiv sehr viel, weiß, wenn er es auswendig hersagt, wie die Sprache klingt und was sie bedeutet. „Es gab nur eine Möglichkeit, sein Leben nicht zu verplempern: Sprachen lernen. Sprachen waren Waffen", lässt er schon Richard Francis Burton sagen. Der Fotograf Thomas Dorn, mit dem Trojanow den farbenprächtigen Bildband *Kumbh Mela* machte, der das größte Fest der Welt am Ufer des Ganges mit Millionen hinduistischen Pilgern beschreibt, hat den Freund einen „Meister des Türenaufstoßens" genannt.

Wenn uns das Fremde abhandenkäme, sagt Ilija und nimmt dieses Buch und jenes zur Hand, hätten wir keinen Anreiz, keine Irritation und dadurch keine neuen Einsichten. Wir brauchen Gegensätze. Aber: Gibt es überhaupt welche? Sind Schwarz und Weiß ein Gegensatz – könnten sie nicht nur eine Variation sein? Und ist es nicht so, dass Exil zu Heimat werden kann? Darum bin ich ein entschiedener Gegner des Nationalismus, Region verwandelt sich allzu oft in Religion, und Selbstaussage ist wohl die beschränkteste Form aller Aussagen. Was ist die Bewegung des Schreibens? Von mir weg. Und wie sagt der Doderer? Der Pfeil hat die Richtung von mir weg.

An der linken Frontseite der Bibliothek stehen Ilija Trojanows eigene Bücher und Herausgeberschaften, die Übersetzungen, Sammelbände, die *Weltlese,* die farbenprächtigen und lebendig erzählten Text-Bild-Bände und die Werke aus den eigenen Verlagsgründungen um 1990, dem Kyrill-und-Method- und dem Marino-Verlag. Die Bücher der letzten Jahre greifen immer schärfer brennende Fragen der Gegenwart auf und sind über die poetische Ebene hinaus kritischer Kommentar zum Zeitgeschehen: *Eistau* von 2011 zum Beispiel, der beunruhigende Roman über die Klimaveränderung und die Mitschuld des Menschen: „Ich bin es müde, Mensch zu sein." 2013 erschien *Der überflüssige Mensch,* ein Plädoyer für die Unterprivilegierten, ein Angriff auf die sozialdarwinistischen Lehren des Nationalökonomen Thomas Robert Malthus und die Auswüchse des Kapitalismus, der viele Menschen in das Prekariat oder in Hunger und Elend dränge. Gemeinsam mit Juli Zeh schrieb er bereits 2009, noch vor den Veröffentlichungen von Edward Snowden, *Angriff auf die Freiheit. Sicherheitswahn, Überwachungsstaat und der Abbau bürgerlicher Rechte,* eine apokalyptische Zukunftsszenerie, die Realität werden wird, wenn wir weiterhin die Augen verschließen. Mit seinem indischen Freund Ranjit Hoskoté, dem Kulturkritiker und Dichter, verfasste er die enthusiastische Verteidigung kultureller Vielfalt: *Kampf*ABSAGE. *Kulturen bekämpfen sich nicht – sie fließen zusammen.*

Die Vorstellung einer festgelegten Identität ist eine Schimäre. Kulturelle Existenz ist ein kumulativer Prozeß. Die Politik der

Identität versucht, jeden einzelnen von uns in eine bestimmte Schublade zu pressen, auf der fein säuberlich Rasse, Religion und Nationalität vermerkt sind; wohingegen das Leben uns einlädt, ja sogar verpflichtet, uns auf eine Achterbahnfahrt durch das Auf und Ab der Unterschiede zu begeben – wir haben keine Identitäten, sondern dynamische Positionen.[9]

Wo könnte man sich besser auf jene Achterbahn der Unterschiede begeben als in einer Bibliothek? Wo ließe sich anschaulicher erfahren, wie Geschichten und Erzählweisen mit den Menschen mitwandern, sie Platz haben „in den Satteltaschen der Migration"?

Ich glaube an den literarischen Pollenflug, sagt Ilija. Das entbinde uns alle jedoch nicht von der Verantwortung für die Zukunft des Planeten. „Nichts steht geschrieben: es wird geschrieben. Von einem jeden von uns. So wie ein jeder sein Scherflein beiträgt zu all den vergifteten Ruinen auf Erden [...] Etwas muß geschehen. Es ist höchste Zeit."[10]

Ein Memento kehrt wieder: „Wehren Sie sich!" Trojanow, der einer der einflussreichsten Feuilletonisten und Diskutanten ist, wiederholt es nachdrücklich in vielen Fernsehauftritten und

Interviews und machte es zum Zentralthema seines jüngsten Romans *Macht und Widerstand* von 2015. Jenem aufrüttelnden Roman, in dem es um das Fortleben diktatorischer Staatsformen bis in die Gegenwart geht, konkret um Bulgarien nach 1945. Das Schreiben an diesem Buch, das auch konkrete biografische Verweise hat, war eine Gratwanderung, das Sich-Aussetzen der Perfidie und dem Bösen, das unter dem Deckmantel von Pflichterfüllung Menschen foltert und tötet, ging an die Grenzen der Belastbarkeit. Am Ende des Buches steht der Satz: „Es hat sich gelohnt." Ja, sage ich zu Ilija, der das Buch zurück in das Regal stellt, es hat sich gelohnt.

Im Innenhof ist es dunkler geworden. Es hat zu schneien begonnen, langsam taumeln einzelne Flocken nieder. In den Wohnungen gegenüber brennen erste Lichter. Und wir springen kopfüber in Ilijas jüngstes Mammutprojekt, von dem er enthusiastisch erzählt: *Meine Olympiade. Ein Amateur, vier Jahre, 80 Disziplinen.* Er hat sich zum Ziel gesetzt, zwischen den Olympischen Sommerspielen von London 2012 und jenen von Rio de Janeiro 2016 in achtzig Sportarten halb so gut zu werden wie die Olympiasieger von London – ein körperliches, geistiges und logistisches Gewaltunternehmen. Erzählt, welche Katharsis, Anstrengung und Freude es bedeutete, die meisten dieser Disziplinen erst erlernen zu müssen, wie er in manchen scheiterte, in vielen glückhaften Erfolg hatte, er den jeweiligen philosophischen Kern zu verstehen suchte, sich in das Unbekannte wagte und Trampolinspringen, Fechten und Zehnkampf, Bogenschießen, Gewichtheben und Reiten lernte, wie er überall, wo er gerade als Autor zu Gast war, parallel dazu das Projekt vorantrieb, Boxen in New York, Judo in Tokio, Taekwondo in Zürich, Ringen in Teheran und und und …, ist ja ein irres Projekt, sagt Ilija, eine Herausforderung der anderen Art, an Grenzen zu gehen.

Vier Jahre, in denen ich oft in mich hineingehorcht und mich beobachtet habe. Vier Jahre, in denen ich intensiver gelebt habe als sonst. Vier Jahre, in denen ich viel über den Menschen erfahren habe, über seine Sinne und Sehnsüchte, seine Ambitionen und Illusionen.[11]

Die beiden Männer lachen und erinnern sich an die einzelnen Schritte für die Disziplin des Wildwasserpaddelns, W. ist dafür Ilijas Lehrer gewesen. Wisst ihr eigentlich, lenkt Ilija wieder vom Sport ab, wie meine Bibliothek entstanden ist? Und erzählt, wie seine Gymnasialzeit in Nairobi durch einen Aufenthalt in einem Internat im bayerischen Marquartstein unterbrochen war, wie er, von einem Schulausflug nach Rom zurückkehrend, bei einem Freund in Florenz Zwischenstation machte und in der Bibliothek von dessen Vater aufwachte – er war vierzehn damals, aber seither hatte er diese Vision im Kopf: Ich schaffe mir eine Heimat in Büchern. Diese Vision hat er in den folgenden Jahrzehnten seines Lebens verwirklicht, mit Akribie, Fantasie und unglaublichem Wissensdurst. Da und dort sind kleine Kojen in die Stellagen eingebaut für besondere Bücher, die aufgeschlagen auf schrägem Holz zum Betrachten einladen, ein Bildband über Egon Schiele zum Beispiel. Ich blättere immer eine neue Seite auf, sagt Ilija, ich möchte ihn präsent haben. Wie die japanischen Schriftzeichen? Ja, vielleicht. Willst du ihn lernen, seine Gesichter, seine Menschen? Verstehen lernen, ja.

Das sind die Bücher. Das imaginäre Weltreich ist jedoch geschmückt mit Sammlerstücken: alte Musikinstrumente, Masken, Figuren und Figurinen, sie stehen zwischen den Bücherborden oder im Raum verteilt, sie wachen und vertreiben böse Dämonen, erinnern an das Fremde. Ganz oben in einer Ecke des Raumes steckt der Zauberstab eines Priesters aus der kubanischen Santeria-Religion, dort hängt eine Gebetskette, hier steht ein Geschichtenerzähler-Kästchen aus Rajasthan. Der Schreibtisch ist eingerahmt von zwei hinduistischen Göttern: links Ganesha, beweglicher Liebhaber und Verkörperung von Weisheit und Intelligenz, der für jeden Neuanfang steht, rechts Sarasvati, auch sie unter ihren vielen Bedeutungen eine Göttin der Gelehrsamkeit und der Künste sowie des Lernens und der Sprache. Im Universum dieser Bibliothek sind Intellektualität und Gläubigkeit vereint, wohnen Götter und politische Leidenschaft nebeneinander, Aufklärung und Geheimnis. Da ist es wieder, das Netz Indras, das Ilija Trojanow vielfach als Symbol der Welt nimmt, in dem alles mit allem zusammenhängt und in dem Rationalität und Irrationalität gleichermaßen Platz haben, um die Rätsel der menschlichen Existenz und der Liebe sowie die Geheimnisse des Glaubens zu entschlüsseln. „Ein Sufi sagt: Mein Herz ist offen für jede Form; es ist eine Weide für Gazellen, ein Kloster für Mönche, ein Götzentempel und die Kaaba für die Pilger; es ist die Thora und der Koran. Ich bleibe bei der Religion der Liebe, in welche Richtung die Karawane auch zieht."[12]

An einer Stelle dieser Bibliothek, die die eigentliche „Dichterlandschaft" Ilija Trojanows ist und die auf das Schönste zeigt, dass das Asyl des Dichters das eigene Werk ist, in das Tausende andere Werke einfließen, liegen die Backgammon-Spiele aus Bulgarien, Griechenland, Ägypten, Syrien und dem Iran. Es ist Ilijas Lieblingsspiel, die perfekte Balance von Glück, Zufall und Strategie. In diesem magischen Dreieck entwirft er sein Weltbild, das im Für und Wider, in Schatten und Licht die schillernde Vielfalt des Lebens preist.

Es ist Nachmittag geworden im Servitenviertel. Erst halb vier Uhr, aber die Dämmerung liegt bereits über dem Innenhof, es schneit stärker, und die Lichter gegenüber sind nur durch einen weißen Schleier zu erahnen. Von ferne hört man die Stimmen eines Chors, die das Kind von Bethlehem besingen. Vielleicht klingt es in Ilijas Ohren wie das Lied einiger Männer am Rand der Wüste, die einem Derwisch lauschen, der für Poesie und Weisheit steht und sich an alle wendet, die ihm zuhören.

Sie sangen das Lied, das ihn berührte. Es klang wie eine Liebeserklärung an alles Lebendige. Die Stimme des Sängers, eine ungewöhnliche Stimme, die dem tieferen Ernst eine schrille, fast närrische Note gab, sie schraubte sich hinauf, sie drechselte den Gesang auf einer immer schneller rotierenden Scheibe. Auf einmal blickte der Derwisch ihm in die Augen. Das Drechseln setzte sich in ihm fort. Nehmen Sie Platz, sagten die Augen, verweilen Sie. Wir sind alle Gäste. Wir sind alle Wanderer. Seien Sie einer von uns.[13]

Anmerkungen

Friederike Mayröcker

1   Friederike Mayröcker, Blumenwerk. Ländliches Journal/Deinzendorf, Weitra 1992, S. 15
2   Ebd., S. 79 ff. und 48
3   Ebd., S. 16
4   Friederike Mayröcker, „schlingernd, Freundschaft / oder meine unsterbliche Seele", in: Gesammelte Gedichte 1939–2003, hg. von Marcel Beyer, Frankfurt a. M. 2004, S. 282 f.
5   Friederike Mayröcker, Und ich schüttelte einen Liebling, Frankfurt a. M. 2005, S. 33
6   Friederike Mayröcker, „kann sein daß", in: Magische Blätter I–V, Frankfurt a. M. 2001, S. 296 f.
7   Friederike Mayröcker, Blumenwerk, l. c., S. 54; und: „mütterlicherseits", in: Magische Blätter, l. c., S. 210 f.
8   Friederike Mayröcker, „wienumschlungen", in: Magische Blätter, l. c., S. 201 f.
9   Friederike Mayröcker, „Durchschaubild Welt. Versuch einer Selbstbeschreibung", in: Magische Blätter, l. c., S. 191 f. Einen guten Überblick gibt auch der Katalog der Akademie der Künste Berlin und des Literaturhauses Wien, 11/1994, Lebensveranstaltung: Erfindungen Findungen einer Sprache.
10 Friederike Mayröcker, Reise durch die Nacht, Frankfurt a. M. 1984, S. 100 f.
11 Friederike Mayröcker, Requiem für Ernst Jandl, Frankfurt a. M. 2001, S. 20
12 Friederike Mayröcker, brütt oder Die seufzenden Gärten, Frankfurt a. M. 1998, S. 207
13 Friederike Mayröcker, fleurs, Berlin 2016, S. 15
14 Friederike Mayröcker, Scardanelli, Frankfurt a. M. 2009, S. 12
15 Friederike Mayröcker, fleurs, l. c., S. 9
16 Ebd., S. 13 und 34

Juri Andruchowytsch

1   Juri Andruchowytsch, Perversion. Aus dem Ukrainischen von Sabine Stöhr, Berlin 2011, S. 163
2   Juri Andruchowytsch, „Zeit und Ort oder Mein letztes Territorium", in: Das letzte Territorium. Aus dem Ukrainischen von Alois Woldan, Frankfurt a. M. 2003, S. 66 f.
3   Juri Andruchowytsch, „Mittelöstliches Memento". Aus dem Ukrainischen von Sofia Onufriv, in: Juri Andruchowytsch/Andrzej Stasiuk, Mein Europa, Frankfurt a. M. 2004, S. 24
4   Ebd., S. 73 f.
5   Juri Andruchowytsch, „Das Stanislauer Phänomen", in: Das letzte Territorium, l. c., S. 56
6   Juri Andruchowytsch, Zwölf Ringe. Aus dem Ukrainischen von Sabine Stöhr, Frankfurt a. M. 2007, S. 289
7   Juri Andruchowytsch, Der Preis der Werte oder unsere Dissonanzen. Rede zur Eröffnung der Buch Wien 2014. Aus dem Ukrainischen von Sabine Stöhr. Manuskript des Autors
8   Zitiert nach dem hervorragenden Ukraine-Buch von: Karl Schlögel. Entscheidung in Kiew. Ukrainische Lektionen, München 2015, S. 269
9   Juri Andruchowytsch, Geheimnis. Aus dem Ukrainischen von Sabine Stöhr, Frankfurt a. M. 2008, S. 66
10 Juri Andruchowytsch, Perversion, l. c., S. 330
11 Juri Andruchowytsch, „Zeit und Ort oder Mein letztes Territorium", l. c., S. 70

12   Aleš Šteger/Juri Andruchowytsch, Der Handschuh. Albert oder die höchste Form
      der Hinrichtung. Aus dem Slowenischen von Ludwig Hartinger, aus dem Ukrainischen
      von Sabine Stöhr, RanitzDialog 4, Ottensheim/Donau 2011
13   Juri Andruchowytsch, „Mittelöstliches Memento", l. c., S. 71

Marica Bodrožić

1   Marica Bodrožić, kirschholz und alte gefühle, München 2012, S. 82
2   Marica Bodrožić, Das Auge hinter dem Auge. Betrachtungen, Salzburg/Wien 2015, S. 24
3   Marica Bodrožić, das gedächtnis der libellen, München 2010, S. 19
4   Ebd., S. 195 f.
5   Marica Bodrožić, kirschholz und alte gefühle, l. c., S. 23 ff
6   Marica Bodrožić, Mein weißer Frieden, München 2014, S. 329 f.
7   Marica Bodrožić, Sterne erben, Sterne färben. Meine Ankunft in Wörtern,
      Frankfurt a. M. 2007, S. 78
8   Marica Bodrožić, das gedächtnis der libellen, l. c., S. 231
9   Marica Bodrožić, Ein Kolibri kam unverwandelt. Gedichte, Salzburg/Wien 2007, S. 31
10   Marica Bodrožić, Lichtorgeln. Gedichte, Salzburg/Wien 2008, S. 15 und 23

Karl-Markus Gauß

1   Karl-Markus Gauß, „Rede für Salzburg", in: Salzburger Nachrichten,
      16. Jänner 2016, S. 13 f.
2   Karl-Markus Gauß, Das Erste, was ich sah, Wien 2013, S. 7
3   Ebd., S. 83
4   Karl-Markus Gauß, Die sterbenden Europäer. Mit Photographien von
      Kurt Kaindl, Wien 2001; Die versprengten Deutschen. Mit Fotografien
      von Kurt Kaindl, Wien 2005; Die Hundeesser von Svinia, Wien 2004
5   Karl-Markus Gauß, Zu früh, zu spät. Zwei Jahre, Wien 2007, S. 277
6   Karl-Markus Gauß, Der Alltag der Welt, Wien 2015, S. 307 f.
7   Karl-Markus Gauß, Ruhm am Nachmittag, Wien 2012, S. 160
8   Karl-Markus Gauß, Lob der Sprache, Glück des Schreibens, Salzburg/Wien 2014, S. 165 f.
9   Karl-Markus Gauß, Von nah, von fern, Wien 2003, S. 17
10   Karl-Markus Gauß, Das Erste, was ich sah, l. c., S. 42 f.
11   Karl-Markus Gauß, Ruhm am Nachmittag, l. c., S. 118
12   Karl-Markus Gauß, Im Wald der Metropolen, Wien 2010, S. 86
13   Karl-Markus Gauß, Zu früh, zu spät. Zwei Jahre, Wien 2007, S. 26
14   Karl-Markus Gauß, Vorwort zu: Literatur und Kritik, Heft 251/52, Salzburg 1991, S. 2
15   Karl-Markus Gauß, Lob der Sprache, Glück des Schreibens, l. c., S. 164
16   Georg Trakl, Dichtungen und Briefe, Salzburg 1974, S. 13 f.

Ludwig Hartinger – Aleš Šteger

1   Ludwig Hartinger, Die Schärfe des Halms. Aus dem dichterischen Tagebuch 2001 bis
      2012, mit Holzschnitten von Christian Thanhäuser, Ottensheim/Donau 2012, S. 38
2   Drago Jančar, „Avestina", in: Die Erscheinung von Rovenska. Erzählungen. Aus dem
      Slowenischen von Klaus Detlef Olof, Bozen/Wien 2001, S. 155 f.
3   Ludwig Hartinger, Die Schärfe des Halms, l. c., S. 40
4   Drago Jančar, „Avestina", l. c., S. 156 f.
5   Ludwig Hartinger, Die Schärfe des Halms, l. c., S. 69
6   Srečko Kosovel, Mein Gedicht ist mein Gesicht. Erfindung einer orphischen
      Landschaft, Auswahl. Aus dem Slowenischen von Ludwig Hartinger, Holzschnitte
      und Federzeichnungen von Christian Thanhäuser, Ottensheim/Donau 2004, S. 128

7   Ebd., S. 11
8   Ludwig Hartinger, Nachwort zu: Srečko Kosovel, Mein Gedicht ist mein Gesicht,
     l. c., S. 170 f.
9   Aleš Šteger, Archiv der toten Seelen. Aus dem Slowenischen von Matthias Göritz,
     Frankfurt a. M. 2016, S. 288 f.
10   Aleš Šteger/Juri Andruchowytsch, Der Handschuh. Albert oder die höchste
     Form der Hinrichtung. Aus dem Slowenischen von Ludwig Hartinger, aus dem
     Ukrainischen von Sabine Stöhr, RanitzDialog 4, Ottensheim/Donau 2011, S. 5
11   Aleš Šteger, Kaschmir. Aus dem Slowenischen von Gerhard Falkner und dem Autor,
     Wien 2001, S. 63
12   Aleš Šteger, „Das Echo der Stadt in der Zeit – Ptuj". Aus dem Slowenischen
     von Ludwig Hartinger, in: Weinzeilen, Südliche Steiermark/Ševerna
     Stajerska 2008, S. 76 f.
13   Aleš Šteger, Buch der Körper. Aus dem Slowenischen von Matthias Göritz,
     Frankfurt a. M. 2012, S. 74
14   Ebd., S. 11
15   Aus Gedichtentwürfen von Ludwig Hartinger

Monika Helfer – Michael Köhlmeier

1   Michael Köhlmeier, Die Abenteuer des Joel Spazierer, München 2013, S. 27
2   Monika Helfer, Die Welt der Unordnung, Salzburg/Wien 2015, S. 81
3   Edition Museumstexte 03, Das jüdische Viertel. Ein Rundgang durch Hohenems,
     hg. vom Jüdischen Museum, Hohenems 2011, S. 5
4   Stefan Zweig, Die Welt von gestern. Erinnerungen eines Europäers,
     Frankfurt a. M. 2010, S. 24
5   Michael Köhlmeier, Der Peverl Toni und seine abenteuerliche Reise durch
     meinen Kopf, Hamburg 1982, S. 18
6   Michael Köhlmeier, Abendland, München 2007, S. 413
7   Michael Köhlmeier, „Unterhaltungen in der Küche", in: Mitten auf der Straße.
     Die Erzählungen, München 2009, S. 221
8   Michael Köhlmeier, Telemach, München 1995, S. 179 f.
7   Monika Helfer, „Verbrecherkartei", in: Die Bar im Freien. Aus der Unwahrscheinlichkeit
     der Welt, Wien 2012, S. 17 und 11
10   Monika Helfer, „Kommen Sie, Lady, ich werde Sie erlösen", in:
     Die Bar im Freien, l. c., S. 273
11   Michael Köhlmeier, Der Tag, an dem Emilio Zanetti berühmt war,
     Wien/Frankfurt a. M. 2002, S. 85 f.
12   Monika Helfer, Bevor ich schlafen kann, Wien 2010, S. 221 f.
13   Monika Helfer, „Mama hinuntergefallen", in: Diesmal geht es gut aus.
     Geschichten, Innsbruck/Wien 2014, S. 153 f.
14   Michael Köhlmeier, Die Abenteuer des Joel Spazierer, l. c., S. 498
15   Michael Köhlmeier, Der Tag, an dem Emilio Zanetti berühmt war, l. c., S. 108

Bodo Hell

1   Bodo Hell, „Himmel & Fahrt", in: immergrün. Linda Wolfsgruber:
     Sudarium, Bodo Hell: Calendarium perpetuum, Wien/Bozen 2011, S. 45
2   Bodo Hell, Die Devise lautet. Erzählung, Wien 1999, S. 5
3   Bodo Hell, wie geht's. Erzählungen, Wien/Graz 1989
4   Bodo Hell, 666. Erzählungen, Wien/Graz 1987, S. 7
5   Bodo Hell, Im Prinzip gilt. Erzählung, Wien 2001, S. 23
6   Ebd., S. 37
7   Bodo Hell, „Endlosgedicht/Melklied", in: immergrün, l. c., S. 60

8   Bodo Hell, Notiz zur mündlichen Lesungseinleitung zu: Stadtschrift.
    Fotos und Texte, Weitra 2016
9   Bodo Hell, feminin/masculin. materialien, Graz 2014, S. 46
10 Bodo Hell, wie geht's. Erzählungen, Wien/Graz 1989

Hubert von Goisern

1   Hubert von Goisern, „Oben und unten", aus: CD-Album Omunduntn, 1994.
    Alle im Folgenden zitierten Liedtexte wurden vom Autor zur Verfügung gestellt.
2   Hubert von Goisern, „Die Strass'n", aus: CD-Album Fön, 2000
3   Hubert von Goisern, „Heilige", aus: CD-Album Iwasig, 2002
4   Hubert von Goisern, „Weit, weit weg", aus: CD-Album Aufgeigen stått nieder-
    schiassen, 1992
5   Hubert von Goisern, „Snowdown", aus: CD-Album Federn, 2015
6   Hubert von Goisern, „Heast as nit", aus: CD-Album Aufgeigen stått niederschiassen, 1992
7   Hubert von Goisern, „Fön", aus: CD-Album Fön, 2000
8   Hubert von Goisern, Stromlinien. Ein Logbuch, Wien/St. Pölten 2010.
    Ein weiterführender Hinweis: Bernhard Flieher, Weit, weit weg. Die Welt
    des Hubert von Goisern, St. Pölten-Salzburg 2009
9   Hubert von Goisern, „Brenna tuats guat", aus: CD-Album Entwederundoder, 2011
10 Hubert von Goisern, „Es is wias is", aus: CD-Album Entwederundoder, 2011
11 Hubert von Goisern, „Leben", aus: CD-Album S' nix, 2008

Alfred Komarek

1   Alfred Komarek, Himmel, Polt und Hölle, Innsbruck 2001, S. 5 f.
2   Alfred Komarek, Blumen für Polt, HAYMONtb 143, Innsbruck/Wien 2013, S. 181 f.
3   Alfred Komarek, Polt muss weinen, Innsbruck 1998, S. 79
4   Alfred Komarek Himmel, Polt und Hölle, l. c., S. 152
5   Alfred Komarek, Spätlese, Innsbruck/Wien 2007, S. 109
6   Alfred Komarek, Blumen für Polt, l. c. S. 6 f.
7   Alfred Komarek, Polterabend, HAYMONtb 145, Innsbruck/Wien 2015, S. 123
8   Alfred Komarek, Polt, Innsbruck/Wien 2013, S. 6
9   Theodor Kramer, „Schwarzfahrt ins Lehmland", in: Gesammelte Gedichte,
    Bd. 1, hg. von Erwin Chvojka, Wien/München/Zürich 1984, S. 223
10 Alfred Komarek, Blumen für Polt, l. c., S. 180
11 Alfred Komarek, Polt muss weinen, l. c., S. 85
12 Ebd., S. 161

Brigitte Kronauer

1   Brigitte Kronauer, „Die Wiese", in: Die Wiese. Erzählungen.
    Mit einem Nachwort der Autorin, Stuttgart 1993, S. 116
2   Brigitte Kronauer, Die Lerche in der Luft und im Nest. Zu Literatur und Kunst,
    Berlin 1995, S. 10 f.
3   Brigitte Kronauer, Natur und Poesie, Stuttgart 2015, S. 40
4   Brigitte Kronauer, Gewäsch und Gewimmel. Roman, Stuttgart 2013, S. 431 f.
5   Brigitte Kronauer, „Meer", in: Hin- und herbrausende Züge.
    Erzählungen, Stuttgart 1993, S. 123 f.
6   Brigitte Kronauer, Natur und Poesie, Stuttgart 2015, S. 42
7   Brigitte Kronauer, „Mit Rücken und Gesicht zur Gesellschaft. Über Avantgardismus",
    in: Wespennest 161, Wien 2011, S. 96. Nachzulesen auch im Band „Dichtung für alle.
    Wiener Ernst-Jandl-Vorlesungen zur Poetik, Innsbruck/Wien 2013, S. 73–132

8 Brigitte Kronauer, Das Taschentuch. Roman, Stuttgart 1994, S. 268
9 Brigitte Kronauer, Natur und Poesie, l. c., S. 45 f.
10 Brigitte Kronauer, Gewäsch und Gewimmel, l. c., S. 203
11 Brigitte Kronauer, „Mit Rücken und Gesicht zur Gesellschaft. Über Avantgardismus", in: Wespennest, l. c., S. 101 und: Dichtung für alle, l. c., S. 101 f.

Robert Menasse

1 Robert Menasse, Die Zerstörung der Welt als Wille und Vorstellung. Frankfurter Poetikvorlesungen, Frankfurt a. M. 2006, S. 141 f.
2 Ebd., S. 13
3 Robert Menasse, Der Europäische Landbote. Die Wut der Bürger und der Friede Europas, Wien 2012, S. 17
4 Robert Menasse, Schubumkehr, Salzburg/Wien 1995, S. 92
5 Robert Menasse, Der Europäische Landbote, l. c., S. 27 f.
6 Robert Menasse, Die Vertreibung aus der Hölle, Frankfurt a. M. 2003, S. 11
7 Robert Menasse, Der Europäische Landbote, l. c., S. 71
8 Ebd., S. 7 f.
9 Ebd., S. 72
10 Robert Menasse, „Die Zerstörung der Welt als Wille und Vorstellung", l. c., S. 57
11 Robert Menasse, Der Europäische Landbote, l. c., S. 107
12 Rbert Menasse, Die Vertreibung aus der Hölle, l. c., S. 445
13 Robert Menasse, „Beginnen", in: Ich kann jeder sagen. Erzählungen vom Ende der Nachkriegsordnungen, Frankfurt a. M. 2010, S. 11

Adolf Muschg

1 Ilse Aichinger, „Wo ich wohne", in: Meine Sprache und ich. Erzählungen, Frankfurt a. M. 1954, S. 76 ff.
2 Adolf Muschg, Eikan, du bist spät. Roman, Frankfurt a. M. 2005, S. 189
3 Adolf Muschg, Der Rote Ritter. Eine Geschichte von Parzivâl. Roman, Frankfurt a. M. 1993, S. 161
4 Adolf Muschg, Der Rote Ritter, l. c. S. 221
5 Adolf Muschg, Kinderhochzeit. Roman, Frankfurt a. M. 2008, S. 478 f.
6 Vgl. Adolf Muschg, Sutters Glück. Roman, Frankfurt a. M. 2001, u.a. S. 323 f.
7 Adolf Muschg, Sax. Roman, München 2010, S. 357
8 Adolf Muschg, Löwenstern. Roman, München 2012, S. 143, 146
9 Adolf Muschg, „Literatur als Therapie. Ein Exkurs über das Heilsame und das Unheilbare". Frankfurter Vorlesungen, Frankfurt a. M. 1981, S. 104 f.
10 Adolf Muschg, Die japanische Tasche, München 2015, S. 390
11 Adolf Muschg, Sax. Roman, l. c., S. 308 f.
12 Vgl. Adolf Muschg, „Die Spinnerinnen – statt eines Vorworts", in: Im Erlebensfall. Versuche und Reden 2002–2013, München 2014, S. 25
13 Adolf Muschg, Der Rote Ritter, l. c., S. 271 f.

Martin Pollack

1 Martin Pollack, „Polnische Lektionen", in: Topografie der Erinnerung, Salzburg/Wien 2016, S. 171 f.
2 Martin Pollack, „Kontaminierte Landschaften", in: Unruhe bewahren, St. Pölten/Salzburg/Wien, S. 5 f.
3 Christoph Ransmayr/Martin Pollack, Der Wolfsjäger. Drei polnische Duette, Frankfurt a. M. 2011

4   Martin Pollack, „Kontaminierte Landschaften", l. c., S. 6
5   Martin Pollack, „Der Unbekannte, mein Vater", in: Topografie der Erinnerung, l. c., S. 48
6   Martin Pollack, „Kontaminierte Landschaften", l. c., S. 80
7   Martin Pollack, Anklage Vatermord. Der Fall Philipp Halsmann, Wien 2002, S. 9
8   Martin Pollack, „Keine Gedenktafel für Roma. Über Erinnern und Verschwiegen im Burgenland", in: Topografie der Erinnerung, l. c., S. 76
9   Martin Pollack, Der Tote im Bunker. Bericht über meinen Vater, Wien 2004, S. 5
10   Ebd., S. 61 f.
11   Martin Pollack, „Der Unbekannte, mein Vater", l. c., S. 50

Ilma Rakusa

1   Ilma Rakusa, Einsamkeit mit rollendem „r". Erzählungen, Graz/Wien 2014, S. 121
2   Ilma Rakusa, Bondo, „„Bun di'. Auf den Spuren von Silvia Andrea", in: Du. Die Zeitschrift für Kultur. Gottfried Semper im Bergell, Heft Nr. 693, Zürich März 1999, S. 33–36
3   Eine hervorragende Einführung ist der historisch gut fundierte Text-Bild-Band Das Bergell. Heimat der Giacometti, hg. von Ernst Scheidegger, Zürich 1994.
4   Ilma Rakusa, Mehr Meer. Erinnerungspassagen, Graz/Wien 2009, S. 106 f.
5   Rainer Maria Rilke, Der ausgewählten Gedichte erster Teil, Wiesbaden 1951, S. 33
6   Ilma Rakusa, Langsamer! Gegen Atemlosigkeit, Akzeleration und andere Zumutungen, Graz/Wien 2008, S. 35; Stille. Zeit. Essays, Salzburg 2005, S. 19
7   Ilma Rakusa, Langsamer!, l. c., S. 61
8   Jean Genet, Alberto Giacometti. Aus dem Französischen von Marlis Pörtner, Zürich 2004, S. 6
9   Ilma Rakusa, Mehr Meer, l. c., S. 43
10   Aleš Šteger, Nachwort zu: Ilma Rakusa, Impressum: Langsames Licht. Gedichte, Graz-Wien 2016, S. 163
11   Hermann Hesse, zitiert nach „Auf der Suche nach dem Bergell" von Ursula Bauer und Jürg Fischknecht, in: Du. Die Zeitschrift für Kultur, Giacometti und das Bergell, Heft Nr. 835, Zürich April 2013, S. 58
12   Ilma Rakusa, Einsamkeit mit rollendem „r", l. c., S. 130
13   Ilma Rakusa, Bondo, „Bun di", l. c. S. 36

Jaroslav Rudiš

1   Jaroslav Rudiš, Die Stille in Prag. Aus dem Tschechischen von Eva Profousová, München 2012, S. 51
2   Jaroslav Rudiš, Nationalstraße. Aus dem Tschechischen von Eva Profousová, München 2016, S. 103
3   Jaroslav Rudiš, Die Stille in Prag, l. c., S. 76 f.
4   Jaroslav Rudiš/Jaromir 99, Alois Nebel. Aus dem Tschechischen von Eva Profousová, Dresden/Leipzig 2012, S. 46
5   Jaroslav Rudiš, Grandhotel. Aus dem Tschechischen von Eva Profousová, München 2008, S. 89
6   Ebd., S. 21 f.
7   Ebd., S. 216
8   Jaroslav Rudiš, Vom Ende des Punks in Helsinki. Aus dem Tschechischen von Eva Profousová, München 2012, S. 250
9   Jaroslav Rudiš, Der Himmel unter Berlin. Aus dem Tschechischen von Eva Profousová, München 2016, S. 136

Ilija Trojanow

1   Ilija Trojanow, „Das Netz von Indra oder Die Philosophie hinter dem Spiel",
    in: Der entfesselte Globus. Reportagen, München 2008, S. 183
2   Ilija Trojanow, Vorwort zu: Der entfesselte Globus, l. c., S. 7
3   Ilija Trojanow, „Exit in die Vielfalt", in: Intellektuelle im Exil. Hg. von Peter Burschel,
    Alexander Gallus und Markus Völkel, Sonderdruck, Göttingen s. a., S. 13
4   Ilija Trojanow, Die Welt ist groß und Rettung lauert überall, München 2009, S. 273
5   Ebd., S. 41
6   Ilija Trojanow, Nomade auf vier Kontinenten. Auf den Spuren von Sir Richard Francis
    Burton, Frankfurt a. M. 2007, S. 411 f.
7   Ilija Trojanow, „Szenen aus der Savanne der Jugend", in: Der entfesselte Globus, l. c. S. 16
8   Auszug aus dem Gedicht „morgenmantel Wien, Servitengasse, in: José F. A. Oliver,
    fahrtenschreiber. Gedichte, Berlin 2010, S. 77 f.
9   Ilija Trojanow/Ranjit Hoskoté, Kampfabsage. Kulturen bekämpfen sich nicht –
    sie fließen zusammen. Aus dem Englischen von Heike Schlatterer, München 2007, S. 227
10 Ilija Trojanow, Eistau, München 2011, S. 18
11 Ilija Trojanow, Meine Olympiade. Ein Amateur, vier Jahre, 80 Disziplinen,
    Frankfurt a. M. 2016, S. 33 f.
12 Ilija Trojanow, Nomade auf vier Kontinenten, l. c., S. 143
13 Ilija Trojanow, Der Weltensammler, München 2007, S. 123

Dank

Mein besonderer Dank gilt allen achtzehn Autorinnen und Autoren dieses Buches, die mir mit Freude erlaubt haben, von ihnen für andere zu erzählen, und meinem Mann, der mich auf den Reisen quer durch Europa begleitet hat und mir immer geduldiger und zuneigender Anreger, Kritiker und Mitgestalter war. Besonders danken möchte ich auch allen Partnerinnen und Partnern der Portraitierten, die uns offenherzig und gastfreundlich empfangen haben.

Weiters danke ich herzlichst den Institutionen, die die Entstehung dieses Buches gefördert haben: Dem Bundeskanzleramt/ Abteilung Kultur und Kunst, der Landesregierung Salzburg/ Abteilung Kultur, Bildung und Gesellschaft, der Stadt Salzburg/ Abteilung Kultur, Bildung und Wissen sowie der Literar-Mechana, Wien, die mir eine Zeit ungestörten Schreibens ermöglichte; für wichtige Hinweise: Tanja und Marin Trojanow, Dietlind Antretter, Veit Heinichen, Hans Höller, Manfred Kaufmann, Helga Rabl-Stadler, Rick und Martin Rakusa, Jürgen Sutterlüty, und schließlich meinem Lektor Georg Hasibeder, der die Entstehung dieses Buches von Anfang an durch wichtige Hinweise, lange Gespräche und größte Aufmerksamkeit begleitet hat.